패션디자인법

- 지적재산권의 이론과 실무 -

박 형 옥 저

法 文 社

본 특허청과 지적재산고등법원 견학프로그램에 참여하여 일본의 패션디자인 보호 법제 동향을 파악하였다. 그리고 미국 워싱턴의 저작권청과 특허청 그리고 연방순회항소법원을 견학하고 아카데미에 참여하여 선진국의 지적재산권 법제를 공부하였다. 이 모든 기회가 저자의 연구에 열정의 불을 지펴주었다.

한편 패션디자인의 법적 보호에 대한 입법론 내지 해석론의 해결방안을 박사학위논문으로 내놓는다는 것은 저자의 능력 밖의 일이었다. 그럼에도 끝까지 포기하지 않고 박사학위논문을 완성할 수 있었던 것은, 전적으로 지도교수님인 한양대학교 법학전문대학원 윤선희 교수님의 정성어린 지도 때문이다. 또한 심사과정에서 꼼꼼히 논문을 읽어 주시고 부족한 부분을 지적해주시며 보완방법까지 알려주신 박성호 교수님과 김병일 교수님의 지도 덕택이다. 본서를 빌어 세분의 교수님들의 학은에 깊이 감사드린다.

우리나라를 비롯한 주요선진국과 EU의 패션디자인 보호법제와 판례를 소개한 단행본은 본서가 국내에선 최초이며 유일하다. 국내에는 패션디자인을 지적재산권법으로 보호하는 방법과 침해에 대응하는 방법을 소개한 책이 전혀 없다. 저자는 패션디자인 실무자와 법원을 비롯한 소송대리인 그리고 지적재산권법을 연구하는 학자들에게 꼭 필요한 내용으로 책을 쓰려고 노력하였다. 아무쪼록 본서가 패션디자인의 법적 보호에 대한 필수적인 학문적 자료이자 지침서가 되어 많은 독자들의 책꽂이에 꽂혀 언제든 궁금한 것이 있을 때마다 뽑아서 찾아볼 수 있는, 소장하고 싶은 책이 되길 기대한다.

최근 더욱 어려워진 출판 산업 환경에도 불구하고 흔쾌히 단번에 본서의 출간을 허락해주신 법문사 대표님과 김성주 팀장님 그리고 출간을 위하여 꼼꼼히 편집을 해주신 편집부 배은영 씨에게도 깊은 감사의 인사를 드린다.

끝으로 박사학위논문을 완성하고 본서가 출간될 수 있도록 격려와 응원을 아낌없이 해주신 배금자 변호사님, 홍승기 교수님, 이승훈 변리사님께 깊은 감사를 드린다. 또한 저자의 박사학위논문과 본서 집필을 가능하게 만들어준 저작권판례연구회 모임의 회원분들과 지적재산권법의 선행 연구자들에게도 진심으로 감사드린다. 선행 연구자들의 연구가 있었기에 저자의

머리말

본서는 저자의 박사학위논문인 『패션디자인의 법적 보호에 관한 연구』를 책으로 간행한 것이다. 저자의 논문은 패션의 주요 선진국인 영국, 프랑스, 독일, 미국, 일본과 유럽연합에서의 패션디자인 보호 법제를 비교법적으로 분석하여 시사점을 도출한 후 우리나라의 현행 저작권법, 디자인보호법, 부정경쟁방지법 하에서의 패션디자인 보호의 한계와 문제점을 극복할 수 있는 구체적인 해석론과 입법론을 제시한 것이었다.

본서에서 저자는 박사학위논문에서 다루지 못하였던 내용이나 부족한 부분을 보완하고 최근 개정된 관련 법제의 내용과 패션디자인 판례를 추가하였다. 또한 패션실무자들과 법조인뿐만 아니라 일반 독자들이 읽기에도 편하게 단어를 수정하고 가다듬었다. 더 많은 자료들을 축적하고 연구한 이후에 책으로 내겠다는 생각도 하였지만, 인생에서 가장 정신을 집중하여 몰두한 시간들의 연장선상에서 책을 쓰고 싶었다.

저자는 '패션디자인의 모방과 불법복제가 발생하는 근본적인 이유는 무엇일까? 그리고 패션산업에서 모방이라는 것이 법으로 규제해야 하는 것일까? 과연 패션디자인에 지적재산권법으로 보호받을 수 있는 부분이 존재할까? 그렇다면 어떤 법으로 패션디자인을 보호할 수 있을까?'라는 꼬리에 꼬리를 무는 물음을 가지고 6년 전 본서의 주제에 대한 연구를 시작하였다. 국내・외 어디에도 없는 패션법을 우리나라가 제정하면 불법복제로부터 패션디자인을 보호할 수 있을 것이라는 결론을 미리 내고 의문에 대한 답을 구하기 위하여 연구를 진행하였다.

또한 패션쇼에 참관객으로 참여하여 패션업계 종사자들을 인터뷰하며 패션디자인의 불법복제로 인한 문제점과 다양한 패션디자인의 지적재산권 침해 사례를 확인하고 패션디자인의 법적 보호가 절실하다는 것을 깨달았다. 저자는 연구하는 중간에도 일본 도카이 대학(東海大学)에서 열린 패션법 포럼에 참여하여 일본 패션산업계와 학계의 관련자들과 교류를 하고 일

박사학위논문이 완성되고 본서도 출간될 수 있었다.

마지막으로 누구보다도 저자가 공부하고 일하는 것을 항상 묵묵히 인정해주고 응원해준 사랑하는 가족들과 부모 형제들에게 깊은 감사와 사랑을 전한다.

2021년 12월 한 해를 마무리하며

저자 박 형 옥

추천사

본서는 패션디자인의 법적보호에 대한 현행 저작권법과 디자인보호법 그리고 부정경쟁방지 및 영업비밀보호에 관한 법률상 보호의 한계를 발견하고 그 개선점을 제시하고자 박형옥 박사가 2015년 한양대학교 법학전문대학원에 지적재산권법 전공자로 입학한 이래 꾸준히 고민하고 연구하여 이루어낸 결과를 담은 책이다.

패션산업은 고부가가치 산업이며 소비자지향 산업이고 첨단산업과의 연계성도 높은 기술 산업이며, 글로벌 럭셔리 패션브랜드들이 자체 메타버스 플랫폼을 만들어 게임을 개발하고 게임 캐릭터를 위한 패션의류를 디자인하기도 한다. 이렇게 메타버스 플랫폼에서 만들어진 패션의류는 현실의 매장에서도 동일하게 판매가 될 것이다. 패션의 속성상 패션디자인의 모방과 변경이 용이하다. 최근 디지털 기술과 온라인 쇼핑의 활성화로 패션디자인의 지적재산권 침해는 점점 더 증가하고 있으며 그 침해속도도 가속화되고 있다. 따라서 패션디자인의 법적보호가 그 어느 때보다도 절실히 요구되고 있다.

따라서 패션의류에 대한 지적재산권의 보호법제가 제대로 정비되어야 현재와 미래의 디지털 환경에서 발생할 수 있는 지적재산권 분쟁을 미연에 방지하고 나아가 패션창작자의 권리를 보호해주고 강화할 수 있다. 그러한 점에서 본서는 현행 지적재산권법상 패션디자인에 대한 보호법제를 통하여 현재와 미래 환경에서 패션디자인을 어떻게 보호할 수 있는지 그 가이드라인을 제시하고 있다.

본서는 영국, 프랑스, 독일, 미국, 일본과 유럽연합에서의 패션디자인 보호법제를 비교법적으로 고찰하면서 제1장에서는 패션디자인 일반론을 다루고 있다. 따라서 지적재산권 보호쟁점과 연관지어 패션산업에 종사하는 패션디자인 실무자나 법조인들에게 큰 도움이 될 것으로 생각한다.

패션디자인의 법적보호 쟁점은 업계와 학계에서 오래전부터 지속적으로 논의되어 왔으나, 이와 관련된 국내 논문은 많지 않으며 단행본 서적은 본서가 유일하다. 본서는 최근 개정된 각국의 패션디자인 보호 법제들과 관련 판례들의 동향을 꼼꼼히 연구·분석한 책이다. 아직 미지라고 할 수 있는 분야임에도 불구하고 국내 최고의 법률서적 전문 출판사인 법문사를 통하여 박형옥 박사의 논문이 책으로 출간하게 되었다.

본서는 패션산업계는 물론이거니와 관련 법조인들에게 유용한 실무서가 될 것이며, 관련 연구자들에게도 소중한 지침서가 될 것이다. 아무쪼록 많은 독자 분들께 본서가 패션디자인의 법적보호 필독서로서 자리 잡기를 바란다.

한양대학교 법학전문대학원 교수
법학연구소 소장
윤 선 희

추천사

이 책은 박형옥 박사님이 2021년 8월 한양대학교 법학전문대학원에서 수여받은 박사학위논문("패션디자인의 법적 보호에 관한 연구")을 보완・가필하여 단행본으로 간행한 것입니다. 지난 2015년 박사과정에 진학한 이래 박형옥 박사님은 윤선희 교수님의 지도 아래 패션디자인의 법적 보호라는 주제를 연구하는 데에 많은 노력을 기울여 왔습니다. 그간의 연구 성과가 이번 박사학위취득과 단행본 간행으로 결실을 맺게 된 것을 무엇보다 축하드립니다.

흔히 '패션디자인'에서 패션(fashion)이란 '유행'이라는 의미로 통용되고 있습니다. 넓은 의미에서 패션이란 특정한 시기에 한 집단에서 받아들여지는 스타일 또는 생활양식이며, 하나의 사회적 동조(同調) 행동으로서 집단현상을 말합니다. 이에 대해 좁은 의미에서 패션은 이러한 생활양식 중에서 의복의 변화현상, 스타일의 변화를 가리킵니다. 그러한 점에서 패션은 그 시대의 사회적・경제적・문화적 동향으로부터 영향을 받아 변화하기 마련입니다.

이와 같이 좁은 의미에서 패션을 이해할 때에 '패션디자인'의 법적 보호는 저작권법을 비롯하여 상표법이나 디자인보호법, 부정경쟁방지 및 영업비밀보호에 관한 법률 등 여러 법률에 걸쳐서 이루어질 수밖에 없습니다. 법적 보호가 여러 법률에 걸쳐 있다는 것을 한계로 인식한 일부 연구자들 중에는 관련 조문들을 조목조목 따져가며 보호의 실마리를 찾으려고 노력하는 '해석론'을 펼치기보다는 그 보호의 한계를 극복하겠다는 일념 아래 어설픈 '입법론'을 앞세우며 '이러저러한 특별법'의 제정이 필요하다고 주장하는 경우가 종종 있습니다.

박형옥 박사님은 이처럼 안이한 연구방법을 취하지 않고 법학연구의 본령은 '해석론'을 펼치는데 있다는 원칙에 주목하여 현행 법률의 체계 속에서 패션디자인의 법적 보호 방안을 강구하기 위한 해석론에 집중하였습니다.

마치 한 올 한 올의 실을 엮어 천을 짜나가듯이 꼼꼼하게 관련 조문들을 분석하고 검토하였습니다. 또한 패션 선진국으로 일컬어지는 영국, 프랑스, 독일, 미국, 일본과 유럽연합의 패션디자인 보호법제와 그 관련 재판례 등을 비교법적으로 검토하여 그들에 의해 정립된 법리를 우리 현행 법률을 해석하는데 원용할 수 있는 방안을 모색하고자 노력하였습니다. 이와 아울러 해석론의 범위를 벗어나는 보호 방안에 관해서만 보충적인 차원에서 입법론을 제기하는데 그쳤습니다. 이는 해석론에 집중하는 것이야말로 법학연구자의 책무라는 원칙을 견지한 것으로서 실로 모범적인 연구 자세라고 할 것입니다.

이번 단행본 출간을 계기로 박형옥 박사님이 패션디자인의 법적 보호에 관한 전문가로서 너욱 발전해 나가기를 기원합니다. 아울러 패션디자인의 법적 보호에 관하여 관심을 가지고 있는 많은 분들에게 이 책의 일독을 권하는 바입니다.

한양대학교 법학전문대학원 교수
박 성 호

차 례

차 례
contents

차 례

contents

차 례

contents

제1장

서 론

Fashion Law

제1장

서 론

최근 새로운 디지털 사회로의 변화를 가속화할 인공지능(AI) 시대가 도래하면서 산업과 경제에 있어 핵심적인 요소인 지적재산권의 중요성은 패션산업의 패션디자인보호에 있어서도 마찬가지로 대두되고 있다. 패션디자인은 단순한 의복이나 복식을 의미하는 것을 넘어서 한 사람의 아이덴티티를 나타내기도 하고 한 국가의 이미지를 결정하는 중요한 아이콘이자 국가산업과 경제를 책임질 수 있는 국가경쟁력 제고에 중요한 수단이기도 하다. 세계적으로 유명한 패션 디자이너나 신진디자이너가 혁신적이고 창조적인 패션디자인으로 전 세계 소비자와 만나기를 갈망하며 해마다 런던, 뉴욕, 밀라노, 파리의 패션위크에서 그들의 새로운 디자인을 선보이며 패션브랜드를 구축하고 있는 것도 그러한 이유에서이다.

한편 패션쇼에서 선보인 오리지널 디자인이 시장에 신제품으로 출시되기도 전에 모방자들은 패션쇼에서 본 디자인의 소재를 변경하고 미세한 수정을 가하여 거의 동일하거나 유사하게 모방하여 제조하고 판매함으로써 해당 패션제품에 대한 시장을 선점한다. 그러한 경우에 디자인 개발자들의 시장선행의 이익은 크게 상실되고 창작 의욕의 저하 또는 산업계의 경제적 손실이 초래된다. 더욱이 오늘날 기술의 발달과 소셜미디어의 확산 그리고 패스트패션의 등장은 이러한 위법한 모방이나 지적재산권의 침해가 되는 불법복세를 하기에 더욱 쉬운 환경을 제공한다. 따라서 패션디자인의 법적보호가 어느 때보다도 더 절실히 요구되는 것이다. 구체적으로 패션디자인은 저작권법과 디자인보호법을 통하여 창작적인 성과를 보호하고 상표법과 부정경쟁방지법을 통하여 경쟁적인 성과를 보호해야 한다.

따라서 이 책에서는 패션디자인의 법적보호에 대하여 주요 패션선진국과 EU에서의 패션디자인 관련 보호 법제를 비교법적으로 분석하여 시사점을 도출하고 우리나라의 현행 저작권법, 디자인보호법, 부정경쟁방지법 하에서의 패션디자인 보호에 대한 해석론에 참조하였다. 그리고 종래 패션디자인의 법적보호의 한계와 문제점을 검토하여 해당 문제를 보완하기 위한 개선방안을 제안하였다.

이와 같은 목표를 위하여 제2장에서는 패션디자인 일반론을 살펴본다. 먼저 패션과 패션디자인에 대하여 검토하고 이어서 패션의류를 기준으로 패션산업과 지적재산권법 쟁점에 대하여 살펴본다. 이 책의 집필 목적이 패션디자인의 보호에 대한 현행 법제와 문제점을 검토하고 그 한계에 대한 해결책 내지 개선방안을 제안하는 것이기 때문에 패션디자인 일반론은 패션디자인의 법적보호에 대한 개선방안을 모색하는데 이론적 전제가 될 것이다.

제3장에서는 패션디자인의 법적보호에 대한 비교법적 고찰을 통하여 우리나라 패션디자인의 법적보호에 대한 개선방안에 참조할 시사점을 도출하고자 한다. 우선 파리협약과 지적재산권의 무역관련 측면에 관한 협정(이하 "TRIPS협정")[1] 그리고 베른협약을 기본으로 하는 국제협약의 기본 내용과 패션디자인과 관련 있는 응용미술 혹은 산업디자인의 보호에 관한 규정을 살펴본다. 이후 단일국가는 아니지만 EU 주요 선진국의 디자인법과 저작권법에 영향을 주는 EU의 독자적인 저작

1) Agreement on Trade-Related Aspects of Intellectual Property Rights, Apr. 15, 1994, Marrakesh Agreement Establishing the World Trade Organization, Annex 1C, Legal Instruments-Results of the Uruguay Round Vol. 31, 33 I.L.M. 81 (1994) [이하 "TRIPS협정"].

권 지침과 공동체디자인규정을 살펴본다. 그리고 이어서 패션디자인의 주요 선진국인 영국, 프랑스, 독일, 미국, 일본에서의 패션디자인의 보호와 관련하여 저작권법, 디자인법, 부정경쟁방지법 규정과 주요판례를 살펴본다.

제4장에서는 패션디자인의 보호에 대한 우리나라의 현행 저작권법, 디자인보호법 그리고 부정경쟁방지법의 관련 규정을 판례와 함께 상세히 살펴본다. 관련 판례는 주로 직물디자인과 의류디자인으로 그 범위를 한정하며 의류디자인이 아닌 패션제품이라도 중요한 사건은 함께 살펴본다. 따라서 저작권법에서는 응용미술저작물 규정이 도입되기 이전과 도입 이후의 판례를 통하여 응용미술저작물의 보호요건의 판단기준에 대하여 살펴보고, 응용미술저작물의 저작권법과 디자인보호법간 중첩적 보호에 대한 논쟁에 대하여 살펴본다. 그다음 디자인보호법에서는 패션디자인의 보호와 관련한 디자인보호법 규정 전반을 살펴본다. 특히 패션디자인의 디자인등록에 적용되는 디자인일부심사등록제도의 문제점을 살펴본다. 마지막엔 부정경쟁방지법상 상품형태모방금지 조항인 (자)목 그리고 성과모용금지 조항인 (카)목에 대하여 살펴본다.

제5장에서는 결론으로서 제2장의 패션디자인 일반론을 전제로 하여 제3장과 제4장에서 비교법적 고찰을 통하여 얻은 결과를 토대로 패션디자인의 법적보호 개선방안을 제안한다.

이 책의 집필을 위하여 필자는 각국의 법령사이트와 학술지 논문과 단행본 등의 선행문헌 그리고 웹사이트 등을 통하여 연구 자료를 수집하여 참고하였다. 더불어 국내외 법제는 최근 개정된 내용까지 반영하였으며 판례도 각국의 최근 주요판례를 포함하여 그 쟁점과 시사점을 서술하고자 하였다. 한편 국외 자료를 인용하는 과정에서 일본, 독일, 프랑스 자료는 원문을 번역하여 참고하였기 때문에 일부 번역이 매끄럽지 않을 수 있다. 그러나 최대한 우리 현행법의 기준으로 이해할 수 있는 법적용어로 번역하였다.

제2장

패션과 패션디자인

Fashion Law

제2장

패션과 패션디자인

제1절 패션과 패션디자인

Ⅰ. 패 션

지난 수세기동안 의복(clothing)은 순수하게 실용적인 기능을 가진 것으로부터 응용미술의 한 형태로 진화해 왔다. 즉, 옷(clothes)이 신체를 가리고 보온을 위하여 착용하는 것이라면 패션은 예술(art)이 아니라 공예(craft)로 받아들여졌다.[1] 그러나 오늘날 패션은 창작적인 표현의 한 형태로서 '입을 수 있는 예술(wearable art)'에 더 가깝다는 여론이 널리 퍼져 있다. 따라서 신체를 덮는 의복으로서 의류와 창작적 표현인 응용미술로서의 패션 사이에는 분명한 차이가 있다. 예를 들어 소비자들은 고품질의 가치를 가지는 드레스를 구매할 때 직물의 품질보다는 디자인의 창작성과 독창성에 기준을 두고 결정한다. 이와 같이 의복은 단순히 신체를 덮는 기능을 넘어서 더 큰 표현력을 부여한다. 그리고 개인들이 특별한 패션디자인을 선택하는 것은 자신들의 정체성을 표현하거나 자신들이 되고 싶어 하는 사람을 표현하기 위해서이다. 패션디자이너는 예술가로서 그들의 창작성을 의복이라는 매체를 통하

---

1) Ben Winograd and Cheryl Lu-Lien Tan "Can fashion be copyrighted?", Wall Street Journal (2006.9.11), B1.

여 표현한다.[2] 그러므로 예술가들이 그들의 아이디어를 캔버스에 창작적으로 표현할 때 저작권법상 미술저작물로서 저작자의 생존기간과 사후 70년간 장기간 보호해주는 것과 같이 패션디자이너들이 주로 의복을 통하여 표현하는 패션의 창작적인 요소 역시 적절한 지적재산권으로 보호해야 한다. 특히 패션산업이 가지는 경제적 가치를 고려할 때 패션의 법적보호는 필수이다.

한편 새로운 패션트렌드가 대중에게 소개된 후 유행이 되면 개인들은 새롭고 혁신적인 패션트렌드에 동참하기 위하여 유행을 따르게 된다.[3] 그리고 패션디자이너들은 이와 같은 개인들의 유행동조화 현상에 맞춰 유행하는 패션제품을 거의 동일하게 모방하거나 유사하게 디자인하여 판매한다. 그런데 이와 같이 동일하거나 유사한 패션디자인의 시장유통은 패션트렌드가 소개된 이후에 발생할 수도 있지만 동시에 발생할 수도 있다. 왜냐하면 패션산업계에는 현재의 유행이 어떻게 변화할지 패션트렌드를 미리 예측할 수 있는 정보를 웹사이트를[4] 통하여 제공해주는 회사들이 있기 때문이다. 따라서 패션디자이너들은 패션제품이 소비자에게 전달되는 본 시즌보다 2~3시즌 앞서 전체적인 패션의 테마, 소재, 스타일 등의 패션트렌드 정보를 수집하고 패션제품의 기획 초기단계에 트렌드 정보를 반영한다. 특히 세계적으로 유행하게 될 유행색은 국제유행색협회(intercolor)[5]에서 각 시즌보다 24개월

---

2) Eveline Van Keymeulen, "Copyrighting couture or counterfeit chic? Protecting fashion design: a comparative EU-US perspective", Journal of Intellectual Property Law & Practice, Vol. 7, Issue 10, 728, (2012).

3) Hemphill, C. Scott and Gersen, Jeannie Suk, The Law, Culture, and Economics of Fashion (2009). Stanford Law Review, Vol. 61, March 2009, 111, Columbia Law and Economics Working Paper No. 344, Harvard Law and Economics Discussion Paper No. 627, Harvard Public Law Working Paper No. 09-63, Available at SSRN: https://ssrn.com/abstract=1323487.

4) 예를 들어 WGSN(World's Global Style Network), http://www.wgsn.com; 패션비즈(Fashionbiz), http://www.fashionbiz.co.kr, (2021.09.01. 최종접속).

5) 국제유행색협회(intercolor): http://www.intercolor.nu, (2021.09.01. 최종접속).

먼저 발표하기 때문에 여러 국가에서 특정시기에 패션제품의 동일하거나 유사한 컬러가 동시에 유행하게 된다. 또한 패션디자이너들은 과거 특정 시기에 유행했던 선행디자인에서 영감을 받아 새로운 디자인을 창작하기도 한다. 따라서 특정한 패션이 유행할 때 유사한 패션디자인이 동시에 많이 나타나는 것도 이와 같은 이유들 때문이다.

"패션의 역사는 혁신의 이야기가 아니라 모방의 이야기이다. 유행의 선도자들(trendsetters)은 새로운 스타일을 창작하기도 하고 수용하기도 한다. 그러나 모방자들(copycats) 없이 트렌드는 만들어지지 않는다."[6] 즉, 패션과 모방은 분리할 수 없다. 패션디자이너들은 과거의 선행디자인이나 현재 유행하는 디자인을 참조하여 모방을 한다. 그 경우 모방은 지적재산권법에서 허용하는 범위 내에서의 모방일 수도 있고 허용범위를 넘어서는 불법적인 모방일 수도 있다. 패션디자이너는 그 경계를 구분해야 한다. 하지만 패션디자이너들이 지적재산법의 법률 조항을 이해하는 것도 쉽지 않고 관련된 교육과 홍보도 부족한 것이 현실이다. 또한 패션디자인의 법적 보호요건과 침해판단의 기준이 국가마다 그리고 법제마다 다르기 때문에 패션디자이너들이 합법적인 모방과 불법적인 모방을 정확하게 구분하는 것은 더욱 어려운 일이다.

따라서 제1절에서는 패션디자인의 법적보호에 대한 구체적인 검토에 앞서 의복의 기원과 기능을 살펴보고 의복의 실용적 요소와 장식적 요소에 대하여 지적재산권보호의 적용여부가 달라질 수 있는지 미국과 일본의 패션의류디자인 판례를 통하여 간단히 살펴본다. 이어서 패션의 정의에 대하여 다각적인 방향에서 살펴본 후, 패션의 유행동조화 현상과 모방의 발생 원인을 살펴보기 위하여 패션의 주요 속성인 모방성을 패션의 전파이론과 모방의 침해역설론을 중심으로 검토한다. 그리고 패션의 주기별 특징과 지적재산권 쟁점을 검토하며 왜 패션제품의 디자인을 다른 산업제품의 디자인과 달리 조기에 신속하게 지적재

---

6) Susan Scafidi, http://intro.counterfeitchic.com, (2021.09.01. 최종접속).

산권법으로 보호해야 하는지 이유를 살펴본다. 그 나음 패션디자인의 개념과 패션디자인 프로세스에 대하여 살펴보고 마지막으로 패션디자인 프로세스의 구축시 지적재산권 플래닝(planning)의 필요성에 대하여 설명한다.

1. 의복의 기원과 기능

인류가 의복을 왜 착용하고 신체를 장식하기 시작했는지에 대한 그 기원을 살펴보는 것은 의복의 기능이 실용적인 기능과 장식적인 기능으로 크게 구분되고 기능에 따라 지적재산권의 보호여부가 달라지며, 의복을 통한 개인의 표현과 사회에 참여하려는 욕구는 패션의 유행에 동조하려는 욕구와 모방의 욕구에 대한 이유를 설명하는데 도움이 된다.

1) 의복의 기원설

인류가 어떤 시점에 어떤 동기로 의복을 착용하였는지에 대한 의복기원설에 대한 정설은 아직 없다. 다만 신체적 보호설, 심리적 보호설, 신체 장식설 등의 여러 학설이 있으며 각 학설에 대하여 간단하게 살펴보면 다음과 같다.

우선 신체적 보호설은 인류가 기후와 자연의 위해로부터 인체를 보호하기 위해서 의복을 착용하기 시작하였다는 학설이다. 그 다음 심리적 보호설은 의복은 행운을 가져다주거나 악령을 쫓는 미신적인 의미를 가진 상징적인 것으로 여기어 착용하거나 의복을 통하여 자신의 용맹이나 우월감을 과시하기 위하여 착용하였다는 학설이다. 그리고 신체 장식설은 인간이 자신의 신체를 아름답고 매력적으로 꾸미기 위하여 신체에 직접 장식을 하거나 의복을 통하여 장식을 한 것에서 의복의 기원이 있다고 보는 학설이다.[7]

2) 의복의 기능

현대인에게 의복은 크게 도구적 기능과 표현적 기능을 제공한다. 도구적 기능은 의복이 어떤 목적을 수행하기 위하여 도구로 사용될 때 갖게 되는 기능을 말하며 크게 물리적 기능과 사회적 기능으로 나눌 수 있다. 즉 인간이 기후환경이나 외부의 상해 위험으로부터 신체를 보호하기 위해 의복을 착용한 경우는 의복의 물리적 기능이 수행된 경우이고 인간이 사회생활을 영위하기 위하여 사회적 규범 안에서 개인의 역할, 신분, 이미지 등에 맞게 의복을 착용한 경우는 의복의 사회적 기능이 수행된 경우이다. 그리고 표현적 기능은 의복이 개인의 감정적 · 심리적 욕구를 충족시키는 기능으로서 미적, 심리적 기능이 여기에 속한다. 즉 인간은 표현적 기능을 통하여 자기표현의 욕구를 충족하며 심리적 만족을 이룬다.[8] 따라서 이와 같은 의복의 표현적 기능을 통하여 현대의 개인들은 유행하는 패션에 동조하면서도 자신의 개성을 차별적으로 표현하며 사회와 소통하고 있다.

3) 의복의 기능에 따른 법적보호

앞서 살펴본 바와 같이 인간이 의복을 물리적 혹은 사회적인 목적으로 착용하는 경우에는 의복의 실용적인 측면이 강조된 경우이며, 표현적 목적으로 착용하는 경우에는 장식적인 측면이 더 강조된 경우라고 볼 수 있다. 예컨대 스마트 LED장치가 부착된 안전작업조끼나 화염과 강한 열기나 빛을 차단해주는 소방대원의 방화복 혹은 방열복의 경우에는, 의복의 실용적인 기능이 지배적인 경우이다. 이러한 안전작업조끼나 방화복 혹은 방열복은 일정요건 하에 특허로 등록되어 법적보호를 받을 수 있다.

---

7) 김혜경 · 전향란 · 서상우 · 홍경옥, 현대패션의 이해(개정판), 교학연구사 (2016), 14-16면 참조.

8) 김혜경 외 공저, 위의 책, 18-21면 참조.

한편 샤넬의 수석디자이너 칼 라거펠트가 2015년 파리 오트쿠튀르(haute couture) 패션위크에서 샤넬의 상징적인 클래식 슈트의 미래형 버전을 표현하고자 선보인, 3D프린팅 기법으로 바느질 처리 없이 일체형으로 출력한 디자인에 창작적인 수작업으로 비즈 등을 장식한 디자인의 경우에는, 슈트의 비즈디자인의 장식적 요소가 디자인법이나 저작권법을 통하여 보호 받을 수 있을 것이다.[9]

예컨대 의복의 실용적인 기능에 장식적 요소가 더해진 경우 그 장식적 디자인에 대한 저작권법상 보호여부가 문제된다. 그 경우 국가마다 저작물성의 판단기준이 상이하고 하급심법원의 통일적인 판결이 확립되지 못한 이유로 같은 사안이라도 다른 판결이 나올 수 있다. 무도회 드레스(Prom Dress)디자인의 저작물성이 문제된 Jovani Fashion, Ltd. v. Fiesta Fashions 사건에서 미국 제2순회항소법원은 무도회 드레스 표면의 세퀸(sequins)이나 크리스털의 배열 그리고 드레스 허리부분과 스커트의 장식적인 요소는 드레스에서 본질적 기능을 하고 있으므로 물리적으로 제거할 경우, 무도회 드레스로서의 기능에 불리한 영향을 준다고 판단하였다. 또한 무도회 드레스에 세퀸, 크리스탈, 루슈 그리고 튤레이어를 사용한 디자이너의 예술적 판단은 보는 사람으로 하여금 코스튬으로서의 의류 이외의 관념을 불러일으키지도 않는다고 보았다. 오히려 장식적인 요소들이 무도회 드레스의 기능을 향상시키는데 사용되었다고 판단하였다. 따라서 무도회 드레스의 심미적 요소는 특별한 날을 위하여 매력적으로 신체를 장식하는 기능적인 것과 합체되어 분리될 수 없다고 판단하며 드레스 디자인의 저작물성을 부정하는 판결을 하였다.[10]

---

9) https://fashionunited.uk/news/fashion/lagerfeld-gambles-with-3d-printed-chanel-suits-during-paris-haute-couture-week/2015070716972, (2021.09.01. 최종접속).

10) Jovani Fashion, Ltd. v. Fiesta Fashions, 500 Fed. Appx 42 (2d Cir. 2012); 박형옥, "의류 디자인의 미국 저작권법상 보호에 관한 연구 – Silvertop Associates,

이에 반하여 치어리더 유니폼의 장식적 요소에 대한 저작물성을 인정한 사건이 있다. 2017년 3월 22일 미국연방대법원은 치어리더 유니폼의 저작권 침해 사건인 Star Athletica, L.L.C. v. Varsity Brands, Inc. 사건에서 "실용품의 디자인에 포함된 특징이 실용품과 분리되어 2차원 또는 3차원 미술저작물로 인식될 수 있고, 그 자체 혹은 다른 유형의 매체에 고정될 때 실용품의 디자인특징이 통합된 실용품으로부터 분리되어 관념된다(imagined)면 회화, 그래픽, 조각저작물로 보호받을 수 있다"고 판결하였다. 구체적으로 치어리더 유니폼 표면 위의 색, 모양, 스트라이프, 갈매기 무늬의 배열에 대한 장식적 그래픽 요소에 대한 저작물성을 인정하였다.[11)]

일본의 경우, 2017년 오사카지방법원은 여성용 블라우스와 관련한 샤미블라우스(シャミ-ブラウス)디자인의 저작권 침해 사건에서 꽃무늬 자수 부분을 포함한 블라우스의 전체 디자인은 오직 의복의 실용적인 기능만을 위해서 디자인 되어 실용적인 기능을 떠나 독립적인 미적감상의 창작성을 갖춘 것으로 인정되지 않는다며 저작물성을 부정하는 판결을 하였다.[12)] 그밖에 우리나라를 포함한 패션산업에 있어 주요 선진국의 여러 판례는 후술하는 장에서 살펴본다.

정리하자면 의복의 기능이 주로 실용적인지 장식적인지에 따라 저작권법의 보호여부가 결정되며 의복이 주로 실용적인 기능을 제공하더

Inc. v. Kangaroo Manufacturing, Inc. 미국 바나나 코스튬 사건을 중심으로 –", 정보법학, 제22권 제3호, 한국정보법학회 (2018), 113-114면 참조.

11) Star Athletica, L.L.C. v. Varsity Brands, Inc., 137 S.Ct. 1002 (U. S. 2017): "a feature incorporated into the design of a useful article is eligible for copyright protection only if the feature can be perceived as a two – or three-dimensional work of art separate from the useful article, and it would qualify as a protectable pictorial, graphic, or sculptural work, either on its own or fixed in some other tangible medium of expression, if it were imagined separately from the useful article into which it is incorporated".

12) 大阪地裁 平成29年 1月19日 判決, 平成27年(ワ) 第9648号, 第10930号, (シャミ-ブラウス 事件).

라도 장식적인 요소가 있다면 그 부분에 대해서는 저작권법의 보호가 가능하다는 것을 앞서 소개한 판례를 통하여 알 수 있다. 그렇다면 의복이 가지는 기능과 패션디자인의 법적보호는 밀접한 연관성이 있다는 것을 알 수 있다.

따라서 패션디자인의 저작권침해 사건의 저작물성 판단에 있어서 법원은 패션디자인이 의복으로서 제공하는 실용적 기능을 고려함과 동시에 패션디자인에 부가된 장식적인 기능에 대한 고려도 함께 해야 할 것이다. 또한 패션디자이너 역시 자신이 디자인한 패션제품의 디자인에서 실용적 요소와 장식적 요소들을 구분하여 지적재산권으로 보호받을 수 있는 부분에 권리를 획득하고 강화해야 한다. 한편 타인의 선행디자인에 영감을 받거나 참조를 하여 디자인을 창작하는 경우에도 실용적 요소와 장식적 요소를 구분하여 저작권뿐만 아니라 디자인권, 상표권을 포함하는 권리자의 지적재산권을 침해하지 않도록 유의해야 한다.

2. 패션의 정의

패션의 정의는 한마디로 표현하기에는 포괄적인 단어이므로 여러 기준에 의하여 정의할 수 있다. 따라서 이하에서는 패션의 사전적 정의와 학자들에 의하여 내려진 정의 그리고 유행현상과 연관된 패션의 의미, 지적재산권법에서의 의미를 중심으로 살펴보고자 한다.

먼저 패션의 사전적 정의에 대하여 살펴보면 패션은 원래는 상류층 사람들 사이에서 볼 수 있었던 유행으로, 매너를 비롯하여 폭넓은 생활풍습에 관해 부르는 것으로 프랑스어로 'La Mode'라고 하며 일반적으로는 복식[13]을 중심으로 한 유행현상 및 유행하고 있는 복식 그

13) 복식의 의미는 시대에 따라 내용이 다르다. 중국에서는 의류의 장식, 의복에 걸치는 규정의 표시를 의미하고 있다. 우리나라에서는 근세 이후 몸에 걸치는 의복 및 쓰는 물건, 신는 물건, 드는 물건에 더하여 머리장식 용구 등의 장신구에 결

자체를 말하며 복식뿐만 아니라 인테리어, 취미 등을 포함할 때도 있고 파생적으로는 유행에 관계없이 복식과 동의어로 말할 때도 있으며 복식 디자인이나 감각, 또 어떤 복식이나 인테리어의 디자인을 받아들인 가치관 내지는 미의식을 말할 경우도 있다고 정의하고 있다.[14] 일본의 복식사 연구자인 후카이 아키코는 패션을 복식의 유행이라는 의미로 사용하기도 하였다.[15]

또한 패션(fashion)은 “행위나 활동하는 것(doing) 또는 만드는 것(making)을 뜻하는 라틴어의 팩티오(factio)에서 유래한 것으로, 사전적 의미는 ‘양식, 방식, 형, 유행, 관습, 습관’ 등 다양하며, 실제로 모든 생활양식 그 자체”가 패션이라 할 수 있다.[16] 좀 더 구체적인 사전적 의미를 살펴보면 패션은 “특정한 시기에 유행하는 스타일, 특히 옷, 머리, 화장 등에서 유행하는 스타일”을 의미하기도 한다.[17]

다음으로 학자에 의하여 내려진 패션의 정의를 살펴보면, 미국의 경제학자 폴 헨리 니스트롬(Paul Henry Nystrom)은 패션은 “어떤 일정한 시기에 유행하는 스타일 그 이상도 그 이하도 아니다.”라고 정의하고 있으며,[18] 소스타인 베블린(Thorstein Bunde Veblen)의 유한계급론(The Theory of the Leisure Class)의 영향을 받은 독일출신 사회학자 게오르크 지멜(Georg Simmel)은 “패션이란 두 가지 상반되는 욕구, 즉 개인적 차별화의 욕구와 사회적 공통화에의 욕구로 개성화와 동조성(conformity)으로 지탱되는 것”[19]이라고 정의하고 있다. 특히 게오르크

발(結髮) 양식까지를 포함하는 것으로 본다. 그러나 때로는 옷의 장식이란 의미로서, 의복 이외의 장신구류를 복식이라고 부를 때도 있다. 오늘날 복식의 의미는 의복과 장식의 양쪽 의미를 가리키며, 특히 장식을 의복과 동격으로 다룰 때에 이용하는 말로 사용될 때가 많다, 네이버 패션전문자료사전, 1997. 8. 25, 한국사전연구사, (2021. 09.10. 최종접속).

14) 네이버 패션전문자료사전, 1997. 8. 25, 한국사전연구사, (2021.09.10. 최종접속).
15) Fukai Akiko (송수진 번역), 오트쿠튀르를 입은 미술사, 한겨레출판 (2013), 9면.
16) https://ko.wikipedia.org/wiki/패션, (2021.09.10. 최종접속).
17) https://dictionary.cambridge.org, (2021.09.10. 최종접속).
18) Paul H. Nystrom, Economics of Fashion, New York: Ronald Press (1928), 4.

지멜은 패션을 사회 계층 측면에서 보면서 패션은 하류계층의 집단으로부터 자신을 구별할 목적을 가지는 사회적 엘리트에 의하여 채택되는 것으로서 하류계층은 상류계층을 모방하고 상류계층은 집단적으로 스스로를 분리하려는 시도로 새로운 유행을 선호하며 달아난다고 보았다. 따라서 가장 높은 계층에서 가장 낮은 계층으로 이동하는 이러한 하향전파(trickle-down) 과정에 따른 패션의 변화는 사회적 계층화와 사회적 이동성으로의 유인에 의하여 끝없이 추진된다는 지위(Status)이론을 주장하였다.[20]

한편 미국의 사회학자인 허버트 블루머(Herbert Blumer)는 패션은 많은 경쟁스타일들 중에서 개인의 선택을 통해 패션트렌드로 표현되는 집단적 취향(collective taste)을 형성하는 집단적 과정으로부터 나오는 것이라고 하였다. 그리고 트렌드의 주제는 우리가 살고 있는 시대정신(Zeitgeist)을 반영하며 사람들은 새롭고 혁신적이며 최첨단인 기술과 연관된 변화에 발맞추기를 원하고 있으며 특정 패션을 모방하는 것은 단순히 해당 그룹을 모방하려는 욕구 때문이 아니라 패션을 추구하며 패션을 따르는 것이 바람직하기 때문에 합류한다고 주장하였다.[21] 이와 같은 하버트 블루머의 시대정신 이론은 앞서 검토한 게오르크 지멜이 패션을 사회적 지위에 대한 투쟁의 장소라고 보고 패션을 사회계층의 측면에서 표현한 지위(Status)이론과 함께 패션에 있어서 주요한 이론이다.[22]

---

19) Georg Simmel(Levine, Donald(ed.), Georg Simmel on Individuality and Social Forms (Heritage of Sociology Series)(1st ed), Chicago Univ. Press (1971), 301.

20) Hemphill, C. Scott and Gersen, Jeannie Suk, The Law, Culture, and Economics of Fashion (2009). Stanford Law Review, Vol. 61, March 2009, 109-111.

21) Hemphill, C. Scott and Gersen, Jeannie Suk, The Law, Culture, and Economics of Fashion (2009), 111-113.

22) Hemphill, C. Scott and Gersen, Jeannie Suk, The Law, Culture, and Economics of Fashion (2009), 108.

패션은 특정한 시기에 유행하고 있는 복식을 의미하기도 하고 개인의 차별화 욕구와 유행에 동조하려는 욕구를 동시에 표현해주는 유행스타일을 의미하는 것으로도 정의할 수 있다. 패션의 의미를 유행현상과 관련하여 살펴보면 패션은 새로운 제품이나 트렌드가 사회에 소개된 후 특정시기에 많은 소비자에게 이용되어 유행하는 양식 또는 유행하는 스타일로 채택되어가는 사회적인 전파과정을 의미하는 것으로 볼 수 있다. 그리고 패션은 새로운 패션이 발표되는 단계인 모드(mode)와 모드가 대중화 되는 단계인 패션(fashion)을 거쳐 그 이후 유행이 정착되어 다른 대상과 구별되는 특징적인 형태를 가지는 스타일(style)이 된다.[23] 이와 같이 패션은 정착되거나 소멸되어 결국에는 새로운 유행스타일로 기존의 패션이 대체 된다. 이 과정에서 새로운 패션에 대한 요구는 오래된 바지가 닳아 새로운 것으로 바꾸기 위한 물질적 또는 물리적 요구일 수도 있고, 사회적으로 유행하는 패션에 필연적으로 사람들이 참여하기 때문일 수도 있다. 따라서 패션의 변화는 문화적 설명이 필요한 규정하기 힘든 현상이기 때문에 다양한 분야의 사상가들은 패션이 무엇인지, 특히 패션이 소개되어 채택되고 특정 스타일이 쇠퇴하는 과정을 무엇으로 설명할 수 있는지에 대하여 연구해 왔다. 앞서 검토한 게오르크 지멜의 지위이론과 하버트 블루머의 시대정신이론이 그러한 논의를 전개하는데 있어 중요한 두 이론이다.[24]

또한 패션은 토털패션의 개념으로도 이해될 수 있다. 일본에서 패스트패션(Fast Fashion) 브랜드인 '포에버 21(Forever 21)' 패션쇼의 표현요소가 일본 저작권법상 미술저작물에 해당되는지 여부가 쟁점이 된 사례[25]가 있다. 해당 사건에서 원고가 주장한 모델의 의상, 메이크업, 액세서리, 헤어스타일링, 무대에서의 포즈 등을 포함하는 패션쇼 요소

23) 엄소희 · 장윤이, 패션상품 디자인기획, 교문사 (2016), 14면 참조.

24) Hemphill, C. Scott and Gersen, Jeannie Suk, The Law, Culture, and Economics of Fashion (2009), 109.

25) 知財高裁 平成26年 8月28日 判決, (ファッションショー 事件).

들의 저작물성은 부정되었지만, 해당 패션쇼에서 패션의 개념은 토털 패션의 개념을 의미하는 것으로 이해된다.

이와 같이 패션의 정의는 의류 자체 혹은 의류를 포함하는 토털패션의 의미로도 사용되고 특정한 시기에 사회에서 유행하고 채택되는 스타일 또는 사회현상으로도 사용되며 나아가 사회계층간의 사회이동을 성취하기 위한 욕구를 반영하는 수단으로도 정의된다. 따라서 패션을 무엇이라고 한마디로 정의 내리기는 어렵고 패션이 이용되는 환경에 따라 그 의미가 달라진다는 것을 알 수 있다.

지적재산권법에서 패션의 의미에 대하여 살펴보면 패션이라는 용어가 직접적으로 법 규정에 명시된 경우가 있다. 프랑스는 계절적 의류 및 패션물의 창작 침해 방지에 관한 1952년 3월 12일 법률(Loi du 12 mars 1952 réprimant la contrefaçon des créations des industries saisonnières de l'habillement et de la parure)에서 보호대상으로 패션을 의미하는 "la mode"를 명시하고 있으며[26], 저작권법과 산업재산권법 규정을 통합한 1992년 지적재산법(Code de la propriété intellectuelle, CPI)에서도 "의류 및 패션제품의 계절적 산업의 창작물"을 저작물로 예시하며 패션(la mode)을 창작물에 포함하였다.[27] 한편 미국의 경우 저작권의 보호를 패션디자인에까지 확장하기 위하여 2006년도에 '디자인 불법복제금지법(Design Piracy Prohibition Act, DPPA)'안을 의회에 제출하면서 디자인보호대상에 'fashion design'을 추가하고 패션디자인을 "장식을 포함하는 어패럴 물품의 전체 외관"이라고 정의하였다. 그러나 가장 최근에 제출된 2012년 '혁신적인 디자인보호법(Innovative Design Protection Act of 2012: IDPA)'안도 입법화 되지 못하고 폐기되었다.

이 책에서 패션디자인은 지적재산권법의 보호대상이 되는 의류를

---

26) Art 2, Loi n° 52-300 du 12 mars 1952 réprimant la contrefaçon des créations des industries saisonnières de l'habillement et de la parure.

27) CPI Art. L.112-2.14°.

비롯한 액세서리, 신발, 가방 등을 포함하는 패션제품의 디자인 그 자체를 의미한다. 예를 들어 티셔츠에 인쇄된 그래픽이미지나 스커트에 인쇄된 문양이 창작성이 있고 패션의류에서 분리가능하고 독자성을 가지며 양산 가능성이 있다면 그 경우 그래픽이미지나 문양은 우리 저작권법 제2조 제15호에 규정된 응용미술저작물로 보호받을 수 있는 패션디자인이 된다. 또한 티셔츠의 좌우측면에 통기구가 형성된 디자인의 경우 그 통기구 디자인이 우리 디자인보호법상 디자인등록요건인 공업상 이용가능성, 신규성 그리고 창작비용이성을 만족한다면 부분디자인으로 보호받을 수 있는 패션디자인이 될 수 있다.[28]

한편 직물디자인의 경우 패션디자인은 아니지만 직물지 단독으로 이용되기 보다는 의류를 제작하기 위한 원단으로 이용되기 때문에 의류디자인이 패션디자인으로 지적재산권법의 보호를 받는 것과 같은 일정한 보호요건을 만족하면 패션디자인으로서 보호받을 수 있다. 예컨대 의류 제작용 직물지는 현행 디자인보호법상 디자인일부심사등록제도를 통하여 디자인등록요건의 일부사항만 심사받아 직물지 디자인을 보호받을 수 있다. 또한 직물지의 형태가 타인이 제작한 직물지나 동종의 직물지가 통상적으로 가지는 형태가 아니라면 직물지 디자인의 창작성, 신규성, 창작비용이성을 판단 받지 않고 직물지의 시제품 제작 등 형태가 갖추어진 날로부터 3년간 직물지의 형태를 현행 부정경쟁방지법 제2조 제1호 (자)목 조항에 근거하여 타인의 실질적으로 동일한 모방으로부터 보호받을 수 있다.

패션디자인은 의류디자인이나 직물디자인보다 넓은 범위의 개념이

---

28) 물론 디자인의 대상이 되는 물품인 티셔츠는 디자인일부심사등록출원의 대상이 되는 물품으로 디자인의 신규성과 공지디자인과의 창작비용이성을 심사받지는 않는다. 그러나 주지한 디자인과의 창작비용이성은 심사받으며, 만약 정보제공이 있는 경우 신규성과 창작비용이성 위반에 해당되면 디자인등록거절결정이 내려질 수 있다. 또한 디자인권 설정등록 이후에 이의신청이 있는 경우, 이의신청이 이유 있다고 인정되면 디자인등록취소결정이 이루어지고 디자인권이 소멸될 수 있다.

지만 패션산업계나 디자인 관련된 법원 판례를 참고할 때 주로 의류디자인을 의미하는 것으로 인식된다. 따라서 이 책에서 패션디자인은 액세서리나 신발 등의 패션제품 보다는 유행의 변화를 가장 빠르게 반영하고 모방하기 쉬운 직물을 포함하는 의류에 한정하는 의류디자인임을 밝혀둔다.

3. 패션의 속성

패션은 시대를 반영하며 지속적으로 변화하고 유행과 소멸 또는 정착의 과정을 지나 과거의 유행이 재해석되어 나타난다. 따라서 패션은 가변성, 모방성, 반복성, 주기성의 속성을 가지는데[29] 패션의 이러한 속성은 패션디자인의 여러 법적 쟁점과 밀접한 관련이 있다. 그러므로 다음에서는 패션의 주요한 속성들이 저작권법과 디자인보호법 등의 지적재산권법과 관련하여 어떤 쟁점을 가지는지와 패션디자이너들이 새로운 패션디자인을 기획할 때 유의해야 할 점은 무엇인지 살펴본다.

1) 가변성

패션은 시대와 문화를 반영한다. 그리고 기술적, 경제적, 정치적 사회 환경의 변화를 통하여 나타난 새로운 패션 스타일에 의하여 대중의 취향과 유행이 변화되고, 그러한 변화는 또 다른 새로운 패션의 변화를 만들어낸다. 즉 패션은 역사적 혹은 경제적인 큰 변화가 있을 때 그리고 계절변화나 소비자의 니즈의 변화가 있을 때 패션트렌드의 변화를 일으키는 가변성을 가진다.

예를 들면, 제2차 세계대전이 끝난 후에는 물자의 부족으로 의생활의 통제와 의복 스타일의 단순화 또는 축소화가 있었다. 따라서 남성복은 간결한 싱글 재킷 슈트가 유행되었고 여성복은 여성의 우아함과

---

29) 엄소희 · 장윤이, 앞의 책, 15면 참조.

아름다움이 반영된 둥근 어깨와 풍성하게 퍼지는 롱 플레어 스커트의 '뉴 룩(New Look)'이 유행하였다. 또한 1960년대에는 산업의 발달로 인한 경제적 호황으로 패션에서도 본격적인 대중화가 시작되었다. 특히 음악계에서 락 음악이 유행하고 미술계에서는 '팝 아트'와 '옵 아트'가 성행하여 복식에 영향을 주었으며 미니멀리즘이 미국을 중심으로 다방면의 분야에 등장하였다. 그 중 팝 아트의 실크스크린 복제기법의 활용이 유행하였고 팝 아트의 기호・문자・숫자・그라피토 기법은 패션디자인의 중요한 모티브로 사용되었다.30)

한편 패션의 가변성은 패션의 주기와도 관련이 있는데 패션주기에 있어서 절정기에는 새로운 스타일이 유행의 정점을 이루고 더 이상 새로운 느낌을 대중에게 주지 못하여 또 다른 패션스타일이 창출된다.

2) 모방성

패션의 모방성은 패션의 여러 속성 중 패션디자인의 지적재산권 침해와 가장 밀접한 관련이 있는 속성이다. 패션은 타인의 스타일을 모방하려는 개인의 심리적 욕구가 대중 간의 동조행동을 통하여 패션의 유행을 일으키고 그러한 유행은 또 다른 모방을 통해 전파되면서 확산되는데 이러한 패션의 특성을 패션의 모방성이라고 한다.31)

(1) 모방성과 패션의 전파이론

패션의 모방성은 패션의 전파이론과 관련이 있다. 대표적인 패션의 전파이론은 하향전파이론, 상향전파이론 그리고 집합선택이론이 있다. 앞서 살펴본 바와 같이 하향전파이론(Trickle-down theory)은 게오르크

30) 김혜경 외 공저, 앞의 책, 44, 46-47면 참조: "팝 아트는 기존의 고상한 미술과 달리 예술을 저속한 대중문화와 결합한 것으로 통속적이고 상업적인 특징을 가지고 있으며, 옵 아트는 인간의 눈에서 이루어지는 모든 작용이 조형의 바탕이 된다고 보는 시각적 착시효과과 개념에서 출발한 것으로 추상적이고 기하학적인 특징을 가지고 있다.

31) 엄소희・장윤이, 앞의 책, 15면 참조.

지멜이 주장한 이론으로서 사회·경제적 상류계층에서 하류계층으로 패션이 전파된다는 이론이다. 즉 상류계층과 동일해지려는 사람들의 욕망으로 인하여 상류계층의 패션이 중류계층으로 모방되고, 중류계층의 패션은 하류계층으로 다시 모방된다는 이론이다.

반면 상향전파이론(Trickle-up theory)은 그린버그(Greenberg)와 글린(Glynn)이 주장한 이론으로 하위문화집단 또는 낮은 연령층의 패션이 사회전반의 유행으로 전파된다는 이론이다.32)

그다음 집합선택이론(collective selection theory)는 미국의 사회학자인 허버트 블루머(Herbert Blumer)에 의해 주장된 이론으로 패션은 많은 경쟁스타일들 중에서 개인의 선택을 통해 패션 트렌드로 표현되는 집단적 취향(collective taste)을 형성하는 집단적 과정으로부터 나온다는 이론이다. 집합선택이론에 의하면 트렌드 형성의 과정은 모호하게 시작하다가 특정한 패션이 정착되면 분명해지며 트렌드의 주제는 우리가 살고 있는 시대정신을 반영한다는 것이다. 또한 집합선택이론은 하향전파이론을 정면으로 비판하면서 패션의 원동력이 반드시 높은 지위의 사람들을 모방하는 것은 아니고 오히려 사람들은 패션을 추구하기 때문에 패션을 따른다는 것이다. 즉, 사람들은 새롭고 혁신적이며 최첨단 기술과 연관되어 변화에 발맞추기를 원한다는 것이다. 따라서 특정 패션이 특정 그룹에서 시작되면 다른 사람들이 단순히 해당 그룹을 모방하려는 욕구 때문이 아니라 패션을 따르는 것이 바람직하기 때문에 합류한다는 이론이다.33)

현대에 개인들은 패션을 통하여 각자의 개성이나 정체성 그리고 미적욕구를 표현하고 나아가 개인이 소속된 집단의 구성원과 상호적 소통을 하고자 한다. 그 과정에서 개인들은 그 시대의 유행하는 패션

32) 엄소희·장윤이, 앞의 책, 17면 참조.
33) Hemphill, C. Scott and Gersen, Jeannie Suk, The Law, Culture, and Economics of Fashion (2009), 111.

을 모방하거나 또는 개인이 소속되기를 원하는 특정계층의 패션트렌드를 모방하고 동조하려고 한다. 따라서 앞에서 살펴본 전파이론들은 개인의 모방 동기 혹은 대중의 집단적 취향에 대한 동조욕구를 설명해주고 나아가 패션의 모방성을 이해하는데 이론적 배경을 제공해준다. 그러나 현대에는 사회 경제적 계층의 개념에 상관없이 패션의 모방이 이루어지기 때문에 하버트 블루머의 집합선택이론이 현대패션의 모방성을 설명하기에 더 설득력 있는 전파이론이라 할 것이다.

(2) 패션디자인 모방의 침해역설론(The Piracy Paradox)

패션디자인의 모방은 패션의 속성인 모방성으로 인하여 패션산업에서 불가피하게 발생한다. 게다가 패션산업계 종사자들 역시 어느 정도의 모방은 소비자의 욕구를 충족시키기 위해 필수적이라고 생각하고 있다.[34] 또한 패션디자인의 모방이 무조건 위법한 것도 아니다. 그러나 저작권법과 디자인보호법을 비롯한 지적재산권법에서는 위법한 모방의 경우에 법적인 제재를 적용하는 규정을 두고 있다. 그 이유는 위법한 모방에 대한 법적인 제재가 없다면 창작자의 의욕상실이 패션산업 발전에 부정적 영향을 주고 나아가서는 패션산업의 건전한 발전의 도모를 기대하기 어렵게 만들기 때문이다.

한편 패션업계 종사자들의 패션디자인의 모방에 대한 인식과 관련한 국내의 연구결과에 의하면 패션업계 종사자들은 패션디자인의 모방에 대하여 긍정적인 인식과 부정적 인식을 모두 가지고 있는 것으로 분석되었다. 그리고 오랫동안 지속되어온 무분별한 패션디자인의 모방을 지양하기 위하여 패션기업의 시스템 변화와 패션업계 전반에 걸친 의식전환이 이루어져야 한다는 것에 동의하는 것으로 나타났다.[35]

---

34) Guillermo C. Jimenez, Barbara Kolsun, FASHION LAW: A Guide for Designers, Fashion Executives, and Attorneys (1st ed), Fairchild Books (2009), 36.

35) 홍병숙 · 석효정 · 이은진, "패션산업의 디자인 모방에 관한 연구", 한국의류산업

패션의 모방과 관련하여, 프랑스의 패션디자이너 가브리엘 샤넬(Gabrielle Bonheur Chanel)은 "패션은 유행에 뒤떨어질 수밖에 없게(unfashionable) 만들어진다."는 한줄 명언으로 패션이 가지는 경제학적이고 문화적인 메커니즘을 표현하였다. 즉 모방(imitation)[36]과 관련한 베끼기(copying), 도용(appropriation), 2차적 재작업(derivative reworking), 참조(referencing) 그리고 리믹스(remix)가 패션의 필수 요소라고 하였다.[37] 또한 이탈리아의 명품 브랜드 프라다의 CEO이자 디자이너인 미우치 프라다(Miucci Prada)는 "다른 사람들이 우리를 베끼게 하고, 그럴 때 우리는 그것을 버린다."[38]라고 하였다. 이와 같은 패션디자이너들의 모방에 대한 인식은 다른 브랜드의 패션디자인을 베끼고, 참조하고, 도용하는 것이 패션업계에서 일상화된 일이라는 것을 보여주는 예이다.

한편 미국에서는 패션의 모방이 패션산업의 창조와 혁신을 촉진시킨다는 '침해역설'을 지지하는 자들의 찬성의 입장과 패션디자인의 무분별한 모방이 선행 디자이너의 창작의욕을 저하시키고 원창작물에 대한 디자이너의 창작노력에 무임승차함으로써 결국엔 패션산업 전체에 타격을 줄 수 있다는 반대의 입장이 있다.[39]

학회지, 제13권 제4호, 한국의류산업학회 (2011), 568-569면 참조.

36) 원문의 'imitation'은 문맥상 모방으로 해석하는 것이 적절해 보여 모방으로 번역하였다.

37) Marianne Dahlén, "Copy or copyright fashion? Swedish design protection law in historical and comparative perspective", Business History 54:1, 88, 90 (2012). http://dx.do I .org/10.1080/00076791.2011.617211, (2021.09.12. 최종접속).

38) Kal Raustiala and Christopher Sprigman, The Piracy Paradox: Innovation and Intellectual Property in Fashion Design. Virginia Law Review, Vol. 92, 1687, 1722 (2006), UCLA School of Law Research Paper No. 06-04, Available at SSRN: https://ssrn.com/abstract=878401.

39) 대표적인 침해역설론자는 '칼 라우스티아라 교수와 크리스토퍼 스프리그맨 교수이고, 패션의 불법모방을 반대하는 대표적인 사람은 수잔 스카피디(Susan Scafidi) 교수이다.

칼 라우스티아라 교수와 크리스토퍼 스프리그맨 교수는 패션디자인의 불법복제(piracy)가 디자이너들의 창작활동을 촉진시키고 패션산업의 혁신을 일으켜 패션의 더 빠른 매출액과 추가 판매를 유도함으로써 결국엔 패션디자이너들에게 이익을 준다는 모방에 대한 침해역설을 주장하는 대표적인 인물들이다. 침해역설을 주장하는 자들은 패션산업에 있어서의 베끼기는 언제 어디서나 이루어지고 있지만 그럼에도 패션산업은 빠른 속도로 의류 및 액세서리 디자인에 있어서 다양하게 성장하고 있다고 주장하고 있다. 따라서 패션산업의 대표적 창작 분야인 의류(apparel) 디자인 분야는 지적재산권법의 적용을 받지 않는 영역이라고 주장하고 있다. 또한 지적재산권의 표준이론에 의하면 패션디자인의 광범위한 베끼기가 패션산업의 새로운 혁신에 대한 인센티브를 파괴할 것이라고 예측하지만 패션업계는 표준이론에 의해 예측된 것과는 정반대로 빠르게 혁신을 계속하고 있다고 주장하고 있다.[40] 침해역설론자들은 지적재산의 체계가 패션디자인의 자유로운 도용을 허용할 경우 패션디자인과 스타일의 확산이 가속화 되는데 그러한 과정을 "유도된 진부화(induced obsolescence)"라고 부른다. 따라서 베끼기가 불법적이라면 패션 주기는 매우 느리게 진행이 될 것이며, 반면 창조적 디자인에 대한 보호의 부재와 디자인의 자유로운 도용의 체제는 확산을 가속화 하고 패션디자인의 더 빠른 진부화를 유도할 것이라고 주장한다.[41]

(3) 패션의 모방과 지적재산권 침해

패션에 있어서 공공의 영역에 있는 아이디어와 주제 및 스타일을

40) Kal Raustiala and Christopher Sprigman, The Piracy Paradox: Innovation and Intellectual Property in Fashion Design. Virginia Law Review, Vol. 92, 1687, 1689 (2006).

41) Kal Raustiala and Christopher Sprigman, The Piracy Paradox: Innovation and Intellectual Property in Fashion Design. Virginia Law Review, Vol. 92, 1687, 1722 (2006).

자유롭게 이용하고 또한 기성(ready-made) 패션디자인을 참고하여 모방하고 디자인하는 작업은 패션업계에서는 흔한 일상이다. 그런데 이와 같은 패션업계의 모방은 패션디자인의 법적보호와 긴밀한 관계에 있다. 즉 패션의 모방은 경우에 따라 지적재산법상 비침해행위인 자유로운 모방이 될 수도 있고 아니면 위법한 모방이 될 수도 있다. 패션디자인 침해와 관련한 분쟁은 대부분 후자의 경우에 발생한다. 현행 지적재산법에서 허용되지 않는 침해에 해당되는 모방의 경우를 예를 들어 살펴보면 다음과 같다.

우선 저작권법에서는 기존 패션디자인에 의거하여 거의 동일하게 디자인을 모방하는 경우에, 모방한 부분이 원고 패션디자인의 창작적인 부분과 실질적으로 유사하다면 저작권법상 저작권 침해에 해당한다.[42] 그러나 피고가 원고의 저작물을 이용하였다고 하더라도 양 디자인 간에 실질적 유사성이 존재하지 않는다면 피고의 저작물은 독립제작된 새로운 저작물로 인정되어 저작권 침해에 해당되지 않는다.[43] 다음으로 디자인보호법에서는 등록디자인과 동일하거나 유사한 패션물품에, 등록디자인의 권리범위에 있는 창작적인 부분을 동일 또는 유사한 디자인으로 모방하여, 피고의 디자인이 등록디자인과 전체적으로 느껴지는 심미감이 같은 유사한 디자인이라면 디자인권 침해가 인정된다.[44] 한편 부정경쟁방지법에서는 상품의 시제품 제작 등 상품의 형태가 갖추어진 날부터 3년이 지나지 않은 타인의 선행하는 패션상품의 형태에 의거하여 실질적으로 동일하게 상품형태를 모방하는 행위를 부정경쟁행위에 해당하는 것으로 규정하고 있다.[45] 따라서 패션디자인의 창작에 있어서 후발자는 선행디자인의 요소들을 모방하는 것이 패션디

42) 서울중앙지방법원 2018. 11. 16. 선고 2017가합555001 판결, 특허법원 2020. 1. 7. 선고 2018나2407 판결, 대법원 2020. 5. 14. 선고 2020다209693 판결.
43) 박성호, 저작권법(제2판), 박영사 (2017), 669-670면 참조.
44) 특허법원 2011. 8. 19. 선고 2011허4004 판결.
45) 서울동부지방법원 2006. 12. 1. 선고 2006가합1983 판결.

자인 권리자의 지적재산권을 침해하는 범위에 해당되는지 여부를 사전에 정확하게 확인해야 한다.

한편 미국의 침해역설론을 살펴보면, 침해역설론자들의 주장대로 패션산업에서의 불법복제에 해당하는 모방으로 패션디자인의 진부화가 빨라지고 패션산업의 매출이 증대하여 결국에는 패션디자이너에게도 도움이 될 수 있다. 그러나 패션디자인의 불법복제가 원본의 가치를 대신하고 패션디자이너들의 창작 동기를 상실하게 하며 결국에는 패션산업의 혁신을 저해하게 되어 패션산업 전체의 손실을 가져오는 부작용과 폐해가 더 클 것이다. 럭셔리 패션브랜드나 대형 패션브랜드의 경우에는 자사의 상표와 브랜드를 포함한 지적재산권을 회사 내부의 지적재산권 전담팀에서 체계적으로 관리한다. 따라서 불법복제가 발생하더라도 정확하고 신속한 법적대응이 가능하며 금전적인 피해가 발생한 경우에는 다양한 패션라인에서 손실을 메꾸어줌으로 전체적인 수익에 있어서 손실의 규모는 크지 않을 수 있다. 그러나 소규모의 독립디자이너나 영세한 패션회사의 경우에는 디자인의 불법복제로 피해가 발생하더라도 창작활동을 멈추고 법적인 대응을 하는 것이 시간적·경제적으로 어렵다. 또한 사업의 패션아이템 수가 적어 침해당한 패션제품을 당장 대체할 수 없는 경우에는, 사업에 투자한 금액을 회수하기도 전에 사업을 포기해야 하는 경우가 발생한다. 따라서 이와 같은 상황을 종합적으로 고려할 때, 패션디자인의 불법복제에 대한 침해역설론은 소수 패션회사에게는 큰 영향을 주지 않는 이론일지라도 패션산업 전체에 끼치는 영향은 상당히 부정적이다. 따라서 패션창작에 있어서 선행디자인을 모방하는 것은 자유이지만 불법적인 모방과 합법적인 모방의 경계를 패션디자이너들은 구분해야 하며 지적재산권법이 그 경계를 정확하게 제시하고 불법복제에 해당하는 모방은 더욱 강하게 규제하여 패션디자이너들의 권리가 보호될 수 있도록 하여야 한다.

3) 반복성

고대, 중세에 유행하던 의복스타일이 현대에 이르러 부활되거나 새로운 영감으로 재해석되어 새로운 패션스타일로 대중에게 소개되는데 이것은 패션이 반복적인 특성을 가지고 있기 때문이다.

패션의 반복성을 잘 활용한 사례를 살펴보면 다음과 같다. 먼저 그리스의 드레이핑(draping)[46] 복식의 종류인 '키톤(chiton)'은 20세기에 와서 디자이너 마들렌 비오네(Madeleine Vionnet)가 바이어스 재단을 이용하여 인체의 순수미를 잘 드러내는 디자인으로 재창조하였다. 특히 비오네는 드레스의 여성스럽고 부드러운 실루엣을 바이어스 커팅을 통하여 표현해주면서 이전에 없었던 새로운 복식미와 여성의 우아한 아름다움을 창조해준 것으로 평가 받는다. 그리고 비오네의 바이어스 커팅 디자인을 크리스찬 디오르(Christian Dior)의 오트쿠튀르 컬렉션에서 존 갈리아노(John Galliano; 1960~) 패션디자이너가 복고풍 디자인으로 재창조하여 선보였다.[47]

또 다른 예는 '에스닉 룩(ethnic look)'[48]이 최신 유행스타일로 재해석 된 사례이다. 즉 1960년대 말과 1970년대에는 세계적으로 전쟁과 폭동 같은 사건들이 많이 발생하여 젊은층 사이에서는 작업복 청바지나 구제품의 빈티지 의상 같은 안티패션(Anti fashion)이 유행하게 되었고, 히피들은 긴 머리와 구슬목걸이 그리고 낡은 의상 등을 걸치며 에

---

46) 드레이핑(draping)은 "입체재단을 의미하는 것으로, 의복을 제도해서 재단하는 것이 아니라, 보디(body)에 직접 천을 대면서 디자인을 창작하거나, 예정된 디자인의 다트나 이음을 재단하면서 입체적으로 완성하는 기법"이다, 네이버 패션전문자료사전, (2021.09.10. 최종접속).

47) 최진영 · 조규화, "크리스찬 디오르 컬렉션에 나타난 마들렌 비오네 디자인 이미지", 패션비즈니스 제14권 2호, 한국패션비즈니스학회 (2010), 74-75면 참조.

48) 에스닉 룩은 원래 세계 여러 나라의 민족 고유의 복장을 의미하는 말이었으나 에스닉풍 의상이 크게 유행하면서 민족복에서 힌트를 얻은 소박하고 민속적인 느낌의 복장을 에스닉 룩이라고 한다. 요즘은 동양적인 오리엔탈 룩으로 많이 해석되기도 한다, 네이버 시사상식사전, (2021.09.10. 최종접속).

스닉(ethnic)[49] 의상을 흉내 낸 스타일이나 미국 인디언 의상을 모방한 스타일을 함께 착용하기도 하였다. 그리고 1990년대에는 이와 같은 '에스닉 룩'이 세계 모든 국가의 전통적 복식을 의미하는 것으로 확대되어 유행하게 되었다. 또한 1970년대에는 프랑스 남성 디자이너인 이브 생 로랑(Yves St. Laurent)이 각국의 전통의상과 스트리트룩(street look)[50]을 최신 유행스타일로 해석하여 재창조한 컬렉션을 개최함으로써 70년대 파리 패션의 스타로 떠올랐다.[51] 그리고 최근에는 이탈리아 럭셔리 브랜드 구찌의 크리에이티브 디렉터인 알렉산드로 미켈레(Alessandro Michele)가 빈티지와 르네상스, 바로크 시대의 프린트와 패턴을 자유롭게 믹스하며 규칙과 성(性) 그리고 시대 구분도 없는 '무규칙, 무성, 무시대'를 표방하는 신장식주의 룩[52]을 탄생시켰다.[53]

이상으로 살펴본 사례들은 패션이 가지는 반복성을 잘 활용하여 기존의 패션디자인을 재해석하고 창작성을 더하여 새로운 디자인으로 재창조시킨 경우이다. 그러나 패션 디자이너가 선행하는 디자인에서 영감을 받아 새로운 디자인을 창작하고 패션제품으로 제조하는 과정에

---

49) 에스닉은 "「민족적인 · 이교도의」 등의 뜻으로 특히 아프리카, 중근동, 중남미, 중앙아시아, 몽고 등의 스타일을 가리킨다.", 네이버 패션전문자료사전, (2021.09.10. 최종접속).

50) 스트리트 룩: 일반적으로 가난하거나 소수인 거리의 하위문화 집단이 자신들의 스타일로 즐겨 착용하는 차림새를 말한다: Gini Stephens Frings (조길수 외 3인 번역), 패션, 개념에서 소비자까지, 시그마프레스 (2005), 27면 참조.

51) Gini Stephens Frings (조길수 외 3인 번역), 패션, 개념에서 소비자까지, 시그마프레스 (2005), 26-27면 참조.

52) 신장식주의는 "억제된 색과 심플한 형이었던 미니멀 패션이 주류였던 1980년대 후반에 그것을 뒤집어 화려하고 장식적인 패션이 나타난 경향을 가리킨다. 1980년대와 1990년대까지의 신장식주의는 2000년으로 넘어오면서 클래식한 전위패션 혹은 세련된 아방가르드로 변형되어 수많은 브랜드의 디자인 디테일로 채용되었다.", 네이버 패션전문자료사전, (2021.09.10. 최종접속).

53) 김의향, "히피의 아들, 전 세계 패션계 발칵 뒤집다... 구찌의 알렉산드로 미켈레", http://news.chosun.com/site/data/html_dir/2017/04/06/2017040600869.html, 조선비즈, 2017. 4. 7. 기사참조, (2021.09.10. 최종접속).

서 지적재산권의 침해가 발생할 수도 있다는 점을 패션디자이너들은 주의해야 한다. 즉 새롭게 창작한 패션디자인에 포함한 디자인 요소가 처음부터 공공의 영역에 속하는 요소인지 아니면 공공의 영역에 속하는 요소가 선행디자인에서 새롭게 변형되어 창작된 요소인지 확인해야 한다.[54] 그리고 선행디자인에 추가로 가미된 창작적 요소를 이용할 경우에는 권리자로부터 사전 이용허락을 받거나 또는 정당한 보상을 하여야 한다. 따라서 디자인개발과정에서의 면밀한 선행검색은[55] 디자인 침해분쟁의 예방에 필수적인 과정이다.

4) 주기성

패션은 새로운 스타일이 사회에 소개된 후 당시대의 사회적, 정치 경제적, 예술적 동향을 반영하며 채택과 정착 그리고 소멸의 과정을 겪게 된다. 이러한 일련의 과정을 제품의 수명주기 또는 패션 사이클이라고 부른다. 패션 사이클은 유행의 주기곡선을 가지며 소개기, 상승기(혹은 성장기), 절정기(혹은 성숙기), 쇠퇴기, 소멸기의 단계로 구분된다. 따라서 다음에서는 패션의 주기별 특징을 살펴본다. 특히 소개기와 상승기에서는 발생할 수 있는 지적재산권 쟁점에 대하여도 살펴본다.

---

54) 대법원 1991. 8. 13. 선고 91다1642 판결: 판결에서 대법원은 "한복디자인이란 종래의 문화적 유산인 복식에 기초를 두고 이에 변형을 가해가는 것이므로 그 디자인 중 저작권에 의하여 보호되는 것은 저작자의 독창성이 나타난 개인적인 부분만에 한하고 옛부터 전해 내려오는 제작기법이나 표현형식은 누구나 자유롭게 이용할 수 있는 것이어서 저작권 보호의 대상이 되지 않는다고 할 것이므로, 저작권의 침해 여부를 가리기 위해 두 저작물 사이에 실질적 유사성이 있는가의 여부를 판단함에 있어서도 위 독창적인 부분을 가지고 대비를 해야 한다." 판시하였다.

55) 지식재산권(특허, 디자인, 상표)검색 웹사이트: http://www.kipris.or.kr, 저작권 권리자찾기 정보시스템 웹사이트: http://www.findcopyright.or.kr, (2021.09.10. 최종접속).

(1) 소개기

소개기는 패션디자이너들의 새로운 유행 스타일이 패션쇼나 패션과 관련한 전시회, 무역박람회 그리고 패션전문지, 패션잡지, 신문기사 등의 출판물, 온라인 사이트, 라디오, 텔레비전 등에 처음으로 소개되는 시기이며 혁신적이고 개성을 추구하려는 패션 리더들에 의하여 채택되는 시기이다. 따라서 패션회사들은 패션쇼를 통하여 새로운 시즌 상품을 소개하고 비주얼 머천다이징의[56] 아이디어를 제안할 수 있는 기회를 가진다. 또한 판매기법이나 제품지식에 관한 세미나를 제공하기도 한다.[57] 소개기의 신상품은 유행가능성이 존재하는 잠재적 시장의 가치를 가지며 소비자의 이용이 없는 경우 시장에서 사라지기도 한다. 즉 패션의류의 경우 이전의 유행스타일과 다른 창작성이 있어야 하며 구매 후 실생활에서 착용할 수 있는 실용성도 갖추어야 최종소비자들이 신상품을 선택할 것이다. 또한 이 시기에는 희소성의 브랜드 가치를 가지는 고가의 제품이 등장하기도 한다. 따라서 소개기에는 소비자의 니즈에 맞는 새로운 스타일만이 유행상품으로 성공하며 이와 같은 스타일을 혁신적으로 선도하는 디자이너나 패션업체의 영향력이 중요하다.[58]

한편 패션디자인의 경우 우리 디자인보호법 제37조에 따라 디자인의 대상이 되는 물품류가 주로 제2류와 제5류에 해당되어 디자인일부심사등록출원으로만 출원할 수 있다. 그 경우 디자인등록의 요건인 신

---

56) 판매장소나 그 근처에 상품을 진열하는 것으로, 윈도 디스플레이(window display), 인테리어 디스플레이(interior display), 아이캐칭 익스티리어 사인(eye-catching exterior sign) 등이 이에 속한다. 머천다이징에 관계되는 계획 의도를 고객 입장에서 흥미를 일으키도록, 상품을 중심으로 해서 시각적인 매력을 복합적으로 표현하는 것이다. 미국의 머천다이징 시스템과 유럽의 시각 매료 기술의 결실이라고도 할 수 있다, 네이버 패션전문자료사전, (2021.09.10. 최종접속).

57) Gaynor Lea-Greenwood (성희원 외 공동번역), fashion marketing communications, 시그마프레스 (2015), 129면.

58) 김혜경 외 공저, 앞의 책, 30면 참조.

규성, 창작비용이성 그리고 선출원주의 등에 대한 실체심사는 받지 않는다. 그러나 디자인보호법 제55조 정보제공규정에 따른 정보 및 증거가 제공된 경우에는 동법 제62조 제4항에 근거하여 신규성, 창작비용이성 등의 거절이유로 디자인등록거절결정이 될 수 있다. 따라서 패션디자인의 경우 신규성을 거절이유로 하는 정보제공이 있는 경우를 대비하여 신규성 상실에 해당하지 않도록 소개기에는 주의하여야 한다. 즉 새로운 패션디자인을 처음으로 대중에게 선보이는 소개기에는 반드시 패션쇼나 패션관련 잡지, 광고 혹은 온라인 웹사이트나 모바일 소셜 미디어 등에 패션디자인을 소개하기 전에 디자인등록출원을 해야 한다. 왜냐하면 현행 디자인보호법상 디자인등록출원 전에 국내 또는 국외에서 ① 공지 또는 공연히 실시된 디자인, ② 반포된 간행물에 게재된 디자인 또는 전기통신회선을 통하여 공중(公衆)이 이용할 수 있게 된 디자인, ③ 공지·공연히 실시된 디자인 또는 간행물 게재 등의 디자인에 유사한 디자인은 신규성이 상실된 디자인으로 디자인등록을 받을 수 없다고 규정되어 있기 때문이다(디자인보호법 제33조 제1항 각호). 설령 착오로 등록이 된다고 하더라도 이후에 등록무효가 된다.

그러나 새로운 디자인이 공지 등의 이유로 신규성을 상실하게 된 경우라도 신규성을 상실하게 된 때부터 12개월 이내에 디자인등록출원서를 제출할 때 그 취지를 적은 서면과 이를 증명할 수 있는 서류를 제출하면 신규성 상실의 예외를 인정받아 디자인등록출원을 할 수 있다(디자인보호법 제36조 제1항). 그리고 증명서류는 공지형태, 공지일자, 공지주체 및 디자인도면 등 객관적인 증거사실을 나타내는 것이면 된다.[59]

---

59) 실제로 디자인등록출원서의 【그 밖의 사항】란의 다음 줄에 【신규성 상실의 예외주장】, 【공개형태】 및 【공개일】란을 각각 만들어 해당 사항을 적고 【첨부서류】란에는 주장내용을 증명하는 서류명을 적고 이를 출원서에 첨부한다: 디자인보호법 시행규칙 [별지 제3호서식] 참조.

(2) 상승기

상승기에는 새로운 유행스타일의 패션디자인을 채택하는 소비자가 증가하면서 유행주기는 상승곡선을 형성한다. 그리고 새로운 스타일이 다양한 정보매체와 광고 혹은 유명인들을 통하여 일반대중에게 알려지면 대중들은 유행스타일에 동조하거나 유행스타일을 모방하고자 하는 욕구로 인하여 새로운 스타일을 받아들인다. 특히 이 시기에는 소개기에 시장에서 소비자에 의하여 채택된 스타일의 특징적인 요소를 적절하게 수정 혹은 변형하거나 가감하여 모방한 유사 디자인이 나오게 된다.

한편 우리 디자인보호법상 디자인권의 효력은 패션디자인의 제품수명 주기가 짧고 유행에 민감한 속성으로 모방이 용이하기 때문에 실질적 보호를 위하여, 등록디자인뿐만 아니라 유사한 디자인에까지 미친다(디자인보호법 제92조). 따라서 상승기에 제3자가 정당한 권원 없이 업으로서 등록디자인 또는 이와 유사한 디자인을 실시하면 디자인권의 직접침해에 해당이 된다. 이 경우 디자인권자 또는 전용실시권자는 직접침해에 대하여 민사상 조치로서 디자인보호법상 침해금지, 손해배상청구, 신용회복청구를 할 수 있고, 민법상 부당이득반환청구를 할 수 있다. 또한 형사상 침해죄를 이유로 고소할 수 있으며 몰수규정과 양벌규정이 적용될 수 있다. 그리고 디자인의 유사여부 판단은 일반 수요자의 관점에서 양 디자인의 외관을 전체적으로 대비 관찰하여, 보는 사람으로 하여금 상이한 심미감을 느끼게 하는지 여부이다. 자세한 우리나라 특허청과 대법원 판례의 디자인유사여부 판단에 대해서는 후술하기로 한다.

또한 상승기의 패션디자인이 디자인권으로 등록되지 않은 미등록디자인 이라면 부정경쟁방지법 제2조 제1호 (자)목에 의하여 상품의 시제품 제작 등 상품의 형태가 갖추어진 날로부터 3년간 패션디자인의 상품형태를 보호받을 수 있다. 3년이라는 기간은 선행자로서의 개발이익을 환수하고 시장선행의 인센티브를 보장하기 위하여 정해진 기간이다.

패션디자인은 특성상 제품수명이 짧아서 한두 시즌이 지나면 유행에 뒤쳐진 디자인이 된다. 따라서 패션디자인의 개발자는 소개기에 이어 상승기동안 개발이익을 환수하고 다음 패션디자인의 개발을 준비해야 한다. 그런데 상승기에 모방제품이 유통되어 투자한 비용을 회수하지 못하게 된다면 신진 디자이너 혹은 영세한 패션회사의 경우 다음 시즌 준비를 못하게 된다. 따라서 이 시기에 모방품이 유통되면 바로 침해정지를 시켜야 하는 것이 무엇보다도 중요하다.

(3) 절정기

절정기에는 새로운 스타일이 사회에 받아들여져 대중에게 집단적인 유행 동조 욕구를 불러일으키며 유행의 정점을 이룬다. 또한 절정기에는 스타일이 대중화 되어 새로운 느낌이 없어지고 패션주기는 포화상태를 맞으며 대량공급과 대량소비가 이어진다. 이어서 패션의 선도자들은 다시 일반대중과 구별되는 또 다른 패션 스타일을 개발하여 상품화 한다.

(4) 쇠퇴기

유행 주기의 마지막 단계인 쇠퇴기에는 절정에 이른 패션상품이 소비자들에게 더 이상 구매의욕을 불러일으키지 못하고 사용이 감소되다가 사라지게 된다. 따라서 쇠퇴기에 패션업계는 또 다른 신제품을 소개하면서 종전 유행 스타일의 제품공급을 중단하고 재고처분을 위해 가격인하를 하게 된다.[60]

---

60) 김혜경 외 공저, 앞의 책, 31면 참조.

Ⅱ. 패션디자인

패션, 구체적으로 의복은 앞에서 언급한 것처럼 신체를 보호하는 실용적 특징이 있음에도 불구하고 입을 수 있는 예술의 한 형태로서 적절한 지적재산권법의 보호가 필수이다. 패션디자인은 특허법, 디자인법, 상표법, 트레이드 드레스, 저작권법, 경쟁법, 독자적(Sui generis) 보호법의 방법으로 일정한 요건을 갖추면 국가별 차이와 각 법제의 차이는 있지만 보호받을 수 있다. 패션의 핵심은 새로운 디자인이고 패션디자인은 다른 산업디자인과 달리 짧은 제품수명주기를 가지고 유행에 민감하며 모방에 쉽게 노출된다는 특성으로 신속하게 지적재산권으로 보호받을 필요성이 있다. 따라서 유럽연합과 영국 같은 국가들은 등록디자인제도와 미등록디자인제도를 함께 운영하고 있으며 우리나라와 일본의 경우에는 부정경쟁방지법을 통하여 미등록디자인을 보호하고 있다. 특히 우리나라는 디자인보호법에서 원칙은 특허법적인 접근을 따르지만 단기간에 일부심사만 받고 디자인권을 획득할 수 있는 디자인일부심사등록제도의 운영에 있어서는 부분적으로 저작권법적인 접근방식을 취하고 있다. 그 외의 국가들도 자국의 환경에 맞는 보호 법제를 갖추고 있다. 다음에서는 디자인의 일반적 개념과 법적인 개념에 대하여 구분하여 살펴보고 이어서 패션디자인의 프로세스에서 필요한 지적재산권 플래닝에 대하여 살펴본다.

1. 디자인의 개념

여기에서는 디자인의 일반적인 개념과 디자인 보호법제에서 정의되는 법적인 개념에 대하여 살펴본다. 그리고 패션실무에서 패션을 디자인한다는 의미가 무엇인지 요구되는 조건은 무엇인지 살펴본다.

1) 디자인의 일반적 개념

디자인의 어원은 라틴어의 '데시그나레(designare)'로 부터 유래되어 '경계선을 긋거나, 구획을 나누어 표시하다'라는 뜻에서 출발한다. 그리고 세계산업디자인단체협의회(International Council of Societies of Industrial Design: ICSID)[61]의 디자인 정의에 따르면 "디자인은 객체, 프로세스, 서비스 및 전체 시스템의 다각적인 특성을 확립하는 것을 목표로 하는 창의적인 활동"이다.[62] 한편 현대적인 용어로서 디자인은 사용되는 분야에 따라 매우 복합적인 의미를 함축하고 있다. 디자인은 일반적인 용어로서 '심적 계획(mental plan)'이라는 뜻과 전문적인 용어로서는 '지적 조형 활동'으로 구분된다. 그 중 심미적인 시각화 능력이 요구되는 조형 활동에서, 디자인이 가지는 시각적 속성은 인간의 장식적인 욕구와 관련하여 산업혁명 이래로 강조되어 왔다. 실제로 디자인은 19세기 중반부터 영국에서 생산품의 표면 장식을 암시하는 '장식미술'이나 '응용미술'을 대체하는 용어로서 자리 잡기 시작하였다.[63] 장식이라는 용어는 유럽연합의 공동체디자인규정 제3조(a)[64] 디자인 정의에 등장하고 있다. 따라서 유럽연합의 디자인보호지침을 국내 개정 디자인법에 반영한 영국, 프랑스, 독일의 국내 등록디자인법에도 등록디자인의 보호대상으로 장식 용어가 나타난다. 한편 미국은 특허법 제171조[65]에서 디자인특허의 요건으로 신규성, 비자명성 외에 장식성을

61) ICSID의 명칭이 2017년 1월 1일부터 WDO(World Design Organization)로 변경: http://www.wdo.org, (2021.09.13. 최종접속).

62) Susanna Monseau, "The Challenge of Protecting Industrial Design in a Global Economy", Texas Intellectual Property Law Journal 20(3), 495, 499 (2012).

63) 정경원, 디자인경영, 안그라픽스 (2006), 28-30면 참조.

64) Council Regulation (EC) No 6/2002 of 12 December 2001 on Community designs, Article 3(a): 'design' means the appearance of the whole or a part of a product resulting from the features of, in particular, the lines, contours, colours, shape, texture and/or materials of the product itself and/or its ornamentation.

물품 디자인의 보호 요건으로 규정하고 있다. 또한 산업디자인의 국제 분류체계인 로카르노 분류[66]와 유럽연합의 등록공동체디자인 물품 분류체계인 유로로카르노 분류[67]는 제32류에 표면문양(surface patterns), 장식(ornamentation)[68]의 2차원적인 디자인을 포함하고 있다.

한편 전통적으로 디자인은 좁은 의미에서 제품의 기능에 가장 잘 부응할 수 있는 형태를 창출하는 역할을 하는 것으로 여겨졌다. 다시 말해서 디자인의 시각적 속성이 크게 강조되었다. 따라서 아름다운 디자인이 기능적인 경우가 많았다. 호레이쇼 그레노(Horatio Greenough)는 "사물의 형태는 곧 내부에 있는 기능을 나타내주는 외적인 표현"이며 "아름다움은 기능의 약속이며, 행동은 기능의 표현, 그리고 개성은 기능의 기록"이라고 주장하였다.[69] 그리고 이러한 생각은 루이 설리번(Louis Sullivan)의 "형태는 기능을 따른다(Form follows function)"는 말로 구체화 되었다. 그 후 "형태와 기능은 하나이다(Form and Function are one)."라는 프랭크 로이드 라이트(Frank Lloyd Wright)의 주장을 계기로 형태와 기능에 대한 논쟁은 정리가 되었다.[70]

2) 디자인의 법적인 개념

디자인의 법적인 개념은 국가마다 그리고 보호받는 법제마다 차이

---

65) 35 U.S.C. §171 Patents for designs: (a)In General. – Whoever invents any new, original, and ornamental design for an article of manufacture may obtain a patent therefor, subject to the conditions and requirements of this title.

66) 로카르노(locarno)분류는 세계지적재산기구(WIPO)가 관리하는 산업디자인을 위한 국제 분류 체계이다.

67) 유로로카르노(Eurolocarno)분류는 유럽연합 지식재산청(EUIPO)이 등록공동체디자인과 등록공동체디자인 출원에 표시된 물품들을 분류하기 위해서 로카르노 분류에 기초하여 만든 분류체계이다.

68) 우리나라에서는 제32류를 디자인보호법상 디자인보호대상에 포함하고 있지 않다.

69) Horatio Greenough, Form and Function: Remarks on Art, Design, and Architecture, University of California Press (1947), 71; 정경원, 앞의 책, 32면 참조.

70) 정경원, 위의 책, 32면 참조.

가 있다. 간단하게 살펴보면 먼저 우리나라 디자인보호법 제2조에서는 "디자인이란 물품[물품의 부분, 글자체 및 화상(畫像)을 포함한다. 이하 같다][71]의 형상・모양・색채 또는 이들을 결합한 것으로서 시각을 통하여 미감(美感)을 일으키게 하는 것을 말한다."라며 디자인을 정의하고 있다. 즉 디자인보호법상 디자인은 물품성, 형태성, 시각성, 심미성을 만족해야 하는 것으로 해석된다. 따라서 물품성을 제외하면 앞에서 검토한 일반적인 디자인의 개념과는 큰 차이가 없다. 반면 우리 현행 저작권법에서는 디자인의 정의를 규정하고 있지 않다. 다만 저작권법 제2조 제15호[72]에서 응용미술저작물을 "물품에 동일한 형상으로 복제될 수 있는 미술저작물로서 그 이용된 물품과 구분되어 독자성을 인정할 수 있는 것을 말하며, 디자인 등을 포함한다."라고 정의하면서 디자인을 응용미술저작물에 포함하고 있다. 이 경우 디자인은 도안의 의미를 가지는 것으로 해석된다.[73]

최근 '얼음과 매화문'도안의 응용미술저작물성을 인정한 특허법원 판결을 대법원이 심리불속행으로 기각한 사건 판결[74]에서도 원고의 '얼음과 매화문'도안은 응용미술저작물에 해당되며 피고가 해당 도안을

71) 현행 디자인보호법 제2조 제1호에서는 "디자인이란 물품[물품의 부분(제42조는 제외한다) 및 글자체를 포함한다. 이하 같다]의 형상・모양・색채 또는 이들을 결합한 것으로서 시각을 통하여 미감(美感)을 일으키게 하는 것을 말한다."라고 규정되어 있다. 그러나 2021년 10월 21일부터 시행되는 법률 제18093호 2021. 4. 20, 일부개정 디자인보호법 제2조 제1호에서는 '화상'이 물품의 한 유형으로 포함되었다.

72) 저작권법 제2조 제15호: 응용미술저작물은 물품에 동일한 형상으로 복제될 수 있는 미술저작물로서 그 이용된 물품과 구분되어 독자성을 인정할 수 있는 것을 말하며, 디자인 등을 포함한다.

73) 박성호, 앞의 책, 88-89면 참조: 2000년 개정저작권법에 응용미술저작물 규정을 도입하면서 제4조 제1항 제4호의 미술저작물의 예시도 변경하였다. 즉, 기존 "회화・서예・도안・조각・공예・응용미술작품 그밖의 미술저작물"에서 "회화・서예・조각・공예・응용미술저작물 그밖의 미술저작물"로 변경하면서 응용미술저작물 정의규정에 '디자인'이 포함된 것을 고려하여 이와 동일한 의미의 '도안'을 삭제하고 '응용미술작품'은 '응용미술저작물'이란 용어로 변경하였다.

74) 대법원 2020. 5. 14. 선고 2020다209693 판결. 심리불속행기각.

무단으로 레이스 원단에 복제하여 제품을 제작하고 판매한 것은 저작권침해에 해당한다고 대법원은 판결하였다. 따라서 대법원은 이 사건의 도안을 응용미술저작물에 포함된 디자인으로 해석한 것으로 볼 수 있다. 한편 일본 의장법에서는 '의장(意匠)'[75]은 "물품(물품의 부분을 포함)의 형상, 모양이나 색채 또는 이들의 결합, 건축물(건축물의 부분을 포함)의 형상 등 또는 화상에 의하여 시각을 통하여 미감을 일으키게 하는 것"으로 정의하고 있다. 그리고 유럽연합 공동체디자인규정 제3조(a)에서는 디자인은 "제품 자체 및/또는 그것의 장식의 선, 윤곽, 색상, 형상, 조직 및/또는 재질의 특징으로부터 오는 제품의 전체 또는 일부의 외관을 의미한다."라고 정의하고 있다. 구체적인 각국의 디자인 보호법제에서의 디자인의 개념은 후술하기로 한다.

3) 패션디자인의 개념

패션을 디자인하는 것은 앞서 의복의 기능에서 살펴본 바와 같이 인간의 신체를 보호하기 위한 물리적인 기능적 욕구와 개인이 자신의 개성을 표현하고 사회와 소통하기 위한 심리적 욕구를 유행에 반영하여 예술적으로 디자인하는 과정이다.[76]

한편 패션제품을 디자인 하는 과정에서 패션제품의 디자인은 물품성, 형태성, 시각성, 심미성을 만족해야 우리 디자인보호법상 디자인 보호의 대상이 된다. 물론 패션제품은 의류만을 의미하지는 않고 신발, 가방 및 액세서리의 전통적으로 분류되는 패션제품들과 섬유, 보석류, 가정용품, 미용제품, 화장품 등 디자인 집약적인 제품을 의미한다. 그러나 이 책에서는 패션제품의 범위를 축소하여 직물을 포함하는 의류로 한정하고 디자인은 직물 디자인과 패션의류의 디자인으로 한정

75) 일본 의장법에서 '의장(意匠)'의 의미는 우리 디자인보호법 제2조 제1호의 '디자인'과 같은 의미이다.

76) 엄소희 · 장윤이, 앞의 책, 18면 참조.

한다. 이하에서는 패션디자인의 개발과정과 상품화 과정을 포함하는 패션디자인의 프로세스에 대하여 살펴본다.

2. 패션디자인 프로세스

패션을 디자인하는 프로세스는 크게 디자인의 개발과정과 디자인의 상품화 과정의 흐름을 통하여 진행된다. 먼저 디자인의 개발과정에서는 ① 목표의 설정, ② 디자인 콘셉트 설정, ③ 디자인 구상, ④ 디자인 전개의 순서로 디자인 개발이 진행되며, 디자인의 상품화 과정은 ⑤ 샘플제작 및 대량생산, ⑥ 완성 및 착용(평가)의 순서로 진행이 된다. 마지막 단계 ⑥에서는 상품의 판매 후 소비자의 구매활동과 판매결과의 분석이 이루어지고, 그 다음에는 다시 디자인의 개발초기로 피드백 되는 순환을 거치게 되는데 이 전 과정을 패션디자인 프로세스라고 한다. 구체적으로 패션디자인 프로세스의 두 번째 단계인 디자인 콘셉트 설정 과정에서는 디자인 콘셉트와 테마, 이미지와 컬러 및 소재의 방향을 설정하고 세 번째 단계인 디자인 구상 과정에서는 색상 및 소재를 결정하고 실루엣, 스타일 룩, 디테일을 구상한다.[77] 특히 이와 같은 두 번째 단계와 세 번째 단계의 과정에서 패션회사는 패션디자인에 대한 지적재산권 플래닝을 해야 한다. 즉 개발하고자 하는 패션디자인이 타사의 지적재산권을 침해하지는 않는지 체크 리스트를 만들고 또한 자사의 지적재산권 구축과 보호를 위하여 어떤 보호법제를 이용해야 하는지도 매뉴얼로 작성해야 한다.

3. 지적재산권 플래닝

하나의 패션제품은 자동차가 외관, 상품표지, 핵심기술, 그리고 주변 개량기술 등의 다양한 지적재산권으로 보호받듯이 여러 형태의 지

77) 엄소희 · 장윤이, 앞의 책, 20면 참조.

적재산권으로 보호받을 수 있다. 즉 패션디자인의 기능적인 요소는 특허법과 실용신안법으로, 심미적 혹은 장식적 요소는 디자인보호법으로 그리고 창작적 표현요소는 저작권법으로 보호받을 수 있다. 예컨대 2차원의 직물지(혹은 원단) 또는 3차원의 패션의류 완성품에 인쇄된 그래픽이미지나 패턴은 일정 요건 하에 우리 저작권법의 응용미술저작물로 보호받을 수 있으며, 디자인보호법의 디자인권으로도 중첩적 보호를 받을 수 있다. 또한 의류의 소재가 스마트섬유나 고분자섬유인 경우에는 특허법이나 실용신안법으로 보호받는다. 그리고 패션의류에 포함된 회사 로고나 브랜드명의 경우에는 상표법으로 보호받을 수 있으며, 패션의류의 형상 자체는 부정경쟁방지법 (자)목 상품형태모방금지 조항에 의해서 보호받을 수 있다.

한편 패션디자인 실무에서는 자신도 모르게 타인의 지적재산권을 침해하거나 자사의 지적재산권을 침해당하는 일이 비일비재하다. 그럼에도 패션실무상 패션디자인의 프로세스에 지적재산권 관리 매뉴얼을 포함시켜 관리하는 패션회사는 많지 않다. 따라서 패션회사는 패션디자인의 프로세스 각 단계에 예상되는 지적재산 침해와 보호 이슈들을 앞에서 살펴본 패션제품의 수명주기별 특징을 참고하여 매뉴얼을 작성해야 한다. 그리고 이와 같은 지적재산권 플래닝은 패션디자인 프로세스를 구축할 때 함께 세워야 한다. 왜냐하면 패션회사들이 새로운 패션제품을 출시하기 전에 다른 패션회사의 지적재산권을 확인하지 않는다면 제품 출시 후 지적재산권 침해의 당사자가 되어 자사의 패션디자인 개발에 들인 시간과 비용의 투자를 낭비하고 동시에 침해분쟁에 휘말리게 되어 패션사업 전체가 곤경에 빠질 수 있기 때문이다. 또한 반대의 경우인 자사의 지적재산권을 구축하지 않고 패션제품을 출시할 경우 경쟁사로부터 자사의 지적재산권을 침해당하여 창작자로서 혹은 선행개발자로서의 시장의 선행이익을 뺏기고 사업상 막대한 손해를 볼 수 있기 때문이다.

제2절 패션산업

Ⅰ. 패션산업의 정의와 범위

1. 패션산업의 정의

패션산업은 의류산업을 포함하여 패션과 관련된 상품을 기획, 생산, 유통, 판매하는 것과 관련된 모든 산업을 의미한다. 그리고 최근에는 의류산업뿐만 아니라 보다 넓은 범위의 다양한 산업군이 패션산업의 범주에 포함된다. 구체적인 패션산업의 범위를 살펴보면 다음과 같다.

2. 패션산업의 범위

패션산업은 좁은 범위로는 의류(apparel)산업을 말하지만 패션산업의 특성상 넓은 범위의 다양한 산업군이 패션산업의 범주에 포함되며 다음의 다섯 가지 산업범위로 분류할 수 있다. 즉, ① 섬유소재에서부터 섬유, 직물의 유통과 판매에 관련된 제1차 패션산업, ② 의류제조와 관련된 각종 공정, 의류기획과 관련된 제2차 패션산업, ③ 의류제품의 유통과 판매와 관련된 제3차 패션산업, ④ 컨설팅, 광고, 미디어, 출판, 교육 등의 패션보조 산업, ⑤ 각종 액세서리, 미용, 인테리어, 가구, 레저와 스포츠 등의 패션 관련 산업이다.[78)]

또 다른 방법으로 패션산업을 분류하면 제조·생산, 유통·판매의 큰 두 축을 기준으로, ① 원료·직물 생산과 관련한 1차 산업, ② 패션제품 생산과 관련한 2차 산업, ③ 도매상, 소매상을 포함하는 유통·판매업의 3차 산업, ④ 패션마케팅과 머천다이징에 관련된 부가적 산업으로 범위를 구분할 수 있다. 구체적으로 패션의류와 관련해서는

---

78) 김혜경 외 공저, 앞의 책, 236면 참조.

1차 산업군에는 섬유생산업체, 직물생산업체, 편직업체, 염색업체, 컨버터 등이 속하고, 2차 산업군에는 의류제조업자가 대표적으로 해당되며, 3차 산업군에는 도매상과 소매상이 해당된다.[79]

Ⅱ. 패션산업의 특성과 경제적 효과

패션산업은 고객의 니즈와 유행의 변화를 정확하게 분석하고 즉각적으로 반영해야하는 유행산업으로서 정보 지향적인 소비자 지향 산업이다. 또한 지식집약적인 산업이며 첨단산업과의 연계성이 높은 기술산업으로 고부가가치산업이다. 다음에서는 패션산업의 주요 특성과 최근 패션기업들의 동향을 살펴본다. 이어서 한국섬유산업연합회의 통계자료에 의한 패션시장의 규모와 통계청 발표에 따른 패션부문 온라인 쇼핑 거래액를 살펴본다. 마지막엔 한국디자인진흥원의 산업디자인 통계조사에 따른 패션/텍스타일 디자인의 경제적 가치를 살펴본다.

1. 패션산업의 특성

1) 고부가가치산업

패션산업은 오늘날 음악, 공연, 예술 등 각종 문화사업 중 가장 거대하고 수익성 높은 고부가가치산업이다. 특히 최근 글로벌 기업들의 브랜드 가치는 패션산업에도 반영되어 기업의 수익을 증가시키고 기업가치도 높이고 있다.

예를 들어 칸타르 보고서에 따르면 2021년 가장 가치있는 글로벌 100대 브랜드에서 어패럴 브랜드로서 나이키는 17위를 차지하였으며 럭셔리 브랜드인 루이비통은 21위, 샤넬이 40위, 에르매스가 43위, 구찌가 56위를 차지하였다 그리고 이어 어패럴 브랜드로 아디다스가 79

79) 엄소희 · 장윤이, 앞의 책, 24면 참조.

위를, 자라가 83위를 차지하였다. 특히 패션산업의 어패럴 부문에서 글로벌 브랜드의 가치를 살펴보면 나이키 브랜드의 가치는 837억 달러로 1위를 차지하였으며, 2위는 아디다스(Adidas)가 223억 달러 가치로 차지하고, 3위는 패스트패션 브랜드인 자라(Zara)가 213억 달러 가치로, 4위는 룰루레몬(Lululemon)이 178억 달러 가치를 기록하였다.[80] 특히, 애슬레져(Athleisure)[81] 브랜드인 룰루레몬은 요가에서 영감을 받은 의류에서 업무에 적합한 의류로 사업영역의 초점을 전환하고, 집에서 지내는 사람들을 위하여 온라인코스를 오프라인 요가 클래스와 동시에 제공하면서 브랜드 커뮤니티를 강화하는 등의 노력으로 다른 브랜드보다 가장 빠른 상승세를 보였다.[82]

2) 소비자 지향 산업

패션산업은 소비자들의 니즈와 국내 · 외의 사회적, 문화적 트렌드와 기술의 변화는 무엇인지 다양한 정보매체와 온라인 소셜미디어를 통하여 빠르고 정확하게 파악하여야 한다. 따라서 패션산업은 소비자 지향 산업으로 패션상품에 유행스타일과 소비자의 라이프스타일을 반영하여 소비자가 패션상품을 구매하도록 유도하여야 한다.

최근 집을 꾸미고자 하는 욕구가 증가한 소비자들을 위하여 이케아(IKEA), H&M홈, ZARA홈, 한샘 브랜드가 리빙과 인테리어 제품 부문을 강화하고 있는 것이 그 예이다. 또한 패션기업들은 소비자들의 고급화된 라이프스타일 취향을 맞추기 위하여 플래그십 스토어나 여행 전문의 편집샵을 운영하기도 한다. 그리고 패션기업들은 모바일과 온

80) David Walter, "2021 Most valuable global brands", https://www.kantar.com/campaigns/brandz/global, (2021.09.14. 최종접속).

81) 편안하여 스포츠에 적합하지만 다른 활동에 입을 수 있을 만큼 세련되고 매력적인 스타일의 의류, https://dictionary.cambridge.org/, (2021.09.14. 최종접속).

82) Ken Schept, "the Kantar BrandZ Most Valuable Global Brands 2020 report", https://www.kantar.com/campaigns/brandz/global, (2021.09.14. 최종접속).

라인을 통한 소비가 증가함에 따라 소셜미디어(SNS)에 패션브랜드의 통합채널을 만들어 패션트렌드와 패션신상품의 정보를 실시간으로 소비자와 공유하며 소셜미디어의 채널을 통하여도 소비자의 제품 구매를 유도하고 있으며, 글로벌 럭셔리 브랜드인 루이비통, 샤넬, 에르메스, 구찌, 버버리 등도 소셜미디어를 활용하여 온라인 판매채널을 강화하고 있다.[83)]

3) 첨단산업과의 연계성이 높은 기술 산업

패션산업은 인공지능, 빅데이터, 첨단소재, 사물인터넷 등 첨단기술과 연계성이 높은 산업이다. 최근 스마트 의류가 웨어러블(wearable) 분야에서 높은 성장 잠재력을 보이고 있다.[84)] 스마트 의류는 ICT(Information and Communications Technology)와 첨단 섬유소재 그리고 기술이 융합된 고기능성 의류로서 국내에서는 최근 10년간 우리 특허청(KIPO)을 통하여 '인포테인먼트'[85)] 분야에서는 35건(24%), '의료' 분야에서는 28건(19%) 그리고 '보호' 및 '스포츠' 분야에서는 각각 25건(17%)이 출원되었다.[86)] 한편 글로벌 IT기업 구글(Google)은 의류 브랜드 리바이스(LEVI'S)와 협업을 통해 2017년과 2019년 두 차례에 걸쳐 스마트 재킷을 출시하였고, 스포츠 의류 브랜드 나이키(NIKE)는 IT기업 애플(Apple)과 제휴하여 스마트폰 앱을 이용해 신발 끈을 조절할 수 있는 스마트 신발을 개발하였다. 특히 애플은 2018년 각종 생체 데

---

83) 조익래, "제4차 산업혁명에 따른 패션산업 대응방안 연구 보고서", 한국패션협회(2017.10.), 187-194면 참조.

84) 이재경 · 추호정 · 김하연, "스마트 의류의 제품 사례 연구 - 스마트 의류 특허출원 기술을 중심으로 -, 한국의류학회지, Vol 45, No.1., 한국의류학회 (2021), 29면 참조.

85) 인포테인먼트는 정보(Information)와 오락(entertainment)의 합성어로 정보 전달과 오락성이 결합된 용어, 특허청 보도자료(2018.04.23일자), "4차 산업혁명으로 날개 단 스마트의류", (2021.09.15. 최종접속).

86) 특허청 보도자료(2018.04.23일자), "4차 산업혁명으로 날개 단 스마트의류", http:// www.kipo.go.kr, (2021.09.15. 최종접속).

이터를 수집할 수 있는 직물 밴드에 대해 미국 특허상표청(USPTO)에 특허출원을 하였다.[87]

또한 2017년 4월 아마존(Amazon)사는 정장, 드레스 및 기타 의류에 대한 온라인 주문을 신속하게 처리할 수 있는 '주문형(on-demand)'의류 제조 시스템에 대한 특허를 받았다. 주문형 의류 제조 시스템은 테크놀로지를 기반으로 실제 고객의 주문이 이루어지면 다양한 패턴이 직물에 프린트 되고, 재단된 후, 재봉되어 생산되면 자동화된 시스템의 품질 검수의 과정을 거쳐 고객에게 직배송 되는 시스템이다.[88]

2. 패션산업의 경제적 효과

한국섬유산업연합회의 '한국패션마켓트렌드 2021' 통계자료에 의하면 2021년 국내 패션시장 규모는 전년대비 1.4% 증가한 40조 8,783억원으로 전망된다. 특히 신발시장은 명품 가죽운동화 및 스포츠 전문기업의 패션운동화를 중심으로 MZ세대에서 소비증가가 일어날 것으로 예상된다.[89]

또한 패션시장에서 온라인쇼핑 거래액이 점점 증가 추세에 있다. 통계청이 발표한 '2021년 7월 온라인쇼핑 동향'에 의하면 온라인쇼핑 거래액은 16조 1,996억원으로 전년 동월대비 24.9% 증가하였고, 온라인쇼핑 중 모바일쇼핑 거래액은 11조 7,139억 원으로 33.8% 증가하였다. 그 중에서 2021년 7월 대비 패션부문 온라인쇼핑 거래액은 3조 9,963억원으로 전년 동월대비 8% 증가하였다. 세부 상품군별로 보면

---

87) Weekly KDB report(2019.11.25일자), "국내외 스마트 의류 개발 및 상용화 동향", KDB미래전략연구소, 5-6면 참조.

88) https://www.nytimes.com/2017/04/30/technology/detailing-amazons-custom-clothing-patent.html, (2021.09.15. 최종접속).

89) 산업통상자원부 한국섬유산업연합회 트랜드리서치, "Korea Fashion Market Trend 2021 상반기 보고서(e-book)", http://www.fashionnet.or.kr/research-report/19087/, 136면 참조.

의복 1조 2,837억원, 신발 2,509억원, 가방 2,614억원, 패션용품 및 액세서리 2,114억원, 스포츠·레저용품 5,545억원 등이다.[90)]

그리고 2020년 한국디자인진흥원의 산업디자인 통계조사에 따르면 2019년 기준 디자인이 가지는 전체 경제적 가치는 128조원으로 분석되며 그 중에서도 패션/텍스타일 디자인은 매출액이 약 21.7조로서 패션/텍스타일 디자인의 경제적 가치는 1.3조원으로 나타났다.[91)]

90) 통계청 보도자료(2021.09.03일자), "2021년 7월 온라인쇼핑 동향", http://www.kosstat.go.kr, (2021.09.15. 최종접속).

91) 한국디자인진흥원 "2020 디자인산업통계조사 총괄보고서", http://www.designdb.com, 25면 참조. (2021.09.15. 최종접속).

제3절 패션산업과 지적재산권 침해

앞서 제2절에서 살펴본 바와 같이 패션산업에서 패션의류와 관련된 글로벌 브랜드의 가치는 빠른 상승세를 보이고 있으며 국내 패션시장에서 의복이 차지하는 온라인 쇼핑거래액은 전체 상품군에서 1위를 차지하고 있다. 또한 패션과 텍스타일 디자인의 매출액도 디자인이 가지는 경제적 가치에서 큰 부분을 차지하고 있다. 이와 같이 의류를 포함하는 패션산업은 고부가가치산업이며 국가경쟁력 제고에 중요한 산업이다. 따라서 패션산업에 있어서 패션디자인의 지적재산권 보호는 필수이며 창작자인 패션디자이너와 패션제품을 수입, 판매, 유통하는 패션산업계의 각별한 주의가 필요하다. 그러므로 여기에서는 제2절에서 살펴본 1차, 2차, 3차 패션산업군에서 주로 발생할 수 있는 저작권과 디자인권의 침해유형을 예상하고 침해에 대한 구제를 간략하게 살펴본다.

Ⅰ. 패션산업별 예상되는 지적재산권 침해와 구제

1. 직물생산업체의 저작권 침해

1차 패션산업에 속하는 직물생산업체가 패션의류용 직물을 생산하는 경우, 텍스타일 디자이너는 의류용 직물을 개발, 생산하는 과정에서 직물에 포함할 패턴이나 직물의 제작방법 등을 결정하게 된다. 그 경우 텍스타일 디자이너가 저작권으로 보호받는 그래픽 이미지나 패턴 등을 포함한 디자인을 무단으로 직물에 인쇄하는 등의 방법으로 개발하여 생산하면, 해당 디자인에 대한 권리자의 저작재산권[92]중 복제

92) 저작재산권은 저작자의 경제적 이익을 보호하기 위한 권리로서 복제권, 공연권,

권[93]을 침해한 행위에 해당된다. 또한 직물을 가공하여 판매하는 패션 컨버터(converter)[94]가 직물을 가공하는 과정에서 직물에 부착되어 있는, 직물의 저작권자의 식별정보를 정당한 권한 없이 고의로 제거하거나 변경하는 경우에는 저작권법 제104조의3[95] 권리관리정보의 제거・변경 등의 금지규정을 위반한 행위에 해당한다.

2. 패션의류 생산업체의 저작권과 디자인권의 침해

2차 패션산업에 속하는 패션의류 생산업체가 수입 시에 대한민국 내에서 만들어졌더라면 저작권 그 밖에 이 법에 따라 보호되는 권리의 침해로 될 직물을 대한민국 내에서 배포할 목적으로 수입할 경우, 직접적 침해 행위는 아니지만 저작권법 제124조 제1항 제1호[96]에 근거

공중송신권(방송, 전송, 디지털음성송신), 전시권, 배포권, 대여권, 2차적저작물 작성권의 7가지 권리의 집합으로 이루어져 있다.

93) 저작권법 제16조(복제권) 저작자는 그의 저작물을 복제할 권리를 가진다.

94) 패션 컨버터란 "미 가공 직물을 구매하여 완성품으로 만들어 판매하는 「직물가공판매업자」로서 패션 트렌드를 신속, 정확하게 파악하여 어패럴 메이커에 소재를 제시하고 판매해야 하므로 정확한 시장 조사 및 거래처 특성의 파악 능력이 요구된다, 섬유정보센터, http://super.textopia.or.kr/, (2021.09.15. 최종접속).

95) 저작권법 제104조의3(권리관리정보의 제거・변경 등의 금지) ① 누구든지 정당한 권한 없이 저작권, 그 밖에 이 법에 따라 보호되는 권리의 침해를 유발 또는 은닉한다는 사실을 알거나 과실로 알지 못하고 다음 각 호의 어느 하나에 해당하는 행위를 하여서는 아니 된다.

1. 권리관리정보를 고의로 제거・변경하거나 거짓으로 부가하는 행위.
2. 권리관리정보가 정당한 권한 없이 제거 또는 변경되었다는 사실을 알면서 그 권리관리정보를 배포하거나 배포할 목적으로 수입하는 행위.
3. 권리관리정보가 정당한 권한 없이 제거・변경되거나 거짓으로 부가된 사실을 알면서 해당 저작물등의 원본이나 그 복제물을 배포・공연 또는 공중송신하거나 배포를 목적으로 수입하는 행위.

② 제1항은 국가의 법집행, 합법적인 정보수집 또는 안전보장 등을 위하여 필요한 경우에는 적용하지 아니한다.

96) 저작권법 제124조(침해로 보는 행위) ① 다음 각 호의 어느 하나에 해당하는 행위는 저작권 그 밖에 이 법에 따라 보호되는 권리의 침해로 본다.

1. 수입 시에 대한민국 내에서 만들어졌더라면 저작권 그 밖에 이 법에 따라 보호되는 권리의 침해로 될 물건을 대한민국 내에서 배포할 목적으로 수입하는 행위.

하여 저작권 그 밖에 이 법에 따라 보호되는 권리의 침해로 본다.

또한 패션의류 생산업자가 정당한 권한 없이 업으로서 등록디자인 또는 이와 유사한 디자인을 실시[97]하는 경우에는 디자인보호법 제92조[98]에 따른 직접침해에 해당된다. 그리고 등록디자인이나 이와 유사한 디자인에 관한 물품의 생산에만 사용하는 물품을 업으로서 생산하는 행위는 디자인보호법 제114조[99]에 의하여 그 디자인권 또는 전용실시권을 침해한 것으로 본다. 즉 제114조는 직접침해에 해당하지 않더라도 침해의 개연성이 높은 예비적 행위를 침해로 보아 권리구제의 실효성을 높이기 위한 디자인권 침해행위의 간접침해 규정이다.[100]

3. 도매상이나 소매상의 저작권 침해

3차 패션산업에 포함되는 도매상이 타인의 저작권으로 보호받는 디자인(예: 캐릭터)이 포함된 패션의류를 수입한 경우 저작권법 제124조 제1항 제1호에 따른 침해행위로 보는 행위를 한 자에 해당되어 저작권법 제136조 제2항 제4호[101]에 해당된다.

또한 백화점, 대리점, 재래시장, 통신판매, 전자상거래 등의 소매상

---

97) 디자인보호법 제2조 제7호 7. "실시"란 디자인에 관한 물품을 생산·사용·양도·대여·수출 또는 수입하거나 그 물품을 양도 또는 대여하기 위하여 청약(양도나 대여를 위한 전시를 포함한다. 이하 같다)하는 행위를 말한다.

98) 디자인보호법 제92조(디자인권의 효력) 디자인권자는 업으로서 등록디자인 또는 이와 유사한 디자인을 실시할 권리를 독점한다. 다만, 그 디자인권에 관하여 전용실시권을 설정하였을 때에는 제97조 제2항에 따라 전용실시권자가 그 등록디자인 또는 이와 유사한 디자인을 실시할 권리를 독점하는 범위에서는 그러하지 아니하다.

99) 디자인보호법 제114조(침해로 보는 행위) 등록디자인이나 이와 유사한 디자인에 관한 물품의 생산에만 사용하는 물품을 업으로서 생산·양도·대여·수출 또는 수입하거나 업으로서 그 물품의 양도 또는 대여의 청약을 하는 행위는 그 디자인권 또는 전용실시권을 침해한 것으로 본다.

100) 윤태식, 디자인보호법 – 디자인 소송 실무와 이론 –, 진원사 (2016), 493면 참조.

101) 저작권법 제136조(벌칙) ② 다음 각 호의 어느 하나에 해당하는 자는 3년 이하의 징역 또는 3천만원 이하의 벌금에 처하거나 이를 병과할 수 있다.
4. 제124조 제1항에 따른 침해행위로 보는 행위를 한 자.

이 도매상이 수입한 패션의류가 저작권자의 저작재산권을 침해하는 물품임을 알면서도 배포할 목적으로 소지한다면 저작권법 제124조 제1항 제2호[102]에 따른 침해행위로 보는 행위를 한 자에 해당되어 도매상과 마찬가지로 저작권법 제136조 제2항 제4호의 벌칙에 처한다. 또한 소매상이 도매상의 수입한 패션의류가 저작재산권을 침해하는 물품임을 알면서도 온·오프라인을 통하여 판매하는 경우에는 저작재산권, 그 밖에 이 법에 따라 보호되는 재산적 권리(제93조에 따른 권리는 제외한다)를 복제, 공연, 공중송신, 전시, 배포, 대여 등의 방법으로 침해한 자에 해당되어, 저작권법 제136조 제1항 제1호[103]의 벌칙에 처한다.

4. 패션산업에서 지적재산권 침해와 구제 제도

1) 저작권 침해시 민사구제 제도

저작권침해에 대한 구제는 민사적 구제, 형사적 구제, 행정적 구제를 통하여 실현될 수 있다. 여기에서는 민사적 구제와 형사적 구제를 중심으로 살펴본다. 민사적 구제 수단으로는 금지청구, 폐기청구, 손해배상청구, 명예회복 등의 청구가 있으며 부당이득반환청구(민법 제741조)가 있다.

저작권 침해에 대해서 민법 제750조의 일반 불법행위 규정에 따라 손해배상을 청구할 수 있고, 저작권법의 손해배상 규정(제125조 손해액

---

102) 저작권법 제124조(침해로 보는 행위) ① 다음 각 호의 어느 하나에 해당하는 행위는 저작권 그 밖에 이 법에 따라 보호되는 권리의 침해로 본다.
2. 저작권 그 밖에 이 법에 따라 보호되는 권리를 침해하는 행위에 의하여 만들어진 물건(제1호의 수입물건을 포함한다)을 그 사실을 알고 배포할 목적으로 소지하는 행위.

103) 저작권법 제136조(벌칙) ① 다음 각 호의 어느 하나에 해당하는 자는 5년 이하의 징역 또는 5천만원 이하의 벌금에 처하거나 이를 병과(併科)할 수 있다. 〈개정 2011. 12. 2., 2021. 5. 18.〉
1. 저작재산권, 그 밖에 이 법에 따라 보호되는 재산적 권리(제93조에 따른 권리는 제외한다)를 복제, 공연, 공중송신, 전시, 배포, 대여, 2차적저작물 작성의 방법으로 침해한 자.

산정규정, 제125조 제4항 과실 추정 규정, 제126조 손해액 산정이 어려운 경우 상당한 손해배상액 산정규정, 제125조의2 법정손해배상의 청구)을 통하여도 청구할 수 있다.[104)]

한편 현행 저작권법에는 부당이득반환 규정을 두고 있지 않다.[105)] 따라서 저작재산권을 침해받은 자가 손해배상청구권의 3년 소멸시효에 걸려 소송을 제기하지 못한 경우 민법 제741조[106)]를 통하여 부당이득 반환청구를 할 수 있다.

(1) 금지청구

앞서 살펴본 바와 같이 직물이나 패션의류의 생산업체 그리고 도매상이나 소매상이 저작권을 침해하거나 침해로 간주되는 행위를 할 경우 저작권을 침해받은 자는 저작권법 제123조 제1항[107)]에 규정된 침해행위의 정지 또는 예방을 청구하는 금지청구를 할 수 있으며, 같은 조 제2항[108)]의 폐기청구권을 통하여 장래 그 침해행위의 근원이 될 수 있는 상태를 제거할 수 있다. 금지청구 중 침해정지청구는 현실적인 침해가 발생한 경우에 "침해하는 자에 대하여" 인정된다. 그리고 침해예방청구나 손해배상의 담보청구는 침해할 우려가 있는 경우에

---

104) 서울중앙지방법원 2021. 2. 5. 선고 2019나76766 판결 참조.

105) 1957년 우리나라 저작권법 제66조(이득반환의무)에는 부당이득반환의무 규정이 있었다.

106) 민법 제741조(부당이득의 내용) 법률상 원인없이 타인의 재산 또는 노무로 인하여 이익을 얻고 이로 인하여 타인에게 손해를 가한 자는 그 이익을 반환하여야 한다.

107) 저작권법 제123조(침해의 정지 등 청구) ① 저작권 그 밖에 이 법에 따라 보호되는 권리(제25조 · 제31조 · 제75조 · 제76조 · 제76조의2 · 제82조 · 제83조 및 제83조의2의 규정에 따른 보상을 받을 권리를 제외한다. 이하 이 조에서 같다)를 가진 자는 그 권리를 침해하는 자에 대하여 침해의 정지를 청구할 수 있으며, 그 권리를 침해할 우려가 있는 자에 대하여 침해의 예방 또는 손해배상의 담보를 청구할 수 있다.

108) 저작권법 제123조(침해의 정지 등 청구) ② 저작권 그 밖에 이 법에 따라 보호되는 권리를 가진 자는 제1항의 규정에 따른 청구를 하는 경우에 침해행위에 의하여 만들어진 물건의 폐기나 그 밖의 필요한 조치를 청구할 수 있다.

"침해할 우려가 있는 자에 대하여" 인정된다. 또한 금지청구는 손해배상청구와 달리 침해자의 고의나 과실 여부를 묻지 않는다.

(2) 폐기청구

금지청구가 실효성이 있기 위하여 마련된 조항이 저작권법 제123조 제2항의 폐기청구이다. 폐기청구와 관련하여 유의할 것은 침해행위에 의하여 만들어진 물품은 폐기나 그 밖의 필요한 조치를 청구할 수 있는 대상이지만, 침해에 사용된 물건자체는 그 대상이 아니라는 점이다. 예컨대 저작권 침해행위로 생산된 패션의류는 폐기대상이 되어도 패션의류를 제조하는데 사용된 생산기계 자체는 폐기대상이 아니라는 점이다.

또한 소송에서 원고는 피고가 보관하고 있는 침해물품과 그 반제품의 폐기를 청구할 때, 피고의 침해물품 보관 장소를 정확하게 특정하여야 한다. 그렇지 않은 경우 판결주문 자체의 특정성을 갖출 수 없고 집행기관 역시 집행을 할 수 없는 결과를 초래하여 원고의 청구가 부적법한 것으로 판단될 수 있기 때문이다.[109]

(3) 손해배상 청구

저작권 등의 침해로 인한 손해배상청구는 민법 제750조의 불법행위에 기초한 손해배상청구권을 근거로 하여 ① 침해자의 고의 내지 과실, ② 저작권 등을 침해하는 위법행위의 존재, ③ 침해행위로 인한 손해의 발생의 세 가지 요건이 요구된다. 그리고 세 번째 요건은 i) 손해의 발생, ii) 침해행위와 인과관계, iii) 손해의 액으로 세분된다.

저작권의 보호대상인 저작물은 무체물인 관계로 유체물과 달리 현실적으로 점유할 수 없어 권리침해가 때와 장소를 가리지 않고 쉽게 발생하며, 침해사실의 발견이 용이하지 않아 침해사실 및 침해행위와

---

109) 서울중앙지방법원 2013. 7. 26. 선고 2012가합83099 판결 참조.

의 인과관계, 손해액의 주장·입증이 어렵다. 따라서 저작권법은 손해배상청구와 관련한 특별규정을 두어 제125조 제1항에 '손해액의 추정'을 제2항에 '손해액의 의제'를 각 규정하였다. 이와 같은 제125조 제1항과 제2항은 불법행위로 인한 손해배상청구의 요건 중 '손해의 발생'을 제외한 '침해행위와 인과관계', '손해의 액'에 관한 규정으로 원고의 입증부담을 덜어주기 위한 특별규정이라는 점에서 그 의미가 크다.

저작권을 침해받은 자는 저작권법 제125조[110]에 따른 손해배상 청구를 할 수 있다. 즉 제125조 제1항은 '손해액의 추정' 규정으로서 "저작재산권 그 밖에 이 법에 따라 보호되는 권리(저작인격권 및 실연자의 인격권을 제외한다)를 가진 자(이하 "저작재산권자등"이라 한다)가 고의 또는 과실로 권리를 침해한 자에 대하여 그 침해행위에 의하여 자기가 받은 손해의 배상을 청구하는 경우에 그 권리를 침해한 자가 그 침해행위에 의하여 이익을 받은 때에는 그 이익의 액을 저작재산권자등이 받은 손해의 액으로 추정한다."고 규정하고 있다. 한편 침해행위에 의하여 받은 이익의 액은 침해자가 주장·입증하여야 한다.

제125조 제2항은 '손해액의 의제' 규정으로서 "저작재산권자등이

110) 저작권법 제125조(손해배상의 청구) ① 저작재산권 그 밖에 이 법에 따라 보호되는 권리(저작인격권 및 실연자의 인격권을 제외한다)를 가진 자(이하 "저작재산권자등"이라 한다)가 고의 또는 과실로 권리를 침해한 자에 대하여 그 침해행위에 의하여 자기가 받은 손해의 배상을 청구하는 경우에 그 권리를 침해한 자가 그 침해행위에 의하여 이익을 받은 때에는 그 이익의 액을 저작재산권자등이 받은 손해의 액으로 추정한다.
② 저작재산권자등이 고의 또는 과실로 그 권리를 침해한 자에게 그 침해행위로 자기가 받은 손해의 배상을 청구하는 경우에 그 권리의 행사로 통상 받을 수 있는 금액에 상응하는 액을 저작재산권자등이 받은 손해의 액으로 하여 그 손해배상을 청구할 수 있다. 〈개정 2021. 5. 18.〉
③ 제2항에도 불구하고 저작재산권자등이 받은 손해의 액이 제2항에 따른 금액을 초과하는 경우에는 그 초과액에 대해서도 손해배상을 청구할 수 있다. 〈개정 2021. 5. 18.〉
④ 등록되어 있는 저작권, 배타적발행권(제88조 및 제96조에 따라 준용되는 경우를 포함한다), 출판권, 저작인접권 또는 데이터베이스제작자의 권리를 침해한 자는 그 침해행위에 과실이 있는 것으로 추정한다.

고의 또는 과실로 그 권리를 침해한 자에게 그 침해행위로 자기가 받은 손해의 배상을 청구하는 경우에 그 권리의 행사로 통상 받을 수 있는 금액에 상응하는 액을 저작재산권자등이 받은 손해의 액으로 하여 그 손해배상을 청구할 수 있다."고 규정하고 있다. 그리고 "통상 받을 수 있는 금액"은 저작재산권자등이 받을 수 있는 통상사용료를 말한다. 즉 침해자가 침해행위를 한 당시에 권리자로부터 사용허락을 받았더라면 사용대가로 지불하였을 객관적으로 상당한 금액을 말한다.[111)]

제125조 제4항은 "등록되어 있는 저작권, 배타적발행권(제88조 및 제96조에 따라 준용되는 경우를 포함한다), 출판권, 저작인접권 또는 데이터베이스제작자의 권리를 침해한 자는 그 침해행위에 과실이 있는 것으로 추정한다"고 규정하고 있다. 그런데 저작권법 제10조 제2항에서는 "저작권은 저작물을 창작한 때부터 발생하며 어떠한 절차나 형식의 이행을 필요로 하지 아니한다"고 규정하며 미국, 일본, 독일, 프랑스 등 베른협약에 가입한 많은 국가들처럼 무방식주의를 채택하고 있다. 따라서 무방식주의하에서 제125조 제4항의 과실의 추정 규정은 유의하여야 한다.

제125조의2[112)]의 '법정손해배상의 청구' 규정은 한・미 FTA협정의 이행으로 미국의 법정손해배상제도가 2011년 우리 저작권법에 도입된

---

111) 대법원 2001. 6. 26. 선고 99다50552 판결.

112) 저작권법 제125조의2(법정손해배상의 청구) ① 저작재산권자등은 고의 또는 과실로 권리를 침해한 자에 대하여 사실심(事實審)의 변론이 종결되기 전에는 실제 손해액이나 제125조 또는 제126조에 따라 정하여지는 손해액을 갈음하여 침해된 각 저작물등마다 1천만원(영리를 목적으로 고의로 권리를 침해한 경우에는 5천만원) 이하의 범위에서 상당한 금액의 배상을 청구할 수 있다.
② 둘 이상의 저작물을 소재로 하는 편집저작물과 2차적저작물은 제1항을 적용하는 경우에는 하나의 저작물로 본다.
③ 저작재산권자등이 제1항에 따른 청구를 하기 위해서는 침해행위가 일어나기 전에 제53조부터 제55조까지의 규정(제90조 및 제98조에 따라 준용되는 경우를 포함한다)에 따라 그 저작물등이 등록되어 있어야 한다.
④ 법원은 제1항의 청구가 있는 경우에 변론의 취지와 증거조사의 결과를 고려하여 제1항의 범위에서 상당한 손해액을 인정할 수 있다. [본조신설 2011. 12. 2.]

것이다. 제125조의2 규정은 저작재산권 등의 침해로 인한 권리자의 구체적인 피해액 또는 침해자의 이익의 액 입증이 곤란한 경우에 실제 손해액 또는 인정 손해액에 갈음하여 침해된 각 저작물등마다 1천만원(영리를 목적으로 고의로 권리를 침해한 경우에는 5천만원) 이하의 범위에서 상당한 금액의 배상을 청구할 수 있다. 법정손해배상을 청구하기 위해서는 침해행위가 일어나기 전에 저작물등이 등록되어 있어야 한다. 그리고 법정손해배상은 '침해건수'가 아닌 '침해된 각 저작물 수'를 기준으로 하며(제125조의2 제1항 참조), 둘 이상의 저작물을 소재로 하는 편집저작물과 2차적저작물은 하나의 저작물로 본다(같은 조 제2항). 무엇보다도 유의할 점은 법정손해배상을 청구하기 위해서는 침해행위가 일어나기 전에 저작물등이 저작권 등록되어 있어야 한다는 점이다(제125조의2 제3항).

그다음 저작권법 제126조[113]는 "법원은 손해가 발생한 사실은 인정되나 제125조의 규정에 따른 손해액을 산정하기 어려운 때에는 변론의 취지 및 증거조사의 결과를 참작하여 상당한 손해액을 인정할 수 있다"고 규정하고 있다. 따라서 손해의 발생사실 여부와 상관없이 적용되는 법정손해배상제도와는 다르다. 또한 저작권법 제125조 제1항에 의한 '손해액의 추정'규정과 제2항에 의한 '손해액의 의제'규정이 권리자의 입증책임을 경감하기 위한 조항인 반면 제126조에 의한 '상당한 손해액 인정'규정은 '제125조에 따른 손해액 산정이 어려운 경우'에 그 증명도 · 심증도를 경감하기 위한 조문이다.[114]

한편 민사상 손해배상청구권은 손해나 가해자를 안 날로부터 3년 이내에 행사하거나 불법행위가 있었던 날로부터 10년 이내에 행사하여야 한다(민법 제766조). 그런데 손해배상청구는 그 손해가 저작권 보

---

113) 저작권법 제126조(손해액의 인정) 법원은 손해가 발생한 사실은 인정되나 제125조의 규정에 따른 손해액을 산정하기 어려운 때에는 변론의 취지 및 증거조사의 결과를 참작하여 상당한 손해액을 인정할 수 있다.

114) 대법원 2017. 5. 31. 선고 2015다 22496 판결.

호기간 중에 발생한 경우라면 보호기간이 만료된 이후에도 해당 청구권이 소멸시효에 걸리지 않는 한 인정된다.

(4) 명예회복 등의 청구

저작권법 127조는 "저작자 또는 실연자는 고의 또는 과실로 저작인격권 또는 실연자의 인격권을 침해한 자에 대하여 손해배상에 갈음하거나 손해배상과 함께 명예회복을 위하여 필요한 조치를 청구할 수 있다"고 규정하고 있다.

명예회복조치청구권은 손해배상청구권과 별개의 소송물이므로 손해배상과 반드시 같이 청구할 필요는 없고 손해배상청구가 확정된 이후라도 명예회복조치의 소를 제기할 수 있다.[115] 또한 "명예회복을 위하여 필요한 조치"는 저작자의 주관적인 명예감정이 아니라 사회적으로부터 받는 객관적 평가인 사회적 명예를 의미하며, 일반적으로 정정광고나 사실고지 또는 통지청구 등을 들 수 있다.[116]

2) 저작권 침해시 형사구제 제도

저작권법은 저작권 등 저작권법이 보호하는 권리를 침해한 경우에 대한 벌칙을 저작권법 제136조에서 제142조에 걸쳐 규정하고 있다. 즉 저작재산권, 저작인격권 등의 침해죄(제136조, 제137조), 부정발행 등의 죄(제136조, 제137조), 출처명시위반 등의 죄(제138조) 그리고 몰수(제139조), 고소(제140조), 양벌규정(제141조), 과태료(제142조)의 조항들이다. 다음에서는 패션산업에서의 저작권 침해시 주로 관련 있는 형사구제 제도에 대해서만 살펴본다.

115) 서울중앙지방법원 2012. 9. 21. 선고 2012가합10930 판결.
116) 박성호, 앞의 책, 766-767면 참조.

(1) 법정형 5년 이하의 징역 또는 5천만원 이하의 벌금에 처하거나 이를 병과하는 범죄

저작권법 제136조 제1항[117]은 저작재산권, 그 밖에 이 법에 따라 보호되는 재산적 권리(데이터베이스제작자의 권리 제외)를 복제, 공연, 공중송신, 전시, 배포, 대여, 2차적저작물 작성의 방법으로 침해한 자는 5년 이하의 징역 또는 5천만원 이하의 벌금에 처하거나 이를 병과한다고 규정하고 있다.

(2) 법정형 3년 이하의 징역 또는 3천만원 이하의 벌금에 처하는 범죄

저작권법 제136조 제2항은 ① 저작인격권 또는 실연자의 인격권을 침해하여 저작자 또는 실연자의 명예를 훼손한 자, ② 저작권의 등록(제53조)이나 권리변동 등의 등록·효력(제54조)을 허위등록한 자, ③ 업으로 또는 영리를 목적으로 권리관리정보의 제거·변경 등의 금지 규정(제104조의3 제1항)을 위반한 자, ④ 라벨 위조 등의 금지 규정(제104조의5)을 위반한 자, ⑤ 저작권 침해행위(제124조 제1항[118])로 보는

---

117) 저작권법 제136조(벌칙) ① 다음 각 호의 어느 하나에 해당하는 자는 5년 이하의 징역 또는 5천만원 이하의 벌금에 처하거나 이를 병과(併科)할 수 있다. 〈개정 2011. 12. 2., 2021. 5. 18.〉
1. 저작재산권, 그 밖에 이 법에 따라 보호되는 재산적 권리(제93조에 따른 권리는 제외한다)를 복제, 공연, 공중송신, 전시, 배포, 대여, 2차적저작물 작성의 방법으로 침해한 자.

118) 저작권법 제124조(침해로 보는 행위) ① 다음 각 호의 어느 하나에 해당하는 행위는 저작권 그 밖에 이 법에 따라 보호되는 권리의 침해로 본다.
1. 수입 시에 대한민국 내에서 만들어졌더라면 저작권 그 밖에 이 법에 따라 보호되는 권리의 침해로 될 물건을 대한민국 내에서 배포할 목적으로 수입하는 행위
2. 저작권 그 밖에 이 법에 따라 보호되는 권리를 침해하는 행위에 의하여 만들어진 물건(제1호의 수입물건을 포함한다)을 그 사실을 알고 배포할 목적으로 소지하는 행위
3. 프로그램의 저작권을 침해하여 만들어진 프로그램의 복제물(제1호에 따른 수입 물건을 포함한다)을 그 사실을 알면서 취득한 자가 이를 업무상 이용하는 행위.

행위를 한자는 3년 이하의 징역 또는 3천만원 이하의 벌금에 처한다고 규정하고 있다.

(3) 법정형 1년 이하의 징역 또는 1천만원 이하의 벌금에 처하는 범죄

저작권법 제137조는 ① 저작자 아닌 자를 저작자로 하여 실명·이명을 표시하여 저작물을 공표한 자, ② 저작자 사후 저작인격권 침해행위를 한 자(제14조 제2항), ③ 저작자의 명예를 훼손하는 방법으로 저작물을 이용하여 저작인격권의 침해행위(제124조 제2항[119])로 보는 행위를 한 자는 1년 이하의 징역 또는 1천만원 이하의 벌금에 처한다고 규정하고 있다.

(4) 법정형 500만원 이하의 벌금에 처하는 범죄

저작권법 제138조는 ① 위탁에 의한 초상화 또는 이와 유사한 사진저작물의 위탁자의 동의가 없는 이용을 한 자(제35조[120]), ② 저작물 이용시 출처명시의무를 위반한 자(제37조[121])는 500만원 이하의 벌금에 처한다고 규정하고 있다.

(5) 친고죄 원칙

저작권법 제140조는 저작권법 위반에 해당하는 죄에 대한 공소는 고소가 있어야 한다고 규정하고 있다(제140조 본문).

---

119) 저작권법 제124조(침해로 보는 행위) ② 저작자의 명예를 훼손하는 방법으로 저작물을 이용하는 행위는 저작인격권의 침해로 본다.

120) 저작권법 제35조(미술저작물등의 전시 또는 복제) ④ 위탁에 의한 초상화 또는 이와 유사한 사진저작물의 경우에는 위탁자의 동의가 없는 때에는 이를 이용할 수 없다.

121) 저작권법 제37조(출처의 명시) ① 이 관에 따라 저작물을 이용하는 자는 그 출처를 명시하여야 한다. 다만, 제26조, 제29조부터 제32조까지, 제34조 및 제35조의2부터 제35조의4까지의 경우에는 그러하지 아니하다.
② 출처의 명시는 저작물의 이용 상황에 따라 합리적이라고 인정되는 방법으로 하여야 하며, 저작자의 실명 또는 이명이 표시된 저작물인 경우에는 그 실명 또는 이명을 명시하여야 한다.

다만 영리를 목적으로 또는 상습적으로 제136조 제1항 제1호, 제136조 제2항 제3호 및 제4호(제124조 제1항 제3호의 경우에는 피해자의 명시적 의사에 반하여 처벌하지 못한다)에 해당하는 행위를 한 경우와 제136조 제2항 제2호 및 제3호의2부터 제3호의7까지, 제137조 제1항 제1호부터 제4호까지, 제6호 및 제7호와 제138조 제5호의 경우는 고소가 없어도 공소제기가 가능한 비친고죄 대상 범죄이다(제140조 단서).

(6) 양벌규정

저작권법 제141조는 "법인의 대표자나 법인 또는 개인의 대리인·사용인 그 밖의 종업원이 그 법인 또는 개인의 업무에 관하여 이 장의 죄를 범한 때에는 행위자를 벌하는 외에 그 법인 또는 개인에 대하여도 각 해당조의 벌금형을 과한다. 다만, 법인 또는 개인이 그 위반행위를 방지하기 위하여 해당 업무에 관하여 상당한 주의와 감독을 게을리하지 아니한 경우에는 그러하지 아니하다"고 규정하고 있다.

3) 디자인권 침해시 민사구제 제도

디자인권 침해에 대한 구제도 저작권침해에 대한 구제와 마찬가지로 민사적 구제, 형사적 구제, 행정적 구제를 통하여 실현될 수 있다. 민사적 구제는 금지청구, 폐기청구, 손해배상청구, 신용회복조치청구, 보상금지급청구가 있으며 부당이득반환청구(민법 제741조)가 있다.

(1) 금지청구

디자인권 침해금지청구 요건으로는 ① 원고가 디자인권자 또는 전용실시권자이고 유효한 디자인권이 존속해야 하며, ② 피고에게 정당한 실시권원이 없어야 하며, ③ 피고의 실시행위가 업으로서의 실시이어야 하고, ④ 피고의 실시디자인이 등록디자인의 보호범위 내에 포함되어야 함이 필요하다. 그리고 금지청구는 손해배상청구와 달리 피고(침해자)의 고의나 과실은 요하지 않는다.

디자인보호법 제92조[122]에 따르면 디자인권자는 업으로서 등록디자인 또는 이와 유사한 디자인을 실시할 권리를 독점한다. 따라서 패션의류제품의 생산업체 그리고 도매상이나 소매상에 의하여 디자인권자 등의 디자인권이 침해된 경우 디자인보호법 제113조 제1항에 따라 디자인권자 또는 전용실시권자는 자기의 권리를 침해한 자 또는 침해할 우려가 있는 자에 대하여 그 침해의 금지 또는 예방을 청구할 수 있다.

한편 제113조 제2항[123]은 비밀디자인[124]의 디자인권자 및 전용실시권자는 그 디자인에 관한 다음 각 호의 사항에 대하여 특허청장으로부터 증명을 받은 서면을 제시하여 경고한 후가 아니면 침해의 금지 또는 예방을 청구할 수 없다고 규정하고 있다.

또한 디자인보호법 제114조에 따라 등록디자인이나 이와 유사한 디자인에 관한 물품의 생산에만 사용하는 물품을 업으로서 생산・양도・대여・수출 또는 수입하거나 업으로서 그 물품의 양도 또는 대여의 청약을 하는 행위는 그 디자인권 또는 전용실시권을 침해한 것으로

---

122) 디자인보호법 제92조(디자인권의 효력) 디자인권자는 업으로서 등록디자인 또는 이와 유사한 디자인을 실시할 권리를 독점한다. 다만, 그 디자인권에 관하여 전용실시권을 설정하였을 때에는 제97조 제2항에 따라 전용실시권자가 그 등록디자인 또는 이와 유사한 디자인을 실시할 권리를 독점하는 범위에서는 그러하지 아니하다.

123) 디자인보호법 제113조 (권리침해에 대한 금지청구권 등) ② 제43조 제1항에 따라 비밀로 할 것을 청구한 디자인의 디자인권자 및 전용실시권자는 산업통상자원부령으로 정하는 바에 따라 그 디자인에 관한 다음 각 호의 사항에 대하여 특허청장으로부터 증명을 받은 서면을 제시하여 경고한 후가 아니면 제1항에 따른 청구를 할 수 없다.

1. 디자인권자 및 전용실시권자(전용실시권자가 청구하는 경우만 해당한다)의 성명 및 주소(법인인 경우에는 그 명칭 및 주된 사무소의 소재지를 말한다)
2. 디자인등록출원번호 및 출원일
3. 디자인등록번호 및 등록일
4. 디자인등록출원서에 첨부한 도면・사진 또는 견본의 내용.

124) 디자인보호법 제43조(비밀디자인) ① 디자인등록출원인은 디자인권의 설정등록일부터 3년 이내의 기간을 정하여 그 디자인을 비밀로 할 것을 청구할 수 있다. 이 경우 복수디자인등록출원된 디자인에 대하여는 출원된 디자인의 전부 또는 일부에 대하여 청구할 수 있다.

보아 그 경우에도 디자인권자 또는 전용실시권자는 침해의 금지 또는 예방을 청구할 수 있다.

(2) 폐기청구

디자인보호법 제113조 제3항은 디자인권자 또는 전용실시권자는 권리침해에 대한 금지청구를 할 때에는 침해행위를 조성한 물품의 폐기, 침해행위에 제공된 설비의 제거, 그 밖에 침해의 예방에 필요한 행위를 청구할 수 있다고 규정하고 있다.

(3) 손해배상청구

디자인권의 침해로 인한 손해배상청구는 민법 제750조의 불법행위에 기초한 손해배상청구권을 근거로 하여 ① 침해자의 고의 내지 과실, ② 디자인권을 침해하는 위법행위의 존재, ③ 디자인권 침해행위로 인한 손해의 발생의 세 가지 요건이 요구된다. 그리고 세 번째 요건은 i) 손해의 발생, ii) 디자인권 침해행위와 인과관계, iii) 손해의 액이라는 구체적 요건이 충족되어야 한다.

한편 디자인보호법과 법적 성격의 유사성이 있는 기존 「특허법」에 따르면 특허권자가 침해에 대한 손해배상을 청구하는 경우 특허권자의 생산능력 한도에서만 손해배상을 인정하고 있었다. 따라서 침해자의 양도수량이 특허권자의 생산능력을 초과하는 경우 침해자가 그 초과수량 만큼의 이익을 부당하게 취하게 되어 오히려 특허의 침해가 이득이 되는 상황이 발생할 수 있었다. 그러므로 이러한 문제점을 해결하기 위하여 「특허법」은 손해액의 추정 방식을 지난 2020년 6월 개정한바, 지식재산 관련 법률이 법적 안정성과 동일성을 갖출 수 있도록 관련 규정을 정비하기 위해서 디자인보호법 제115조 제1항과 제2항을 2020년 12월 다음과 같이 개정하였다.[125]

---

125) 2020. 12. 22. 법률 제17725호로 일부개정 되어 2021. 6. 23. 시행된 디자인보호법 개정이유, 법제처 http://www.law.go.kr. (2021.09.17. 최종접속).

디자인보호법 제115조 제1항[126]은 "디자인권자 또는 전용실시권자는 고의나 과실로 인하여 자기의 디자인권 또는 전용실시권을 침해한 자에 대하여 그 침해에 의하여 자기가 입은 손해의 배상을 청구할 수 있다."고 규정하고 있으며 제115조 제2항[127]은 디자인권자 등이 "제1항에 따라 손해배상을 청구하는 경우 그 권리를 침해한 자가 그 침해행위를 하게 한 물건을 양도하였을 때에는 다음 각 호[128]에 해당하는 금액의 합계액을 디자인권자 또는 전용실시권자가 입은 손해액으로 할 수 있다"고 규정하고 있다. 그다음 제115조 제2항과 함께 손해액 추정 규정인 디자인보호법 제115조 제3항은 "디자인권자 또는 전용실시권자가 고의나 과실로 자기의 디자인권 또는 전용실시권을 침해한 자에 대하여 그 침해에 의하여 자기가 입은 손해의 배상을 청구하는 경우 권리를 침해한 자가 그 침해행위로 이익을 얻었을 때에는 그 이익액을 디자인권자 또는 전용실시권자가 받은 손해액으로 추정한다"고 규정하고 있다.

디자인권자가 상당한 투자와 노력을 통하여 창작한 디자인을 보호

126) 〈개정 2020. 12. 22.〉
127) 〈개정 2020. 12. 22.〉
128) 디자인보호법 제115조 제2항
1. 그 물건의 양도수량(디자인권자 또는 전용실시권자가 그 침해행위 외의 사유로 판매할 수 없었던 사정이 있는 경우에는 그 침해행위 외의 사유로 판매할 수 없었던 수량을 뺀 수량) 중 디자인권자 또는 전용실시권자가 생산할 수 있었던 물건의 수량에서 실제 판매한 물건의 수량을 뺀 수량을 넘지 아니하는 수량에 디자인권자 또는 전용실시권자가 그 침해행위가 없었다면 판매할 수 있었던 물건의 단위수량당 이익액을 곱한 금액.
2. 그 물건의 양도수량 중 디자인권자 또는 전용실시권자가 생산할 수 있었던 물건의 수량에서 실제 판매한 물건의 수량을 뺀 수량을 넘는 수량 또는 그 침해행위 외의 사유로 판매할 수 없었던 수량이 있는 경우 이들 수량(디자인권자 또는 전용실시권자가 그 디자인권자의 디자인권에 대한 전용실시권의 설정, 통상실시권의 허락 또는 그 전용실시권자의 전용실시권에 대한 통상실시권의 허락을 할 수 있었다고 인정되지 아니하는 경우에는 해당 수량을 뺀 수량)에 대해서는 디자인등록을 받은 디자인의 실시에 대하여 합리적으로 받을 수 있는 금액.

하는 것은 창작의 장려를 통해 소비자의 이용편의와 산업의 발전을 도모하려는데 그 목적이 있으며, 타인이 창작한 디자인을 고의적으로 침해하여 이득을 보는 행위는 창작자의 창작의지를 꺾는 것으로서 소비자의 편의 저하는 물론 산업발전에도 역행하는 행위이므로, 이를 엄정히 근절할 필요가 있다. 이에 법원은 타인의 디자인권 또는 전용실시권을 침해한 행위가 고의적인 것으로 인정되는 경우에는 손해로 인정된 금액의 3배를 넘지 아니하는 범위에서 배상액을 부과할 수 있도록 하여 디자인권자의 효과적인 권리구제를 도모하는 한편, 현재의 보상금 산정방식 중 하나인 통상적으로 받을 수 있는 금액은 시장의 기준보다 낮게 산정되어 적정한 보상금 산정이 되지 않는다는 지적이 있는바, 이를 합리적으로 받을 수 있는 금액으로 기준을 변경하여 보상금을 시장의 현실에 부합하게 산정할 수 있도록 개선하기 위해서 디자인보호법 제115조 제4항 중 "통상적"을 "합리적"으로 변경하고, 같은 조에 제7항 및 제8항을 각각 신설하였다.[129)]

먼저 디자인보호법 제115조 제4항은 "디자인권자 또는 전용실시권자가 고의나 과실로 자기의 디자인권 또는 전용실시권을 침해한 자에 대하여 그 침해에 의하여 자기가 입은 손해의 배상을 청구하는 경우 그 등록디자인의 실시에 대하여 합리적으로 받을 수 있는 금액을 디자인권자 또는 전용실시권자가 입은 손해액으로 하여 손해배상을 청구할 수 있다"며 '손해액의 의제'를 규정하고 있다.

그리고 디자인보호법 제115조 제6항에서는 "법원은 디자인권 또는 전용실시권의 침해에 관한 소송에서 손해가 발생한 것은 인정되나 그 손해액을 증명하기 위하여 필요한 사실을 밝히는 것이 사실의 성질상 극히 곤란한 경우에는 제1항부터 제5항까지의 규정에도 불구하고 변론전체의 취지와 증거조사의 결과에 기초하여 상당한 손해액을 인정할

---

129) 2020. 10. 20. 법률 제17526호로 일부개정 되어 2020. 10. 20. 시행된 디자인보호법 개정이유, 법제처 http://www.law.go.kr. (2021.09.17. 최종접속).

수 있다"고 규정하고 있다. 즉 제115조 제6항은 손해배상청구에 있어 손해에 관한 피해자의 주장·증명책임을 경감하는 취지의 규정이다.

이어서 제115조 제7항[130]에서는 "법원은 타인의 디자인권 또는 전용실시권을 침해한 행위가 고의적인 것으로 인정되는 경우에는 제1항부터 제6항까지의 규정에 따라 손해로 인정된 금액의 3배를 넘지 아니하는 범위에서 배상액을 정할 수 있다"고 규정하고 있다. 그리고 제115조 제8항[131]에서는 "제7항에 따른 배상액을 판단할 때에는 1. 침해행위를 한 자의 우월적 지위 여부, 2. 고의 또는 손해 발생의 우려를 인식한 정도, 3. 침해행위로 인하여 디자인권자 또는 전용실시권자가 입은 피해규모, 4. 침해행위로 인하여 침해한 자가 얻은 경제적 이익, 5. 침해행위의 기간·횟수 등, 6. 침해행위에 따른 벌금, 7. 침해행위를 한 자의 재산상태, 8. 침해행위를 한 자의 피해구제 노력의 정도를 고려하여야 한다"고 규정하고 있다. 패션디자인의 특성상 제품의 수명주기가 짧고 유행에 민감하여 모방이 용이하고 디자인의 불법모방과 도용으로 인한 피해의 복구도 쉽지 않은 패션산업 환경에서 이와 같은 디자인보호법 제115조 제7항 및 제8항의 징벌적 손해배상 제도의 신설은 상당히 고무적이다.

디자인보호법 제116조는 "타인의 디자인권 또는 전용실시권을 침해한 자는 그 침해행위에 대하여 과실이 있는 것으로 추정한다. 다만, 제43조 제1항에 따라 비밀디자인으로 설정등록된 디자인권 또는 전용실시권의 침해에 대하여는 그러하지 아니하다"고 규정하고 있다. 손해배상청구는 침해자의 고의 또는 과실을 필요로 하며 그 증명책임은 청구자에게 있다. 그러나 제116조는 타인의 디자인권 또는 전용실시권을 침해한 자에게 그 침해행위에 과실이 있는 것으로 추정하여 청구자의 입증책임을 전환하고 있다.

---

130) 〈신설 2020. 10. 20.〉
131) 〈신설 2020. 10. 20.〉

(4) 신용회복 등의 청구

디자인보호법 제117조는 "법원은 고의나 과실로 디자인권 또는 전용실시권을 침해함으로써 디자인권자 또는 전용실시권자의 업무상 신용을 떨어뜨린 자에 대하여는 디자인권자 또는 전용실시권자의 청구에 의하여 손해배상을 갈음하여 또는 손해배상과 함께 디자인권자 또는 전용실시권자의 업무상 신용회복을 위하여 필요한 조치를 명할 수 있다"고 규정하고 있다.

4) 디자인권 침해시 형사구제 제도

디자인보호법 제11장은 침해죄(제220조), 위증죄(제221조), 허위표시의 죄(제222조), 거짓행위의 죄(제223조), 비밀유지명령위반죄(제224조)와 양벌규정(제227조), 몰수 규정(제228조) 등의 벌칙을 규정하고 있다.

(1) 침해죄

디자인보호법 제220조 제1항은 "디자인권 또는 전용실시권을 침해한 자는 7년 이하의 징역 또는 1억원 이하의 벌금에 처한다"고 규정하고 있다. 그리고 같은 조 제2항은 "제1항의 죄는 고소가 없으면 공소를 제기할 수 없다"고 규정하고 있다. 즉 디자인보호법 제220조 침해죄는 저작권법 제140조와 같은 취지로 친고죄에 해당되어 피해자의 고소가 있어야 공소를 제기할 수 있다. 반면 상표법의 침해죄와 부정경쟁방지 및 영업비밀보호에 관한 법률의 부정경쟁행위에 대해서는 비친고죄가 적용된다.

한편 디자인보호법 제114조 소정의 "침해로 보는 행위"(강학상의 간접침해[132])에 대해서는 제115조의 손해배상 규정과 제116조의 과실 추

132) 대법원 2009. 9. 10. 선고 2007후3356 판결 참조: 간접침해에 관하여 규정하고 있는 특허법 제127조 제1호 규정은 발명의 모든 구성요소를 가진 물건을 실시한 것이 아니고 그 전 단계에 있는 행위를 하였더라도 발명의 모든 구성요소를 가진

정 규정이 적용된다. 그러나 디자인권의 직접침해의 예비단계행위에 불과한 간접침해행위는 확장해석을 금하는 죄형법정주의의 원칙이나 직접침해의 미수범은 처벌하지 않는다는 점을 고려하여 제220조의 형사상 침해죄는 적용되지 않는다.[133]

(2) 양벌 규정

디자인보호법 제227조는 “법인의 대표자나 법인 또는 개인의 대리인, 사용인, 그 밖의 종업원이 그 법인 또는 개인의 업무에 관하여 제220조 제1항, 제222조(허위표시의 죄) 또는 제223조(거짓행위의 죄)의 어느 하나에 해당하는 위반행위를 하면 그 행위자를 벌하는 외에 그 법인에는 다음 각 호[134]의 구분에 따른 벌금형을, 그 개인에게는 해당 조문의 벌금형을 과(科)한다. 다만, 법인 또는 개인이 그 위반행위를 방지하기 위하여 해당 업무에 관하여 상당한 주의와 감독을 게을리하지 아니한 경우에는 그러하지 아니하다”고 규정하고 있다.

물건을 실시하게 될 개연성이 큰 경우에는 장래의 특허권 침해에 대한 권리 구제의 실효성을 높이기 위하여 일정한 요건 아래 이를 특허권의 침해로 간주하더라도 특허권이 부당하게 확장되지 않는다고 본 것이라고 이해된다.

133) 대법원 1993. 2. 23. 선고 92도3350 판결 [특허법위반]: 구 특허법(1990.1.13. 법률 제4207호로 개정되기 전의 것)은 제64조에서 ‘침해로 보는 행위’(강학상의 간접침해행위)라 하여 현실로 특허권 또는 전용실시권(이하 ‘특허권’ 등이라 약칭한다.)의 침해로 보기 어려운 예비단계의 행위를 침해행위로 의제하는 규정을 두고 있는 바, 여기에서 위 제64조에 해당하는 간접침해행위에 대하여 특허권등 침해의 민사책임을 부과하는 외에 위 법 제158조 제1항 제1호(특허권등을 침해한 자에 대한 처벌규정)에 의한 형사처벌까지 가능한가가 문제될 수 있는데, 확장해석을 금하는 죄형법정주의의 원칙에 비추어, 또한 특허권등 침해의 미수범에 대한 처벌규정이 없어 특허권등 직접침해의 미수범은 처벌되지 아니함에도 특허권등 직접침해의 예비단계 행위에 불과한 간접침해행위를 위 벌칙조항에 의하여 특허권등 직접침해의 기수범과 같은 벌칙에 의하여 처벌할 때 초래되는 형벌의 불균형성등에 비추어 볼 때, 위 제64조의 규정은 특허권자 등을 보호하기 위하여 특허권 등의 간접침해자에게도 민사책임을 부과시킴으로써 특허권자 등을 보호하기 위한 취지의 정책적 규정일 뿐 이를 특허권등의 침해행위를 처벌하는 형벌법규의 구성요건으로서까지 규정한 취지는 아닌 것으로 봄이 옳을 것이다.

134) 디자인보호법 제227조(양벌규정) 1. 제220조 제1항의 경우: 3억원 이하의 벌금, 2. 제222조 또는 제223조의 경우: 6천만원 이하의 벌금.

(3) 몰수 규정

디자인보호법 제228조 제1항은 "제220조 제1항에 해당하는 침해행위를 조성한 물건 또는 그 침해행위로부터 생긴 물건은 몰수하거나 피해자의 청구에 의하여 피해자에게 교부할 것을 선고하여야 한다"고 규정하고 같은 조 제2항은 "피해자는 제1항에 따른 물건을 받은 경우에는 그 물건의 가액을 초과하는 손해액에 대하여만 배상을 청구할 수 있다"고 규정하고 있다.

5) 부정경쟁행위에 대한 민사구제 제도

부정경쟁방지 및 영업비밀보호에 관한 법률(이하 '부정경쟁방지법'이라 한다)은 제2조 제1호 각 목에 해당하는 부정경쟁행위로 타인의 영업상의 이익이나 타인의 영업비밀을 침해하는 행위에 대하여 그 타인의 영업상의 이익을 보호하기 위하여 민사적 구제수단을 제공하고 있다. 민사상 구제수단으로는 금지청구권과 손해배상청구권 그리고 신용회복 청구권이 있다.

예컨대 패션산업에서 저작권이나 디자인권으로 보호받는 패션의류를 도매상이나 소매상이 무단으로 판매·유통하는 경우 자신의 영업상의 이익이 침해되거나 침해될 우려가 있는 자는 부정경쟁행위에 대한 민사적 구제수단으로 그 행위의 금지 또는 예방을 청구할 수 있으며, 그 부정경쟁행위로 자신의 영업상의 이익을 침해받은 영업자는 손해배상을 청구할 수 있다. 또한 손해배상을 갈음하거나 손해배상과 함께 영업상의 신용을 회복하는 데에 필요한 조치를 명할 수 있다.

(1) 금지청구

부정경쟁방지법 제4조 제1항은 "부정경쟁행위나 제3조의2 제1항[135] 또는 제2항[136]을 위반하는 행위로 자신의 영업상의 이익이 침해되거나 침해될 우려가 있는 자는 부정경쟁행위나 제3조의2 제1항 또는 제2항을 위반하는 행위를 하거나 하려는 자에 대하여 법원에 그 행위의 금지 또는 예방을 청구할 수 있다"고 규정하고 있으며 같은 조 제2항에서는 "제1항에 따른 청구를 할 때에는 다음 각 호[137]의 조치를 함께 청구할 수 있다"고 규정하고 있다.

여기서 부정경쟁행위는 부정경쟁방지법 제2조 제1호의 (가)목 내지 (카)목의 어느 하나에 해당하는 행위를 말하며, 각 호의 조치는 침해행위를 조성한 물건의 폐기 및 침해행위에 제공된 설비의 제거 등이다. 이와 같이 부정경쟁방지법 제4조에서 침해금지청구와 폐기 및 제거청구를 함께 할 수 있도록 한 것은 부정경쟁행위를 금지시킨다고 하여도 그 행위와 관련된 물건이나 설비가 존속하는 한 언제든지 침해가 개시될 수 있기 때문이다. 한편 판례에서는 금지청구를 구할 때에는

---

135) 부정경쟁방지법 제3조의2(자유무역협정에 따라 보호하는 지리적 표시의 사용금지 등) ① 정당한 권원이 없는 자는 대한민국이 외국과 양자간(兩者間) 또는 다자간(多者間)으로 체결하여 발효된 자유무역협정에 따라 보호하는 지리적 표시(이하 이 조에서 "지리적 표시"라 한다)에 대하여는 제2조 제1호 라목 및 마목의 부정경쟁행위 이외에도 지리적 표시에 나타난 장소를 원산지로 하지 아니하는 상품(지리적 표시를 사용하는 상품과 동일하거나 동일하다고 인식되는 상품으로 한정한다)에 관하여 다음 각 호의 행위를 할 수 없다.
1. 진정한 원산지 표시 이외에 별도로 지리적 표시를 사용하는 행위
2. 지리적 표시를 번역 또는 음역하여 사용하는 행위
3. "종류", "유형", "양식" 또는 "모조품" 등의 표현을 수반하여 지리적 표시를 사용하는 행위.

136) 부정경쟁방지법 제3조의2(자유무역협정에 따라 보호하는 지리적 표시의 사용금지 등) ② 정당한 권원이 없는 자는 다음 각 호의 행위를 할 수 없다.
1. 제1항 각 호에 해당하는 방식으로 지리적 표시를 사용한 상품을 양도·인도 또는 이를 위하여 전시하거나 수입·수출하는 행위
2. 제2조 제1호 라목 또는 마목에 해당하는 방식으로 지리적 표시를 사용한 상품을 인도하거나 이를 위하여 전시하는 행위

137) 부정경쟁방지법 제4조(부정경쟁행위 등의 금지청구권 등) ② 1. 부정경쟁행위나 제3조의2 제1항 또는 제2항을 위반하는 행위를 조성한 물건의 폐기, 2. 부정경쟁행위나 제3조의2 제1항 또는 제2항을 위반하는 행위에 제공된 설비의 제거, 3. 부정경쟁행위나 제3조의2 제1항 또는 제2항을 위반하는 행위의 대상이 된 도메인이름의 등록말소, 4. 그 밖에 부정경쟁행위나 제3조의2 제1항 또는 제2항을 위반하는 행위의 금지 또는 예방을 위하여 필요한 조치.

금지 및 예방의 대상 행위가 구체적으로 특정되어야 한다고 판시하고 있다.[138)]

한편 부정경쟁방지법 제2조 제1호 (가)목 내지 (카)목에서 규정하고 있는 부정행위 중 패션디자인과 관련한 부정경쟁행위는 주로 (가)목의 '상품주체 혼동행위', (나)목의 '영업주체 혼동행위', (다)목의 '저명상표 희석화 행위', (자)목의 '상품형태모방행위', (카)목의 '성과모용행위'가 있다. 각 목에서 규정하는 부정경쟁행위에 대해서는 후술하기로 한다.

(2) 손해배상 청구

부정경쟁방지법 제5조(부정경쟁행위 등에 대한 손해배상책임)는 "고의 또는 과실에 의한 부정경쟁행위나 제3조의2 제1항 또는 제2항을 위반한 행위(제2조 제1호 다목의 경우에는 고의에 의한 부정경쟁행위만을 말한다)로 타인의 영업상 이익을 침해하여 손해를 입힌 자는 그 손해를 배상할 책임을 진다"고 규정하고 있다.

부정경쟁방지법에서 손해배상 청구의 요건은 ① 부정경쟁행위자의 고의 또는 과실, ② 부정경쟁행위의 존재, ③ 부정경쟁행위에 의한 영업상 이익의 침해에 따른 손해의 발생, ④ 부정경쟁행위와 손해발생과의 상당인과관계의 존재가 필요하다.[139)]

한편 부정경쟁행위로 영업상의 이익을 침해당한 자는 부정경쟁행위와 상당인과관계가 있는 모든 재산상의 손해를 청구할 수 있다. 즉

138) 대법원 2000. 5. 12. 선고 98다49142 판결 참조: 판결에서 대법원은 원심판결의 주문을 "피고인수참가인은 별지 1 목록 표시의 각 표장을 부착한 별지 2 목록 기재의 제품, 그 포장지, 포장용기, 선전광고물을 생산, 판매, 반포 또는 수출하여서는 아니되고, 그의 사무소, 공장, 창고, 영업소, 매장에 보관중인 별지 1 목록 표시의 각 표장이 부착된 별지 2 목록 기재의 완제품 및 반제품, 포장지, 포장용기, 선전광고물을 폐기하라. 인수참가 이후의 소송비용은 피고인수참가인의 부담으로 한다."라고 경정한다고 선고하였다.

139) 윤선희 · 김지영, 부정경쟁방지법, 법문사(2012), 314면 참조.

현실에서 매상감소나 침해조사비용 등의 적극적 손해, 소극적 손해 및 정신적 손해가 포함된다. 적극적 손해란 부정경쟁행위로 인하여 이미 가지고 있었던 이익이 손실되는 경우를 말하며, 소극적 손해는 부정경쟁행위가 없었더라면 얻을 수 있었던 권리의 손실, 즉 일실이익을 의미한다.[140]

그런데 현실적으로 소극적 손해의 객관적 입증이 곤란하거나 불가능한 경우가 대부분이다. 예컨대 패션의류산업에서 경쟁사의 '상품형태모방'행위가 없었더라면 자사의 패션의류를 더 판매하여 얻을 수 있었던 이익을 산정하기가 쉽지 않다. 따라서 이와 같은 소극적 손해에 대한 입증의 문제점을 해결하기 위해서 부정경쟁방지법은 손해액 산정에 관한 특칙을 부정경쟁방지법 제14조의2(손해액의 추정 등)에 두고 있다. 즉 부정경쟁방지법 제14조의2 제1항은 "부정경쟁행위, 제3조의2 제1항이나 제2항을 위반한 행위 또는 영업비밀 침해행위로 영업상의 이익을 침해당한 자가 제5조 또는 제11조[141]에 따른 손해배상을 청구하는 경우 영업상의 이익을 침해한 자가 그 부정경쟁행위, 제3조의2 제1항이나 제2항을 위반한 행위 또는 영업비밀 침해행위를 하게 한 물건을 양도하였을 때에는 다음 각 호[142]에 해당하는 금액의 합계액을 손해액으

---

140) 윤선희 · 김지영, 앞의 책, 317면 참조.

141) 부정경쟁방지법 제11조(영업비밀 침해에 대한 손해배상책임) 고의 또는 과실에 의한 영업비밀 침해행위로 영업비밀 보유자의 영업상 이익을 침해하여 손해를 입힌 자는 그 손해를 배상할 책임을 진다.

142) 부정경쟁방지법 제14조의2 제1항
1. 그 물건의 양도수량(영업상의 이익을 침해당한 자가 그 부정경쟁행위등침해행위 외의 사유로 판매할 수 없었던 사정이 있는 경우에는 그 부정경쟁행위등침해행위 외의 사유로 판매할 수 없었던 수량을 뺀 수량) 중 영업상의 이익을 침해당한 자가 생산할 수 있었던 물건의 수량에서 실제 판매한 물건의 수량을 뺀 수량을 넘지 아니하는 수량에 영업상의 이익을 침해당한 자가 그 부정경쟁행위등침해행위가 없었다면 판매할 수 있었던 물건의 단위수량당 이익액을 곱한 금액
2. 그 물건의 양도수량 중 영업상의 이익을 침해당한 자가 생산할 수 있었던 물건의 수량에서 실제 판매한 물건의 수량을 뺀 수량을 넘는 수량 또는 그 부정경쟁행위등침해행위 외의 사유로 판매할 수 없었던 수량이 있는 경우 이들 수

로 할 수 있다"고 규정하고 있다. 그리고 제14조의2 제2항은 "영업상의 이익을 침해한 자가 그 침해행위에 의하여 이익을 받은 것이 있으면 그 이익액을 영업상의 이익을 침해당한 자의 손해액으로 추정한다"고 규정하고 있으며, 제14조의2 제3항은 "부정경쟁행위 또는 제3조의2 제1항이나 제2항을 위반한 행위의 대상이 된 상품 등에 사용된 상표 등 표지의 사용 또는 영업비밀 침해행위의 대상이 된 영업비밀의 사용에 대하여 통상 받을 수 있는 금액에 상당하는 금액을 자기의 손해액으로 하여 손해배상을 청구할 수 있다"고 규정하고 있다. 이어 제14조의2 제5항은 "법원은 부정경쟁행위, 제3조의2 제1항이나 제2항을 위반한 행위 또는 영업비밀 침해행위에 관한 소송에서 손해가 발생된 것은 인정되나 그 손해액을 입증하기 위하여 필요한 사실을 입증하는 것이 해당 사실의 성질상 극히 곤란한 경우에는 제1항부터 제4항까지의 규정에도 불구하고 변론 전체의 취지와 증거조사의 결과에 기초하여 상당한 손해액을 인정할 수 있다"고 규정하고 있다.

한편 2019년 1월 8일 징벌적 손해배상제도가 도입되어 부정경쟁방지법 제14조의2 제6항 및 제7항에 신설되었다.[143] 그리고 2020년 10월 20일 일부개정을 통하여 부정경쟁행위 중 제2조 제1호 (차)목[144]의

량에 대해서는 영업상의 이익을 침해당한 자가 부정경쟁행위등침해행위가 없었으면 합리적으로 받을 수 있는 금액.

143) 2019. 1. 8. 법률 제16204호로 일부개정 되어 2019. 7. 9. 시행된 부정경쟁방지법 개정이유에 따르면 "영업비밀의 침해행위가 고의적인 것으로 인정되는 경우에는 손해로 인정된 금액의 3배를 넘지 아니하는 범위에서 배상액을 인정할 수 있도록 하되, 영업비밀의 침해행위가 고의적인지 여부를 판단할 때에는 침해자의 우월적 지위 여부, 고의의 정도, 침해행위의 기간 및 횟수, 침해행위로 인하여 침해자가 얻은 경제적 이득의 정도 등을 고려하도록 하여 영업비밀 침해에 따른 피해구제를 강화하도록 하기 위해서" 징벌적 손해배상 제도가 도입되었다, 법제처 http://www.law.go.kr. (2021.09.17. 최종접속).

144) 2020. 10. 20. 법률 제17529호로 일부개정 되어 2021. 4. 21. 시행된 부정경쟁방지법 개정이유에 따르면 제14조의2 제6항의 부정경쟁행위에 다음 제2조 제1호 (차)목의 행위가 고의적으로 인정되는 경우에 징벌적 손해배상제도를 도입하였다.
제2조(정의) 제1호 차: 사업제안, 입찰, 공모 등 거래교섭 또는 거래과정에서 경제적 가치를 가지는 타인의 기술적 또는 영업상의 아이디어가 포함된 정보를 그

소위 '아이디어 탈취행위'가 고의적으로 인정되는 경우에 징벌적 손해배상제도를 도입하였다. 따라서 현행 부정경쟁방지법[145] 제14조의2 제6항은 "법원은 제2조 제1호 차목의 행위 및 영업비밀 침해행위가 고의적인 것으로 인정되는 경우에는 제5조 또는 제11조에도 불구하고 제1항부터 제5항까지의 규정에 따라 손해로 인정된 금액의 3배를 넘지 아니하는 범위에서 배상액을 정할 수 있다"고 징벌적 손해배상을 규정하고 있다.

징벌적 손해배상제도에 따른 손해배상액 산정에 대해서 부정경쟁방지법 제14조의2 제7항은 "제6항에 따른 배상액을 판단할 때에는 1. 침해행위를 한 자의 우월적 지위 여부, 2. 고의 또는 손해 발생의 우려를 인식한 정도, 3. 침해행위로 인하여 영업비밀 보유자가 입은 피해규모, 4. 침해행위로 인하여 침해한 자가 얻은 경제적 이익, 5. 침해행위의 기간·횟수 등, 6. 침해행위에 따른 벌금, 7. 침해행위를 한 자의 재산상태, 8. 침해행위를 한 자의 피해구제 노력의 정도를 고려하여야 한다"고 규정하고 있다.

(3) 신용회복 청구

부정경쟁방지법 제6조(부정경쟁행위 등으로 실추된 신용의 회복)는 "법원은 고의 또는 과실에 의한 부정경쟁행위나 제3조의2 제1항 또는 제2항을 위반한 행위(제2조 제1호 다목의 경우에는 고의에 의한 부정경쟁행위만을 말한다)로 타인의 영업상의 신용을 실추시킨 자에게는 부정경쟁행위나 제3조의2 제1항 또는 제2항을 위반한 행위로 인하여 자신의 영업상의 이익이 침해된 자의 청구에 의하여 제5조에 따른 손해배상을

제공목적에 위반하여 자신 또는 제3자의 영업상 이익을 위하여 부정하게 사용하거나 타인에게 제공하여 사용하게 하는 행위. 다만, 아이디어를 제공받은 자가 제공받을 당시 이미 그 아이디어를 알고 있었거나 그 아이디어가 동종 업계에서 널리 알려진 경우에는 그러하지 아니하다, 법제처 http://www.law.go.kr. (2021.09.17. 최종접속).

145) [시행 2021. 6. 23.] [법률 제17727호, 2020. 12. 22., 일부개정].

갈음하거나 손해배상과 함께 영업상의 신용을 회복하는 데에 필요한 조치를 명할 수 있다"고 규정하고 있다.

6) 부정경쟁행위에 대한 형사구제 제도

부정경쟁방지법 제18조 제3항은 제2조 제1호(아목, 차목 및 카목은 제외한다)에 따른 부정경쟁행위를 한 자를 3년 이하의 징역 또는 3천만원 이하의 벌금에 처한다고 규정하고 있다. 따라서 패션의류를 무단으로 도매상이나 소매상이 판매 · 유통하는 경우 도매상이나 소매상의 행위가 타인이 제작한 상품의 형태를 모방한 상품을 양도 · 대여 또는 이를 위한 전시를 하거나 수입 · 수출하는 행위인 제2조 제1호 (자)목의 부정경쟁행위에 해당된다면 제18조 제3항에 따른 형사처벌의 대상이 된다.

제3장

패션디자인의 보호관련 주요국의 법제

Fashion Law

제3장

패션디자인의 보호관련 주요국의 법제

제3장에서는 패션디자인의 보호와 관련한 국제협약의 주요내용을 간단하게 살펴본다. 이어서 EU 회원국의 디자인보호법제에 영향을 끼친 EU의 공동체디자인제도와 주요 패션선진국인 영국, 프랑스, 독일, 미국, 일본의 디자인 보호법제에 대하여 국가별 보호 쟁점을 중심으로 구체적 보호방법과 관련 판례를 살펴본다.

제1절 국제협약

패션디자인은 산업디자인의 범주에도 포함되며 창작적인 응용미술 저작물에도 해당될 수 있다. 따라서 산업디자인의 국제적 보호를 명시적으로 규정한 파리협약과, 구체적인 산업디자인의 보호요건과 보호기간을 규정하고 있는 TRIPS협정을 살펴볼 필요성이 있다. 또한 패션디자인은 응용미술저작물로서 저작권보호도 가능하기 때문에 국제 저작권의 기본조약인 베른협약도 살펴본다. 마지막으로 국제협약은 아니지만 산업디자인의 국제출원과 분류에 대한 헤이그협정과 로카르노협정을 살펴본다.

Ⅰ. 파리협약

파리협약(The Paris Convention)은 산업재산권에 관한 국제조약[1]으로 1883년 3월 20일 파리 외교회의에서 정식으로 채택이 되어 1884년 7월 7일 발효되었다. 파리협약은 모든 동맹국에 내국민대우의 원칙을 적용하고 특허, 산업디자인 그리고 상표에 대한 최소한의 보호기준을 보장할 것의 주요한 두 가지 목적을 가지고 있다.[2] 즉 파리협약의 주요 3대원칙은 내외국인 평등의 원칙, 우선권주장의 원칙, 특허독립의 원칙이다.

먼저 내외국인 평등의 원칙은 특허 등의 출원이나 등록 등에 있어서 동맹국의 국민을 내국인과 동등하게 대우한다는 원칙으로 내국민대우의 원칙이라고도 한다. 우선권주장의 원칙은 파리협약에서 가장 중요한 원칙으로 어느 한 동맹국에서 정식 출원을 한 후 일정기간(특허와 실용신안은 1년, 디자인과 상표는 6개월)내에 타 동맹국에 출원을 하는 경우 추후의 출원일자를 최초에 출원한 일자로 소급 적용하는 선출원주의 원칙이다. 그리고 특허독립의 원칙은 제3국에서 보호를 받기 위해서는 각국마다 출원을 하여 권리를 얻어야 하고, 여러 나라에서 부여된 권리를 병행하고 다른 나라에서의 권리에 영향을 미치지 아니한다는 원칙이다.[3]

파리협약은 1958년 리스본 회의에서 모든 동맹국이 산업디자인을 보호해야 한다는 새로운 조항을 채택하였다. 따라서 파리협약 제5조의 5에서는 "산업디자인은 모든 동맹국에서 보호된다."고 규정함으로 동맹국에게 국내법을 통한 산업디자인의 보호의무만 이행하도록 하고 그

1) Paris Convention for the Protection of Industrial Property.
2) Susy Frankel, Daniel J. Gervais, Advanced Introduction to International Intellectual Property (Elgar Advanced Introductions series), Edward Elgar Pub (2016), p. 17.
3) 윤선희, 특허의 이해(제4판), 법문사 (2019), 12면 참조.

보호방법과 내용은 각 동맹국에 맡기고 있다.

한편 산업디자인 보호의 법체계가 상이한 각 동맹국의 국내법에 의존하다보니 보호수준이 매우 낮아 내국민대우 원칙이 발휘되지 못하는 문제점이 있다.[4] 그러나 파리협약이 산업디자인을 보호대상으로 하고 내국민대우의 원칙, 우선권 주장의 근거 등을 규정함으로써 산업디자인의 국제적 보호를 위한 기틀을 마련해주었다는 점에서는 의미를 갖는다.[5]

특히 우선권 주장의 원칙은 산업디자인의 출원과 관련하여 타 동맹국에서의 출원의 순위 및 신규성 판단에 우선하는 지위를 부여해주어 출원 이후의 행위로 신규성을 잃지 않도록 해준다. 따라서 패션디자인의 등록출원이나 디자인의 동일·유사여부 판단에 중요한 기준인 신규성과 관련하여 패션디자인의 보호에 중요한 역할을 한다.

Ⅱ. TRIPS협정

TRIPS협정(The TRIPS Agreement)[6]은 WTO협정의 부속서로서 지적재산권의 무역관련 측면에 관한 협정이며 1994년 채택되었다. TRIPS협정의 가장 큰 특징은 지적재산에 관한 보호규범의 강화로서 산업재산권에 관한 파리협약과 저작권에 관한 베른협약의 주요 규정을 포함하고 있다. TRIPS협정은 제25조에서 산업디자인의 보호를 회원국의 의무로 하고 있으며 "회원국은 독자적으로 창작된, 새롭거나 독창적인 산업디자인의 보호를 위한 규정을 마련해야 한다"고 규정하고 있다. 또한 회원국은 공지된 디자인이나 공지된 디자인 형태의 결합된 것만

---

4) 최경수, 국제지적재산권법(개정판), 한울 (2017), 289-290면 참조.
5) 서재권, "디자인의 보호범위 확대와 그 한계에 관한 연구", 한국저작권위원회 보고서, (2012), 49면 참조.
6) Agreement on Trade-Related Aspects of Intellectual Property Rights.

아니라면 신규성과 독창성의 판단을 회원국의 재량에 맡기고 있으며 기술적이거나 기능적인 고려에 의한 디자인에 보호 의무를 부여하고 있지 않다. 그리고 TRIPS협정 제26조에서는 산업디자인의 보호기간을 최소한 10년 이상으로 정하도록 규정하였다.

TRIPS협정의 산업디자인 보호 규정은 국가마다 차이는 있지만 기본적인 이행내용은 국내 디자인법에 반영되어 적용되고 있다. 예컨대 우리나라의 경우 현행 디자인보호법은 디자인등록요건으로 신규성과 창작비용이성을 요하고 있으며 산업디자인의 보호기간은 TRIPS협정 제25조에서 요구하는 최소한의 보호기간인 10년 이상을 반영하여 20년[7]을 보호기간으로 규정하고 있다. 일본의 경우도 디자인(의장)등록요건으로 신규성과 창작비용이성을 요하고 있으며 보호기간은 2019년 의장법 개정을 통하여 기존 등록일로부터 20년에서 출원일로부터 25년으로 연장하였다.

한편 TRIPS협정은 제25조 제2항에서 직물디자인에 대한 특례규정을 두어 "각 회원국은 직물디자인의 보호를 확보하기 위한 요건, 특히 비용, 심사 또는 공고와 관련한 요건이 그러한 보호를 추구하고 취득하는 기회를 부당하게 저해하지 아니하도록 보장하여야 하며, 직물디자인을 저작권법 혹은 디자인법으로 보호할지는 회원국의 재량에 맡긴다고 규정하고 있다.[8] TRIPS협정 제25조 제2항에 직물디자인 특례규정을 둔 것은 산업디자인의 도용대상이 되는 직물디자인의 보호를 위한 것으로 보인다.

---

7) 디자인보호법 제90조 제1항에 따라 디자인권은 설정등록에 의하여 발생하며 설정등록한 날로부터 발생하여 디자인등록출원일 후 20년이 되는 날까지 존속한다.

8) 패션디자인과 같이 상품수명이 짧은 디자인이나 개발속도가 빠른 디자인에서는 권리발생의 지연이 치명적이며, 법적으로 전혀 보호를 하지 않는 것과 마찬가지의 결과로 되는 경우가 많다. 1993년 12월15일 타결된 우루과이라운드의 TRIPS 협상에서 라이프사이클이 짧은 섬유디자인에 대한 배려를 요구하고 있는데 그것은 TRIPS협정 제25조 2항(직물디자인의 보호요건)으로 규정되어 있다. 이상정, 산업디자인과 지적소유권법, 세창출판사 (1995), 18면 참조.

통상적으로 직물디자인은 의류의 소재로 이용되는 직물에 그려지거나 인쇄되는 특정 문양이나 이미지 같은 2차원의 평면적 디자인을 말하며, 1839년 2차 영국 디자인저작권법[9]이 보호대상으로 규정한 양각이나 장식 등의 형태로 직물에 나타나는 디자인 그리고 물품의 형상이나 외관에 나타난 디자인도 포함할 수 있다.[10]

TRIPS협정이 채택되기 이전부터 세계 주요국은 직물디자인의 보호를 위한 법제를 구축하기 위해 시도해왔다. 예컨대 프랑스는 1711년 리옹시 견직물 장인의 도안을 타도시 견직물 장인들의 도용으로부터 보호하기 위한 견직물 도안의 도용금지명령을 내렸으며, 영국은 1787년 리넨법[11]을 통하여 고가의 리넨 제품의 직물디자인 보호를 위하여 디자인 창작자에게 2개월간 독점적으로 동일한 디자인을 재생산할 수 있는 권리를 부여하였다.[12] 또한 영국은 최근 하급심에서 여성의류에 이용된 직물디자인을 미술공예저작물로 인정하며 직물디자인의 저작물성을 인정하였다. 그리고 미국은 1909년 저작권법에 의거하여 직물디자인을 미술저작물과 인쇄물로서 보호하기 시작하였으며 2017년에는 치어리더 유니폼 사건에 관한 미국연방대법원 판결에서 유니폼 직물표면의 2차원적 그래픽디자인에 대한 저작물성을 인정하였다.

현대에는 기술의 발전으로 의류의 소재가 되는 직물의 품질에는 큰 차이가 없다. 따라서 의류를 구매하는 소비자들은 의류의 품질보다는 오히려 의류에 인쇄된 이미지나 그래픽디자인을 구매의 결정요소로 선택하는 경향이 많다. 따라서 패션기업들은 다양한 보호법제를 활용하여 직물디자인을 적극 보호하고 있다. 왜냐하면 직물디자인을 보호

9) The second Copyright of Designs Act 1839.

10) Intellectual Property Office, "The Development of Design Law – Past and Future –", 2012, p. 28.

11) 법의 정식명칭은 The Calico Printers' Act 1787.

12) Intellectual Property Office, "The Development of Design Law – Past and Future –", 2012, p. 23.

하는 것이 결국에는 패션디자인의 보호로 이어지기 때문이다.

한편 국가마다 직물디자인의 보호법제는 TRIPS협정에 따라 각국의 재량에 맡긴다. 예컨대 우리나라의 경우 직물디자인의 특례규정이 별도로 입법화 되지는 않았지만 직물디자인을 저작권법과 디자인보호법으로 중첩보호할 수 있다. 먼저 저작권법상 의류의 소재가 되는 직물에 인쇄된 2차원의 평면디자인 그 자체가 회화나 이미지로 인식되어 미적감상의 대상이 되면 미술저작물로 인정될 수 있다. 그리고 직물디자인이 3차원의 입체적인 의류에 이용된 경우, 직물디자인이 의류와 관념적으로 분리가 가능하고 독자적인 창작물로 인정되어 의류 외에 다른 물품에 동일한 형상으로 복제가 가능하다면 응용미술저작물로서 보호가 가능하다.

예컨대 아르누보 장식의 창작적인 패턴문양의 직물디자인은 그 자체로도 미술저작물로 보호받을 수 있으며, 패션의류인 드레스의 직물에 사용되었을 경우, 그 직물디자인이 동일한 형상으로 시계밴드, 소파, 여행용 가방, 화장품 케이스 등의 물품에 복제가 가능하고 그 물품과 구분되어 독자성을 가진다면 응용미술저작물로 보호 받을 수 있다. 물론 패턴문양의 직물디자인이 저작물의 성립요건인 창작성을 갖추어야 하는 것이 전제되어야 한다.

그 다음 디자인보호법상 디자인의 대상이 되는 물품을 직물지[13]로 하는 직물디자인은 디자인일부심사등록제도를 통하여 조기에 디자인권 획득이 가능하다. 그러나 직물디자인은 유행에 민감하고 계절의 변화에 따른 수요의 변화에 즉각 대응해야 하기 때문에 현행 디자인보호법의 특허법적인 보호방법은 시의적절한 보호가 어려운 점이 있다. 그럼에도 패션기업의 사업전략상 장기간의 독점적이고 안정적인 직물디자인의 보호가 필요한 경우에는 디자인보호법을 통한 보호가 적절하다.

---

13) 직물지는 현행 디자인보호법상 디자인일부심사등록출원의 대상이 되는 물품류인 제5류에 해당된다.

따라서 저작권법을 통한 보호를 할 것 인지 디자인보호법을 통한 보호를 할 것인지는 패션회사의 경영전략에 따라 결정해야 한다.

Ⅲ. 헤이그협정과 헤이그시스템

헤이그협정(The Hague Agreement)은 산업디자인의 국제등록에 관한 협정[14]으로서 1925년 디자인의 창작자와 창작디자인의 국제적 보호를 강화하고 국제출원절차의 통일화를 도모하기 위하여 프랑스의 디자인 보호제도인 '기탁'[15]제도를 근간으로 탄생되었으며, 1934년 런던 개정협정, 1960년 헤이그 개정협정을 거쳐 1999년 제네바 개정협정(이하 '신헤이그협정'이라한다)[16]이 채택되어 2003년 12월에 발효가 되었다.[17] 헤이그협정의 목적은 디자인법의 조화 혹은 산업디자인의 법적보호에 대한 어떠한 기준을 규정하려는 것 보다는, 산업디자인의 중앙집중식 국제기탁을 통한 산업디자인의 보호를 확보하여 국제적 법적 절차를 단순화하기 위한 것이다.

신헤이그협정의 주요내용은 심사주의 국가의 제도와 조화를 추구하는 것을 특징으로, 〈표 3-1〉에서 보는 바와 같이 디자인 보호를 받으려는 국제출원인이 개별국가에 출원할 필요 없이 한번의 출원으로 통일된 국제출원과 등록절차로 최소한의 비용을 들여 지정국가에서 신

---

14) Hague Agreement Concerning the International Deposit of Industrial Designs.

15) 기탁(deposit)용어는 1934년과 1960년 협정에서 사용되었고 이후 1999년 제네바 개정협정 때부터 출원(application)과 등록(registration)의 용어로 변경되었다.

16) 1999년 제네바 개정협정의 공식명칭은 「산업디자인의 국제등록에 관한 헤이그 협정의 제네바 법(Geneva Act of the Hague Agreement Concerning the International Registration of Industrial Designs)」이다.

17) 2021년 4월 기준 75개의 체약당사자와 92개의 총 가입국가가 있다.: The Hague System for the International Registration of Industrial Designs provides a practical business solution for registering up to 100 designs in 75 contracting parties, covering 92 countries, through the filing of a single international application, https://www.wipo.int/hague/en/, (2021.09.25. 최종접속).

속하게 디자인권을 보호받을 수 있다는 점이다. 또한 디자인의 대상이 되는 물품이 로카르노 분류[18]에서 같은 분류에 속할 것을 전제로 하나의 국제출원서에 100개까지 복수의 디자인을 포함하여 출원할 수 있도록 하였다. 그리고 디자인의 보호의 존속기간은 국제등록일로부터 최초 5년간 유효하며 5년 단위로 2회 연장이 가능하여 총 15년의 보호기간을 제공하도록 하고, 체약당사자[19]의 국내 법률아래 총 보호기간이 15년을 초과하는 경우 WIPO 사무총장에게 통지하는 조건으로 그 이상 횟수의 갱신도 가능하도록 하였다.

표 3-1 개별국 직접출원과 헤이그시스템에 의한 출원의 비교

구 분	개별국 직접출원	헤이그 국제출원
출원서 제출국가	다수 국가	하나의 출원서(DM/1)
언어	다수의 언어	하나의 언어(영어)
통화(수수료)	다수의 통화(수수료)	하나의 통화(CHF: Swiss francs)
등록	다수의 등록	하나의 국제등록(국제등록부)
갱신절차	다수의 갱신절차	하나의 갱신절차(WIPO 갱신료)
변경등록절차	다수의 변경등록절차	하나의 변경등록절차(WIPO) 이전, 성명주소변경, 감축, 포기 등
출원시 대리인	다수의 대리인(출원시)	대리인 선임 불필요: 거절이유 대응시 필요

출처: http://www.kipo.go.kr 참조.

18) 로카르노 분류는 디자인의 국제분류 제정에 관한 로카르노 협정에 따른 물품의 분류체계이다. 국제분류는 류/군 목록과 알파벳 물품목록으로 구성되어 있으며 2021년 기준 60개 국가가 회원국으로 가입하였다: https://www.wipo.int/treaties/en/classification/locarno/, http://www.kipo.go.kr 특허청 > 지식재산제도 > 해외디자인출원 > 자료실 > 로카르노 분류 참조, (2021.09.25. 최종접속).

19) 체약당사자(Contracting Party)란 헤이그 협정의 당사자인 국가 또는 정부 간 기구를 말한다.

한편 우리나라는 1999년 신헤이그협정의 체약당사자로서 해당조약에 따른 국제출원을 할 수 있도록 2014년 3월 31일에 세계지식재산기구(WIPO)에 '산업디자인의 국제등록에 관한 헤이그협정' 가입서를 기탁하고 2014년 7월1일 신헤이그협정의 회원국이 되었다. 따라서 2014년 7월1일 디자인보호법을 전면개정 하여 헤이그시스템에 의한 국제디자인출원제도를 국내에 이행하였다.

헤이그시스템(Hague System)은 헤이그협정에 따라 세계지식재산기구 국제사무국에 하나의 국제출원서를 제출하여 여러 체약당사자 영역에서 디자인을 보호받을 수 있는 제도로서, 하나의 국제출원이 복수의 관청에 제출해야 하는 일련의 출원을 대체한다. 따라서 디자인등록을 받기를 원하는 각 국가나 지역에 파리협약에 의한 우선권을 주장하면서 개별적으로 출원하는 방식인 '파리루트에 의한 디자인출원(Paris route)'과 차이가 있다. 다만, 우선권을 주장하기 위해서는 선출원의 출원일로부터 6개월 이내에 해당 국가에 출원해야 한다.[20)]

따라서 우리 디자인보호법 제9장에 '산업디자인의 국제등록에 관한 헤이그협정'에 따른 국제출원에 관한 규정을 신설하여 '특허청을 통한 국제출원'과 '국제디자인등록출원'의 국제디자인등록제도를 시행하게 되었다.

신헤이그협정 가입을 반영하여 현행 디자인보호법에 몇 가지 주요 개정이 있었는데, 첫 번째는 디자인보호법 제91조의 디자인권의 존속기간을 설정등록한 날부터 발생하여 디자인등록출원일 후 20년이 되는 날까지로 연장하고 관련디자인으로 등록된 디자인권의 존속기간 만료일은 그 기본디자인의 디자인권 존속기간 만료일로 한다고 변경한 것이다. 두 번째는 디자인보호법 제41조에 산업통상자원부령으로 정하는 물품류 구분에서 같은 물품류에 속하는 물품에 대하여는 100이내

---

20) http://www.kipo.go.kr 특허청>지식재산제도>해외디자인출원>헤이그 소개, 디자인의 국제출원 방법참조, (2021.10.12. 최종접속).

의 디자인을 1디자인등록출원으로 할 수 있도록 복수디자인등록출원제도를 규정하였다. 세 번째는 디자인보호법 제35조에 디자인권자 또는 디자인등록출원인은 자기의 등록디자인 또는 디자인등록출원한 기본디자인과만 유사한 관련디자인에 대하여는 그 기본디자인의 디자인등록출원일부터 1년 이내에 디자인등록출원된 경우에 한하여 관련디자인으로 디자인등록을 받을 수 있는 관련디자인제도를 규정하였다. 이에 따라 유사디자인권의 권리침해 판단 시 침해디자인이 유사디자인과 유사한지 여부는 판단하지 않고 기본디자인과의 유사여부만으로 침해여부를 판단하게 되어, 등록된 유사디자인과 유사한 디자인을 무단으로 실시하는 경우에도 침해방지가 어려웠던 점이 해결되고, 관련디자인의 독자적인 존속기간과 권리범위가 부여되면서 디자인 창작자의 권한이 강화되었다.

특히 복수디자인등록출원으로 같은 물품류에 속하는 물품에 대하여 100이내의 디자인에 대한 1디자인등록출원이 가능해짐에 따라 패션업계에서는 패션디자인의 컨셉을 유지하면서 창작되는 다수의 디자인에 대하여 보다 넓은 디자인권을 신속하고 편리하게 확보할 수 있게 되었다. 또한 관련디자인제도의 도입으로 패션디자이너는 자신의 최초 기본디자인 및 이를 변형하여 창작한 디자인에까지 강력한 디자인권을 확보할 수 있게 되었다. 따라서 헤이그협정의 가입으로 현행 디자인보호법에 복수디자인등록출원제도와 관련디자인제도를 도입한 것은 패션디자인 창작자들의 디자인권을 한층 더 강화시킨 계기가 되었다.

Ⅳ. 로카르노협정

산업디자인의 국제분류 제정을 위한 로카르노협정(The Locarno Agreement)[21]은 산업디자인의 국제적 분류를 창설한 목적으로 스위스

로카르노에서 1968년 10월 8일에 체결되고 1971년 4월 27일 발효되었으며 1979년에 스톡홀롬에서 수정되었다.

우리나라는 2014년 7월 1일 디자인의 국제적 보호와 강한 디자인권 창출을 목적으로 국제디자인등록출원제도를 도입·시행하면서 로카르노 분류를 공식분류로 채택하였다. 그러나 현행 디자인보호법상 물품성이 결여된 것으로 해석되는 그래픽 심벌, 로고, 표면 문양 및 장식을 포함하는 로카르노 제32류는 우리 디자인보호법상 디자인 보호대상으로는 포함시키지 않고 있다. 따라서 패션디자인에 포함된 그래픽 심볼이나 로고는 일정요건 하에서 상표법이나 저작권법을 통하여 그리고 표면문양 및 장식은 저작권법으로 보호를 받아야 할 것이다.

Ⅴ. 베른협약

문학·예술 저작물의 보호를 위한 베른협약(The Berne Convention)[22]은 국제저작권에 관한 기본조약으로서 파리협약과 더불어 지적재산권 조약의 근간이 되는 조약이다. 베른협약은 1886년 9월 9일 정식으로 채택이 되어 1887년 12월 5일 발효한 이래로 다섯 차례 개정과 추가 의정서 채택 그리고 수정을 거쳐 1979년 파리에서 마지막으로 한 차례 수정되었다.

패션디자인은 저작권법상 응용미술저작물로서 그리고 디자인법상 산업디자인으로서 중첩적인 보호를 받을 수 있다. 베른협약은 제2조 제7항에서 응용미술저작물과 산업디자인을 저작권 보호대상으로 규정하고 있으며, 보호를 위한 법률의 적용범위, 보호조건 등은 동맹국이 정하도록 하고 있다. 또한 베른협약은 파리협약과 마찬가지로 내국민

21) Locarno Agreement Establishing an International Classification for Industrial Designs.

22) Berne Convention for the Protection of Literary and Artistic Works.

대우의 원칙을 가지고 있으며 응용미술저작물에도 내국민대우의 원칙을 적용하여 보호한다. 다만, 내국민대우의 원칙에 대하여 상호주의에 의한 제한이 따른다. 즉, 동맹국이 보호방법을 자유롭게 선택할 수 있지만, 어느 동맹국이 산업디자인과 모형에 관한(industrial designs and models) 특별한 보호로만 해당 디자인 등을 보호할 경우 다른 동맹국에서 그런 특별한 보호가 있는 경우 그 특별한 보호를 받으며, 다른 동맹국에 그런 특별한 보호를 하지 않는 경우에 그 저작물은 미술저작물로서 보호된다고 규정하고 있다. 그러나 응용미술저작물이나 산업디자인 및 모형에 대한 정의규정은 두고 있지 않다.

한편 우리나라는 한·EU FTA 협정 내용의 이행을 위하여 2011년 저작권법에서 저작권 보호기간을 자연인의 경우에는 저작자 사후 50년에서 70년으로, 법인의 경우에는 저작물 공표 후 50년에서 70년으로 연장하는 내용의 개정을 하여 2013년 7월 1일부터 시행하고 있다.[23] 따라서 패션디자인의 경우 현행 저작권법상 응용미술저작물로서 보호요건을 갖춘다면, 저작자가 패션디자이너 개인인 경우에는 저작자 사후 70년간, 법인인 경우에는 패션회사가 패션디자인을 공표한 후 70년간 보호된다.

패션디자인은 최근 들어 IT기술의 발전과 전자상거래의 활성화로 인하여 인터넷상에서의 모방이나 도용이 이전보다 더 용이해졌으며 그로 인한 피해가 발생할 경우 급속도로 확산되어 원상회복도 어렵다. 이러한 점을 고려한다면 베른협약의 상호주의에 기하여 무방식으로 주요 국가에서 저작권을 보호받을 수 있는 저작권법이, 디자인권을 보호받고자 하는 국가를 지정하여 개별국 직접출원(Paris route)이나 헤이그 국제출원(Hague route)을 통하여 디자인권리의 보호를 요청하는 디자인보호 시스템보다 패션디자인의 보호에 더 적합한 점은 있다.

---

23) 박성호, 저작권법(제2판), 박영사 (2017), 640면 참조.

제2절 유럽연합

유럽연합(European Union: EU)은 1993년 EU 각국의 디자인 보호제도의 통일화와 조화를 목적으로 하는 "디자인의 법적보호에 관한 지침"과 EU 전역에 동일한 효력을 가지는 "공동체 디자인에 관한 유럽 각료 이사회 규정"을 발표하였다. 이후 1998년 "디자인보호지침(Directive 98/71/EC)"[24)]이 유럽회의의 각료 이사회에서 최종 채택되었고 2001년 10월 28일까지 EU 회원국들은 지침을 이행하여 국내법을 개정할 의무를 가졌다. 또한 2001년 EU 전역에 동일한 효력을 가지는 EU의 공동체디자인보호제도 창설을 목적으로 하는 "공동체디자인규정(Community Design Regulation: CDR)"[25)]이 제정되었고 2002년 3월 6일부터 시행되었다. 공동체디자인규정은 2006년 개정[26)]되어 현재에 이르고 있다. 한편 EU는 회원국의 상이한 국내 저작권 규정으로 인한 역내시장의 분열을 초래하지 않도록 유럽수준의 통일적 "EU 저작권 지침(Directive 2001/29/EC)"[27)]도 제정하였다.

EU는 주요 패션 선진국인 파리, 영국, 미국 등과 같은 단일국가는 아니지만 EU법은 EU 회원국과 우리나라, 일본, 미국의 디자인법과 저작권법 등과도 밀접한 관계에 있다. 또한 유럽사법재판소(Court of

---

24) Directive 98/71/EC of the European Parliament and of the Council of 13 October 1998 on the legal protection of designs. O.J., 1998, L289/28.

25) Council Regulation (EC) No 6/2002 of 12 December 2001 on Community designs.: 'EU 디자인 규칙'이라고도 하지만 이 책에서는 '공동체디자인규정'이라고 쓴다.

26) Council Regulation No 1891/2006 of 18 December 2006.

27) Directive 2001/29/EC of 22 May 2001 on the harmonisation of certain aspects of copyright and related rights in the information society: "정보사회에서의 저작권 및 저작인접권의 특정 측면의 조정에 관한 2001년 5월 22일의 유럽의회 및 이사회 지침"으로 "EU 정보사회저작권지침(InfoSoc Directive)"으로도 불린다, http://www.copyright.or.kr, (2021.09.29. 최종접속).

Justice of the European Union: CJEU)의 선결(preliminary ruling)은 EU 회원국 대법원의 최종 판결에 중요한 영향을 끼치고 있다. 따라서 다음에서는 EU의 공동체디자인제도와 EU 저작권 지침의 주요 내용을 최근 판례와 함께 살펴본다.

Ⅰ. MPI의 유럽디자인법 제안과 EC위원회의 그린페이퍼 발표

EU의 디자인보호지침과 공동체디자인규정이 제정되기 이전의 배경에 대하여 살펴보면 먼저 1990년에는 막스플랑크연구소(Max Planck Institute: MPI 이하 'MPI'로 약칭한다)의 '유럽디자인법(European Design Law)' 제안(proposal)이 있었고, 1991년에는 EC위원회의 '산업디자인의 법적 보호를 위한 그린페이퍼'[28]의 발표가 있었다.

MPI의 유럽디자인법 제안에 앞서 베네룩스, 덴마크, 영국 등 몇몇 국가들의 디자인법[29] 개정이 있었으며 MPI는 디자인 사용자들을 대상으로 1972년에 설문조사를 실시하였다. 해당 조사에 대한 Fryer 보고서에 의하면 디자인 사용자들은 자신의 디자인에 대한 복제(copy)를 금지하는 모방(imitation)에 대한 보호뿐 아니라, 복제와 독자 창작에 의한 디자인의 사용도 금지시키는 장기간의 특허법적 보호에도 관심이 있는 것으로 나타났다.[30]

---

28) Green Paper on the legal protection of Industrial Design, 'Green paper'는 우리말로 '녹서'로 번역되지만 이 책에서는 통상적으로 불리는 '그린페이퍼'로 쓴다.

29) 예컨대 the Benelux Convention on Drawings and Designs(1966), the Danish Design Act(1970), the UK Design Copyright Act(1968) and the UK Copyright, Designs and Patent Act(1988).

30) Design Users suggest National Law changes, EIPR, 1990, 360, 364-368, Gordian N. Hasselblatt, Community Design Regulation, C.H. BECK · Hart · Nomos (2015), p.10 (FN 32-33).

따라서 MPI는 마케팅측면에 중심을 둔 '디자인 어프로치'를 채택하여 디자인의 시장성에 초점을 맞춘 디자인의 구성요소가 고려되어야 할 것을 MPI 제안에 반영하였다. 즉 제품수명이 짧은 제품의 경우 형식적 절차 없이 모방으로부터 보호하기 위한 무방식의 단기보호를, 그리고 모방여부와 상관없이 권리범위의 속하는 디자인의 사용을 금지시킬 수 있는 차단효(遮斷效)를 가지는 등록출원을 통한 디자인보호를 제안하였다.[31] 이러한 두 가지 접근방식(two-prong approach)이 오늘날 공동체디자인규정의 미등록공동체디자인과 등록공동체디자인으로 반영되었다.

그 외에 MPI 제안에는 12개월의 출원유예(a grace period)제도, 권리소진의 원칙(the exhaustion principle), 선사용권(the right of prior use), 디자인과 저작권의 중첩보호 등 현재 공동체디자인 제도의 대부분 규정들이 포함되었다. 그러나 MPI 제안은 회원국 간 국가적 디자인법의 조화에 대해서는 논의되지 못하였다. 한편, 기존의 디자인보호는 산업의 요구에 미치지 못하는 문제점이 있었다. 즉 디자인 보호가 제품의 장식의 보호에 국한되고 디자인을 통해 제품의 향상된 기능성을 가지는 현대 산업디자인의 특징들을 보호하기에는 역부족이었다. 따라서 EC위원회는 MPI의 제안을 기본으로 '산업디자인의 법적 보호를 위한 그린페이퍼'를 1991년에 발표하였다.[32]

이러한 배경아래 유럽연합위원회는 공동체디자인규정 전문(7)항과 전문(8)항에서 명시한 것처럼 해당분야에서 공동체의 우수성에 개별적 디자이너들이 기여하는 것을 촉진할 뿐 아니라 새로운 제품의 혁신과 개발 그리고 생산의 투자를 장려하가 위하여 산업디자인의 보호를 증진시키고, 유럽 역내시장의 필요에 부합하고 더욱 접근하기 쉬운 공동

31) GRUR Int 1990 Heft 8, pp. 577-580.
32) Gordian N. Hasselblatt, Community Design Regulation, C.H. BECK · Hart · Nomos (2015), p. 11.

체 산업에 필요한 디자인보호시스템을 구축하고자 하는 목적으로 공동체디자인규정을 채택하였다.

Ⅱ. 공동체디자인규정

공동체디자인규정(Community Design Regulation) 전문(15)항에서는 공동체디자인은 공동체 내에서 모든 산업분야의 요구를 충족해야 한다고 명시하고 있으며, 전문(16)항에서는 시장에서의 짧은 수명을 가지는 제품의 디자인에 대하여는 등록의 형식적 부담이 없는 단기간의 보호가 필요하고, 반면 등록을 함으로써 법적 확실성을 갖추고 제품의 시장수명에 맞게 오랫동안 보호를 필요로 하는 다른 산업분야도 있다고 명시하고 있다. 따라서 공동체디자인규정에서는 공동체 내의 산업에서의 이러한 이원적 형태의 보호 필요성에 맞도록 등록공동체디자인(registered Community design)과 미등록공동체디자인(unregistered Community design)을 구분하여 각 규정하고 있다.

한편 공동체디자인규정의 디자인 보호요건, 보호범위 그리고 보호기간이 동일한 디자인보호지침(Design Directive)은 등록공동체디자인에 대해서만 규정하고 있고 미등록공동체디자인의 보호에 대해서는 각국의 입법에 맡기고 있다. 따라서 다음에서는 등록공동체디자인과 미등록공동체디자인의 보호를 함께 규정하고 있는 공동체디자인규정에 대해서 살펴본다.

1. 공동체디자인의 성립요건

EU 공동체디자인으로 보호되려면 공동체디자인규정 제3조(정의)(a)에서 규정하고 있는 디자인의 정의에 해당되어야 한다. 즉, “디자인이란 제품 자체의 선(lines), 윤곽(contours), 색상(colours), 형상(shape),

질감(texture) 또는 재료(materials) 또는 그것의 장식의 특징을 통한 제품 전체 또는 제품 일부의 외관을 의미한다." 또한 "제품은 포장(packaging), 외장(get-up), 그래픽 심벌(graphic symbols) 및 글자체(typographic typefaces)를 포함하는 산업적 혹은 수공예품을 의미하며, 분해와 재조립이 가능한 다수의 부품으로 이루어진 복합제품(complex product)에 조립되는 부품도 포함하며, 제품에서 컴퓨터프로그램은 제외한다."

따라서 제3조 디자인 정의에 따라 공동체디자인으로서 패션디자인이 보호받기 위해서는 제품에 화체(incorporate)되거나 적용이 될 수 있는 제품성, 외관을 형성하는 외관성 그리고 장식적이어야 하는 장식성을 갖추어야 한다.

2. 공동체디자인의 보호요건

공동체디자인의 보호요건은 공동체디자인규정 제4조 내지 제9조에 규정되어 있다. 즉 공동체디자인규정 제4조에서는 "디자인은 신규하고 독특성을 가지는 한 공동체디자인으로 보호되어야 한다."고 규정하고 있으며 제5조에서는 '신규성(Novelty)'을, 제6조에서는 '독특성(individual character)'을 그리고 제7조 내지 제9조에서는 '공표', '기술적 기능에 따른 디자인 및 상호연결에 관한 디자인' 그리고 '공공정책이나 도덕성에 반하는 디자인'에 대하여 각각 규정하고 있다.

이와 같이 공동체디자인규정에서는 신규성과 독특성을 공동체디자인의 보호요건으로 정하고 있지만, 디자인의 창작성(originality) 수준을 규정하거나 디자인이 심미적 혹은 기능적 품질을 갖출 것을 요하지는 않는다. 즉 디자인을 마케팅 도구로 보고 디자인의 경제적 유용성에 초점을 두고 있다.[33]

---

33) Gordian N. Hasselblatt, 앞의 책, p. 79 참조.

1) 신규성(Novelty)

공동체디자인규정 제5조 제1항에서는 "미등록공동체디자인의 경우에는 보호가 청구된 디자인이 '맨 처음 공중에 이용가능하게 된(made available to the public)' 날 전에, 등록공동체디자인의 경우에는 보호가 청구된 디자인의 등록을 위한 출원일 전에, 그리고 우선권이 주장된 경우에는 우선일 전에 공중이 이용할 수 있게 된 동일한(identical) 디자인이 없으면 디자인은 새로운 것으로 본다."고 규정하고 있다. 또한 동조 제2항에서는 "디자인의 특징이 사소한 부분(immaterial details)에서만 다른 경우에 디자인이 동일한 것으로 간주된다."고 규정하고 있다.

디자인이 '맨 처음 공중에 이용가능하게 된 날'은 신규성 판단의 기준 시점으로 공동체디자인규정 제7조 공표(disclosure) 규정에 의하면, 디자인이 등록 또는 다른 것에 의하여 공개・전시・거래에서 사용 또는 다른 방식으로 공표된 경우를 말한다. 그러나 공동체 내에서 관련된 분야의 전문적 집단에 통상적인 영업과정에서 알려진 것으로 볼 수 없는 경우와 명시적 또는 묵시적으로 비밀 조건하에 있는 제3자에게 알려진(disclosed) 이유만으로는 디자인이 공중에 이용가능하게 된 것으로 보지 않는다.

한편 디자인을 공개한 후 등록공동체디자인을 신청할 경우, 그 공개일로부터 12개월(grace period) 이내에 출원한다면, 신규성 상실의 예외가 적용되어 등록공동체디자인의 출원이 거절되지 않는다. 즉, 공개 후 1년 동안을 신규상태로 간주하는 것이다. 이 규정은 우리 현행 디자인보호법 제36조 '신규성 상실의 예외'규정에 해당한다.

2) 독특성(Individual character)

공동체디자인규정 제6조 제1항에서는 "통상적 정보를 가진 사용자(informed user)에게 형성되는 전체적인 인상(overall impression)이 미등록공동체디자인의 경우에는 보호가 청구된 디자인이 '맨 처음 공중에게 이용가능하게 된 날 전'에, 등록공동체디자인의 경우에는 보호가 청구된 디자인의 '등록을 위한 출원일 전'에 또는 우선권이 주장된 경우에는 '우선일 전'에, 공중이 이용할 수 있게 된 어떤 디자인에 의하여 형성되는 것과 다른 경우에 그 디자인은 독특성[34]을 가진다."고 규정하고 있다.

3) 디자이너의 자유도

디자이너의 자유도는 독특성 평가에 필수적인 중요한 개념으로, 공동체디자인규정 제6조 제2항에서는 독특성을 평가할 때, 디자인을 개발하는 '디자이너의 자유도(degree of freedom of the designer)'가 고려되어야 한다고 규정하고 있다.

디자이너의 자유도는 패션디자인의 창작에 있어서 선행디자인군(the corpus of prior art)에 다른 형상들을 보여주는 디자인들이 많이 존재하거나, 혹은 디자이너의 자유가 다른 제약들에 의하여 영향을 받는다면 디자이너가 선행디자인으로부터 새로운 디자인을 창작할 가능성은 훨씬 더 제한된다. 특히 패션제품의 기술적 기능 또는 그 요소에 의해 부과되는 기능의 제약에 의해 결정된다고 판례에서도 판시하고 있다.[35]

따라서 독특성을 가진 패션디자인을 개발하는 경우 패션디자이너의 자유가 제한된다면, 개발하는 패션디자인과 선행 패션디자인 사이

---

34) 공동체디자인규정의 '독특성'은 우리나라 디자인보호법의 '창작비용이성' 그리고 미국 특허법의 '비자명성'과 유사한 개념이다. 특히 공동체디자인규정의 '독특성' 요건은 우리 '창작비용이성' 요건과 달리 디자인의 용이창작 정도는 판단하지 않는다.

35) GC Case T-525/13, H&M Hennes & Mauritz v. OHIM – Yves Saint Laurent SAS (2015), para 28: 입생로랑사의 공동체디자인으로 등록된 핸드백 디자인이 독특성을 갖추지 못하였다는 이유로 H&M사가 OHIM(현재 EUIPO) 항소위원회에 핸드백 디자인의 무효선언을 구한 사건이다.

에 사소한 차이만으로도 통상적 정보를 가진 사용자에게 전체적으로 다른 인상을 주기에 충분하다. 반면, 디자인 개발에 있어서 자유도가 높은 경우에는 현재 개발하고 있는 패션디자인과 선행 패션디자인의 사소한 차이만으로는 통상적 정보를 가진 사용자에게 전체적으로 다른 인상을 주기에 충분하지 않다. 따라서 디자이너의 자유도가 높은 경우에 개발디자인이 독특성을 가지기 위해서는 선행하는 패션디자인과 상당한 차이를 가져야 한다.[36)]

한편 디자이너의 자유도 개념은 EU 공동체디자인제도의 개념이지만 우리 디자인보호법에서 '디자인의 유사범위의 폭'을 반영하여 디자인의 유사여부를 판단할 때 참고할 수 있는 점이 있다.

4) 통상적 정보를 가진 사용자(Informed user)

독특성 요건의 판단주체는 통상적 정보를 가진 사용자이다. 그러나 공동체디자인규정에는 정의되어 있지 않은 개념이다. 유럽사법재판소가 PepsiCo v Group Promer Mon Graphic 사건에서 정의한 바에 따르면 상표문제에 적용할 수 있는 어떤 특정한 지식을 필요로 하지 않고 분쟁이 되는 상표를 직접 비교하지 않는 평균적 소비자와, 정밀한 기술적 전문지식을 가진 당해분야의 전문가 사이에 존재하는 사람이다. 따라서 통상적 정보를 가진 사용자는 평균적 관심이 있는 사용자는 아니고 개인적인 경험이나 관심분야에 방대한 지식을 가지고 있는 관찰자이다.[37)] 또한, 통상적 정보를 가진 사용자는 디자이너나 기술전문가는 아니더라도 해당 분야에 존재하는 다양한 디자인을 알고 있고, 해당 디자인이 일반적으로 포함하는 기능에 대해 어느 정도의 지식을

---

36) Gordian N. Hasselblatt, Community Design Regulation, C.H. BECK · Hart · Nomos (2015), p.83; Bell & Ross v OHIM – KIN (Wristwatch case), T 80/10, EU:T:2013:214, para 113; GC Case T-525/13, H&M Hennes & Mauritz v. OHIM – Yves Saint Laurent SAS (2015), para 29.

37) PepsiCo Inc. v Group Promer Mon Graphic SA [2011] C-281/10 P, para 53.

보유하고 있어서 관련제품의 디자인을 사용할 때 높은 관여도를 가진다.[38)]

5) 패션디자인의 독특성의 판단기준

독특성의 판단기준은 전체적 인상이 기존의 어떤 디자인에 의하여 형성되는 것과 다른 경우이며, 독특성을 평가할 때에는 디자이너의 자유도를 고려해야 한다. 따라서 선행 패션디자인과 부분적으로 차이점이 있더라도 전체적인 인상이 유사하다면 후행 패션디자인이 독특성을 갖춘 것으로 인정받기 어렵다.

예컨대, 패션의류의 미등록공동체디자인 침해사건인 카렌 밀런(Karen Millen) 사건에서 아일랜드 고등법원은 카렌 밀런의 검정색 니트 상의에 대한 디자이너의 자유도가 높다고 판단하였다. 그리고 카렌 밀런의 검정색 니트 상의가 피고 '듄스 스토어(Dunnes Stores)'가 제시한 선행디자인 '돌체 앤 가바나(Dolce & Gabbana)'의 상의 디자인과 비교하여 통상적 정보를 가진 사용자에게 주는 전체적인 인상이 완전히 다르며, 카렌 밀런의 셔츠와 폴 스미스(Paul Smith)의 디자인 역시 통상적 정보를 가진 사용자에게 주는 전체적인 인상이 완전히 다르다고 판단하여 원고 카렌 밀런의 패션의류디자인은 독특성을 가졌다고 판단하며 피고 듄스 스토어가 원고의 미등록공동체디자인권을 침해한 것이라고 판결하였다.[39)] 카렌 밀런 사건의 판결에 대해서는 후술하기로 한다.

3. 공동체디자인의 보호범위와 보호기간

공동체디자인규정 제10조 제1항에 따르면 공동체디자인의 보호범위는 통상적 정보를 가진 사용자에게 전체적으로 다른 인상을 형성하

38) Id. at para 59.
39) Karen Millen Fashions Ltd v. Dunnes Stores, [2007] IEHC 449.

지 않는 어떤 디자인(any design)을 포함하며 동조 제2항에서는 보호범위를 평가할 때에는 디자인을 개발하는 디자이너의 자유도가 고려되어야 한다고 규정하고 있다.

1) 미등록공동체디자인의 보호의 시작과 보호기간

공동체디자인규정 제11조 제1항에 따르면 미등록공동체디자인의 보호요건을 충족하는 디자인은 공동체내에서 처음 공중에 이용가능하게 된 날로부터 3년 동안 미등록공동체디자인으로 보호된다.

2) 등록공동체디자인의 보호의 시작과 보호기간

공동체디자인규정 제12조에 따르면 공동체디자인 보호요건을 충족하는 디자인은 사무국[40]에 의해 등록이 되자마자, 출원일로부터 5년의 기간 동안 등록공동체디자인으로 보호된다. 그리고 권리자는 5년씩 1회 이상 출원일로부터 최장 25년의 기간까지 보호기간을 갱신할 수 있다.

4. 공동체디자인의 효과

EU회원국은 공동체디자인에 대하여 등록공동체디자인과 미등록공동체디자인의 두 가지 유형으로 보호받을 수 있으며 보호방법에는 다음과 같은 차이점이 있다. 즉 공동체디자인규정 제19조 제1항에 따르면 "등록공동체디자인은 이를 사용하고 제3자가 권리자의 허락 없이 사용하는 것을 금지할 배타적(exclusive)권리가 권리자에게 부여된다.

---

40) EU공동체디자인제도가 출범하여 2003년부터 2016년 3월 23일까지 유럽상표디자인청(The Office for Harmonization in the Internal Market in Alicante: OHIM)에서 공동체디자인 출원을 접수해왔으며, 이후에는 EU의 기업 및 혁신자에게 지적재산권 보호를 제공하는 EU의 분산된 기관으로 만들어진 유럽지식재산청(European Union Intellectual Property Office: EUIPO)에서 EU 상표등록 및 등록공동체디자인등록을 관리한다, https://euipo.europa.eu/ohimportal/rcd-route-to-registration, (2021.09.25. 최종접속).

여기서 사용(use)은, 디자인이 구체화 되거나 적용된 제품의 생산, 청약(offer), 시장에의 투입, 수입, 수출, 사용 또는 그러한 목적으로 재고를 두는 것을 포함한다." 따라서 등록공동체디자인에 대해서는 소위 차단효(block effect)를 가지는 특허권적 접근방식이 취해진다.

또한 동조 제2항에 따르면 "미등록공동체디자인은 그 사용이 보호되는 디자인을 모방한 결과인 경우에만, 이를 사용하고 제3자가 권리자의 허락 없이 사용하는 것을 금지할 권리를 권리자에게 부여한다. 그리고 권리자에 의하여 공중에 이용가능하게 된 디자인을 알게 된 것으로 보지 않는 것이 합리적인 디자이너에 의한 독립적인 창작행위에 의한 경우, 그 사용은 보호되는 디자인을 모방한 결과로 보지 않는다. 따라서 미등록공동체디자인에 대해서는 타인의 독자적인 창작에 의한 항변을 인정하면서도 악의적인 모방에 대해서는 금지권한을 부여하는 저작권적 접근방식이 취해진다. 〈표 3-2〉는 등록공동체디자인과 미등록공동체디자인을 비교한 것이다.

표 3-2 EU 등록공동체디자인과 미등록공동체디자인의 비교

구분	등록공동체디자인(RCD)	미등록공동체디자인(UCD)
권리발생	등록 필요 출원서와 디자인의 형식적 요건만 심사 거쳐 등록됨 (특허권적 방식)	등록 불필요 권리자동 발생 (저작권적 방식)
소요비용	비용(등록료, 공고료)	비용(없음)
실체적 보호요건	신규성 독특성	신규성 독특성
출원유예	EU내, 외 공개일로부터 12개월 이내	EU 내 공개일로부터 12개월 이내
보호기간	출원일로부터 5년의 존속기간 5년씩 1회 이상 갱신, 최대 25년	공동체내에서 공중이 처음으로 이용가능한 날 로부터 3년 동안 갱신 없음

구분	등록공동체디자인(RCD)	미등록공동체디자인(UCD)
부여되는 권리	배타적(exclusive) 권리 디자인이 구체화되거나 적용된 상품의 생산, 청약, 시장에 투입, 수입, 수출, 사용. 재고 금지 독자창작 여부 묻지 않음	모방금지권 보호되는 디자인을 의도적으로 복제한 경우 (즉, 선행디자인의 존재를 알고) 상업적 이용 금지 독자창작 인정

5. Karen Millen Fashions Ltd v. Dunnes Stores 사건

1) 사건의 개요

이 사건은 여성용 의류를 생산하고 판매하는 영국의 유명브랜드 회사인 Karen Millen Fashions Ltd(이하 'KMF'라 한다)가 자사의 검정색 니트 상의와 파란색과 브라운색의 줄무늬 셔츠(이하 'KMF 의류'라 한다)를 무단으로 복제하여 판매한, 여성용 의류를 판매하는 아일랜드에 소재한 소매그룹 Dunnes Stores(이하 'Dunnes'라 한다)에 대하여, 미등록공동체디자인권의 침해를 주장하면서 아일랜드 고등법원에 소를 제기한 사건이다.

특히 유럽사법재판소가 이 사건에 대하여 선결하면서 공동체디자인규정, 미등록공동체디자인, 독특성, 디자이너의 자유도, 통상적 정보를 가진 사용자, 전체적으로 다른 인상, 미등록공동체디자인의 유효성 추정 등의 중요한 법적 개념과 쟁점을 모두 다루었다는 점에서 검토하는 의미가 크다. 다음에서는 사건의 경과와 법원 판결을 살펴본다.

2) 사건의 경과

KMF 의류에 대한 미등록공동체디자인의 소유자인 KMF는 Dunnes가 KMF 의류와 동일한 물품을 제작, 판매하여 KMF의 미등록공동체디자인권을 침해하였다고 주장하며 침해금지와 손해배상을 구하는 소를

2007년 1월 2일 아일랜드 고등법원에 제기하였다.

이에 Dunnes는 KMF 의류를 복제한 사실과 KMF 의류의 디자인이 새로운 디자인 이라는 것에 대하여는 논쟁하지 않았지만 KMF 의류의 디자인이 공동체디자인규정의 보호요건인 독특성이 결여되었다고 주장하면서 KMF 의류의 미등록공동체디자인권을 부정하였다. 또한 KMF 의류에 독특성이 결여되었다면 KMF는 유효한 미등록공동체디자인권을 가지지 못하여 공동체디자인규정 제85조(2) 유효의 추정, 본안의 항변 규정[41]에 따른 유효성도 추정 받을 수 없을 것이라고 주장하였다. 구체적으로 Dunnes는 통상적 정보를 가진 사용자에게 KMF 의류의 디자인이 형성하는 전체적인 인상이 많은 선행디자인 으로부터 가져온 특징들의 가상의 조합에 의한 전체적인 인상과 달라야 KMF 의류가 독특성을 가질 수 있다고 주장하였다. Dunnes는 KMF 의류의 선행디자인으로서 제3자의 디자인을 많이 제시하였으며, 그 의류와 공통된 디자인 요소가 적어도 하나는 있다고 주장하였다.[42]

3) 법원 판결

(1) 아일랜드 고등법원 판결

아일랜드 고등법원은 먼저 KMF 의류는 KMF의 고용된 직원이 KMF의 지시를 받아 개발한 디자인으로서 공동체디자인규정 제14조(3)[43]에

---

41) 공동체디자인규정 제85조(2) 유효의 추정-본안에 관한 항변: 미등록공동체디자인의 침해주장에 관한 소송 또는 침해소송에 관한 절차에서 권리자가 제11조(미등록공동체디자인 보호의 시작과 보호기간)에서 정한 조건이 만족된 증거를 제시하고 그의 공동체디자인의 독특성을 구성하는지를 표시하는 경우 공동체디자인 법원은 공동체디자인을 유효한 것으로 취급해야 한다. 그러나 피고는 항변 또는 무효의 선언을 구하는 반소로서 그 유효성을 다툴 수 있다.

42) Richard Hing and Leighton Cassidy, "Karen Millen Fashions Ltd v. Dunnes Stores, Dunnes Stores (Limerick) Ltd: Clarifying the Assessment of Individual Character in EU Designs", Trademark Reporter® Vol. 105, No 6 Nov-Dec 2015, p. 1446.

43) 공동체디자인규정 제14조(3): 공동체디자인권은 디자인이 고용자에 의하여 주어

따라 고용자인 KMF에게 KMF 의류의 미등록공동체디자인권이 귀속된다고 판단하였다.

이어서 KMF 의류가 독특성을 가졌는지 판단하기에 앞서 통상적 정보를 가진 사용자가 누구인지 정의하였다. 공동체디자인규정과 선행 판례[44]를 참고하여 이 사건에서 통상적 정보를 가진 사용자는 예리한 패션 감각을 가지고 있는 여성으로서 이전에 공중에 이용 가능한 여성용 상의와 셔츠의 디자인에 대한 지식이 풍부하고 여성용 상의와 셔츠 디자인의 기능적 또는 기술적 한계에 대한 기본적인 이해를 가지고 있는 여성이라고 판단하였다.[45]

그리고 KMF 검정색 니트 상의의 경우 디자이너가 넓은 자유를 가지는 것으로 판단하였다. 즉 검정색 니트 상의에 있어서 유일한 제한 요소는 여성의 신체 일부분을 감싸고 상의 부분을 따뜻하게 하거나 장식하는 기능적인 적은 부분이라고 보았다. 그리고 KMF 줄무늬 셔츠는 셔츠의 특정한 기본적 기능을 하는 칼라(collar)와 단추가 달린 전면 개구부로 인한 디자인 개발에 제한은 있지만 셔츠 내부에는 셔츠 아이템을 디자인하는 데 있어서 큰 변형의 범위가 있다고 보았다. 따라서 셔츠의 제한적 요소는 통상적 정보를 가진 사용자에게 전반적으로 다른 인상을 주는 것에 영향을 끼치지 않으므로 독특성 유무 평가에도 거의 영향을 미치지 않는 것으로 판단하였다.[46]

진 지시에 따라 또는 그의 의무의 실행에 있어서 피용자에 의하여 개발된 경우, 이와 다르게 합의되거나 국내법에 명시되지 않는 한 고용자에게 귀속한다.

44) Karen Millen Fashions Ltd v. Dunnes Stores [2007] IEHC 449. PP. 15-18; Proctor & Gamble Company v. Reckitt Benkiser (U.K.)Limited [2006] E.W.H.C. 3154 (Ch); Woodhouse v Architectural Lighting [2006] RPC 1; Eredu v. Arrmet (OHIM ref: ICD000000024; 27 April 2004, a bar stool); Sunstar Suisse SA v. Dentaid SL (OHIM Ref: ICD 000000420; 20 June 2005, an interdental brush); Built NV Inc v. I-Feng Kao (OHIM ref: ICD 0000002103; 3 May 2006, a bottle carrier); Honda Motor Co Ltd v. Kwang Yang Motor Co Ltd (OHIM Ref: ICD 000001006; 30 August 2006, an internal combustion engine, intended principally for lawnmowers).

45) Karen Millen Fashions Ltd v. Dunnes Stores [2007] IEHC 449. p. 18.

그 다음 고등법원은 KMF 의류 디자인이 독특성을 가졌는지 판단하기 위하여 앞에서 검토한 디자이너의 자유도를 고려하며 Dunnes가 제시한 선행디자인 중에서 Dolce & Gabbana의 회색 니트 상의(이하 'D&G top')와 Paul Smith의 파란색 줄무늬 셔츠(이하 'Paul Smith shirt')를 KMF 의류와 비교하였다. 그리고는 KMF의 검정색 니트 상의와 D&G top의 디자인은 니트 스타일에서 주로 사용되는 가짜로 어깨를 높게 보이게 하는 부분에서만 유사성이 있고 색상, 니트의 종류, 목 주변의 확연한 디자인 특징, 소매의 길이, 버튼 고리 끈으로 가슴에 모아지는 부분 등에 있어서는 서로 차이가 있다고 보았다. 따라서 KMF의 검정색 니트 상의 디자인에 대하여 통상적 정보를 가진 사용자가 가지는 전체적인 인상이 D&G top에 대하여 가지는 전체적인 인상과 완전히 다르다고 결론지었다.

한편 KMF 셔츠와 Paul Smith 셔츠에 대해서는 양사의 셔츠가 남성 스타일을 기본으로는 하고 있으며 여성용에 적합한 형태, 칼라와 긴 소매 그리고 셔츠의 재질과 대조되는 재질로 밖으로 접어진 더블 커프스에 있어서는 공통되지만, 줄무늬 소재의 색상과 디자인에 있어서는 상당히 다르다고 판단하였다. 따라서 통상적 정보를 가진 사용자가 KMF 셔츠 디자인을 볼 때 가지는 전체적인 인상은 Paul Smith 셔츠 디자인에 의하여 형성되는 전체적인 인상과 완전히 다르다고 판단하였다.[47] 그러면서 Dunnes가 KMF 의류의 어떤 디자인도 독특성의 요건을 충족하지 못한다는 것을 입증하는데 실패하였다고 결론 내렸다.

결론적으로 고등법원은 KMF 의류의 디자인이 독특성을 가졌으므로 유효한 미등록공동체디자인을 가졌다고 판단하며, Dunnes는 KMF의 미등록공동체디자인을 침해한 것이라고 판결하였다.[48]

---

46) Id. at p. 22.

47) Karen Millen Fashions Ltd v. Dunnes Stores [2007] IEHC 449. p. 23.

(2) 유럽사법재판소 선결

아일랜드 고등법원이 Dunnes의 침해를 인정하는 판결을 한 후 Dunnes는 아일랜드 대법원에 상고하였다. 아일랜드 대법원은 판결을 내리기 전에 유럽사법재판소에 공동체디자인규정에 있어서 제6조와 제85조 제2항의 해석에 대한 다음의 두 가지 질문을 회부하였다.

첫 번째 질문은 미등록공동체디자인이 독특성을 가졌다고 여겨지기 위해서는 미등록공동체디자인이 주는 전반적인 인상이 달라야 하는데 이전에 공중에게 이용가능하게 된 개별디자인과 달라야 하는 것인지 아니면 선행디자인 이상으로부터 알려진 디자인 특징들의 어떤 조합과 달라야 하는 것인지에 대한 질문이다.[49]

두 번째 질문은 공동체디자인규정 제85조 제2항 '유효성의 추정' 규정 해석에 있어서 미등록공동체디자인이 유효하다고 취급받기 위해서는 디자인의 정당한 권리자가 단순히 공동체디자인규정 제6조의 의미 안에서 미등록공동체디자인이 독특성을 가졌다는 것을 증명해야 하는지 아니면 그 디자인의 독특성을 구성하는 것이 무엇인지를 나타내기만 하면 되는지 이다. 다음에서 공동체디자인규정 제6조와 제85조 제2항에 대한 유럽사법재판소의 해석을 자세히 살펴본다.

가. 공동체디자인규정 제6조의 해석

유럽사법재판소는 "공동체디자인규정 제6조에는 전체적인 인상이 그러한 조합에 의하여 형성되어야만 한다는 관점을 지지하는 어떤 정의도 존재하지 않는다."고 판단하였다. 그리고 제6조에서 "공중에 이용가능하게 되는 '어떤 디자인(any design)'에 의해 통상적 정보를 가진 사용자에게 형성되는 전체적인 인상"이라는 문구는, 제6조에 의한 디자인의 독특성 여부에 대한 평가는 이전에 공중에게 이용가능하게 된

48) Id. at p. 24.

49) Karen Millen Fashions Ltd v. Dunnes Stores [2014] C-345/13.

모든 디자인들 중으로 부터 하나 혹은 여러 개의 특정되고, 개별화되고, 정의되고 식별된 것과 관련하여 이루어져야 한다는 의미로서 해석되어야 한다는 것을 나타내는 것"이라고 판결하였다.[50] 즉, 제6조에서 요구하는 독특성을 갖춘 디자인이 되기 위해서는 통상적 정보를 가진 사용자에게 주는 전체적 인상이 그러한 사용자에게, 따로 떼어 가져오고 도출된 특징들의 조합에 의해서가 아니라, 한 개 혹은 더 많은 선행디자인들을 개별적으로 가져오는 것으로부터 형성되는 전체적인 인상과 달라야 한다는 의미로 해석되어야 한다는 것이다.[51]

나. 공동체디자인규정 제85조 제2항의 해석

공동체디자인규정 제85조 제2항은 미등록공동체디자인의 유효성의 추정에 관한 조항으로서, 해당 조항에 의하면 미등록공동체디자인이 유효한 것으로서 취급받기 위해서는 권리자가 공동체디자인규정 제11조[52]에서 정한 조건이 만족된 증거를 제시하고, 그 디자인의 독특성을 구성하는 것이 무엇인지 나타내야 한다. 즉 공동체디자인규정 제11조에 근거하여 공동체디자인규정의 보호요건을 만족하는 디자인은 공동체(EU)내에서 처음 공중에 이용가능하게 된 날로부터 3년 동안 미등록공동체디자인으로 보호된다.

유럽사법재판소는 KMF가 자신들의 미등록공동체디자인이 독특성을 가졌다는 것을 증명해야 제85조 제2항 유효성의 추정을 받을 수

---

50) Id.

51) Id. at para.35.

52) 공동체디자인규정 제11조에서는 미등록공동체디자인의 보호요건을 충족하는 디자인은 공동체내에서 처음 공중에 이용가능하게 된 날로부터 3년의 기간 동안 미등록공동체디자인으로 보호 되며, 공개 · 전시 · 거래에서 사용, 또는 공동체 내에서 관련된 부문의 전문적인 집단에 통상적인 영업과정에서 알려진 것으로 볼 수 있는 다른 방식으로 공표된 경우에는 디자인이 공동체 내에서 공중에 이용가능하게 된 것으로 본다. 그러나 명시적 또는 묵시적으로 비밀의 조건하에 있는 제3자에 알려진 이유만으로는 디자인이 공중에 이용가능하게 된 것으로 보지 않는다고 규정하고 있다.

있다는 Dunnes의 주장은 공동체디자인규정 제85조 제2항의 해석과 맞지 않는다고 판단하였다. 그리고 미등록공동체디자인은 등록공동체디자인과 달리 등록절차가 없기 때문에 등록공동체디자인에 비해 보호를 받기가 어렵다고 하였다. 더욱이 제85조 제2항에 있어서 미등록공동체디자인이 단지 권리자가 공동체디자인규정 TITLE II(디자인에 관한 법률)의 Section 1(보호의 요건)에서 정한 모든 조건들을 증명해야만[53] 디자인이 유효하다고 취급받을 수 있다는 의미로 해석된다면, 제85조 제2항에서 명시된 바에 따라 피고가 항변 또는 무효의 선언을 구하는 반소로서 디자인의 유효성을 다툴 수 있는 가능성은 무의미하고 무가치한 것이 될 것이라고 판단하였다.

따라서 유럽사법재판소는 제85조 제2항에 명시된 것처럼 "미등록공동체디자인의 침해주장에 관한 소송 또는 침해 소송에 관한 절차에서, 권리자가 제11조에서 정한 조건이 만족된 증거를 제시하고 그의 공동체디자인이 독특성을 구성하는 것이 무엇인지를 표시하는 경우 공동체디자인법원은 공동체디자인을 유효한 것으로 취급해야 한다."는 의미는 디자인의 정당한 권리자가 공동체디자인규정의 제6조의 의미 안에서 독특성을 가졌다는 것을 증명할 것을 요구하는 것이 아니라, 디자인 권리자의 관점에서 독특성을 주는 관련된 디자인의 요소 혹은 요소들이 무엇인지를 나타내는 것의 의미로서 해석되어져야 한다고 판단하였다.[54]

(3) 아일랜드 대법원 판결

아일랜드 대법원은 유럽사법재판소의 선결적 판결을 참조하여 KMF

---

53) 제85조(2)에서는 미등록공동체디자인의 권리자가 제11조에서 정한 조건(제3조 내지 제9조의 요건을 충족하는 디자인)이 만족된 증거를 제시하고 그의 공동체디자인의 독특성을 구성하는지를 표시하는 경우 공동체디자인법원은 공동체디자인을 유효한 것으로 취급해야 하고 또한 피고는 항변 또는 무효의 선언을 구하는 반소로서 그 유효성을 다툴 수 있다고 규정되어 있다.

54) Karen Millen Fashions Ltd v. Dunnes Stores, [2014] C-345/13, para.47.

가 유효한 미등록공동체디자인권을 가졌으며 Dunnes는 KMF의 미등록공동체디자인권을 침해하였다는 아일랜드 고등법원의 판결을 확정하며 상고를 기각하였다.

4) 유럽사법재판소 판결의 시사점

유럽사법재판소는 이 사건에 있어서 미등록공동체디자인의 독특성 판단은 통상적 정보를 가진 사용자에게 주는 전체적 인상이 그러한 사용자에게 따로 떼어 가져오고 도출된 특징들의 조합에 의해서가 아니라, 한 개 혹은 더 많은 선행디자인들을 개별적으로 가져오는 것으로부터 형성되는 전체적인 인상과 달라야 하는 것으로 충분하다고 판결하였다. 또한 미등록공동체디자인을 유효한 것으로 취급하기 위해서는 디자인의 정당한 권리자가 공동체디자인규정의 제6조의 의미 안에서 독특성을 가졌다는 것을 증명할 것을 요구하는 것이 아니라, 단지 디자인의 독특성을 구성하는 것들이 무엇인지 나타내기만 하면 된다고 판결하였다.

유럽사법재판소의 이러한 판결은 짧은 제품 수명주기와 모방의 용이함으로부터 신속하게 디자인의 보호를 요하는 패션산업을 위하여 제정된 미등록공동체디자인의 목표에 부합되는 판결이라 할 수 있다. 패션 산업에 있어서 패션이 가지는 반복성과 모방성의 특성으로 인하여 패션디자이너들은 종종 선행디자인을 참고하거나 영감을 얻어 새로운 디자인을 창작한다. 따라서 이 사건에서 유럽사법재판소가 독특성 판단을 하면서 취한 방식은 디자인권리자의 디자인의 독특성 유무 판단과 유효성 추정에 대한 입증부담을 덜어준 것으로 보이며 공동체디자인규정 제6조와 제85조 제2항의 입법취지를 확실하게 규정하였다는 것에 의미가 있다. 또한 이 사건 판결이후에 미등록디자인권이 더 강한 유효성의 추정을 가진 것으로 평가되고 있다.[55]

---

55) Richard Hing and Leighton Cassidy, “Karen Millen Fashions Ltd v. Dunnes

Ⅲ. EU 저작권 지침

EU 저작권 지침(Directive 2001/29/EC)[56]은 정보사회에 특별한 중점을 두면서 EU 역내 시장에서 저작권 및 관련 권리에 대한 법률적 보호를 위한 목적으로 마련되었다. 구체적으로 EU 저작권 지침 제2조[57]에서는 회원국들이 저작자나 실연자, 음반제작자, 영화제작자, 방송사업자에게 직접적이거나 간접적인 일시적 또는 영구적인 복제를 허락하거나 금지할 배타적 권리를 부여하는 복제권에 대해서 규정하고 있다. 그리고 동 지침 제3조에서는 저작물의 공중전달권과 기타 보호 대상의 공중이용제공권에 대해서, 동 지침 제4조에서는 배포권에 대해서 규정하고 있다. 따라서 EU 저작권 지침 제2조(a)에 따라 EU 회원국들은 저작자들에게 그들의 저작물의 복제를 허락하거나 금지할 배타적 권리를 부여할 것이 요구된다.[58]

Stores, Dunnes Stores (Limerick) Ltd: Clarifying the Assessment of Individual Character in EU Designs", Trademark Reporter® Vol. 105, No. 6 Nov-Dec 2015, p. 1446.

56) 정보사회에서의 저작권 및 저작인접권의 특정 측면의 조정에 관한 2001년 5월 22일의 유럽의회 및 이사회 지침 2001/29/EC.(Directive 2001/29/EC of 22 May 2001 on the harmonisation of certain aspects of copyright and related rights in the information society) (즉, EU 정보사회저작권지침, 저작권위원회 번역본); InfoSoc Directive로도 표기한다.

57) EU 저작권 지침 제2조 복제권: 회원국들은 다음 각호의 전체나 일부를 어떤 수단이나 방법에 의하여 직접적이거나 간접적인 일시적 또는 영구적인 복제를 허락하거나 금지할 배타적 권리를 부여한다: (a) 저작자에게는, 저작물; (b) 실연자에게는, 실연의 고정물; (c) 음반제작자에게는, 음반; (d) 영화를 최초 고정한 제작자에게는, 영화의 원본과 사본; (e) 방송사업자에게는, 방송이 케이블이나 위성 혹은 유선전신이나 공중파에 의해서 송신되는 것이건 관계없이 방송의 고정물, 한국저작권위원회>자료>저작권법제>국제조약 번역본 참조, http://www.copyright.or.kr, (2021.09.30. 최종접속).

58) Cofemel – Sociedade de Vestuario SA v G-Star Raw CV, C-683/17, EU:C:2019:721, para 27. (이하에서는 사건명을 Cofemel v G-Star Raw로 쓴다)

1. 유럽사법재판소의 Cofemel v. G-Star Raw 사건 판결

2019년 9월 12일 유럽사법재판소는 EU 저작권 지침의 해석에 관한 판결을 3차원의 청바지 의류디자인의 저작권 침해 사건인, Cofemel v. G-Star Raw 사건(이하 'Cofemel' 사건 이라한다)[59]에서 내렸다. 따라서 이하에서는 Cofemel 사건의 법적 쟁점을 중심으로 법원 판결을 살펴본다. 특히 유럽사법재판소의 판결을 통하여 패션의류와 같은 실용품의 디자인이 EU 저작권 지침 제2조(a)에 근거하여 저작권으로 보호받기 위한 요건이 무엇인지 살펴본다.

그리고 이어서 유럽사법재판소의 Cofemel 판결이 영국을 포함한 EU 회원국의 저작권침해 사건 판결에 어떠한 영향을 주었는지 관련판례와 함께 그 시사점을 살펴본다.

1) 사건의 개요

Cofemel 사건의 판결은 유럽사법재판소가 이전의 Infopaq 사건 판결[60], Flos 사건 판결[61] 그리고 Levola Hengelo 사건 판결을[62] 축적하여 내린 판결로서 EU 저작권 지침[63]의 제2조 내지 제4조 규정에 있어서 '저작물'의 해석을 다룬 중요한 판결이다.

유럽사법재판소는 Cofemel 판결에서 EU 저작권 지침 제2조(a)는 의류디자인과 같은 디자인이 실용적 목적을 넘어 심미적으로 상당한 시각적 효과를 생성한다는 이유로 저작권에 근거하여 보호를 부여하는 것으로부터 회원국의 법률을 배제하는 것으로 해석되어져야 한다고 판

59) Cofemel v G-Star Raw, C-683/17, EU:C:2019:721.
60) Infopaq International A/S v Danske Dagblades Forening, C-5/08, EU:C:2009:465.
61) Flos SpA v. Semeraro Casa e Famiglia SpA, C-168/09, EU:C:2011:29.
62) Levola Hengelo BV v Smilde Foods BV, C-310/17, EU:C:2018:899.
63) Directive 2001/29/EC.

결하였다.[64]

2) 사건의 경과

이 사건의 원고 G-Star Raw CV(이하 'G-Star'라 한다)는 G-Star, G-Star Raw 등의 상표를 가지고 의류를 디자인, 생산, 판매하는 네덜란드 회사로서 청바지와 스웨터, 티셔츠 디자인이 유명하다. 그리고 피고 Cofemel은 TIFFOSI 라는 상표를 가지고 G-Star 처럼 청바지, 스웨터, 티셔츠 등을 디자인, 생산, 판매하는 포르투갈 회사이다.

2013년 8월 30일 G-Star는 Cofemel이 G-Star의 디자인을 복제하여 청바지, 스웨터, 티셔츠를 제작하고 판매한 사안에 대하여 저작권 침해와 불공정경쟁 행위를 주장하며 침해중지와 손해배상 지급 명령을 구하는 소를 포르투갈 1심법원(Portuguese court of first instance)에 제기하였다.

G-Star는 Cofemel의 청바지와 의류 디자인 일부가 G-Star의 ARC 및 Rowdy 디자인과 유사하며, G-Star의 의류디자인은 독창적인 지적 창작물로서 저작권의 보호대상이 되는 저작물이라고 주장하였다. 반면 Cofemel은 G-Star의 의류디자인은 저작물에 해당되지 않는다고 주장하였다.[65]

3) 법원 판결

포르투갈 1심법원은 사건을 심리한 후 Cofemel의 저작권 침해를 인정하며 저작권 침해행위 중지와 손해배상 지급을 명령하였다. 이에 대하여 Cofemel은 포르투갈 리스본 항소법원[66]에 항소하였다.

---

64) Cofemel v. G-Star Raw, C-683/17, EU:C:2019:721.

65) 박형옥, "사법재판소, EU 회원국이 디자인의 저작권 보호 요건으로 독창성 이상의 것을 요구하는 것은 EU 저작권지침 위반에 해당한다고 판결", 저작권동향 보고서, 제20호 한국저작권위원회(2019) 내용 참조.

66) The Tribunal da Relação de Lisboa (Court of Appeal, Lisbon, Portugal).

(1) 포르투갈 항소법원 판결

포르투갈 항소법원은 유럽사법재판소가 Infopaq 사건과 Painer 사건[67]에서 응용미술저작물, 산업디자인, 디자인 저작물이 특별한 심미적 예술적 가치를 가져야 하는 요구 없이 작가 자신의 지적인 창작의 결과인 경우, 다시 말해서 독창적 이라면 저작권 보호가 미친다고 해석한 것처럼, EU 저작권 지침의 관점에서 포르투갈의 저작권 및 저작인접권[68] 제2조(1)(i)(이하 '포르투갈 저작권법'이라 한다)가 해석되어야 한다고 판단하였다.[69] 그러면서 포르투갈 저작권법의 저작물 목록에 디자인이 명시되어 있으며 G-Star의 ARC 및 ROWDY 의류디자인은 저작권의 보호대상이라고 판단하였다. 따라서 Cofemel의 저작권침해를 인정한 포르투갈 1심 법원의 판결을 확인하였다. 이에 Cofemel은 포르투갈 대법원[70]에 상고하였다.

(2) 포르투갈 대법원의 유럽사법재판소에 대한 두 가지 질문

포르투갈 대법원은 ① G-Star의 의류디자인이 G-Star에 의해 고용된 디자이너 또는 이를 대리하여 계약에 따라 저작권을 양도한 디자이너에 의해 디자인되었고, ② 패션 세계에서 혁신적인 것으로 인식되는 생산 과정의 결과라고 판시하였다. 또한 ③ Cofemel이 브랜드 의류를 제조하면서 G-Star 의류의 차별적인 3차원 효과, 배열 방식, 다양한 구성요소들의 위치 등의 많은 특정요소들을 부분적으로 베꼈다고 판시하였다. 그리고 항소법원이 판단한 것과 같이 포르투갈 저작권법에 응용미술저작물, 산업디자인 및 디자인 저작물이 명확하게 저작물로 포함되어 있다고 확인하였다. 그러나 실용적 목적을 제공하면서 저작권

67) Eva-Maria Painer v. Standard Verlags GmbH EU:C:2011:798, C-145/10, 대부분 판례에서 Painer 판결로 불린다.
68) the Código de Direitos de Autor e Direitos Conexos (CDADC).
69) Cofemel v. G-Star Raw, C-683/17, EU:C:2019:721, para 22.
70) The Supremo Tribunal de Justiça (Supreme Court, Portugal).

보호를 받을 수 있는 디자인이 충족해야 하는 독창성의 조건은 명확하게 규정되어 있지 않다고 판단하였다.

따라서 포르투갈 대법원은 본안을 계류하고 회원국이 다른 종류의 보호받는 저작물에서 요구하는 것 이상으로 더 높은 수준의 독창성을 의류디자인에 자유롭게 요구할 수 있는지 여부를 결정하기 위하여 유럽사법재판소에 다음 두 가지 질문에 대한 선결을 요청하였다.

첫 번째는 EU 저작권 지침 제2조(a)에 대한 유럽사법재판소의 해석이 회원국 법을 배제하는지 여부 관련하여, 포르투갈 저작권법에서는 응용미술저작물, 산업디자인 및 디자인 저작물이 가지는 실용적 목적에 추가하여 심미적 관점에서 시각적이고 차별적인 효과를 생성하는 경우 저작권 보호를 부여하고 있는데, 그것들의 독창성이 저작권 보호를 부여하는데 기본적 기준이 되는지 여부이다.

두 번째는 EU 저작권 지침 제2조(a)에 대한 유럽사법재판소의 해석이 회원국 법을 배제하는지 여부 관련하여, 포르투갈 저작권법은 응용미술저작물, 산업디자인 및 디자인 저작물이 예술적 특성에 대한 엄격한 평가와 문화적, 제도적 측면에서의 관점을 고려하여 "예술적 창작"이나 "미술저작물"로서 자격을 가질 경우에만 저작권 보호를 부여할 수 있는지 여부이다.

(3) 유럽사법재판소의 판결

가. 저작물의 개념과 요건

유럽사법재판소는 먼저 EU 저작권 지침 제2조 내지 제7조의 대상이 되는 '저작물'의 개념에 대하여 판단하였다. '저작물(a work)'의 개념은 많은 저작권 관련된 EU지침에서 법적으로 정의되지 않은 개념이다. 그러나 유럽사법재판소의 확립된 판례법에서 알 수 있듯이 EU법의 자율적 개념으로 통일된 해석 및 적용이 필요하며, 다음 두 가지 중첩 조건이 충족되어야 한다고 유럽사법재판소는 판단하고 있다.[71)]

첫 번째 조건은 ① 저작물이 저작자 자신의 지적인 창작(AOIC)[72]이라는 의미에서 독창적인 대상의 존재를 수반해야 한다는 것이다. ② 그리고 그 대상은 저작자의 자유롭고 창작적인 선택의 표현으로 저작자의 개성이 반영되어야 한다. ③ 그러나 창작적 자유의 여지가 없는 기술적 고려나 규칙 그리고 제약에 의하여 지시된 대상의 구현은 저작물로 성립되는데 필요한 독창성을 가지지 못한 것으로 간주된다고 판단하였다.[73]

두 번째 조건은 EU 저작권 지침 제2조의 대상이 되는 저작물은 충분한 정확성과 객관성을 가지고 식별될 수 있는 대상의 존재를 수반해야 한다는 것이다. 왜냐하면 저작권에 내재된 배타적 권리를 보호할 책임이 있는 당국은 보호 대상을 명확하고 정확하게 식별할 수 있어야 하고, 해당 대상을 식별하는 과정에서 법적안정성에 해롭지 않게 주관적 요소가 없음을 보장할 필요가 있기 때문이다.[74]

또한 유럽사법재판소는 상기 두 가지의 요건을 만족하는 대상에 대해서 그 보호의 범위는 저작자가 행사한 창작적 자유의 정도에 따라 추가되지 않으며, EU 저작권 지침의 범위에 속하는 모든 저작물의 자격보다 열등하지 않다고 판단하였다.[75]

나. 디자인권과 저작권의 중첩보호

포르투갈 대법원의 첫 번째 질문에 대한 대답은, 디자인이 EU 저작권 지침의 의미 안에서 '저작물'로 분류될 수 있는지 여부를 결정하는 문제이다. 이와 관련하여 유럽사법재판소는 지적재산의 구성요소가 대상이나 대상의 범위에 따라 EU법 안에서 모두 동일한 보호를 받을 자격이 있어야 하는 것은 아니라고 보았다. 따라서 EU 입법부가 지적

71) Cofemel v. G-Star Raw, C-683/17, EU:C:2019:721, para 29.
72) AOIC: the author's own intellectual creation.
73) Cofemel v. G-Star Raw, C-683/17, EU:C:2019:721, paras 30-31.
74) Id. at paras 32-33.
75) Id. at para 35.

재산의 보호를 위하여 저작권으로 보호되는 저작물은 EU 저작권 지침으로, 등록된 디자인은 디자인보호지침으로, EU수준에서 보호되는 디자인에는 공동체디자인규정으로 보호하는 등 다양한 2차적 법적 수단을 채택해 왔다고 하였다.[76]

한편 디자인으로 보호되는 대상이 EU 저작권 지침에 의해 보호되는 저작물을 구성하는 대상과 같은 방식으로 취급될 수 없다고 판단하였다. 또한 디자인의 보호와 저작권을 통한 보호는 근본적으로 다른 목표를 추구하기 때문에 구별되는 규칙을 적용해야 한다고 판단하였다. 그러면서 2019년 5월 2일 제출된 Szpunar 법무관의 의견서[77]를 인용하여 "디자인 보호의 목적은 새롭고 차별적이면서도 기능적이고 대량 생산이 가능한 대상을 보호하는 것이며, 그 보호는 제한된 시간 동안 적용되어야 하지만 경쟁 업체를 과도하게 제한하지 않으면서 해당 대상의 창작 및 생산에 필요한 투자 수익을 보장할 수 있는 충분한 시간을 적용해야한다."고 보았다.

따라서 상당히 더 긴 존속기간이 부가되는 경우는 저작권의 저작물로 분류될 수 있는 가치가 있는 대상에 국한된다고 판단하였다. 이러한 이유로, 디자인으로 보호되는 대상에 대한 저작권 보호는 이러한 두 가지 유형의 보호의 각각의 목적과 효과를 약화시키는 결과를 초래해서는 안 된다고 하였다. 그리고 EU법에 따라 동일한 대상에 대해서 디자인권과 저작권의 중첩보호는 특정 상황에서만 허용될 수 있다고 판단하였다.[78]

다. 심미적인 의류 디자인의 저작물 해당 여부

유럽사법재판소는 디자인의 심미적 효과(aesthetic effect)는 그 디자인을 볼 수 있는 각 개인에 의해 경험되는 본질적으로 주관적인 미적

76) Cofemel v. G-Star Raw, C-683/17, EU:C:2019:721, paras 36-39.
77) Opinion Of Advocate General Szpunar, EU:C:2019:363.
78) Cofemel v. G-Star Raw, C-683/17, EU:C:2019:721, paras 40, 50.

감각의 산물이라고 보았다. 그러면서 그러한 심미적 효과는 충분한 정확성과 객관성을 반영하지 않는다고 판단하였다. 설령 심미적 고려가 창작활동에 중요한 역할을 할지라도 디자인의 심미적 효과로 인하여, 디자인이 저작자의 선택의 자유와 개성을 반영하는 지적 창작을 구성하는지, 그럼으로써 앞에서 언급한 저작물의 개념을 충족할 수 있는 독창성 요건을 만족하는지를 결정하게 하는 것이라고 말할 수 없다고 하였다.

따라서 Cofemel 사건의 쟁점인 패션의류디자인이 실용적 목적을 넘어서 구체적이고 심미적으로 상당한 시각효과를 생성하는 상황은, 그 디자인이 EU 저작권 지침의 의미 안에서의 '저작물'로 분류되는 디자인을 정당화하는 것은 아니라고 판단하였다.[79)]

라. 포르투갈 대법원의 첫 번째 질문에 대한 유럽사법재판소의 답변

첫 번째 질문에 대한 답변은 EU 저작권 지침 제2조(a)가 실용적인 목적을 넘어서 디자인이 구체적이고 심미적으로 상당한 시각적 효과를 생성한다는 이유로 본 소송에서 논쟁 중인 의류디자인 같은 디자인에 대하여 저작권으로 보호를 부여하는 것으로 부터 국내법을 배제하는 것으로 해석되어져야 한다는 것이다.

즉 유럽사법재판소는 심미적 요소가 존재한다고 하여 기능적 디자인에 EU 회원국이 저작권 보호를 부여할 수 없다고 판단하고, 패션디자인이 저작권 보호를 향유하기 위한 유일한 요건은 EU 저작권 지침상의 저작물로서 갖추어야 할 독창성 요건이라고 판결한 것이다. 두 번째 질문의 답은 판단하지 않았다.

(4) 포르투갈 대법원의 최종 판결

포르투갈 대법원은 2020년 1월 15일에 피고 Cofemel의 의류디자

---

79) Id. at paras 53-55.

인 일부가 원고 G-Star의 저작권으로 보호받는 의류디자인과 유사하다는 이유로 제기된 소송을 최종 기각 판결하였다. 이 사건의 관계자에 따르면 산업디자인법으로 보호받는 것과는 별개로 의류디자인이 저작권에 의해서도 보호되는지 여부에 관한 유럽사법재판소의 최초 판결에 의하여 포르투갈 법원도 판결을 내릴 수 있었다고 한다. 그리고 2019년 9월 유럽사법재판소가 이 사건의 의류디자인이 저작권법의 보호를 받을 수 있는 지적저작물로서 분류될 수 있는 필요한 독창성의 기준을 충족하지 못했다고 판결하였다고 한다.[80)]

4) Cofemel 사건 판결의 시사점

(1) 저작물의 개념을 패션의류와 같은 실용품의 디자인에 적용

Cofemel 사건에 대한 유럽사법재판소의 판결은 여러 가지 면에서 시사 하는바가 크다. 먼저 EU 저작권 지침에서 법적으로 정의되지 않고 유럽사법재판소가 판례법으로 확립한 '저작물'의 개념을 이 사건의 쟁점 대상인 패션의류와 같은 실용품 디자인에 적용한 것이다. 따라서 의류디자인의 유일한 저작권 보호요건은 독창성(originality)이며 디자인이 주는 심미적 효과나 예술적 가치가 아니라고 판단하였다. 즉 의류디자인이 저작권 보호를 받기 위해서는 독창성을 가져야 하고 그러한 독창성은 의류디자인이 저작자 자신의 지적인 창작이어야 하며 저작자의 자유롭고 창작적인 선택의 표현을 통하여 저작자의 개성을 반영해야 한다는 의미이다. 그다음 저작물은 충분한 정확성과 객관성을 가지고 식별될 수 있는 대상의 존재를 수반해야 한다고 판단하였다. 따라

---

80) https://www.garrigues.com/en_GB/new/garrigues-receives-case-year-award-portugal-managing-intellectual-property-ip-lawsuit-pitting, Cofemel 사건에 대한 유럽사법재판소 판결이후 포르투갈 대법원의 최종 판결이 기사화 된 것을 찾을 수 없었고, 해당 판결문은 검색이 되지 않았다. 다만 Cofemel 소송을 7년간 대리한 리스본 현지 로펌의 회사 웹페이지에서 Cofemel 사건이 최종 기각 판결되었다는 결과를 확인할 수 있었다, (2021.10.13. 최종접속).

서 주관적인 심미적 효과를 주는 의류디자인은 저작권 보호의 대상인 저작물이 아니라고 판단하였다.

(2) 패션의류디자인의 저작권과 디자인권의 중첩보호 인정

유럽사법재판소는 의류디자인에 대한 저작권과 디자인권의 중첩보호를 인정하면서도, EU법에 따라 동일한 대상에 대한 디자인권과 저작권의 중첩보호는 특정 상황에서만 허용될 수 있으며, 디자인 보호와 저작권 보호는 근본적으로 다른 목표를 추구하기 때문에 명확하게 구별되는 규칙을 적용해야 한다고 판시하였다. 또한 디자인에 상당히 긴 기간의 저작권 보호가 부여되는 경우는 저작권의 저작물로 분류될 수 있는 가치가 있는 대상에 국한된다고 판시하였다. 그리고 디자인으로서 보호되는 대상에 대한 보호는 저작권과 디자인의 보호 목적과 효과를 약화시키는 결과를 초래해서는 안 된다고 판단하였다.

따라서 유럽사법재판소가 Cofemel 사건의 논쟁 대상인 의류디자인의 저작물성을 인정한다고 정확하게 판결한 것은 아니다. 다만, EU 저작권 지침상의 보호받는 저작물이 되기 위한 저작물의 개념과 독창성 요건을 판시한 것뿐이다. 오히려 Cofemel 사건 판결을 통하여 패션의류와 같은 실용품의 디자인의 저작권과 디자인권의 중첩보호에 대한 제한을 확실하게 판시한 것으로 볼 수 있다.

(3) EU 저작권법의 표준화 과정

유럽사법재판소가 Cofemel 사건에서 패션의류디자인의 저작권과 디자인권의 중첩보호를 인정한 것은 분명하지만, 저작권법과 디자인법의 서로 다른 제정 목적과 보호대상을 구분하고 있다. 그렇다면 의류디자인의 유일한 저작권 보호요건은 디자인의 심미적 효과나 그 이상의 예술적 가치가 아닌 독창성의 개념인데, 패션의류와 같은 실용품의 디자인이 저작물로서 독창성을 만족하는지 여부를 판단하는 것은 실용

적 디자인의 저작물성을 판단하기 위한 이탈리아의 분리가능성 테스트나 독일의 단계이론을 적용하는 것보다 더 어려울 수 있다.

유럽사법재판소의 Cofemel 판결로 인하여 EU 회원국 간 응용미술저작물이나 산업디자인의 독창성을 판단하는 기준이 오히려 더 광범위해져 EU역내에서 정확하게 통일되어 적용되기는 당분간은 쉽지 않아 보인다. 그러나 디자인이 저작권 보호대상이 되기 위해 충족되어야 하는 추가기준을 요구해왔던 회원국은 국내법을 개정하거나 판례변경을 통하여 EU 저작권 지침상의 저작물의 개념과 독창성의 요건을 따르기 위한 조정을 해야 함은 분명하다. 그리고 EU 회원국의 법원은 실용품의 디자인의 저작권 보호에 필요한 독창성 평가를 어떻게 할 것인지에 대한 접근방식을 유럽사법재판소의 판결에 부합되게 마련해야 할 필요가 있다.[81]

정리하면 Cofemel 판결은 EU법에 따라 EU 전역에 걸쳐 저작물 개념이 통일되게 해석되어 적용되도록 하여, 회원국 법원의 저작권 보호방식이 조화를 이루고 EU 저작권법을 표준화하기 위한 과정의 일부로서 유럽사법재판소가 내린 랜드마크 판결이다.

유럽사법재판소의 Cofemel 사건 판결은 패션의류와 같은 실용품의 디자인이 추가적으로 심미적 효과나 예술적 가치를 가지지 않고서도 다른 종류의 저작물과 같이 EU 저작권 지침상의 저작물 개념에 해당되어 독창성 요건만 만족하면 저작권 보호대상이 될 수 있다는 점과, 디자인의 보호를 별론으로 하고 저작권을 통하여 중첩보호를 받을 수 있다는 점에서 패션창작자들에게는 긍정적인 소식이다.

---

81) 기술적 기능에 의해서만 형상이 결정되는 제품디자인의 저작권 보호 요건에 대한 판단은, Cofemel 판결이후 유럽사법재판소가 벨기에 법원의 선결요청으로 판결한 Brompton 자전거의 저작권침해소송 판결 내용을 참조하면 도움이 될 수 있다, Brompton Bicycle Ltd v. Chedech/Get2Get, C-833/18, EU:C:2020:461.

2. Cofemel 판결 이후 영국과 EU 회원국의 판례 동향

1) 포르투갈 Cofemel 최종 판결(2020년 1월 15일)

포르투갈 대법원은 Cofemel 사건에 대한 유럽사법재판소의 선결을 참조하여 최종적으로는 Cofemel 사건을 기각하였다. 즉 원고 G-Star의 패션의류 디자인이 EU 저작권 지침상의 저작물로서 갖추어야 할 독창성 요건을 충족하지 못하였다고 판결하였다.

2) 영국의 Response Clothing 사건 판결(2020년 1월 29일)

이 사건 판결[82]은 여성용 의류의 자카드 문양 직물디자인을 영국에서 저작권의 보호대상인 미술공예저작물로 인정한 판결이다. 이 사건 판결은 Cofemel 판결의 직접적인 영향을 받은 판결은 아니지만, 처음으로 영국법원에서 Cofemel 판결을 고려한 판결이다. 특히 이 사건 판결에서는 Hacon 판사가 미술공예저작물의 정의에 대한 가이드라인을 처음으로 제시하면서 직물디자인의 심미적 매력을 미술공예저작물의 정의에 포함시켰다. 따라서 Cofemel 판결에서 유럽사법재판소가 디자인의 심미적 효과가 디자인의 저작권 보호요건이 될 수 없다고 판단한 것과 배치되는 판결이라 할 수 있다. 영국이 브렉시트 이후 EU 법을 따라야 할 의무는 없어졌지만, EU 회원국을 상대로 패션산업을 하는 패션디자이너나 패션회사는 추후 영국법원의 판례동향을 지켜볼 필요가 있다.

3) 덴마크 대법원의 패션고무부츠 사건 판결(2020년 6월 10일)

이 사건은 덴마크 디자이너인 Ilse Jacobsen이 디자인한 패션고무부츠 'RUB1'를 유사하게 복제하여 'VRS-boots'라는 제품명으로 온라

82) Response Clothing Ltd, v The Edinburgh Woollen Mill Ltd [2020] EWHC 148 (IPEC).

인과 오프라인 마켓에서 저렴하게 판매한 Morsø Sko Import 회사를 상대로 Ilse Jacobsen가 저작권 침해 소송을 제기한 사건이다.

2020년 6월 10일 덴마크 대법원(Danish Supreme Court)은 처음으로 유럽사법재판소의 Cofemel 판결 기준을 이 사건에 적용한 후, 일상의 패션아이템에 적용할 수 있는 독창성의 일반적 기준을 확인하였다. 그리고 덴마크 디자이너 Ilse Jacobsen의 저명한 패션고무부츠(RUB1)의 저작권을 부정하는 판결을 내렸다.[83]

즉 이 사건은 전통적인 긴 끈 가죽부츠의 요소와 일반 고무부츠의 요소를 결합한 패션고무부츠가 덴마크 저작권법의 응용미술저작물로서 모방으로부터 보호되는지 여부를 다툰 사건이다. 덴마크 대법원은 유럽사법재판소의 Cofemel 판결에서 확립한 기준에 근거하여 부츠의 독창성 평가에 주의를 기울였다. 덴마크 대법원은 의류와 신발은 저작권 보호의 대상이라고 판단하면서도 이 사건 고무부츠는 기술적 목적 외에 심미적 관점에서 볼 때 특별하거나 특징적인 효과를 생성하지도 않고, 혁신적인 제조 개념이나 공정의 결과를 보여주기에도 충분하지 않다고 판단하였다. 반면 법원이 지정한 전문가들은 패션고무부츠를 패션 아이템으로 묘사하였고 디자인 관점에서 볼 때 Ilse Jacobsen 패션고무부츠의 새로운 특징들은 전통적인 부츠에서 알려진 요소와 다른 고무부츠에서 나온 요소를 조합한 것이며 고무부츠를 포함한 다른 부츠에서 영감을 받은 것이라고 판단하였다. 또한, 전문가들은 패션고무부츠의 디자인이 자유롭고 창작적인 선택에 근거한 창조적 능력의 표현이며, 부츠는 독립적이고 창작적인 노력의 결과라고 설명하였다. 그러나 덴마크 대법원은 전문가들의 이와 같은 의견을 독창성 평가에 반영하지 않았다. 그러면서 이 사건 쟁점 부츠인 'RUB1'이 기본적으로 다른 부츠와 승마부츠에서 영감을 받은 "패션고무부츠"라는 점을 감안할 때 독창성의 요건을 만족하지 않는다고 판결하였다.[84]

83) Sag BS – 7741/2019 – HJR. (2020.06.10.).

이 사건 판결은 덴마크 대법원이 유럽사법재판소가 Cofemel 판결에서 정립한 독창성 기준을 적용하여 내린 판결이지만 패션고무부츠 디자인의 독창성 판단을 할 때, 심미적 관점에서 평가한 부분은 Cofemel 판결 내용에 부합되지 않는다. 오히려 전문가들의 평가가 제대로 이루어진 것으로 본다.

4) 유럽사법재판소의 Brompton Bicycle 사건 판결(2020년 6월 11일)

2020년 6월 11일 유럽사법재판소는 접이식(folding) 자전거의 디자인에 관한 저작권침해소송에서 특허가 만료된 제품디자인의 저작권 보호가능성을 열어주는 의미 있는 판결을 하였다. 이 사건 판결[85]에서 유럽사법재판소는 Cofemel 판결에서 제시한 저작물의 개념과 독창성 요건을 기능성 제품디자인의 형상에 적용하였다. 따라서 유럽사법재판소는 제품의 형상(shape)이 단지 기술적 기능에 의해서만 결정되는 경우에는 해당 제품에 저작권 보호를 부여할 수 없다고 전제하면서도, 기술적 결과를 얻는데 필요한 형상을 가지는 제품이 저작자 자신의 지적인 창작으로 인한 저작물에 해당되고, 저작자가 제품의 형상에 자유롭고 창의적인 선택을 함으로써 그의 개성을 반영하는 창작력을 표현한다면, 제품의 형상은 저작권으로 보호될 수 있다고 판결하였다. 따라서 이 사건 판결의 시사점은 기술적 결과가 저작자의 창작적 선택을 배제하지 않는다면, 제품디자인에도 저작권보호가 적용될 수 있다는 점과 외관상 기술적 기능이 우세한 제품디자인의 영역까지 저작권 보호가 확대되었다는 점이다.추후 벨기에 법원의 최종 판결을 지켜봐야 할 것이다.[86]

---

84) 덴마크 대법원 웹사이트: https://www.domstol.dk/hoejesteret/aktuelt/2020/6/om - ophavsret-til-gummistoevle/, (2021.10.5. 최종접속).

85) Brompton Bicycle Ltd v. Chedech/Get2Get, C-833/18, EU:C:2020:461.

86) 박형옥, "기술적 기능에 의해서만 형상이 결정되는 제품디자인, 저작권의 보호대

제3절 영 국

Ⅰ. 패션디자인의 법적 보호

영국에서 패션디자인은 프랑스나 EU가 저작권법과 디자인법의 중첩보호를 통하여 보호하는 것을 선호하는 것과 다르게 전통적으로 보통법을 따르는 국가들과 마찬가지로 저작권과 디자인권의 양자택일로 보호하는 경향이었다.[87] 그러나 유럽사법재판소가 EU 디자인 지침 제17조에[88] 따라 디자인권의 보호기간이 만료되어 공공의 영역이 된 디자인이더라도 저작권 보호의 요건을 만족한다면 저작권 보호의 대상이라고 판결한 2011년 Flos 판결을[89] 계기로 영국은 미술저작물이 물품에 산업적으로 이용된 경우 미술저작물의 보호기간을 물품을 최초로 시장에 내놓은 해의 말일로부터 25년간 적용하던 1988년 저작권, 디자인 및 특허법(Copyright, Designs and Patent Act, 이하 'CDPA'라고 한다) 제52조를 폐지하였다. 그리고 2016년 7월 28일 부터 미술저작물이 산

상이 될까?", 저작권문화, 2020.9. Vol. 313, 한국저작권위원회 (2020), 24-25면 참조.

87) Van Caenegem, W., & Tréguier, L. "Copyright, Art and Originality: Comparative and Policy Issues", Global Journal of Comparative Law, 8(2), 2019, 24.

88) EU 디자인 지침(Directive 98/71) 제17조: "이 지침에 따라 회원국에 등록되거나 회원국에 관련된 디자인권에 의해 보호되는 디자인은 디자인이 창작되거나 어떤 형태로라도 고정된 날짜부터 해당 국가의 저작권법에 따라 보호받을 수 있다. 필요한 독창성 수준을 포함하여 그러한 보호가 부여된 범위 및 조건은 각 회원국이 결정해야 한다."

89) Flos SpA v Semeraro Casa e Famiglia SpA, C-168/09, 2011: 'Arco' lamp라고 알려진 디자이너 조명을 제조하는 원고 Flos SpA 회사가 피고회사 Semeraro Casa e Famiglia SpA를 상대로 제기한 저작권침해 사건으로 유럽사법재판소는 원고 조명의 디자인권이 이탈리아에서 만료되어 공공의 영역이 되었어도 디자인 지침 제17조에 의하여 원고 조명의 디자인이 저작권 보호의 조건을 만족한다면 저작권보호의 대상이 된다고 판결하였다.

업적으로 디자인제품에 이용된 경우를 포함한 모든 종류의 미술저작물의 보호기간을 저작자 생존기간 및 사후 70년간 존속하는 것으로 변경하였다.

CDPA 제4조에서는 미술저작물이 저작권의 보호대상이라고 규정하고 있으며 미술공예저작물도 그 범주에 포함되어 있다. 그러나 미술공예저작물이 무엇인지 그 정의에 대해서는 명시되어 있지 않다. 따라서 패션디자인이 저작권 보호를 받기 위해서는 CDPA 제4조의 미술공예저작물에 해당이 되어야 한다. 그러나 패션디자인이 미술공예저작물로 인정되어 저작권 보호의 대상이 된 사례는 드물다. 영국법원의 미술공예저작물의 판단기준과 패션디자인의 저작물성이 쟁점이 된 사례는 후술하기로 한다.

영국은 프랑스처럼 의류나 패션제품을 법 조문에 포함하는 규정은 없다. 그러나 EU 공동체디자인제도와 같이 등록디자인은 특허권적 보호방식으로, 미등록디자인은 저작권적 보호방식으로 보호를 하는 디자인 어프로치를 취하며 프랑스와 미국의 중간적 방법을 취한다. 따라서 패션디자인의 패치워크(patchwork)[90]식 보호가 가능하다. 한편 영국은 EU 탈퇴(Brexit)로 인하여 2021년 1월 1일부터 영국 등록디자인권, 영국 미등록디자인권(계속되는 미등록디자인권(CUD), 추가 미등록디자인권(SUD), 개정 영국 미등록디자인권)[91]으로 디자인을 보호한다. 그 외에 패

90) https://dictionary.cambridge.org/, (2021.06.09. 최종접속); 패치워크는 본래 복식에서 다양한 패턴과 색상을 가진 많은 작은 천 조각들을 함께 바느질하여 만든 천 또는 이러한 작업의 활동을 의미한다. 그러나 이 책에서의 의미는 크게는 저작권법, 디자인법, 상표법, 부정경쟁방지법의 다양한 법제를 통하여 디자인을 보호한다는 의미로 사용하였고, 등록을 통한 보호와 미등록을 통한 보호로 디자인을 보호한다는 의미로도 사용하였다.

91) https://www.gov.uk/guidance/changes-to-unregistered-designs, (2021.10.01. 최종접속); 영국의 브렉시트(Brexit)로 인하여 2021년 1월 1일부터 기존 영국 미등록디자인권이 개정되고 추가미등록디자인권(Supplementary unregistered design)이 신설되었다. CUD(Continuing unregistered design)은 2021년 1월 1일 이전에 EU 미등록공동체디자인으로 영국에서 보호받던 디자인이 영국에서 CUD로 보호

션디자인은 상표법 및 사칭행위 법리에 의하여도 보호받을 수 있다. 그러나 등록상표에 의한 보호는 사용을 통한 식별력의 획득을 입증해야 하고 상표가 출처표시로서 기능을 해야 하므로, 패션디자인의 로고나 브랜드명은 등록상표를 통한 보호가 가능하지만 패션디자인 자체의 보호는 어렵다. 또한 사칭행위(Passing off)[92]법리를 통한 보호는 패션디자인의 모방에 대한 쟁점보다는 제품이나 광고에 있어 허위표시나 허위승인과 같은 사칭행위로 인한 소비자 기망 또는 출처 혼동의 쟁점과 더 관련이 있으며 패션디자인 자체보다는 제품디자인의 브랜드와 업무상 신용 보호에 더 적절한 수단으로 판단되어 여기서는 다루지 않는다.

따라서 본 절에서는 영국에서 패션디자인의 주요 보호 법제인 디자인법과 저작권법을 의류디자인과 직물디자인 판례를 중심으로 살펴본다. 특히 최근 영국 하급심의 직물디자인에 대한 저작권판결이 가지는 의미와 시사점을 종래 영국법원의 판결과 최근 유럽사법재판소의 판결과도 대비하여 살펴본다.

Ⅱ. 디자인법에 의한 패션디자인의 보호

영국은 디자인을 보호하기 위하여 EU의 공동체디자인규정(Council Regulation (EC) No 6/2002)[93]과 같이 등록디자인 제도와 미등록디자인

받는 것이다. 그리고 CUD의 존속기간은 2021년 1월 1일 이전에 보호받던 시점부터 1월 1일 이후 나머지 기간을 합쳐서 총 3년이 되는 날까지이다.

92) 사칭행위(passing off): 영국에서 부정경쟁법은 소비자 기망행위로서 사칭행위(passing off) 법리로부터 발전하기 시작하였다. 자신의 상품을 타인의 상품으로 판매하는 사칭행위는 소비자를 기망하는 부정경쟁행위로 인식되었고, 부정경쟁법리를 상표에 대한 배타적인 권리를 인정하는 재산법의 영역으로 발전시켰다: 나종갑, “부정경쟁방지법의 본질론과 무임승차 행위의 한계”, 산업재산권 제53호, 한국지식재산학회 (2017), 46면 참조.

93) Council Regulation (EC) No 6/2002 of 12 December 2001 on Community

제도를 같이 운영하는 디자인 어프로치를 취하고 있다. 디자인 어프로치는 패션디자인 같이 시장에서의 제품의 수명주기가 짧아 무방식으로 등록의 부담 없이 단기간에 보호받으며 저작권적 보호인 모방금지권만 갖는 제도가 필요한 디자인이 있는가 하면, 제품의 수명주기가 길고 기업의 전략상 그리고 법적으로 확실하게 오랫동안 독점적이며 배타적인 권리를 가지며 특허법적으로 보호받는 것이 필요한 디자인이 함께 시장에 존재하는 경우 유익한 보호방법이다.

현재 영국의 등록디자인에 적용되는 법은 1949년 등록디자인법(Registered Designs Act 1949)이다. 1949년 등록디자인법은 EU 디자인 지침(Directive 98/71/EC)[94]의 국내이행을 위하여 2001년 12월 9일에 개정이 되어 EU 디자인 지침의 디자인 보호대상이나 보호요건 그리고 보호기간 등이 반영되었다.

영국의 미등록디자인에 적용되는 법은 1988년 CDPA이다. EU 디자인 지침은 등록디자인권에 대해서만 적용되기 때문에 영국 미등록디자인권은 EU 디자인 지침에 의한 개정은 되지 않았다. 따라서 영국 미등록디자인권은 미등록공동체디자인권의 보호대상과 보호요건 그리고 존속기간 등과 차이가 있다. 한편 영국은 브렉시트로 인하여 2021년 1월 1일부터 미등록디자인에 변경사항이 생겼다. 상세한 내용은 후술하기로 한다.

1. 등록디자인에 의한 보호

1949년 등록디자인법(Registered Designs Act 1949)은 1988년 CDPA에 의하여 수정되어 제4편 제265조 내지 제273조에 걸쳐 규정되었다. 그런데 영국이 EU 디자인 지침을 국내에 이행하기 위하여 2001년도에

---

designs.

94) Directive 98/71/EC of the European Parliament and of the Council of 13 October 1998 on the legal protection of designs.

개정을 하여 EU 디자인 지침의 내용을 반영하였다. 현재 영국 등록디자인은 '영국 지식재산청(UK Intellectual Property Office: UKIPO)'을 통하여 취득할 수 있다. 이하에서는 EU 디자인 지침의 반영된 내용을 중심으로 등록디자인에 의한 보호에 대하여 살펴본다.

1) 등록디자인의 보호대상

영국 등록디자인으로 보호받기 위한 디자인은 등록디자인법 제1조(2)에 따르면 "제품(product) 혹은 그것의 장식의 선, 윤곽, 색상, 형상, 질감, 혹은 재료의 특징에서 얻어지는 제품의 전체 또는 일부의 외관"이어야 한다. 또한 동법 제1조(3)에 의하면 "복합제품"은 제품의 분해 및 재조립을 허용하는 적어도 2개의 교체 가능한 구성 부품으로 된 제품을 의미하고, "제품"은 컴퓨터 프로그램 이외의 모든 산업적 또는 수공업적 물품을 의미하며 포장, 외장, 그래픽 심벌, 글자체 유형 및 복합제품으로 조립되도록 의도된 부품을 포함한다. 따라서 등록디자인은 2, 3차원 제품의 전체나 부분의 디자인을 보호한다.

2) 등록디자인의 보호요건

등록디자인의 보호요건은 1949년 등록디자인법 제1B조(1)에 따르면 디자인이 신규성(novelty)과 독특성(individual character)을 구비해야 한다. 신규성과 독특성의 판단기준에 대해서는 동법 제1B조(2)에 따르면 등록을 위한 출원일(relevant date) 이전에 공중에 이용가능하게 된 동일한 디자인이 없거나 사소한 부분에서만 특징이 다른 디자인이 없으면 그 디자인은 새로운 것으로 본다.

그리고 동법 제1B조(3)에 따르면 통상적 정보를 가진 사용자(informed user)에게 형성하는 전체적인 인상(overall impression)이 등록을 위한 출원일 이전에 공중에 이용가능하게 된 디자인에 의하여 그러한 사용자에게 형성하는 전체적인 인상과 다를 경우에 그 디자인은 독특성을 가지는 것으로 본다. 그리고 동법 제1B조(4)에서는 디자인의 독특성을 평가할 때, 디자인을 창작할 때의 디자이너의 자유도(the degree of freedom)가 고려되어야 한다고 규정하고 있다.

또한 동법 제1C조에서는 제품의 기술적 기능에 의해서만 결정되는 제품의 외관 특성은 등록디자인권이 부여되지 않는다고 규정하고 있으며 동법 제1D조에 따르면 공서양속에 반하는 디자인에는 등록디자인권의 보호가 인정되지 않는다고 규정하고 있다.

한편 영국은 1949년 등록디자인법에서는 디자인의 보호요건으로 신규성과 독창성을 요구하였으며 1988년 CDPA에서는 신규성과 심미성을 요구하였다. 그리고 2001년 개정된 등록디자인법에서는 심미성을 폐지하고 신규성과 독특성을 요구하면서 독특성 판단에 디자이너의 자유도를 고려해야 한다고 규정하였다.[95]

3) 신규성과 독특성의 판단기준과 판단주체

디자인이 선행디자인과 동일하거나 사소한 부분에서만 다른 경우 그 디자인은 신규성이 없다고 판단되며 그 경우 신규성 판단의 주체는 공중이며 판단시점은 등록을 위한 출원일 이전에 공중에 이용가능하게 된 때이다. 그리고 '공중에 이용가능하게 된'의 의미는 우리 디자인보호법상 공지, 공용의 의미와 유사하며 공중은 우리 디자인보호법상 일반수요자와 유사한 개념이다.

한편 독특성은 통상적 정보를 가진 사용자에게 형성하는 전체적인 인상이 등록을 위한 출원일 이전에 공중에 이용가능하게 된 디자인에 의하여 그러한 사용자에게 형성하는 전체적인 인상과 다를 경우에 인정된다. 따라서 독특성의 판단기준은 전체적인 인상이 다른 경우이다. 또한 독특성의 판단주체는 신규성의 판단주체와 달리 통상

---

95) 박성호 · 차상욱, "디자인보호를 위한 저작권 정책 방안 연구", 문화체육관광부(2011), 134면 참조.

적 정보를 가진 사용자로서 기존디자인 군(corpus: 群)에 익숙하고 디자인이 적용되거나 구체화되는 제품의 특성, 디자인이 속하는 산업분야와 그 디자인을 개발하는데 있어서 디자이너의 자유도에 익숙한 자로 여겨진다.96)

독특성의 판단시점은 신규성과 마찬가지로 등록을 위한 출원일 이전에 공중에 이용가능하게 된 때이며 독특성 판단에 있어서 디자인 창작의 정도는 판단하지 않는다. 한편 선행하는 디자인과의 독특성 판단에 있어서 유럽사법재판소는 미등록공동체디자인의 독특성 판단은 통상적 정보를 가진 사용자에게 주는 전체적인 인상이 선행하는 여러 디자인들로부터 독립적으로 가져온 특징들의 조합과 다른지 여부를 판단하는 것이 아니라 한 개 혹은 여러 개의 선행디자인을 개별적으로 가져와 비교하여 전체적인 인상이 다른지 여부를 판단해야 한다고 하였다.97)

4) 독특성과 디자이너의 자유도

디자이너의 자유도 개념은 2001년 영국이 EU 디자인 지침을 국내법에 반영하기 위하여 1949년 등록디자인법을 개정하면서 디자인의 보호요건으로 독특성 개념과 함께 수용한 개념이다. EU 공동체디자인 규정 제6조 제2항에는 독특성을 평가할 때에 디자인을 개발하는 '디자이너의 자유도(degree of freedom of the designer)'가 고려되어야 한다고 규정하고 있다. 디자이너의 자유도 개념은 공동체디자인규정에 별도로 명시되어 있지는 않고 판례에서 언급하고 있다.

판례에서 디자이너의 자유는 관련된 제품시장에서 고려되어야 한다고 판단하고 있다.98) 그리고 경쟁 디자인을 개발하는 디자이너의 자

96) 공동체디자인규정 전문 14.

97) Karen Millen Fashions Ltd v. Dunnes Stores [2014], C-345/13, para 35.

98) Groupo Promer Mon Graphic SA v. OHIM, [2010] GC Case T-9/07 paras 68, 70: 일반법원은 모든 tazos는 작고 평평하며 약간 굽어진 원반의 형태로서 플라

유가 제한 될수록 문제가 되는 디자인 간의 사소한 차이는 통상적 정보를 가진 사용자에게 전체적으로 다른 인상을 주기에 충분하다고 판시하고 있다.[99] 그리고 제품에 대한 '표준적'기능은 디자이너의 자유도를 제한하는 제약으로 판단할 수 없다는 견해도 제시되었다.[100]

앞서 살펴본 바와 같이 Karen Millen Fashions Ltd v Dunnes Stores 사건에서 아일랜드 고등법원은 Karen Millen Fashions Ltd의 검정색 니트 상의는 선행디자인 Dolce & Gabbana의 회색 니트 상의와 전체적으로 다른 인상을 주고 원고의 셔츠디자인은 선행디자인 Paul Smith 셔츠디자인과 전체적으로 다른 인상을 주기 때문에 독특성을 가진 디자인이라고 판결하였다. 특히 독특성 판단에 있어서 아일랜드 고등법원은 니트 상의의 경우 유일한 제한요소는 여성의 신체를 감싸거나 따뜻하게 해주거나 장식해주는 기능적인 역할을 하는 적은 부분이라면서 디자이너의 자유도는 넓다고 판단하였다. 또한 줄무늬 셔츠의 경우에는 셔츠의 기본적 기능을 하는 칼라(collar)와 단추가 달린 전면 개구부의 디자인 개발에 제한은 있지만 셔츠 내부 아이템을 디자인 하는데 있어 변형할 수 있는 범위가 크다고 보았다. 따라서 셔츠의 제한적 요소는 통상적 정보를 가진 사용자에게 전체적으로 다른 인상을 주는 것에 영향을 주지 않으므로 독특성 평가에 거의 영향을 미치지 않는 것으로 판단하였다.[101]

한편 패션디자인의 독특성 판단에 있어서 디자이너의 자유도를 다

스틱이나 금속으로 만들어져 디자이너의 자유는 상당히 제한된다고 판단되었다. 또한 그러한 아이템은 비싸지 않아야 하며 아이들에게 안전하고 광고하는 제품에 추가로 어울릴 수 있도록 제한된다고 판단하였다.

99) Groupo Promer Mon Graphic SA v. OHIM, [2010] GC Case T-9/07 para 72.

100) PepsiCo Inc v Groupo Promer Mon Graphic SA [2011] C-281/10 (opinion of advocate general) para 32: 법률자문관은 의견서에서 "시장이 기대하지만 기술적으로 필요하지 않은 '표준'기능은 디자이너의 자유에 대한 제약으로 간주될 수 없다"는 견해를 제시하였다.

101) Karen Millen Fashions Ltd v. Dunnes Stores [2007] IEHC 449. p. 22.

음과 같은 경우에는 더 고려해야 한다. 즉 패션디자이너들은 새로운 패션디자인을 개발할 때 유행할 패션트렌드에 대하여 미리 관련 웹사이트나 패션세미나 또는 패션위크[102]에서 정보를 얻는다. 또한 과거의 선행디자인을 모방하거나 영감을 받아 창작하기도 하고 어떤 경우에는 과거의 여러 선행디자인의 요소들을 결합하여 새롭게 재해석하여 창작하기도 한다. 따라서 특정한 시기에 유행하는 패션스타일은 동일하거나 유사한 디자인들이 동시에 시장에 소개될 가능성이 크다. 그 경우에 패션디자인의 유사성 또는 동일성으로 인한 지적재산권 침해 분쟁이 발생한다. 따라서 패션디자인의 디자인권 침해 분쟁에 있어서 법원은 디자인의 보호요건인 신규성, 독특성 판단에 더하여 패션디자인의 시장과 소비자들이 기대하는 디자인, 특정한 패션의류에 필수적으로 이용되는 디자인의 기능적 요소들, 패션트렌드에서 제시한 공통적인 유행요소들로 인하여 디자이너의 자유도가 제한받는지 여부도 같이 함께 종합적으로 고려하여 판단해야 할 것이다.

5) 등록디자인권의 존속기간

CDPA 제269조(1)에 따르면 영국 등록디자인권의 보호기간은 디자인의 등록일로부터 처음 5년간 존속되고, CDPA 제269조(2)에 의하면 연장 신청과 갱신 수수료를 납부함으로써 5년 단위로 최대 25년까지 연장할 수 있어 독일 등록디자인권, 프랑스 등록디자인권, EU 등록공동체디자인권의 보호기간과 동일하다.

---

102) 예컨대 영국의 글로벌 명품 브랜드인 버버리가 런던패션위크를 온라인으로 전세계에 실시간 방송하고 방송이 끝난 후에는 온라인과 오프라인을 통해서 런웨이 패션제품을 바로 판매 하듯이, 많은 패션기업들이 온라인과 오프라인의 경계를 허물고 소비자에게 패션제품을 광고, 판매하고 있다. 따라서 실시간으로 누구든지 패션트렌드를 접할 수 있는 기회가 제공된다.

6) 등록디자인권의 효력

등록디자인법 제7조(1)에 의하면 등록디자인권자에게는 그 디자인과 통상적 정보를 가진 사용자에게 다른 전체적 인상을 주지 않는 어떤 디자인을 사용할 수 있는 배타적 권리가 부여된다. 이때 '사용'의 의미는 디자인이 통합되거나 적용되는 제품의 생산, 청약, 시장에의 투입, 수입, 수출 또는 사용 또는 그러한 목적으로 재고를 두는 것을 포함한다.[103]

2. 미등록디자인권에 의한 보호

1) 미등록디자인의 보호대상

영국 미등록디자인의 보호에 대해서는 CDPA 제3편 제213조 내지 제264조에서 규정하고 있다. 구체적으로 제213조 제1항에서는 디자인권이 독창적 디자인이어야 하고 동조 제4항에서는 디자인 창작 당시에 흔하지 않은 독창적 디자인이어야 미등록디자인권의 보호대상이라고 명시하고 있다. 또한 디자인이 미등록디자인권으로 보호받기 위해서는, 동조 제2항에 근거하여 디자인은 '물품(article)'의 전체 또는 부분의(내부 또는 외부에 관계없이) 형상이나 형태의 디자인이어야 한다. 또한 동조 제3항에서는 (a) 구조의 방법이나 원리, (b) 물품의 형상이나 형태의 특징들(물품이 기능을 수행할 수 있도록 다른 물품과 연결되거나 물품에 배치되는 또는 물품이 디자이너에 의해 필수부분을 형성하도록 의도되어 있는 다른 물품의 외관에 의존하는), (c) 표면장식(surface decoration)의 경우에는 미등록디자인권의 보호대상에 해당되지 않는다고 규정하고 있다.

---

103) CDPA 제268조는 1949년 등록디자인법의 제7조의 디자인 등록에 의한 권리에 대한 수정사항이 규정되어 있다. 그러나 CDPA 제268조는 폐지되어, 2001년 12월 9일부터 등록공동체디자인 규정과 거의 일치하도록 개정되었다.

영국 미등록디자인권은 영국 등록디자인권과 달리 EU 디자인 지침을 반영하여 개정되지 않았기 때문에 디자인의 보호대상을 제품(product)이 아닌 물품(article)으로 규정하고, 3차원의 형상(shape)과 형태(configuration)만 보호하는 중요한 차이점이 있다. 따라서 영국에서 2차원으로 해석되는 표면장식은 저작권과 등록디자인권 그리고 EU 공동체디자인권으로 보호받는다.

그러나 2021년 1월 1일부터 EU 공동체디자인권이 영국에서 더 이상 유효하지 않게 됨으로써 신설된 '추가 미등록디자인(SUD)'을 통하여 영국 또는 적격국가[104]에 최초로 공개되어 공중이 처음으로 이용가능한 날로부터 영국법원의 해석에 따라 3년간 보호받는다.[105]

2) 미등록디자인의 보호요건

영국에서 미등록디자인이 디자인권으로 보호받기 위해서는 CDPA 제213조 제1항에서 규정하는 바와 같이 독창적 디자인(original design)이어야 한다. 또한 동조 제4항에 의하면 "디자인이 창작 당시 해당 디자인 분야의 적격 국가(qualifying country)에서 흔한(commonplace) 경우라면 디자인권의 목적상 '독창적'인 것이 아니"라고 규정하고 있다.

따라서 패션디자인이 미등록디자인권의 보호대상이 되기 위해서는 독창적이어야 하며 흔하지 않은 디자인이어야 한다. 독창적이라는 것은 디자인이 다른 것을 모방하지 않고 디자이너의 창작이어야 한다는 통상의 저작권에서의 의미와 같다.[106] 그러나 독창적이라는 것은 특허나 등록디자인법에서의 새로운(new)의 의미를 뜻하는 것은 아니다.

---

104) 적격국가(Qualifying country): "The Design Right (Reciprocal Protection) (No. 2) Order 1989"에 따른 국가로서 영국령, 뉴질랜드, 홍콩 등이 해당된다.

105) https://www.gov.uk/guidance/changes-to-unregistered-designs#supplementary-unregistered-design; The Designs and International Trade Marks (Amendment etc.) (EU Exit) Regulations 2019.

106) Farmers Build v Carier [1993] RPC 461.

즉, 디자이너 자신의 창작물이 우연히 선행디자인과 동일한 작품을 만들었는지 여부와 관계없이 절대적으로 새로운 것을 의미하는 것이 아니다. 그러나 중요한 점은 디자이너의 미등록디자인이 독창적인 작품이더라도 해당 디자인 분야에서 흔한 디자인이라면 미등록디자인권의 보호자격을 얻지 못한다는 것이다.[107]

영국 항소법원은 렘브레타 사건에서 '해당 디자인분야'를 언급할 때 합리적으로 광범위한 접근방식이 요구된다고 보았다. 그리고 해당 디자인은 관련된 물품의 관념적인 디자이너가 친숙할 수 있는 디자인의 종류의 디자인이라고 보았다.[108]

한편 '디자인과 국제상표(개정) EU Exit 규정 2019'[109]에 따라 '추가 미등록디자인'으로 보호 받기 위해서는 EU 미등록공동체디자인의 보호요건과 동일한 신규성과 독특성이 요구된다. 그리고 독특성을 판단할 때 디자이너의 자유도가 고려되며 통상적 정보를 가진 사용자에게 형성하는 전체적인 인상이 등록을 위한 출원일 이전에 공중에 이용가능하게 된 디자인에 의하여 그러한 사용자에게 형성하는 전체적인 인상과 다를 경우에 독특성은 인정된다. 영국 미등록디자인권의 보호요건이 독창적이며 흔한 디자인에 해당되지 않아야 한다는 요건에 비하면 추가 미등록디자인의 요건은 새로운 것이어야 한다는 요건 외에 독특성을 만족해야 하는 어려움이 있다. 특히 독특성의 판단에 있어서 디자이너의 자유도를 고려해야 하는 점이 있어 독특성을 만족하기는 더욱 쉽지 않다.

---

107) Lambretta Clothing Co.Ltd v. Teddy Smith (UK)Ltd.[2004] EWCA Civ 886, para 12.
108) Id. at para 45.
109) The Designs and International Trade Marks (Amendment etc.) (EU Exit) Regulations 2019.

3) 미등록디자인권의 존속기간

CDPA 제213조 제6항에서는 "디자인권은 그 디자인이 디자인 문서에 기록되거나 그 디자인에 의한 물품이 제작되는 때까지는 발생하지 않는다."고 규정하고 있으며 동조 제7항에서는 "디자인이 기록되거나 혹은 물품으로 제작되어도 본 편(Part)의 개시 전에는 디자인권이 존속되지 않는다."고 규정하고 있다.

또한 CDPA 제216조 제1항에 의하면 미등록디자인권은 (a) 그 디자인이 문서에 처음 기록된 해 또는 그 디자인으로 물품을 최초로 제작한 해 말일로부터 어느 것이나 빠른 날로부터 기산하여 15년간 존속되거나, (b) 그 디자인으로 제작한 물품이 그 해 말일로부터 5년 이내에 판매(sale)나 대여(hire)가 가능하다면 그것이 처음 발생한 해의 말일로부터 10년간 존속한다.

한편 2021년 1월 1일에 신설된 '추가 미등록디자인(SUD)'의 보호기간은 영국 또는 적격국가에 최초로 공개되어 공중이 처음으로 이용가능한 날로부터 3년 동안이다. 따라서 공개는 반드시 영국 또는 적격국가에서 하여야 하며 보호는 EU에까지 미치지 않는다는 점이 중요한 사항이다.

4) 미등록디자인권의 효력

CDPA 제213조 제6항과 제7항에 의하면 미등록디자인권은 무방식으로 권리가 발생하지만 그 디자인이 디자인 문서에 기록되거나 그 디자인에 의한 물품이 제작되어서야 비로소 권리가 발생한다. 따라서 CDPA 제226조 제1항에 의하면 미등록디자인권자는 해당 디자인으로 물품을 제작하거나, 그러한 물품을 만들 수 있는 디자인을 기록한 디자인 문서를 제작하는, 즉 상업적 목적으로 디자인을 복제할(reproduce) 배타적(exclusive) 권리를 가진다. 즉 특허권자나 등록디자인권자에게

부여되는 독점권 대신에 복제(copying)를 금지할 권리만 부여된다.[110)]

3. 패션디자인 판례

1) Lambretta Clothing Co.Ltd v. Teddy Smith 사건

영국에서는 패션제품의 디자인이 미등록디자인권의 보호대상인 형상이나 형태에 해당하는 디자인인지 아니면 보호대상에서 제외되는 표면장식인지 여부에 대하여 다투어진 사례들[111)]이 있다. 그 중 트레이닝복 상의(Track-Top)의 미등록디자인권과 저작권 침해에 관한 소송(이하 '렘브레타(Lambretta)' 사건이라 한다)[112)]에서 영국 항소법원은 원고 렘브레타의 트레이닝복 상의디자인의 팔부분의 흰색 두 줄무늬, 앞과 뒷면 위에 렘브레타 로고의 크기, 색상, 위치 등은 (비록 색상이 표면장식에 포함되는지 여부에 대하여는 논쟁이 있지만) 표면장식의 특징을 가지는 요소들로서 CDPA 제213조 제3항(c)에 근거하여 미등록디자인권의 보호대상이 아니라고 판결하였다.[113)] 또한 트레이닝복 상의의 빨강, 파랑, 흰색의 색상배색(colorway)이 트레이닝복 상의 디자인의 형상이나 형태를 구성하는지 아니면 단순한 표면장식에 지나지 않는지에 대해서는 찬반 의견이 분분했지만[114)], 색상은 완전한 물품을 생산하기 위한 구성과는 아무 상관이 없으며 또한 단순한 색상배색의 선택은 물품이나 부품의 형상이나 형태의 측면이 아니라고 판단하였다.[115)] 결론적으

---

110) Lambretta Clothing Co.Ltd v. Teddy Smith (UK)Ltd.[2004] EWCA Civ 886, para 13.

111) Mark Wilkinson Furniture v. Woodcraft Designs [1998] FSR 63; Jo y Jo Ltd v. Matalan Retail Ltd [2000] E.C.D.R. 178; Lambretta Clothing Co.Ltd v. Teddy Smith (UK)Ltd.[2004] EWCA Civ 886.

112) Lambretta Clothing Co.Ltd v. Teddy Smith (UK)Ltd.[2004] EWCA Civ 886.

113) Id. at para 14.

114) 렘브레타 사건의 항소판결에서 Sedley판사는 원고 트레이닝복의 색상배색이 디자인을 이루는 형태의 일부라고 판단하였다(para 87). 반면, Jacob판사는 색상배색이 "물품 또는 부품의 형상이나 형태"의 측면이 아니라고 판단하였다(para 29).

115) Lambretta Clothing Co.Ltd v. Teddy Smith (UK)Ltd.[2004] EWCA Civ 886,

로 항소법원은 렘브레타 트레이닝 상의의 디자인은 미등록디자인권의 보호대상이 아니라고 판결하였다.116)

또한 흔한 디자인과 관련하여 영국 항소법원은 렘브레타 사건에서 원고인 렘브레타의 트레이닝복 상의의 빨간색, 파란색, 흰색의 배색(colorway)은 1997년도에 아디다스(Adidas)사가 빨간색, 파란색, 흰색으로 구성된 상의를 판매하고 있었으며, 1981년 윔블던(Wimbledon) 테니스 경기에서 우승트로피를 들었던 존 매켄로(John McEnroe)가 렘브레타의 트레이닝 상의와 비슷한 빨간색, 파란색, 흰색 배색의 트레이닝복을 입은 모습이 정기적으로 보였기 때문에 20세기에 렘브레타의 삼색 배색 디자인은 흔한 레저웨어 디자인(leisurewear design)에 해당한다고 판단하였다. 따라서 렘브레타의 트레이닝복 상의의 디자인은 미등록디자인권의 보호요건을 만족하지 못한다고 판결하였다.117)

한편 영국 항소법원은 원고의 청구를 기각하면서 EU 공동체디자인규정 제3조(a)의 디자인 정의에 따라 렘브레타 사건이 명확하게 해결될 수 있을 것이라고 언급하였다. 즉, EU 공동체디자인규정에서는 디자인의 정의에 색(colours)을 포함하고 있기 때문에, 렘브레타의 트레이닝복 상의의 색상배색은 EU 미등록공동체디자인권으로 보호받을 수 있다는 것이다.118) 그러나 브렉시트이후 '디자인과 국제상표(개정) EU Exit 규정 2019'에 따라 색상배색은 영국에서 추가 미등록디자인으로 3년간 보호받을 수 있다.

2) Guild v. Eskandar 사건

이 사건은 패션디자이너 Shirin Guild(이하 '원고'라 한다)의 민족적

---

paras 25-29.

116) Id. at para 53.

117) Id.

118) Lambretta Clothing Co.Ltd v. Teddy Smith (UK)Ltd.[2004] EWCA Civ 886, para 41.

(ethenic)이면서도 농민(peasant) 스타일을 가진 패션의류(셔츠, 스웨터, 카디건)의 미등록 패션디자인이 영국 미등록디자인권의 보호대상에 해당하는지와 피고가 원고의 디자인을 복제하여 미등록디자인권을 침해한 것인지 여부가 쟁점이 된 사건(이하 '길드(Guild)' 사건이라 한다)이다.

제1심 법원[119]에서는 원고의 세 가지 의류디자인은 흔한 디자인에 해당하지 않는 독창적인 디자인이라며 미등록디자인권의 보호대상이라고 판결하였다. 그리고 피고가 원고의 디자인을 복제하여 미등록디자인권을 침해하였다고 판결하였다.[120] 그러나 항소심에서[121] 영국 항소법원은 원고의 디자인에는 미등록디자인권이 존재하지 않으며 피고는 원고의 미등록디자인권을 침해하지 않았다고 판결하였다. 해당 사건의 대한 제1심 법원과 항소법원의 판결 내용을 살펴보면 다음과 같다.

영국 제1심 법원은 원고의 디자인은 단순하지만 독특하며 모든 디자인이 기본적으로 큰 직사각형에 근거하여 100cm의 너비로 길이가 다르게 디자인되며 스웨터의 경우 90cm로 디자인되기도 한다고 하였다. 또한, 원고의 디자인을 평평하게 펼치면, 정사각형 디자인(Square-design)은 가로 100cm의 넓이를 가진 대칭적이며 재단되지 않고 구조화되지 않은 것처럼 보이며, 착용한 경우에는 신체를 덮어 흘러내리는 디자인(draping)이라고 하였다.[122] 한편 제1심법원은 원고의 정사각형 스웨터의 독창적 디자인의 핵심은 패션 디자이너 기글리 스웨터에서 가져온 것이지만 원고의 디자인은 기글리 스웨터의 88cm 너비보다 넓은 100cm이고 크로스오버 V-네크라인, 소맷부리와 같은 세부적인 요소들이 다르다고 판단하였다.[123] 그리고 원고가 정사각형 의류의 개념이나 아이디어에 대한 독점권을 가질 수는 없지만 정사각형의 의류를

119) High Court of Justice Royal Courts of Justice.
120) Guild v Eskandar Ltd. [2001] FSR 38.
121) Guild v Eskandar Limited [2002] EWCA Civ 316.
122) Id. at para 3.
123) Id. at para 140.

디자인 하는 유일한 방법이 원고와 같은 스타일을 따르는 것이라는 접근방식은 위험하다고 하였다.[124] 결론적으로 제1심 법원은 전문가들의 증언을 참고하며 원고가 해당 디자인을 디자인할 당시 원고 디자인의 본질적 특징은 관련 디자인 분야에서 흔하지 않은 디자인이라고 판단하고 원고의 세 가지 의류의 디자인은 CDPA 제213조 제4항에 근거한 미등록디자인권의 보호대상이라고 판결하였다.[125] 반면 항소법원은 원고의 디자인들이 저작권의 의미에서 독창적이라는 원심의 판결은 잘못된 것이라고 판결하였다. 원고의 디자인은 더 일찍 기글리에 의하여 개발된 것으로 원고가 발전시킨 것이라고 판단하였다. 그리고 원심이 기글리와 원고 디자인의 차이점들은 독창성을 불러일으키는 원고의 충분한 기술과 노력이 필요한 변형이라고 판결한 것에 대하여 항소법원은 동의하지 않았다.[126] 따라서 원심의 판사는 독창성에 대하여 잘못 판단하였으며 원고의 미등록디자인권은 존재하지 않는다고 판결하였다. 특히 대법관 릭스(Rix)는 원고가 이란 농민들의 넓은 정사각형 의류의 아이디어를 받아들여 그것을 세련되게 알파카나 캐시미어 같은 고급 섬유로 표현하였다고 보았다. 그러나 그러한 정교함은 CDPA 제213조에서 보호하는 미등록디자인권의 대상이 아니라고 판시하였다.[127]

4. 영국의 디자인권과 EU 공동체디자인권 비교

이와 같이 영국은 다양한 디자인 보호법제를 통하여 패션디자인을 보호하고 있다. 〈표 3-3〉은 앞서 살펴본 영국의 디자인권과 EU 공동체디자인권을 특징별로 구분하여 정리한 것이다. 브렉시트 이후 영국이 EU 공동체디자인제도의 보호를 받을 수 없게 되었지만 신설된 영

---

124) Id. at para 155.
125) Id. at para 165.
126) Guild v Eskandar Limited [2002] EWCA Civ 316, para 48.
127) Id. at para 88.

국의 '추가 미등록디자인권(SUD)'은 디자인권의 효력이 EU에서 미치지 않고, 보호기간의 시점이 영국 또는 적격국가에 처음으로 공개한 날로부터 3년간인 점을 제외하고는 EU 미등록공동체디자인권과 디자인 보호기간과 보호대상 그리고 보호요건 등이 동일하다. 따라서 〈표 3-3〉은 영국의 디자인권과 EU 공동체디자인권의 특징을 비교 분석하는데 도움이 될 것이다.

표 3-3 영국의 디자인권과 EU 공동체디자인권의 비교(2021.1.1. 이후)

구분	영국 등록디자인권 (Registered designs) / EU등록공동체 디자인권 (RCD)	영국 미등록디자인권 (UK Design Right)	영국 추가 미등록디자인권 (SUD)	EU 미등록 공동체 디자인권 (UCD)
권리발생	등록 필요	등록 불필요	등록 불필요	등록 불필요
보호기간	최장 25년 (5년마다 갱신)	디자인이 문서에 처음 기록된 해 또는 물품으로 제작된 해 말일로부터 15년간 / 디자인 물품이 위 기산일로부터 5년 이내에 판매·대여되는 경우(licence right) 이로 부터 10년간	영국 또는 적격국가에 처음으로 공개한 날로부터 3년간	EU내에서 공중이 처음으로 이용가능한 날로부터 3년간
첫 공개 지역	N/A	EU내에서 영국 또는 적격국가 공개로 변동 (개정)	영국 또는 적격국가 공개	EU내
보호대상	2/3차원 제품의 전체, 부분의 디자인	3차원 물품(article)의 전체, 부분의 형상 (shape), 형태(configuration)	2/3차원 제품의 전체, 부분의 디자인	2/3차원 제품의 전체, 부분의 디자인

구분	영국 등록디자인권 (Registered designs) / EU등록공동체 디자인권 (RCD)	영국 미등록디자인권 (UK Design Right)	영국 추가 미등록디자인권 (SUD)	EU 미등록 공동체 디자인권 (UCD)
표면장식	보호 ○	보호 ×	보호 ○	보호 ○
보호요건	신규성, 독특성	독창성(original) 요구 흔한 디자인이 아닐 것 (not commonplace)	신규성, 독특성	신규성, 독특성
	디자이너 자유도 고려		디자이너 자유도 고려	디자이너 자유도 고려
효력	독점배타권 (차단효)	모방금지권	모방금지권	모방금지권
실체심사	무심사	무심사	무심사	무심사
소요비용	○	×	×	×

주) SUD: Supplementary unregistered design,
RCD: Registered Community design,
UCD: Unregistered Community design.

Ⅲ. 저작권법에 의한 패션디자인의 보호

영국에서 표면장식을 포함한 패션디자인은 권리의 보호범위와 보호기간 등의 차이가 있지만 저작권과 디자인권으로 중첩보호를 받을 수 있다. 그리고 양 권리의 중첩보호로 발생하는 문제를 해결하기 위하여 CDPA 제51조에 저작권 제한 규정도 두고 있다. 구체적으로 패션디자인은 CDPA 제1편 저작권법의 제4조의 미술저작물 규정과 디자인 제51조의 디자인 문서 및 모형 규정에 의하여 저작권 보호를 받을 수 있다. 특히 제4조의 회화저작물이나 미술공예저작물의 범주에 해당되어야 저작권 보호가 가능하다. 또한 패션디자인이 미술저작물인 표면장식에 해당할 경우 제51조의 저작권침해 예외규정이 적용되지 않아 미술저작물인 표면장식을 의류 디자인에 적용하는 경우 저작권 침해가 발생할 가능성이 있다. 다음에서는 CDPA 제4조와 제51조 그리고 제52조에 대하여 자세히 살펴본다. 특히 오랫동안 논쟁이 되어 오고 있는 제4조의 미술저작물 범위에 포함되는 미술공예저작물의 개념을 미술공예운동의 사상과 영국법원의 판례를 통하여 살펴보고 미술공예저작물의 개념이 최근 영국의 패션디자인의 저작권 판결에서 어떻게 해석되었는지 살펴본다. 그리고 최근 유럽사법재판소의 저작권 판결인 Cofemel 사건과 상충되는 영국 저작권법의 저작권 보호요건은 무엇인지 살펴본다.

1. 미술저작물과 미술공예저작물

CDPA 제4조 제1항에서는, "미술저작물이란 (a) 예술적 가치와 상관없이, 회화저작물, 사진, 조각 또는 콜라주, (b) 건축물 또는 건축물을 위한 모형으로서의 건축저작물, 또는 (c) 미술공예저작물을 의미한다."고 규정하고 있다. 따라서 영국에서 패션디자인은 프랑스가 패션을 저작권의 보호대상으로 지적재산법 제112-2조의 제14호에서 명시하고 있는 것과 다르게 미술저작물의 하위 범주에 구체적인 보호대상으로 언급 하고 있지 않다. 그러나 영국에서 패션디자인이 미술저작물의 회화저작물이나 미술공예저작물로 인정받는다면 CDPA 제12조 제2항에 따라 저작자의 생존 및 사후 70년간 저작권 보호를 받을 수 있다. 다음에서는 미술공예운동의 발생 배경과 추구하는 사상을 살펴보고 영국법원들이 미술공예저작물의 요건을 판단하는데 어떠한 영향을 끼쳤는지 판례를 통하여 살펴본다.

1) 미술공예운동

미술공예운동(Arts and Crafts movement)은 19세기 영국에서 산업화와 기술화의 발달이 초래한 도덕적, 예술적 타락성과 대량생산으로 저하된 제품수준, 무절제한 실내 장식 등에 반발하여 일어난 운동이다. 장식적 디자인과 수공예(crafts)의 예술이라는 뜻을 가진 이 용어는 1883년에 월터 크레인(Walter Crane)을 초대회장으로 하고 윌리엄 모리스(William Morris, 1834-1896)와 번 존스(Burne Jones, 1833-1898) 등을 회원으로 하는 예술과 공예 전시회 협회(Arts and Crafts Exhibithion Society)가 결성된 이후 널리 사용되었다.[128] 미술공예운동은 1861년 설립된 '모리스 마샬 포크너 상회(Morris, Marshall, Faulkner & Co.)'와 여러 공예길드(Guild Crafts)에 의하여 발달하였는데 이것은 장인의 지위를 본래 위치로 복원시키고 수공의 장인정신(craftsmanship)을 부활시키려고 하는 윌리엄 모리스에 의하여 점화되었다. 따라서 미술공예운동의 구성원들은 모든 예술분야가 동등한 차원에서 예술가로서의 영역을 공유해야만 하고 기계로 만든 것보다 손으로 만든 제품이 더 가치가 있다고 믿었다. 그리고 모리스 마샬 포크너 상회는 회화, 판화, 가구, 금속품에서 순수예술 제조인 이라고 스스로를 기술하고 공예 및 장인의 지위가 예술 및 예술가의 지위와 동등하다고 생각하였다. 그리고 모든 것을 만족시킬 수 있는 창조적이고 예술적인 제품을 수공업의 형식으로 제작하는 것을 이 상회의 목표로 두었다. 미술공예운동은 전통과 근대라는 두 요소를 복합적으로 나타내고 이들 간의 충돌을 해결하는 방법으로 중세고딕을 부흥하고자 장인길드의 요소를 선택하여 수공예를 부활시키고자 하였다.[129]

---

128) 홍이경, "미술공예운동(Arts and Crafts Movements)의 실내디자인 특성에 관한 연구: 붉은집(Red House)의 실내디자인 요소분석을 중심으로", 고황논집, 제20집, 경희대학교 대학원 (1997), 282면 참조.

129) 홍이경, 위의 논문, 290면 참조.

2) 판례에서의 미술공예저작물 판단기준

윌리엄 모리스는 19세기 중엽이후 공업화로 초래된 미의 조야(粗野)함을 비판하며 수공예의 아름다움을 미덕으로 삼는 미술공예운동을 전개하였다.[130] 미술공예저작물의 용어는 이러한 미술공예운동의 영향을 받아 1911년 저작권법(Copyright Act 1911)에[131] 처음으로 언급되었다.[132] 즉 1911년 저작권법 제1부 저작권 권리의 내용에서 공공의 장소나 건물에 영구적으로 미술공예저작물이 놓인 경우 저작권 침해의 예외로 명시하고 있으며 동법 제3부에서는 미술저작물의 범위에 미술공예저작물을 포함하고 있다. 그러나 그 정의에 대하여는 명시하고 있지 않다. 미술공예저작물의 개념은 1908년 베른협약의 베를린 개정[133]과 '미의 일체성' 원칙에 대응하여 1911년 저작권법을 통해 영국 저작권법에 도입되었다고 본다.[134] 한편 헨셔(Hensher) 사건[135]에서 시몬(Simon)경은 1911년 저작권법에서 미술공예저작물을 보호한 것은 이전에는 미술공예운동의 영향 아래 순수미술저작물로 보호가 제한되었던 것이 응용미술저작물에까지 보호가 확장된 것이라고 설명하였다.[136]

1956년 저작권법이나 현행 CDPA에서는 미술공예저작물의 정의에 대한 언급은 없다.[137] 따라서 영국법원들은 오랫동안 작품의 정의에

130) 박성호, 문화산업법, 한양대학교출판부 (2012), 289면 참조.

131) Copyright Act 1911, s 35.

132) Van Caenegem, W., & Tréguier, L. "Copyright, Art and Originality: Comparative and Policy Issues", Global Journal of Comparative Law, 8(2), 2019, p. 27.

133) 베른협약 1908년 베를린 개정에서는 동맹국이 허용하는 한 산업적 목적의 미술저작물을 저작권 보호대상에 포함한다고 정하였다.

134) Patrick Masiyakurima, "Copyright in Works of Artistic Craftsmanship: An Analysis", Oxford Journal of Legal Studies, Vol. 36, Issue 3, Autumn 2016, pp. 505-506.

135) George Hensher Ltd v Restawile Upholstery (Lancs) Ltd [1976] AC 64.

136) Patrick Masiyakurima, "Copyright in Works of Artistic Craftsmanship: An Analysis", Oxford Journal of Legal Studies, Vol. 36, Issue 3, Autumn 2016, p. 509.

'예술적'이라는 표현을 포함하고 있는 작품의 범주를 규정하는데 어려움을 겪어왔다. 특히 헨셔(Hensher) 사건[138]에 대하여 미술공예저작물의 정의에 대한 수많은 별개의 접근방식이 제기된 것처럼 법은 불확실하였다. 몇몇 판례에서[139] 미술공예저작물여부를 결정하기 위한 다양한 테스트가 이용되었으며 테스트에서는 작품의 기능, 디자이너의 의도, 작품이 심미적 감각에 호소하는지 여부, 디자이너가 미술공예인인지 여부, 작품이 충분히 예술적이거나 창조적인지 등이 고려되었다.[140] 헨셔 사건의 경우 가구 세트의 프로토타입 디자인이 1956년 저작권법의 제3조 제1항의(c)의 미술공예저작물에 해당되는지에 대하여 많은 이견이 있었지만 만장일치로 헨셔의 가구 세트의 원형 디자인은 미술공예저작물에 해당하지 않는다고 판결하였다.[141] 즉 Reid경은 공예저작물은 내구성이 있는 유용한 수공예품이라는 견해를 밝히고,[142] 자작 Dilhorne은 미술공예저작물은 수작업으로 만든 것이지 대량 생산된 것이 아니라는 견해를 밝히며 대량생산을 위해 만들어진 헨셔의 작품은 미술공예저작물이 아니라는 견해를 밝혔다.[143] 그리고 Simon경은 '공예(craftsmanship)'는 특히 역사적 맥락에서 고려할 때 견고한 솜씨에 대한 자부심의 표현을 의미하는 것으로 조잡하고, 단순하고, 쉬운 것에 대한 거부라는 견해를 밝혔다.[144] 따라서 헨셔 사건에서는

137) Response Clothing Ltd, v The Edinburgh Woollen Mill Ltd [2020] EWHC 148 (IPEC), para 31.

138) George Hensher Ltd v Restawile Upholstery (Lancs) Ltd [1976] AC 64.

139) George Hensher Ltd v Restawile Upholstery (Lancs) Ltd (1975) RPC 31; Merlet v Mothercare Plc [1986] RPC 115; Guild v Eskandar Ltd, [2001] FSR 38.

140) Simon Stokes, "Art and copyright: some current issues", Intellectual Property Law & Practice, Vol. 1, Issue 4, (March 2006) 272, 275.

141) George Hensher Ltd v Restawile Upholstery (Lancs) Ltd [1976] AC 64, [1975] RPC 31.

142) Id. at 77.

143) Id. at 84.

144) Id. at 91, Response Clothing Ltd v The Edinburgh Woollen Mill Ltd [2020]

1956년 저작권법 아래 미술공예저작물의 인정요건의 수준을 높이 적용한 것으로 볼 수 있다.

영국 귀족원은 헨셔 판결에서 가구 세트 프로토타입이 미술공예저작물로 인정받기 위해서는 독창성과 별도로 예술적 품질 혹은 가치가 있어야 한다고 요구하였다.[145] 그런데 작가의 작품이 예술적 장점이나 품질을 가졌는지 여부의 평가는 법원 판사의 주관적인 고려 사항이다. 따라서 실용품이 판사에 의하여 궁극적으로 예술적 가치를 가지지 못하였다고 판단되면 저작권 보호를 받을 수 없게 된다.[146] 이와 같은 점을 고려하면 예술적 가치를 법원이 평가하는데 있어서 전문가의 견해가 필요하다. 그러나 전문가의 견해 역시 시간이 지나면 사회적・정치적・경제적 환경과 시대정신에 따라 다르게 변화할 수 있다. 따라서 예술적 가치를 미술공예저작물 인정 기준으로 삼는 것은 저작권 보호에 상당한 제한적 요소라고 볼 수 있다.

한편 헨셔 사건의 제1심 판결에서 그래험(Graham) 판사는 "예술적인(artistic)" 단어의 의미는 심미적 판단의 정도에 의존하여 정해져서는 안 된다고 판시하였다. 그러면서 원고의 한 세트의 가구 프로토타입이 1956년 저작권법 제3조 제1항의 (c)의 미술공예저작물에 해당한다고 판결하였다. 그래험 판사는 또한 저작권법 그 자체는 단어의 범위에 대한 지시를 해서는 안 된다고 판시하면서 1949년 등록디자인법(The Registered Designs Act)으로부터 차별적인 형태(shape)의 개념을 차용해왔다. 즉, 작품의 형태, 유형, 마감의 차별적 특징이 물품이 단순히 실용적인 것을 넘어서는 결과가 되도록 인식된다면 그 작품은 "예술적"이라는 것이다.[147] 즉 실용품이더라도 실용적인 부분을 제거한 나머지

EWHC 148 (IPEC), para 43.

145) 차상육, "응용미술의 저작권법상 보호에 관한 연구", 박사학위논문, 한양대학교 (2010), 68면 참조.

146) Van Caenegem, W., & Tréguier, L. "Copyright, Art and Originality: Comparative and Policy Issues", Global Journal of Comparative Law, 8(2), 2019, p. 27.

차별적 요소가 최소한의 저작물성 요건을 만족하고 가구 디자이너의 개성이 표현되었다면 해당 차별적 요소는 저작권 보호가 가능하다고 내린 판단이라고 할 수 있다.

영국 법원들이 판결에서 '미술공예'의 쟁점을 거의 다루지 않았지만 개념에 대해서는 몇 사례에서 다루고 있다. 예컨대 Burke and Margot Burke Ltd. v. Spicers Dress Designs 사건에서 이 사건 숙녀용 드레스는 1911년 저작권법 제35조(폐지되었음)의 미술저작물의 정의 규정내의 미술공예저작물에 해당하지 않는다고 판결하였다. 즉 법원은 "미술공예"는 "예술적"이어야 하는데 드레스 디자이너는 옥스포드 영어 사전의 "예술적" 정의를 충족하는 작품을 만들지 않았다고 보았다. 따라서 드레스 디자이너가 가질 수 있는 유일한 저작권은 디자인의 도면에 있다고 판결하였다.[148] 그 다음 헨셔 사건에서 귀족원 판사들은 미술공예저작물을 결정하기 위한 테스트에는 동의하지 않았지만 새로운 가구 세트의 프로토타입이 미술공예저작물에 해당하지 않는다는 것에는 동의하였다. 또한 Merlet v Mothercare Plc 사건[149]에서 영국 제1심 법원은 아기 망토(cape)는 그 목적이 기후로부터 아이를 보호하는 것이기 때문에 미술공예저작물로 간주될 수 없어 미술저작물이 아니라고 판결하였다. 그리고 Vermaat and Another v Boncrest Ltd 사건에서는 패치워크 형태의 침대보는 미술공예저작물이 되기 위하여 필요한 창조의 요건을 나타내지 않는다고 판결하였다.[150] 또한 Lucasfilm Ltd & Ors v Ainsworth & Anor 사건에서 영국 제1심 법원은 스타워즈(Star Wars) 영화에서 스톰트루퍼(Stormtrooper)의 헬멧이 조각품에서 요구되

147) Jeremy Phillips, "Artistic Copyright", The Modern Law Review Vol. 38, No. 1 (Jan., 1975), Wiley, p. 86.

148) Burke and Margot Burke Ltd. v.Spicers Dress Designs, [1936] Ch400, Michael Rushton, "An Economic Approach to Copyright in Works of Artistic Craftsmanship", Intellectual Property Quarterly, 2001, Issue 3, p. 16.

149) Merlet v Mothercare Plc [1986] RPC 115.

150) Vermaat and Another v Boncrest Ltd: ChD 22 Jun 2000.

는 "예술적" 창조물을 필요로 한다고 생각하지 않는다고 판단하였다.151)

따라서 영국법원이 1911년 저작권법에서 미술공예저작물을 저작권 보호의 대상으로 명시하면서도 여러 사례에서 공예품에 예술적 가치의 테스트를 적용한 것은 19세기 미술공예운동으로 인한 영향으로 수공예와 장인정신의 중요성이 대두된 환경에서 응용미술품에까지 저작권 보호가 지나치게 확장되는 것을 염려한 결과로 볼 수 있다. 19세기의 판례에서는 공예품이 미술공예저작물로 인정받는 경우는 많지 않았으며 미술공예저작물의 정의도 저작권법에 명확하게 규정되지 않고 판례를 통하여 해석이 이루어졌다. 그리고 미술공예운동의 영향으로 기계로 대량생산된 물품의 경우에는 미술공예저작물이 아니어서 예술적 가치가 존재하기 어렵다고 판단되어 저작물성을 인정받을 수 없었다. 그러나 영국의 미술공예운동이 영국에서 쇠퇴하고 수공예와 장인정신의 향수에서 벗어난 공업적 제조방식에 의한 산업미술이 발달함에 따라 대량생산된 공업제품에도 작가의 개성이 표현될 수 있다고 사상의 흐름에 변화가 있었을 것이다. 즉 19세기의 미술공예운동에서 부활시키고자 하였던 수공예의 가치와 장인들에 대한 지위의 복원에의 의지는 영국 법원에서 미술공예저작물의 여부를 판단하는 데에 많은 영향을 끼친 것으로 본다. 이상으로 판례에서 나타난 미술공예저작물의 판단기준 및 해석에 관하여 살펴보았다. 이하에서는 패션의류디자인이 미술공예저작물에 해당되는지 여부가 쟁점이 되었던 사례에 대하여 살펴본다.

2. 패션디자인 판례

패션의류에 인쇄된 도면이나 이미지 혹은 그래픽 디자인이 독창적이라면 저작권 보호대상이 되며 타인의 무단 복제를 금지시킬 수 있

151) Lucasfilm Ltd & Ors v Ainsworth & Anor [2008] EWHC 1878.

다. 그러나 영국 법원은 전통적으로 패션의류 자체에 저작권보호를 부정해 왔다.[152] 그 이유는 드레스나 셔츠와 같은 의류 자체를 CDPA 제4조 제1항(c)의 미술공예저작물로 간주하지 않아서 미술저작물로 인정하지 않았기 때문이다.[153]

길드사건에서 영국 제1심 법원은 대량생산을 위한 프로토타입으로 만들어진 견본의류와 기계로 만들어진 의류가 합리적으로 공예품으로 간주될 수 있다는 증거에 만족하지 않는다고 판단하였다. 또한 의류의 제조에 특별한 공예품의 요소가 투입된 증거도 없다고 보아 원고의 의류가 공예품이 아니라고 판단하였다. 그리고 원고 디자이너가 미술저작물을 만들려고 의도하였거나 심지어 자신을 예술가로 간주했다는 어떤 증거도 없다고 보며 원고의 의류는 저작권 보호대상이 아니라고 판결하였다.[154] 반면 최근 여성용 의류의 직물디자인을 미술공예저작물로 인정한 사례가 있어 살펴본다.

1) Response Clothing Ltd v The Edinburgh Woollen Mill Ltd 사건

최근 영국 지식재산기업법원(Intellectual Property Enterprise Court: IPEC)의 Hacon 판사는 여성용 의류의 직물디자인에 관한 저작권 침해소송(이하 'Response Clothing' 사건이라 한다)에서 원고의 자카드 직물(이

---

152) 저작물성이 부정된 사례: Burke & Margot Burke Ltd v Spicers Dress Design [1936] Ch 400, Guild v. Eskandar Ltd [2001] FSR 38, para 162, Lambretta Clothing Co Ltd v Teddy Smith (UK) Ltd and another [2004] EWCA Civ 886, [2005] RPC 6.
저작물성이 긍정된 사례: Abraham Moon & Sons Ltd v Andrew Thornber and others [2012] EWPCC 37, Response Clothing Ltd v The Edinburgh Woollen Mill Ltd [2020] EWHC 148 (IPEC).

153) https://www.stewartslaw.com/news/intellectual-property-rights-can-protect-fashion-products-uk-now-post-brexit/, (2020.09.20. 최종접속); Guild v Eskandar Ltd. [2001] FSR 38.

154) Guild v. Eskandar Ltd[2001] FSR 38, para 162.

하 'Wave Fabric'이라 한다)[155] 디자인이 CDPA 제4조 제1항(c)의 미술공예저작물에 해당이 되어 저작권 보호대상이 된다는 판결을 내렸다.[156]

이 사건에서 Hacon 판사는 미술공예저작물의 정의에 대한 의미 있는 가이드라인을 다음과 같이 세 가지로 제시하였다. 첫 번째는 미술공예저작물은 기계를 사용하여 만들어질 수 있다는 것이며, 두 번째는 디자인의 심미적 매력은 저작물이 잠재적 고객에게 호소할 수 있게 해주는 특성이 있다는 것이며, 세 번째는 단지 저작물의 다수의 사본들이 지속적으로 생산되고 팔리는 이유로 저작물이 미술공예저작물에서 배제되지는 않는다는 것이다. 이에 근거하여 Hacon 판사는 원고의 'Wave Fabric' 디자인이 디자이너 자신의 지적인 창작물이라는 점에서 독창적이며 고객에게 심미적 매력을 제공하는 미술공예저작물이라고 결론 내렸다.[157]

한편 Hacon 판사는 뉴질랜드 고등법원이 Bonz Group사건[158]에서 정립한 테스트를 적용하였는데 그 테스트는 작품이 미술공예저작물이 되기 위해서는 작가가 장인이고 예술가이어야 한다는 것이다. 그리고 장인은 본인의 솜씨에 자부심을 가지고 기술적인 방법으로 무언가를 제조하는 사람이며 예술가는 미적 호소를 주는 어떤 것을 만드는 창조적 능력을 가진 사람이라고 정의하였다. Hacon 판사는 Wave Fabric 디자인을 디자인한 직원은 기술적인 방법으로 솜씨에 자부심을 가지고 미적인 기쁨을 주는 디자인을 창조하는 목적을 가진다고 하였다. 그리

---

155) 원고 Response 사의 자카드 직물은 직물위에 패턴을 찍거나 프린트를 하거나 자수를 놓은 것이 아니고, 직물 그 자체를 웨이브(wave)패턴이 되도록 여러 가닥의 실로 짜서 무늬를 만든 특징을 가지고 있다; Response Clothing Ltd v The Edinburgh Woollen Mill Ltd [2020] EWHC 148 (IPEC), para 2.

156) Response Clothing Ltd v The Edinburgh Woollen Mill Ltd [2020] EWHC 148 (IPEC).

157) Id. at para 64.

158) Bonz Group (Pty) Ltd v Cooke [1994] 3 N.Z.L.R. 216.

고 그러한 미적인 기쁨은 Wave Fabric으로 얻은 상업적 성공이 그 증거라고 판단하였다.

따라서 Hacon 판사는 Wave Fabric이 Bonz Group 사건에서 정의한 미술공예저작물에 해당한다고 판결하였다. 즉 작가가 기계를 사용하여 미술공예저작물을 만드는 것이 가능하며 미적매력은 잠재고객에게 호소하는 성격이 될 수 있고 단지 작품의 여러 복제본이 만들어지고 판매된다고 하여 작품이 미술공예저작물에서 배제되는 것은 아니라고 판단하였다. 따라서 Wave Fabric이 CDPA 제4조 제1항(C)의 미술공예저작물에 해당한다고 판결하였다.

Response Clothing 사건 판결이 가지는 주요한 의의는 첫 번째는 디자인이 미술공예저작물로서 저작권의 보호를 받는지 여부를 평가할 때 이전에는 명확하지 않았던 Bonz 테스트가 적용된 것이며, 두 번째는 Response Clothing 판결이, 저작물의 범주들이 유럽사법재판소에서 판례법으로 정의한 대로 '독창적(original)'이라면, 영국에서 저작권으로 보호될 수 있는 저작물의 한정된 범주 목록의 경계를 확대하기 위한 단계로 보일 수 있다는 것이다. 마지막으로 실무관점에서 Response Clothing 판결은 저작권보호 혹은 표면장식의 디자인권 보호의 사이에서 종종 보호받지 못하였던 직물디자인 패턴의 보호를 열어주었다는 것이다.159)

이와 같이 Hacon 판사가 제시한 미술공예저작물이 되기 위한 세 가지 가이드라인은 앞에서 살펴본 헨셔 사건의 영국 귀족원 판결에서 Reid경이 내구성이 있는 수공예품이 미술공예저작물이라고 밝힌 견해와, 자작 Dilhorne이 대량생산된 것을 미술공예저작물로 인정하지 않는다고 판단한 것과 비교하면 상당히 달라진 기준이 적용된 것이다.

---

159) Florian Traub, Gill Dennis, "Response Clothing: IPEC avoids drawing together the threads of copyright protection for designs in the UK and EU", Journal of Intellectual Property Law & Practice, Vol. 15, No.11, 2020, p. 900.

한편 앞에서 살펴본 바와 같이 유럽사법재판소는 청바지 디자인의 저작물성이 문제가 된 Cofemel 사건[160]에서 의류디자인의 독창성이 EU 저작권 지침[161] 제2조(a)에 따른 저작권 보호의 유일한 기준이며, 그러한 독창성을 가지기 위해서는 저작물이 저작자 자신의 지적인 창작이어야 하며[162] 저작물은 저작자의 자유롭고 창조적인 선택의 표현을 통하여 저작자의 개성을 반영해야 한다고 하였다.[163] 그러면서 의류디자인과 같은 디자인이 실용적 목적을 넘어서 구체적이고 심미적으로 중요한 시각효과를 생성한다고 하여 그 디자인이 EU 저작권 지침 제2조(a)에서 규정하는 저작물로 분류될 수 있는 것은 아니라고 판결하였다.[164]

따라서 Response Clothing 판결이 영국에서 미술공예저작물의 정의에 대한 가이드라인을 처음으로 제시하고 직물디자인을 미술공예저작물로 인정함으로써 패션디자인의 저작권 보호 범위를 확장시킨 판결로 평가받지만, 디자인의 심미적 매력을 미술공예저작물의 정의에 포함시킴으로써 유럽사법재판소가 Cofemel 사건 판결에서 "EU 회원국은 국내법에서 디자인의 저작권 보호요건으로 심미적 혹은 예술적 가치의 요건을 부과할 수 없다"고 판결한 것과 배치되는 판결이어 논란이 있다. 따라서 추후 영국법원 판결의 동향을 더 지켜보아야 할 것이다.

---

160) Cofemel v. G-Star Raw, C-683/17, EU:C:2019:721.

161) 정보사회에서의 저작권 및 저작인접권의 특정 측면의 조정에 관한 2001년 5월 22일의 유럽의회 및 이사회 지침 2001/29/EC.(Directive 2001/29/EC of 22 May 2001 on the harmonisation of certain aspects of copyright and related rights in the information society): 'InfoSoc Directive 2001/29/EC'로 표기하기도 한다.

162) Infopaq International A/S v Danske Dagblades Forening (C-5/08) EU:C:2009:465.

163) Painer,C-145/10, EU:C:2011:798, paras 88-89 and 94.

164) Cofemel v. G-Star Raw, C-683/17, EU:C:2019:721, para 55.

3. 디자인 문서 및 모형 규정

CDPA 제51조 제1항에서는 "(1) 디자인에 따라 물품을 제작하거나 디자인에 따라 제작된 물품을 복제하는 것은, 미술저작물 또는 타이프페이스 이외의 어떤 것을 위한 디자인을 기록하거나 구현하는 디자인 문서 또는 모형의 그 어떤 저작권도 침해하는 것이 아니다. (2) 그 제작이 제1항에 의하여 저작권 침해가 되지 아니하는 어떤 것을 공중에게 발행, 또는 영화에 포함하거나 공중에게 전달하는 것도 저작권의 침해가 아니다. (3) 이 조에서 '디자인'이라 함은 물품의 전체 또는 일부의 형상 혹은 윤곽(내·외부의)의 디자인으로서, 표면 장식(surface decoration) 이외의 것을 말한다. 그리고 '디자인문서'란 소묘, 설명서, 사진, 컴퓨터에 저장된 데이터 또는 기타의 형식을 불문하고 디자인의 그 어떤 기록을 말한다."라고 규정하고 있다. 따라서 CDPA 제51조의 의미는 미등록디자인이 CDPA 제51조 제3항의 디자인 정의에 해당되고 미술저작물 또는 타이프페이스가 아닌 이상 디자인문서 또는 모형에 나타난 디자인에 따라 물품으로 제작하거나 제작한 물품을 복제하는 것은 디자인문서 또는 모형의 저작권을 침해하는 것이 아니라는 것이다.

본 규정은 1949년 등록디자인법에 의하여 보호되지 않는 디자인이더라도 그 디자인에 대한 도면이 존재한다면, 1956년 저작권법 하에서 그 디자인의 도면은 저작물로서 보호를 받기 때문에 그 도면에 기해서 제작된 물품은 저작권 침해가 적용된다는 판례상 원칙[165]에 대한 예외 규정이다. 이와 같은 예외규정은 1968년 디자인저작권법은 등록가능한 디자인에 대하여 등록으로부터 15년간 보호를 제공하는데 비하여, 주로 기술적 기능밖에 없기 때문에 등록이 불가능한 디자인이 단지 그에 대한 도면이 존재한다는 이유로 등록 없이 저작자 생존 중 및 사후

165) Dorling v Honnor Marine Ltd [1964] RPC 160, [1965] Ch 1.

50년까지 저작권 보호를 제공하였다는 이유로 학계 및 산업계에서 비판이 있었기 때문이다.[166] 따라서 1988년 CDPA 제51조의 저작권침해 예외규정은 등록디자인권으로 등록한 경우의 보호기간인 15년보다 많은 저작자 사후 50년의 저작권 보호를 받지 못하도록 미등록디자인의 저작권과 디자인권의 보호기간 충돌 문제를 해결한 것이다.

한편 앞서 살펴본 렘브레타 사건에서 영국 항소법원은 CDPA 제51조가 미술저작권에 관한 방어를 제공하는지 여부를 고려하였다. 우선 항소법원은 제51조 규정이 미등록디자인권에 의하여 보호받는다고 하여 미술저작권에 의해서는 보호받지 못한다는 것을 의미한다고 단순히 말할 수 있는 것은 아니라고 판단하였다.[167] 이어서 렘브레타 트레이닝복 디자이너의 도면은 디자인문서에 해당하며 표면장식은 CDPA 제51조내의 디자인의 정의에는 포함되지 않지만 그것이 제51조의 목적을 다르게 만들지는 않는다고 보았다. 즉, 렘브레타 사건에서 색상배색은 추상적 의미에서의 색상만을 말하는 것은 아니고 형상에 적용된 것이라고 보았다. 그리고 물리적, 관념적으로 물품의 부분에 대한 형상으로부터 별개로 존재할 수 없다고 보았다. 또한 색상배색은 로고나 그림과 같은 방식으로 다른 바탕표면에 존재할 수 있는 것이 아니라고 보았다.[168] 따라서 영국 항소법원은 렘브레타의 전체 디자인 도면이 미술저작권으로 보호를 받을 수도 있지만 제51조 저작권침해 예외규정에 근거하여 원고 렘브레타 트레이닝복 상의의 디자인에 대한 저작권 침해는 발생하지 않는다고 판단하면서 제1심법원의 판결을 인용하며 원고의 청구를 기각하였다.[169]

---

166) 이상정, 앞의 책, 273면 (주28) 참조; 차상육, "응용미술의 저작권법상 보호에 관한 연구", 박사학위논문, 한양대학교 (2010), 72-73면 참조.

167) Lambretta Clothing Co.Ltd v. Teddy Smith (UK)Ltd. [2004] EWCA Civ 886, para 38.

168) Id. at para 39.

169) Id. at paras 40, 89.

정리하면, 렘브레타 트레이닝 상의의 색상이나 색상의 배색 그리고 로고의 위치나 크기 등의 요소들이 표면장식으로 미술저작물에 해당한다면 원고 렘브레타 디자이너의 디자인도면에 기하여 물품을 제작할 경우 저작권침해가 발생할 수도 있을 것이다. 그러나 영국 항소법원은 렘브레타의 트레이닝복 상의의 디자인이 표면장식의 특징을 가졌다고 인정하면서도 로고나 그림처럼 다른 매체에 분리되어 독립적인 미술저작물로 존재할 수 없다고 판단하였다. 즉, 렘브레타 디자이너가 작업한 디자인도면의 저작물성은 인정하지만 디자인문서 상의 디자인이 미술저작물에 해당되지 않아, 렘브레타의 디자인을 복제하여 물품에 적용한 것이 디자인도면의 저작권을 침해한 것이 아니라고 판단한 것이다. 따라서 트레이닝복 상의의 색상배색이 미등록디자인권으로 보호받지 못하여 저작권보호를 인정하지 않은 것은 아니며, 또한 색상배색이 단지 색상으로 이루어져 저작권보호의 대상이 아니라고 판결한 것은 아닌 것이라고 할 수 있다. 영국 항소법원은 색상배색을 포함한 트레이닝복 상의(Track-Top)의 표면장식이 미술저작물에 해당하는지에 대하여 판단할 때 분리가능성과 독립적 존재 요건을 적용하여 판단[170]한 것으로 본다.

따라서 의류의 표면장식 디자인이나 섬유(textile)디자인, 벽지(wall-paper)디자인 같은 표면장식 디자인이 CDPA 제4조의 회화저작물이나 미술공예저작물의 범위에 포함된다면 저작권으로 보호받을 수 있다. 또한 앞서 살펴본 영국 등록디자인권으로 등록하여 최장 25년 동안 배타적 독점권을 가지고 보호받을 수 있다. 그리고 2021년 1월 1일부터는 신설된 추가 미등록디자인권에 의하여 영국 또는 적격국가에 최초로 공개되어 공중이 처음으로 이용가능한 날로부터 디자인이 신규성

---

170) 영국 항소법원이 표면장식이 미술저작물에 해당되는지 여부를 판단할 때 미국 저작권법 제101조의 분리가능성과 독립적 존재의 요건과 유사한 법리를 적용한 것으로 본다.

과 독특성을 갖추면 3년간 모방금지권을 가지며 보호받을 수 있다. 다만 영국의 추가 미등록디자인(supplementary unregistered design: SUD)의 보호는 EU에는 미치지 않는다.

4. 산업디자인으로 이용된 미술저작물의 저작권 보호기간

CDPA 제52조 제1항에서는 "이 조의 규정은 미술저작물이 저작권자에 의하거나 그 이용허락을 받아, (a) 이 편의 목적에 따라 저작물의 복제물로 취급되는 물품을 공업적 방법에 의하여 제작하거나, (b) 영국 또는 그 외의 다른 곳에서 그러한 물품을 시장에 내놓는 것에 적용된다."고 규정하고 있다. 또한 제52조 제2항에서는, "그러한 물품을 최초로 시장에 내놓은 해의 말일로부터 25년의 기간이 지난 후에는, 저작물은 어떤 종류의 물품을 제작하거나, 또는 물품 제작을 위하여 하는 행위에 의하여 복제될 수 있으며, 또한 저작물의 저작권을 침해하지 않고 그와 같이 제작된 물품에 관련하여 어떤 행위든지 할 수 있다."고 규정하면서 저작권과 등록디자인권의 중첩적 보호에 따른 조정을 시도하였다.[171]

CDPA 제52조 제2항의 의미는 물품에 응용된 미술저작물의 존속기간은 다른 저작물과 달리 이용으로부터 25년간 존속하며, 이 기간이 끝나면 당해 미술저작물의 저작권은 소멸된다는 규정이다. 이것은 응용미술 보호에 관한 베른협약 파리규정 제7조 제4항의 의무를 구체화한 것으로 평가된다.[172] 그러나 2013년 기업규제개혁법 개정[173]을 반영하여 CDPA 제52조는 생략되고 2016년 7월 28일부터 이행되었다. 결국 현행 CDPA에서는 응용미술저작물의 보호기간이 다른 범주의 저

171) 차상육, "응용미술의 저작권법상 보호에 관한 연구", 박사학위논문, 한양대학교(2010), 73면 참조.
172) 차상육, 위의 논문 74면 참조.
173) Enterprise and Regulatory Reform Act 2013.

작물과 동일하게 70년간 존속하게 되었다.

Ⅳ. 소 결

영국은 패션을 지적재산법(CPI)에서 명시적으로 보호대상으로 규정하고 있는 프랑스와 달리 패션디자인만을 위한 특별 보호규정은 없다. 그러나 여러 형태의 지적재산권으로 패션디자인을 보호할 수 있는 법제도를 가지고 있다. 그리고 프랑스, 독일 등과 마찬가지로 EU 디자인 지침을 국내법에 이행하기 위하여 2001년에 등록디자인법을 개정하여 EU 디자인 지침의 내용을 국내법에 반영하였다. 그러나 영국의 미등록디자인권은 개정 대상의 의무가 없어 기존의 법 규정을 그대로 유지하고 있다. 따라서 패션디자인은 등록디자인법에 의하여 신규성과 독특성의 보호요건을 만족하면 '영국 등록디자인권'으로 최장 25년간 독점배타적 권리를 누릴 수 있다. 또한 등록하지 않고 저작권으로 저작자 생존 및 사후 70년간 보호받을 수 있다. 그리고 '영국 미등록디자인권'으로 15년간, '추가 미등록디자인권'을 통하여 3년간 보호받을 수 있다.

특히 2021년 1월 1일부터 영국이 EU에서 탈퇴함으로써 기존의 EU 공동체디자인권의 보호를 받을 수 없게 되어 영국은 EU 미등록공동체디자인권과 보호대상, 보호기간, 보호요건은 동일하지만 처음 공개하는 지역이 영국이어야 하고 디자인권의 효력은 EU에는 미치지 않는다는 차이를 가진 '추가 미등록디자인권'을 신설하였다.

한편 패션디자인이 '영국 미등록디자인권'의 보호를 받기 위해서는 디자인이 독창적이며 흔한 디자인이 아니어야 한다. 반면 새로 신설된 '추가 미등록디자인권'의 요건은 EU 미등록공동체디자인과 보호요건이 동일하게 신규성과 독특성을 갖출 것을 요한다.

영국에서 상표법이나 사칭행위 법리에 의하여도 패션디자인을 보호할 수 있다. 그러나 상표에 의한 보호는 사용을 통한 식별력의 획득을 입증해야 하고 상표가 출처표시로서 기능을 해야 하므로, 패션디자인의 로고나 브랜드명은 등록상표를 통한 보호로 가능하지만 패션디자인 자체의 보호는 어렵다. 또한 사칭행위 법리는 패션디자인 자체의 모방 보다는 소비자 기망이나 혼동행위, 허위승인과 더 관련이 있다. 만약 패션디자이너가 자신의 패션디자인에 어떤 표시나 특징의 시그니처(signature)를 사용하는 경우 경쟁업체가 무단으로 디자이너의 시그니처를 사용한다면 사칭행위에 해당할 수는 있다.

한편 영국 저작권법에 있어서 미술공예저작물의 정의와 미술공예저작물의 판단기준인 예술적 가치의 개념은 오랫동안 주요 보호쟁점이었다. 영국은 19세기에 전개된 미술공예운동으로 인하여 대량생산된 물품의 경우에는 미술공예저작물이 아니어서 예술적 가치가 존재하기 어렵다고 판단하여 응용미술품의 보호에 제한을 두었다. 패션디자인 사건은 아니지만 헨셔 사건에서도 가구세트의 프로토타입이 창작성 요건 외에 예술적 가치를 가지지 못하였다고 판단되어 저작물성이 부정되었다. 또한 Burke 숙녀용 드레스 사건에서는 드레스가, Lucasfilm 사건에서는 스톰트루퍼 헬멧이 예술적 가치의 부재로 저작물성이 부정되었다. 그러던 중 최근 영국 하급심은 Response Clothing 사건에서 여성용 의류를 제조하기 위한 직물디자인이 미술공예저작물에 해당한다는 판결을 내리면서, 영국에서 저작권으로 보호될 수 있는 저작물의 한정된 범주 목록인 미술공예저작물로 인정될 수 있는 새로운 가이드라인을 제시하였다. 즉 미술공예저작물은 작가의 지적인 창작물로서 기계를 통한 대량생산에 의하여 제작될 수 있고 디자인의 심미적 매력을 통한 잠재적 고객에의 호소가 필요하다는 것이다. 따라서 패션디자인이 미술공예저작물로 보호받을 수 있는 가능성이 확대된 것이라 할 수 있다.

그러나 Response Clothing 사건 판결은 유럽사법재판소가 최근 청바지디자인의 저작물성을 판단한 Cofemel 판결에서 '디자인에 대한 저작권 보호의 유일한 기준은 예술적 혹은 심미적 가치가 아닌 EU 저작권지침 제2조(a)에 따른 저작물의 개념을 충족하는 '독창성'이라고 판단한 것과 배치되어 논란이 있다. 영국이 브렉시트 이후 EU법을 따라야 할 의무는 없어졌지만, 글로벌 소비자를 대상으로 하는 패션기업은 향후 영국법원의 판례동향을 살펴보고 회사의 경영전략이나 브랜드전략에 반영해야 할 것이다.

제4절 프랑스

I. 패션디자인의 법적 보호

프랑스는 뻬이에(Pouillet: 1835~1905)가 주장한 '미의 일체성 이론(la théorie de l'unité de l'art')'을 근거로 순수미술과 응용미술을 구분하지 않고 저작물을 넓게 인정해왔다. 따라서 프랑스에서 패션디자인은 지적재산법에 규정된 저작권과 디자인권으로 중첩보호를 받을 수 있다. 프랑스는 특히 지적재산법 제112-2조의 제14호에서 '의류 및 패션제품의 계절적 산업의 창작물'을 보호받는 저작물로 예시하며 패션디자인을 적극적으로 보호하고 있다. 또한 프랑스는 EU 저작권 지침(EU Directive 2001/29/EC)의 이행을 위하여 프랑스 정보사회에 있어서 저작권 및 저작인접권에 대한 2006년법[174]을 채택하였다.

프랑스는 또한 영국이나 독일과 마찬가지로 1998년 EU 디자인 지침(EU Directive 98/71/EC)을 국내법에 반영하여 2001년에 지적재산법을 개정하였다. 이후 몇 차례 개정을 거쳐 현재까지 등록디자인권 내용이 유지되고 있으며 디자인의 정의와 등록디자인의 보호요건과 보호기간은 EU 디자인 지침의 내용과 동일하다. 패션디자인은 프랑스 산업재산청[175]에 출원 등록하여 등록디자인권으로 최대 25년까지 보호받을 수 있다. 그러나 무심사 등록제도로 방식심사와 공서양속 위반 여부만 심사하고 실체심사는 하지 않는다. 따라서 등록디자인 보호요건인 신규성과 독특성은 디자인 등록 후 무효청구가 있는 경우에 판단한다. 이와 같이 프랑스에서 패션디자인은 등록을 통한 특허권적 어프로치와

174) The 2006 Law on Copyright and Neighbouring Rights in the Information Society (Loi sur le D' Auteur et les Droits Voisins dans la Société de l' Information: DADVSI).

175) INPI: Institut National de la Proprit Industrielle.

무심사를 통한 저작권적 어프로치로 보호받는다. 또한 프랑스는 영국과 달리 미등록디자인의 보호규정을 디자인법에 별도로 규정하고 있지 않기 때문에 미등록 패션디자인은 EU 미등록공동체디자인권을 통하여 공중이 이용가능하게 된 날로부터 3년간 보호받을 수 있다. 이와 같은 미등록 디자인의 보호방법은 경쟁법적 어프로치를 채택한 것으로 볼 수 있다.

프랑스는 성문법 중심의 대륙법 국가에 해당되지만 부정경쟁방지 법리는 영미와 마찬가지로 불법행위의 한 유형으로 발전되어 왔다. 즉 프랑스의 민법 제1382조에는 우리 민법 제750조 불법행위규정과 같은 불법행위 규정이 있으며 부정경쟁방지 법리는 민법상 불법행위의 해석론에 의하여 발전되어 온 것이다. 그리고 판례상 부정경쟁방지 법리는 출처혼동뿐만 아니라 고의 또는 과실로 신뢰위반, 관습의 위반, 타인의 명성과 창작 및 투자결과에 해를 주는 행위 등에 대하여도 적용되었다.[176] 따라서 프랑스에서 패션디자인의 노예적 모방과 같은 불법행위는 프랑스 민법 제1382조에 기초한 부정경쟁방지법리에 의하여 금지되고 있다.[177] 프랑스에서 패션디자인의 보호와 관련된 법제는 저작권법과 디자인법이 중심이므로 이하에서는 프랑스 저작권법과 디자인법을 연혁적으로 검토한다. 특히 미의 일체성 이론이 프랑스 저작권법에 끼친 영향과 패션디자인의 저작권 사례를 통한 프랑스 저작권법의 창작성요건을 살펴본다.

176) 정상조 편집대표, 부정경쟁방지법 주해, 박영사 (2020), 6면(정상조 집필부분) 참조.

177) 배상철 · 이상정, "한국디자인보호법제의 발전방향연구", 한국지식재산연구원(2004), 23면 참조.

Ⅱ. 디자인법에 의한 패션디자인의 보호

프랑스에서 패션디자인은 지적재산법(Code de la propriété intellectuelle, 이하 'CPI'라 한다) 제511-1조부터 제522-2조까지 규정에 의하여 디자인권으로 보호받을 수 있다. 이하에서는 1806년 디자인법부터 2001년 지적재산법에 이르기까지 디자인법을 연혁적으로 살펴보며 등록디자인의 보호와 미등록디자인의 보호에 대하여 살펴본다.

1. 순수미술과 응용미술의 구분

프랑스에서는 디자인법에 앞서 근대 저작권법이 먼저 형성되었다. 1791년법에서는 상연권이 인정되고 프랑스 최초의 근대 저작권법인 1793년 일반법에서는 저작자의 복제권이 규정되었다. 그 후 프랑스 최초의 근대 디자인법인 1806년법이 제정되었다. 프랑스에서는 '특별법은 일반법을 파괴한다.'는 법 원리에 따라 1806년법을 1793년법의 특별법이라고 한 뒤, 디자인을 어느 한쪽에 의해서만 보호받을 수 있도록 하였다. 따라서 1806년법 하에서는 1793년 저작권법은 순수미술을, 1806년 디자인법에서는 산업디자인 즉, 응용미술을 보호하였다.[178]

2. 1806년 디자인법

19세기 프랑스는 인간의 창의성과 혁신을 보상하려는 두 개의 프랑스 법에 따라 패션디자인을 보호하려는 노력을 하였다. 즉 1793년법은 문학·예술저작물을 보호하고, 1806년법(Loi du 18 mars 1806 portant établissement d'un conseil de prudhommes à Lyon)은 제품의 판매 전에 물품의 기탁을 요구하면서 산업디자인을 보호하였다. 따라서

178) 차상육, "응용미술의 저작권법상 보호에 관한 연구", 박사학위논문, 한양대학교(2010), 77면 참조.

법원들은 패션디자인의 보호에 1806년법을 적용하였으며 미래의 창작을 저하시키는 노예적 모방(servile imitations)을 금지하였다. 그러나 1860년에 프랑스 법원이 의복(clothing)은 미술저작물이나 새로운 발명도 아니고 이미 알려진 형태의 객체들의 결합이기 때문에 1806년법이 적용될 수 없다고 판결하면서 한동안 패션디자이너들은 위조행위에 대한 소송을 제기하지 않았다. 이후 1902년 저작권법 개정에서 미의 일체성 이론이 반영되어 예술과 문학재산의 보호범위가 확대되어 의류의 보호에 대한 선도적 역할을 한 장식품 디자이너를 포함하게 되었다.[179] 한편 프랑스는 디자인법과 저작권법 사이에서 각 법제의 보호대상을 구분하기 위하여 다음의 5가지 기준을 적용하였다. ① 복제의 방식(the method of reproduction), ② 디자인의 최종사용 목적이나 용도(the purposes or end use of the design), ③ 미적 형태의 이차적 혹은 부가적 특징(the secondary or accessory character of the aesthetic features), ④ 창작자의 지위(the status of the creator), ⑤ 상대적인 예술적 가치(the relative artistic value of the candidate design)이다. 그러나 프랑스 법원은 이와 같은 기준을 일관성 있게 적용하지 못하였다. 따라서 결국에는 임의적인 판단을 하였으며 이에 뿌이에와 그의 추종자들은 미적 창작의 다른 형태에 따라 법적 보호의 정도에 차별이 있을 수 없으며 모든 창작물은 예술과 문학재산법에 있어서 보호가 주어진다고 주장하였다.[180]

이와 같은 1806년법은 영국이 1787년 리넨법을 통하여 패턴디자인을 무단도용으로부터 보호하기 시작한 것에[181] 비하면 늦은 시기이지

179) Pranjal Shirwaikar, "Fashion Copying and Design of the Law", 14 Journal of Intellectual Property Rights (2009), 113, 115; 서재권, "디자인 保護體系에서의 物品 關聯性 要件 研究: －物品과 可分的인 디자인의 效率的 保護方法論을 中心으로", 박사학위논문, 인하대학교 (2016), 79면 재인용.

180) J. H. Reichman, "Design Protection in Domestic and Foreign Copyright Law: From the Berne Revision of 1948 to the Copyright Act of 1976", Duke L.J. 1143, 1154-1155 (1983). 서재권, 위의 논문, 79면 재인용.

만 프랑스에서 산업디자인의 보호를 위하여 처음으로 제정된 법으로 이후 다른 국가들의 산업디자인법 제정에 영향을 준 것에도 그 의미가 크다 할 수 있다.[182]

3. 1909년 디자인 및 모델에 관한 법률

1909년 디자인 및 모델에 관한 법률(Loi du 14 juillet 1909 sur les dessins et modèles, 이하 '1909년 디자인법'이라 한다)은 디자인보호에 특화된 법률로서 1902년법에 의해 개정된 1793년 저작권법과 1806년 디자인법을 중첩하여 적용하는 것이 가능하다고 규정함으로써 미의 일체성 이론을 성문법상에 명시하게 되었다. 이후 판례에서는 산업디자인에 대한 저작권법과 산업디자인법의 무조건적인 중첩보호가 인정되었다. 그 후 1957년 3월 11일 법이 저작권을 개정하면서 산업디자인을 저작권법 보호범위에 명시하였고 저작권법 내에서 산업디자인의 중첩보호의 법률적 기반을 완성하게 되었다.[183]

1909년 디자인법의 보호대상은 제2조에 따라 "모든 새로운 디자인, 모든 새로운 조형적 형상, 모든 새로운 공업제품"이며 디자인의 보호요건으로는 신규성, 명료하고 식별력 있는 형상, 유사한 것과 구별되는 것이 요구되었다. 그리고 보호기간은 5년이고 20년간 연장이 가능하였으며 또다시 25년간 연장이 가능하였다. 따라서 최장 50년의 보호기간을 부여하였다.[184] 또한 디자인을 창작한 자는 기탁[185]을 할 수

---

181) 박형옥, "직물디자인의 미국 저작권법상 보호에 관한 판례 검토", 산업재산권 제60호, 한국지식재산학회 (2019), 331면 참조.

182) J. H. Reichman, "Design Protection in Domestic and Foreign Copyright Law: From the Berne Revision of 1948 to the Copyright Act of 1976", Duke L.J. 1143, 1154 (FN 49) (1983).

183) 유정주, "프랑스 산업디자인법에서 예술의 단일성이론에 관한 연구 – 구법을 중심으로 –", 산업재산권 제17호, 한국산업재산권법학회 (2005), 289-290면 참조.

184) 이호흥, "저작권법과 디자인법의 교차영역에 관한 연구", 저작권위원회 (2007), 78-79면 참조.

있으며, 기탁된 디자인에 대해서는 허락받지 않은 모방으로부터 보호한다고 규정하고 있다.[186] 한편, 1909년법 당시 프랑스 법원은 패션제품과 실용품에 대해서는 디자인법은 적용되더라도 저작권법은 적용되지 않는다는 태도를 취하였다. 그러나 이러한 법원의 태도는 1934년 12월 8일 부인복에 대한 저작권 적용여부에 관한 파기원(Cour de cassation: 이하 '프랑스 대법원'이라 한다) 형사판결에서 번복이 되었다.[187]

1909년 디자인법은 1990년의 개정을 거쳐 1992년에는 '지적재산법'으로 통합되었다. 이후 1994년 형사벌 강화 등을 목적으로 하는 개정을 하고 2001년 EU 디자인 지침을 이행하기 위하여 개정되었다.[188]

4. 1992년 지적재산법

프랑스는 이전의 저작권법과 산업재산권법 관련 규정을 통합한 지적재산법(Loi du 1 juillet 1992 relative au code de la propriété intellectuelle. 이하 '1992년 CPI'라 한다)[189]을 1992년 7월 1일에 제정하여 1957년법을 제1권에 '저작권'으로 1909년법을 '제5권' 디자인권으로 편입하여 7월 3일에 시행하였다. 1992년 CPI 제511-1조에서는 "디자인 또는 모델의 창작자 또는 승계인은 모두 제5권에서 정한 조건아래, 해당 디자인을 실시하거나 판매하는 배타적 권리를 가지며 그 권리는 그 밖의 법률의 구성, 특히 제1권(저작권)과 제3권(일반조항)에 의한 권리의 향유를 방해하지 않는다."며 디자인권자의 권리를 규정하고 있다.

185) 오늘날 '등록'의 의미이다.
186) 이상정, 앞의 책, 203면 참조.
187) 이상정, 위의 책, 197면 (주2) 참조: Cass.Crim, 8th December 1934, Annales 1937, 25.
188) 박성호 · 차상육, "디자인보호를 위한 저작권 정책 방안 연구", 문화체육관광부(2011), 144면 참조.
189) 1992년 CPI 규정은 다음 웹사이트에서 확인할 수 있다. https://www.legifrance.gouv.fr/affichTexte.do?cidTexte=JORFTEXT000000357475&categorieLien=id, (2021.10.05. 최종접속).

이것은 디자인권에 의해 보호받더라도 저작권으로 중복 보호를 받을 수 있다는 의미로도 해석할 수 있다. 또한 1992년 CPI 제511-2조에서는 "디자인 또는 모델의 재산권은 그것을 만든 창작자나 권리소유권의 승계자에게 귀속되지만 디자인이나 모델의 첫 번째 기탁자는 디자인의 창작자로 추정된다."고 규정하고 있다.

1992년 CPI 제511-3조에 따르면 디자인의 보호요건의 실질적 기준은 디자인이 새로워야 하고 형식적 요건은 기탁을 해야 하는 것이다. 즉 1992년 CPI에서 보호대상이 되는 디자인은 "모든 새로운 디자인, 모든 새로운 조형형태, 신규성을 주면서 독특하고 인식 가능한 형상에 의하거나 새롭고 참신한 인상을 주면서 하나 혹은 그이상의 외부효과들에 의해서 그것의 유사품으로부터 구별되는 산업물품"의 경우이다. 또한 1992년 CPI 제511-5조에 따르면 "정식으로 기탁된 디자인 또는 모델만이 제5권에서 규정하는 혜택을 향유할 수 있다." 그리고 디자인권의 보호기간은 1992년 CPI 제513-1조에 따르면 출원일로부터 25년간이고 신청자에 의해서 추가 25년간 연장할 수 있다고 규정되어 있다.

5. 2001년 지적재산법

프랑스는 영국, 독일과 마찬가지로 1998년 EU 디자인 지침을 국내법에 반영하여 2001년 7월 28일에 개정된 지적재산법(Code de la propriété intellectuelle)을 시행하였다. 디자인권은 CPI 제2부 산업재산권 제5권 디자인 및 모델(Les dessins et modèles)의 제511-1조부터 제522-2조에 걸쳐 규정되어 있다. CPI는 이후 지속적으로 개정되어 왔으며 2020년 12월 27일에 개정되어 2021년 1월 6일 시행된 법이 현행법이다. 그러나 디자인 규정은 2001년 개정된 내용이 현재까지 유지되고 있다. 구체적인 내용을 살펴보면 다음과 같다.

CPI 제511-1조에서는 "디자인의 보호대상으로 제품 또는 제품의 일부의 외관은 특히 선, 윤곽, 색상, 형상, 질감 또는 재료의 특징에서 얻어지는 디자인 또는 모델로 보호될 수 있으며 이러한 특성은 제품 그 자체 또는 그것의 장식의 특성일 수 있다."고 디자인의 정의에 대하여 규정하고 있다. 또한 어떤 산업적 혹은 수공예 물품은 제품을 의미하며 컴퓨터 프로그램을 제외하고 복합 제품에 조립되는 부품, 포장, 제품소개서, 그래픽 기호 및 글자체는 제품으로 간주된다고 규정하고 있다. 따라서 1992년 CPI에서 규정한 디자인의 보호 대상보다 범위를 더 구체적으로 규정하고 있다.

CPI 제511-2조에 따르면 디자인의 보호요건은 디자인이 새롭고(nouveau) 독특한(un caractère propre) 디자인이어야 한다는 것이다. 신규성의 판단시점은 CPI 제511-3조에 따르면 "등록 출원일 또는 우선권 주장일에 동일한 디자인 또는 모델이 공개되지 않은 경우 디자인 또는 모델은 새로운 것으로 간주되어야 하며, 디자인이나 모델은 그들의 특징이 중요하지 않은 세부 사항에서만 다른 경우 동일하다고 본다."[190] CPI의 신규성 요건은 1998년 EU 디자인 지침이 거의 그대로 반영되었다. 다만, 신규성 판단시점을 2001년 CPI 에서는 등록출원일 또는 우선권 주장일이라고 명시하고 있고 EU 디자인 지침에서는 등록 출원일 전 또는 우선권 주장일 전이라고 명시하는 차이가 있다.

CPI 제511-4조에서는 독특성에 대하여 규정하고 있다. "등록 출원일 전 또는 우선권이 주장된 경우 우선일 전에 공개된 어떤 디자인이나 모델과 전체적으로 다른 시각적 인상을 통상적 정보를 가진 관찰자(informed observer)에게 주는 경우, 그 디자인은 독특성을 가졌다."고 규정하고 있다. 따라서 신규성과 판단시점에 차이가 있다. 또한 독특성을 평가할 때에는 디자인 또는 모델을 개발하는 디자이너의 자유도

---

190) Code de la propriété intellectuelle: Amended by Ordinance No. 2001-670 of 25 July 2001 – Art. 1 JORF 28 July 2001.

(the degree of freedom)를 고려해야 한다고 규정하고 있다. 독특성 요건은 2001년 CPI에 새로 추가된 보호요건이지만 1992년 CPI의 신규성 요건에 "독특하고 인식 가능한 형상에 의하거나 새롭고 참신한 인상을 주면서 하나 혹은 그 이상의 외부 효과들에 의해서 그것의 유사품으로부터 구별되는" 조건으로 이미 포함이 되어 있었고 2001년 CPI에서 별도로 '독특성'이라는 용어로 규정된 것이다. 또한, EU 디자인 지침의 통상적 정보를 가진 사용자(informed user)와 다르게 CPI 제511-4조에서는 통상적 정보를 가진 관찰자(informed observer) 용어를 사용하는 차이가 있다. 그리고 독특성 평가에 고려해야 할 디자이너의 자유도는 EU 디자인 지침 그대로 2001년 CPI의 독특성 요건에 추가되었다.

한편 의류 디자인의 독특성 판단과 관련하여 프랑스 대법원은 이전의 어떤 디자인도 원고 디자인처럼 일정한 폭과 간격을 특징으로 하는 서로 다른 색상의 동일한 줄무늬 조합을 사용하지 않았다는 점을 지적한 후, 해당 디자인은 프랑스 산업재산청에 등록된 디자인으로 CPI 제511-2조와 제511-4조에 따른 독특성을 가졌다고 판결하였다.[191)]

CPI 제513-1조에서 디자인의 보호기간은 "등록은 출원일로부터 5년의 기간 동안 효력을 발생하며, 최대 25년 범위 내에서 5년의 기간으로 연장될 수 있다. 다만, 2001년 10월 1일 이전에 기탁된 디자인 또는 모델은 연장일 없이 기탁일로부터 25년간 보호되어야 하고 2001년 10월 1일 이전에 25년의 새로운 기간 동안 보호가 연장된 디자인 또는 모델은 이 기간이 만료될 때까지 보호되어야 한다."고 규정하고 있다.

6. 미등록디자인의 보호

프랑스의 미등록디자인은 미등록공동체디자인권에 의하여 등록절차

---

191) Cour de cassation n° 14-15.286, 6 Septembre 2016.

없이 프랑스를 포함한 유럽연합 전역에서 2002년 4월부터 보호되었다. 보호요건은 프랑스 등록디자인권과 동일하게 신규성과 독특성을 요하지만 보호기간은 공동체내에서 처음 공중이 이용가능하게 된 날로부터 3년간 이다. 그리고 보호의 시점은 저작권처럼 창작 시점이 아니라 공중이 이용가능하게 된 날로부터 가능하기 때문에 권리발생 면에서 우리나라의 부정경쟁방지법 제2조 제1호 (자)목 규정과 유사하다. 다만 우리 부정경쟁방지법 제2조 제1호 (자)목 규정은 "상품의 시제품 제작 등 상품의 형태가 갖추어진 날로부터 3년"이라고 규정하고 있어 상품의 형태가 갖추어진 날의 해석이 불명확하여 미등록공동체디자인권이 "공중에 이용가능하게 된 날로부터"라고 권리의 발생시점을 명확히 하고 있는 것과는 차이가 있다. 한편 미등록공동체디자인권은 모방에 따른 사용의 상업적 이용을 금지할 수 있지만 제3자에 의한 독자창작에는 권리가 미치지 않는다는 점에서 저작권법적인 어프로치를 취하고 있다.[192)]

한편 패션디자인의 경우 제품의 수명주기가 짧고 유행에 민감하여 단기간의 등록 절차 없이 즉각적인 보호가 이루어지는 미등록공동체디자인권의 보호가 유리한 점은 장점이지만, 제3자의 독자창작에 대한 권리의 효력이 미치지 않는 점과 미등록공동체디자인권의 유효성에 대하여 디자인권자가 소명해야 하는 점은 단점이다. 따라서 패션회사는 이와 같은 미등록공동체디자인권 제도의 장단점을 고려하여 등록디자인권 혹은 미등록공동체디자인권의 보호여부를 선택하여야 한다. 다음에서는 미의 일체성 이론과 저작권법을 함께 살펴본다.

---

192) 한국지식재산보호협회, "해외지식재산권 보호가이드북[프랑스편]", 특허청(2013), 86면 참조.

Ⅲ. 저작권법에 의한 패션디자인의 보호

프랑스는 1793년 저작권법과 1806년 디자인법에서 응용미술의 중복보호를 명문화하였다.[193] 따라서 오늘날 패션디자인은 지적재산법(Code de la propriété intellectuelle, 이하 'CPI'라 한다)를 통하여 등록디자인권과 저작권을 통하여 중복보호를 받고 있다. 프랑스는 영국과 다르게 국내법에서 미등록디자인 제도를 별도로 운영하고 있지 않다. 따라서 패션디자인의 보호는 등록디자인권과 미등록공동체디자인권 그리고 저작권을 통하여 주로 이루어진다.

프랑스에서 저작권은 주로 1957년법과 1985년법을 따르며 이 법률과 기타 모든 관련 법률은 CPI 제1권에 성문화되어 있다.[194] 저작권법을 규정한 CPI 제112-1조에 따르면 정신적 저작물의 종류와 표현형식, 가치 또는 목적의 어느 것을 불문하고 저작자의 권리를 보호한다고 규정하고 있다. 또한 CPI 제112-2조에서는 저작물을 예시하고 있으며 같은 조 제10호에서는 응용미술저작물을, 제14호에서는 '의류 및 패션제품의 계절적 산업의 창작물'을 보호받는 저작물로 예시하며 적극적으로 패션디자인을 보호하고 있다. 프랑스가 이와 같이 저작물의 대하여 가치중립성이나 목적중립성을 명문으로 규정한 것은 응용미술의 보호라는 역사적 배경과 관련이 있고, 그 역사적 배경에는 뿌이에의 '미의 일체성 이론'이 자리잡고 있다.[195] 따라서 CPI 제112-1조와 제2조에 따라 프랑스에서 패션의류를 위한 도면이나 패턴과 같은 2차원 디자인 그리고 패션의류 자체의 3차원 디자인은 저작물의 보호요건을 갖춘 경우 모두 저작권법의 보호대상으로 저작자 생존기간 및 사후

193) 차상욱, "응용미술의 저작권법상 보호에 관한 연구", 박사학위논문, 한양대학교(2010), 80면 참조.
194) http://www.lexology.com/library/detail.aspx?g=db4300b2-84aa-4a2a-acc3-e786453798ec, (2021.10.05. 최종접속).
195) 차상욱, 위의 논문, 76면 참조.

70년간 보호된다. 다음에서는 저작권의 보호요건인 창작성에 대하여 관련 사례와 함께 살펴본다.

1. 저작물의 보호요건

프랑스 CPI 제111-1조에 따르면 “정신적 창작물의 저작자는 해당 저작물에 대하여, 자신이 창작하였다는 사실만으로서 배타적으로 모든 사람들에 대하여 대항할 수 있는 무형의 재산권을 향수한다.”고 규정하고 있다. 또한 CPI 제111-2조에서는 “저작권은 공표의 유무에 상관없이 미완성이더라도 저작자의 구상의 실현이란 사실만으로써 창작된 것으로 본다.”고 규정하고 있다. 이와 같이 프랑스 저작권법에서도 창작성은 저작물의 보호요건이다. 그러나 CPI에서 창작성요건을 저작물의 성립요건으로 명문으로 규정하고 있지는 않다. 창작성을 프랑스 저작권법의 성립요건 내지 보호요건으로 최초로 주장한 자는 앙리 데브와(Henri Desbois)이며 이후 학설과 판례가 그의 의견을 받아들여 오늘날까지 창작성을 저작권법의 보호요건으로 간주하고 있다.[196] 최근 프랑스 대법원은 레이스 디자인의 저작권 침해 사건에서 CPI 제111-1조의 따라 지적인 저작자가 저작물을 창작한다는 사실만으로 배타적인 무형의 재산권을 누리며 모든 사람에게 대항할 수 있다고 판단하면서, 저작권 보호를 인정하기 위해서는 저작물의 종류가 추론되지는 않지만 해당 작품이 창작성 요건을 충족하는지 여부를 확인하는 것이 필요하다고 판시하였다. 또한 작가가 자신의 창조적 정신을 독창적 방법으로 표현할 수 있을 때 작가만의 지적 창작물이 존재하며 응용미술에서는 작품의 조합에 창작과 미적 연구의 개인적인 노력의 흔적이 나타난다

196) 1954년 저술한 프랑스 저작권법 책(Le droit d'auteur en Franc, éd. Dalloz, 1954, 1er éd.)서 주장하였다: 유정주, “프랑스 산업디자인법에서 예술의 단일성 이론에 관한 연구 – 구법을 중심으로 –”, 산업재산권 제17호, 한국산업재산권법학회 (2005), 296-297면 참조; 차상육, 앞의 논문, 86면 참조.

면 작품이 창작적이라고 인정받을 수 있다고 판시하였다. 그럼에도 두에 항소법원(cour d'appel de Douai)이 Solstiss 사건에서 원고 Solstiss사가 설명을 제공하지 않으며 계쟁 레이스 디자인의 창작과정을 알 수 있는 문서를 제공하지 않는다는 비효율적인 이유로 레이스 디자인에 대한 저작권 보호를 거부한 것은 CPI 제111-1조 및 제112-1조를 위반한 것이라며 항소법원의 결정을 기각하였다.[197]

1) 창작성 요건-작가의 임의적 선택의 조합

프랑스 판례에 따르면 창작성 요건은 작가의 개성을 반영해야 한다는 것을 의미하며 법원은 여러 판례에서 창작성을 '작가의 개인적인 스탬프', '디자인을 구분하게 해주는 창조적인 노력과 작가의 개성을 반영하는 것' 등으로 표현하고 있다.[198] 이와 같은 판례상의 창작성의 정의는 유럽사법재판소가 판례법으로 확립한 독창성의 개념과도 같은 선상에 있다. 또한 프랑스의 이러한 접근방식은 전통적인 보통법이 저작권의 경제적인 가치에 중점을 두는 것과 달리 저작권의 인격권에 그 근원을 두고 있다. 따라서 프랑스 법원은 작가의 창조를 더 중요시한다.[199]

프랑스 대법원은 의류디자인의 저작물성 판단에 대한 판결에서 'Lucie Chocolat'라고 불리는 원고의 의류는 줄무늬, 너비, 간격 그리고 사용된 색의 동일한 배열 등이 완벽하게 대칭적으로 배열되어 있으며

---

197) Cour de cassation, civ. 1, n° 17-11.905, 7 March 2018.

198) Cour d'appel de Paris, n° 14/11880, 12 May 2015: Originality of a pant; Cour d'appel de Paris, n° 13/08061, 29 January 2014: Originality of a printed cloth and of a skirt; Cour d'appel de Paris, n° 12/09291, 15 January 2014: Originality of several coats; Cour d'appel de Paris, n° 13/16537, 12 June 2015: Lack of originality of a tunic; Cour de cassation, n° 12/21095, 2 October 2013: Lack of originality of a T-shirt.

199) Violet Atkinson, Viviane Azard, Julien Canlorbe, William van Caenegem, "A comparative study of fashion and IP: trade marks in Europe and Australia", Intellectual Property Law & Practice, Vol. 13, Issue 3. 516, 520 (2018).

색상에 상관없이 모든 것들이 단일한 선과 색의 구성에 기여하는 독창성을 가진 창작물로서 CPI 제111-1조와 제111-2조에 따른 저작권 보호대상이라고 판단하였다. 그럼에도 낭시(Nancy) 항소법원이 이와 같은 특징들의 조합이 작가의 개성을 반영한 것이라고 판단하지 않은 것은[200] 잘못이라고 판결하였다.[201]

패션 분야에서 프랑스 법원은 패션제품이 독창적인지 여부를 검토할 때 '임의적인(arbitrary) 선택'이라는 개념과 작가의 개성을 고려한다. 예컨대 SAS The Kooples et a. c/Sté Gysele 사건[202]에서 프랑스 항소법원은 의류가 저작권에 의하여 보호되는지 여부에 대한 질문을 제기하면서 작가의 임의의 선택으로 작가의 개성이 표현된 것이라고 판단하였다.[203] 파리 항소법원은 원고 Kooples사의 민소매 조끼, 플랩(flap) 주머니가 달린 재킷(blazer)과 둥근 옷깃의 카디건(cardigan) 디자인에서 끈으로 장식된 부분, 플랩 주머니, 둥근 깃 등의 많은 요소들이 피고의 주장처럼 이미 오래전부터 해당 의류의 패션트렌드에서 알려져 있고 공공의 영역에 속하는 요소인 점은 인정하였다. 그러나 원고의 의류들의 디자인과 선행 디자인을 대비한 결과 선행 디자인은 원고 의류디자인이 다양한 요소들을 결합하여 만든 디자인과 같은 조합의 모든 요소들을 보여주지 못하였다고 판단하였다.

또한 항소법원은 원고 의류디자인의 각 요소를 개별적으로 보지 않고 다양한 요소들의 배치에 의해 생성된 원고의 디자인이 같은 종류의 다른 디자인과 구별되는 작가 자신의 고유한 모습을 나타내는지 판단하였다. 그리고 작가의 임의적 선택이 이루어졌을 때 그것이 최소한이어도 작가의 개성이 각인된 미적 편견을 만드는지 판단하였다.

---

200) Cour d'appel de Nancy, du 05 février 2014.
201) Cour de cassation n° 14-15.286, 6 Septembre 2016.
202) Cour d'appel de Paris, n° 2011/08502, 28 November 2012.
203) Van Caenegem, W., & Tréguier, L. "Copyright, Art and Originality: Comparative and Policy Issues", Global Journal of Comparative Law, 8(2), 2019, 22.

결론적으로 항소법원은 원고의 의류디자인은 저작권 보호의 대상이라고 판결하였다. 그리고 피고의 의류디자인은 세부적인 부분에서도 상당히 원고 디자인과 유사하며 원고 의류디자인의 특징적인 요소들을 조합하여 시각적으로 유사한 인상을 준다고 판단하며 저작권 침해를 인정하였다.[204] 이 사건에서 파리 항소법원은 의류 디자인의 전체적인 인상을 보았으며 진부한 요소의 조합이더라도 작가의 창의적인 노력과 임의의 선택을 통한 개성의 각인을 나타낸다면 저작물이 창작성을 가진 것으로 판단하였다. 한편 디자인 요소의 조합이 다른 신발에서 발견되지 않는 새로운 경우에 해당되더라도 법원은 디자인의 조합 자체가 진부하다는 이유로 저작권 보호를 거부할 수도 있다.[205] 이와 같은 법원의 판단은 신발뿐만 아니라 패션의류에도 동일하게 적용이 될 수 있을 것이다.

한편 창작성의 평가기준에 대하여 최근 프랑스 대법원은 Solstiss 사건에서[206] 레이스 디자인의 일반적인 외관과 그것을 구성하는 요소들 모두에서 창작성을 평가하여야 한다고 판시하며, 원고 Solstiss사의 레이스 디자인을 전체적으로만 검토한 파리 두에(Douai) 항소법원의 결정을[207] 기각하였다.[208]

2) 창작성 요건-패션의 특성 고려

프랑스 대법원은 패션제품의 창작성 기준을 판단할 때 패션의 특성을 고려하여야 한다고 판시하고 있다. 즉 다른 제품디자인과 다르게 패션제품에는 패션트렌드가 반영되는데 그러한 패션트렌드는 작가의

204) Cour d'appel de Paris, n° 2011/08502, 28 November 2012.
205) Tribunal de grande instance de Paris, n° 2015/10799, 01 September 2017.
206) Cour de cassation, civ. 1, n° 2017-11.905, 7 March 2018.
207) Cour d'appel de Douai, du 17 novembre 2016.
208) Van Caenegem, W., & Tréguier, L. "Copyright, Art and Originality: Comparative and Policy Issues", Global Journal of Comparative Law, 8(2), 2019, 22.

개성을 반영한 표현으로 인정할 수 없다는 것이다.[209] 예컨대 프랑스 항소법원은 패션제품이 유행하는 요소들이나 아이디어를 반영한 경우에는 특별한 시즌의 흔한 주제를 가지는 경우로서 창작적이지 않다고 간주하고 있다. 즉 피라미드 형태의 아이템, 예를 들어 리벳(rivets)을 신발위에 부착하는 작업은 어깨위에 아이템을 부착하는 밀리터리 스타일 패션분야의 패션트렌드와 비교해볼 때 단순한 부가에 해당되어 요소들을 조합하기 위한 어떠한 노력이나 작가의 개성을 반영하기 위한 미적 추구와 관계가 없다고 판결하였다.[210] 또한 프랑스 항소법원은 패스트패션 브랜드 ZARA가 베낀 바네사 브루노(Vanessa Bruno)사의 드레스 디자인과 셀린느(Céline)사의 셔츠 디자인은 흔한(commonplace) 디자인으로 창작적이지 않다고 판결하였다.[211] 그리고 최근 판결에서도 셔츠 앞면에 세퀸(sequins)의 장식이 있는 디자인이 시중에서 판매되는 다른 유사한 셔츠와 구별된다는 사실만으로 작가의 창조적인 노력을 식별하기에 충분한 독창성을 가진 것은 아니라고 판결하였다.[212] 따라서 프랑스 항소법원은 특정 시기의 패션트렌드로서 흔한 주제나 흔한 디자인을 적용한 패션제품은 작가의 창작성이 반영되어 있지 않다고 판단하는 것을 알 수 있다.

한편 패션의류의 특정 스타일이 작가의 개성이나 특징을 나타내는 브랜드로서 식별되고 작가의 개성과 노력을 표현한 것으로 인정되어

---

209) Cour de cassation, n° 12-18518, 20 March 2014: 해당 사건에서 프랑스 대법원은 진부하거나 기능적인 요소의 조합으로 그 조합이 작가의 개성의 각인을 포함하는 창조적인 노력의 결과인 경우 그 자체로 독창적인 성격을 나타낼 수 있다. 그러나 이 사건에서는 Tod사의 신발을 구성하는 각 요소들은 그 자체로 보호대상이 아니라고 보아 독창성을 부정하였다.

210) Cour d'appel de Paris, n° 11/19941, 23 October 2013: 프랑스 항소법원은 K JAQUES사의 리벳을 추가한 디자인은 트렌디한 요소들을 부가한 것으로 저작권의 보호대상이 아니라고 판결하였다.

211) Cour d'appel de Paris, 17 October. 2012, Vanessa Bruno v. Zara France; Cour d'appel de Paris, 27 February, 2013, Céline v. Zara France.

212) Cour d'appel de Paris, n° 17/15470, 4 May 2018.

패션의류의 특정 디자인이 저작물성을 인정받은 사건이 있다. 이 사건에서 원고인 루마니아 출신 패션디자이너 우도 애들링(Udo Edling)은 명품 브랜드 프라다 프랑스(Prada France)가 우도 애들링이 제작한 재킷의 다트(dart) 디자인을 유사하게 베끼어 제작한 것에 대하여 침해정지와 손해배상을 구하는 저작권 침해소송을 제기하였다. 제1심 법원인 파리 상사법원은 우도 애들링 재킷 뒷면의 다트 디자인이 단순한 기능적인 요소인지 아니면 작가의 의도와 개성이 반영된 장식적 표현인지 검토한 후 원고의 다트 디자인은 실용적 기능이 전혀 없는 뛰어난 바느질로 만들어졌으며 장식적인 부분으로서 사람들에게 원고의 브랜드라는 것을 알려주는 식별의 표지 역할을 한다고 판단하였다. 또한 프라다(Prada) 양복의 붉은색 테두리나 패션디자이너 장 폴 고티에(Jean Paul Gaultier) 의류의 속단추 등의 시그니처 디자인처럼 원고의 다트 디자인은 아름답게 보이려는 장식으로 원고의 독창적인 창작이며, 원고 자신의 개인적인 노력을 증명하는 것이라고 보았다.

파리 항소법원 역시 제1심 법원의 판결을 지지하면서 원고의 신사용 재킷 뒷면 상단의 두 개의 가로로 된 선형 다트(dart) 디자인은 아치모양을 하고 있으며 기능적이고 기술적인 필요에 의하여 제작된 것이 아니라 장식적인 역할만을 위해 디자인된 것으로 원고의 작품을 특징짓는 시그니처(signature)로서 원고 디자이너의 개성과 특징을 표현한 것이라고 판단하였다. 따라서 파리 항소법원은 원고의 다트 디자인의 저작물성을 인정하고 원고의 다트와 유사한 디자인의 자켓을 제작한 피고 프라다 프랑스의 저작권 침해를 인정한 제1심 법원 판결을 지지하였다.[213] 이 사건의 경우 원고의 다트 디자인에 대하여 프랑스 법원은 실용적이거나 전통적으로 사용해오던 기능이 아닌 작가의 개성을 반영한 장식적인 목적의 표현으로 보고 저작물성을 인정한 것으로 판

213) 小谷武, 鳥羽みさを, "服飾デザイン 'ダーツ'事件, パテント Vol. 60, 発明協会 2007. 8. 124-128頁.

단된다. 그러나 오늘날 패션트렌드의 특성을 고려한다면 이 사건의 재킷 뒷면의 다트 디자인은 실용적이거나 기술적인 필요로 제작되지 않았다고 하더라도 다양한 종류의 옷에서 흔하게 사용되는 디자인으로 저작권의 보호요건인 창작성을 만족하기는 쉽지 않을 것이다.

지금까지 살펴본 사례들을 정리하면 프랑스에서 패션디자인은 작가의 개성을 반영한 창작적 작품으로 단순한 기술이나 노하우를 구현한 형태가 아니고 특정한 시기에 유행하는 패션트렌드의 요소나 아이디어를 단순히 조합하거나 부가한 형태가 아니라면 저작권의 보호대상이 될 수 있다. 이하에서는 프랑스의 패션산업이 성장할 수 있도록 보호 수단의 역할을 한 저작권법의 연혁에 대하여 관련된 디자인법과 함께 살펴본다. 그리고 '미의 일체성 이론'이 프랑스 저작권법에 끼친 영향에 대하여도 살펴본다.

2. 1793년법과 1806년법

프랑스에서는 산업디자인의 보호가 저작권으로부터 기인하였기 때문에 프랑스 저작권법의 연혁에 대하여 디자인법도 함께 검토할 필요가 있다. 프랑스는 1789년 프랑스혁명 이후 1791년 저작권법을 통하여 연극저작물을 보호하는 상연권을 규정하고 저작자의 생존기간 및 사후 5년간의 보호를 규정하였다. 그리고 1793년도 7월 19~24일에는 프랑스 최초의 근대 저작권법인 '1793년 문학 및 예술의 소유권에 관한 법률(Loi des 19-24 juillet 1793 sur la propriété littéraire et artistique, 이하 '1793년법'이라 한다)'을 제정하여 저작물의 저작자에게 사후 10년간의 배타적 복제권을 부여하였다.[214] 동법 제1조에는 '모든 종류의 저술가, 작곡가, 회화 또는 도안을 판각하는 화가는 그 생존 중에 프랑스 영토 내에서 그 저작물의 판매, 반포, 양도 등의 독점적 권리를 가진다고

214) 이호흥, "저작권법과 디자인법의 교차영역에 관한 연구", 저작권위원회(2007), 78면 참조.

규정하고 있다. 그러나 프랑스 법원은 1793년 저작권법은 디자인에는 적용되지 않는다는 태도를[215] 취하였다. 따라서 이러한 문제의 해결을 위하여 최초의 근대 디자인법인 1806년 리옹의 노동재판소 설치에 관한 법률(Loi du 18 mars 1806 portant établissement d'un conseil de prudhommes à Lyon, 이하 '1806년법'이라 한다)이 제정되었다. 1806년법은 리옹의 산업에 관한 법률이며 디자인의 소유권 보호라는 제목을 붙인 제II편 제3조는 노동재판소 서기과에의 기탁 및 등록에 의한 리옹 지역의 산업디자인 보호를 다루었다.[216]

한편 1793년법은 저작자의 재산권에 이원주의적(dualist) 접근방식을 취하였다. 이 접근방식은 순수미술(fine art)에 대한 엘리트주의적 개념에 기초하고 있으므로 1806년법의 보호범위에 속하는 디자인과 견직물 등은 보호하지 않았다. 그 당시 지배적인 관점은 미술아카데미(The Academie des Beaux Arts)의 공식적인 미술 전시에 의해 예시된 미술을 정치적으로 통제하는 것에 근원을 두고 있으며 미술이 순수하고 우월하다는 생각과 일치하였다. 나아가 왕립 회화 및 조각 아카데미는 허용이 가능한 미술과 허용되지 않은 미술을 구분하고 허용되지 않는 미술은 수치스럽다고 간주되어 프랑스 정부에서 후원하는 미술아카데미에 의하여 대중에게 전시할 수 없었다. 이와 같은 사고방식은 뿌이에의 미의 일체성 이론이 나올 때까지 1800년대 동안 만연해있었다.[217] 따라서 앞서 1806년법에서 살펴본 바와 같이 프랑스 법원은 미술저작물인 순수미술과 산업디자인인 응용미술을 구분하기 위하여 여러 기준을 적용하기도 하였다. 그러던 중 20세기 초 뿌이에(E. Pouillet)

---

215) 이상정, 앞의 책, 200면 (주5) 참조: "혁명 13년에 루아레 형사법원은 1793년 법은 유희용색지(遊戲用色紙)에는 적용되지 않는다고 판시하였다."

216) 이상정, 위의 책, 200면 참조.

217) Van Caenegem, W., & Tréguier, L. "Copyright, Art and Originality: Comparative and Policy Issues", Global Journal of Comparative Law, 8(2), 2019, 16-17. https://do I .org/10.1163/2211906X-00802001.

의 '미의 일체성 이론(la théorie de l'unité de l'art)'의 등장으로 응용미술의 저작권보호에 관하여 순수미술과 구별하기 위한 특별한 요건을 가중하지 않고 디자인법과 저작권법의 중복보호를 인정하게 되었다.

3. 미의 일체성 이론

저작권보호에 대한 접근방식인 미의 일체성 이론의 토대는 단일한 통합된 미술의 개념이다. 미의 일체성 이론에 의하면 더 부족한 미술은 없으며 미술의 어떤 범주도 다른 법적인 기준을 부가할 수 없다. 즉 정신적 저작물이 실용적 형태를 표현하였다는 단순한 근거로 저작권 보호의 자격을 박탈해서는 안 된다는 개념이다. 미술에 대한 이러한 접근방식은 미술과 추가적인 법적인 요구사항으로 예술적 가치를 요하는 미술공예저작물 같은 응용미술을 구분하는 전통적인 보통법 접근방식과 대조를 이룬다. 뿌이에는 미의 일체성 이론을 학문적으로 정교화 하였다. 즉 미술작품의 어떠한 목적, 용도, 예술적 가치도 저작권의 조건으로 고려하여서는 안 되며 저작권보호의 유일한 요건은 인간정신의 노력이 작가의 개성을 반영하는 창작으로 나타나는 것이다. 뿌이에는 법정에서 미술의 형식에 따라 차별하는 것은 용납할 수 없는 것이라고 주장하였다. 또한 정신적 저작물이 산업적으로 복제될 때 산업은 순수미술의 지위로 올라가는 것이며, 미술이 제조의 대상이 되었다고 하여 미술의 가치가 부인되는 것은 아니라고 주장하였다. 뿌이에는 기계는 항상 특정 기술, 지식 및 예술적 취향을 가진 작가가 사용하고 제어하며, 제조 과정에서 기계를 사용하는 것으로 미술작품에 대한 저작권 보호를 거부해서는 안 된다고 주장하였다.[218]

이와 같은 뿌이에의 주장은 영국의 헨셔사건[219]에 대한 귀족원 판

---

218) Van Caenegem, W., & Tréguier, L. "Copyright, Art and Originality: Comparative and Policy Issues", Global Journal of Comparative Law, 8(2), 2019, 16-18.

219) George Hensher Ltd v Restawile Upholstery (Lancs) Ltd [1976] AC 64.

결에서 Simon경이 공예(craftsmanship)를 수공예품(handicraft)에 한정되지 않더라도 적어도 제작에 필요한 특별한 기술과 지식을 전제로 하고 있으며 그것은 견고한 솜씨에 대한 자부심을 표현한다고 판결한 것과 유사한 견해이다.220) 또한 최근 영국 법원이 Response Clothing 사건221)에서 미술공예저작물의 정의에 대한 가이드라인을 제시하면서 미술공예저작물은 기계를 사용하여 만들어질 수 있다고 제시한 것도 프랑스의 쁘이에의 주장과 비슷한 맥락의 판단으로 볼 수 있다.

1902년 3월 11일 성립된 저작권법(La loi du 11 mars 1902, 이하 '1902년법'이라 한다)은 미의 일체성 이론을 부분적으로 수용하고 1793년법을 일부 개정하여 저작권법의 적용범위를 수공업 조각가와 장식디자이너에게 확대하였다.222) 즉 1902년법 제2조는 "이 권리는 저작물의 가치나 용도에 관계없이 장식적 조각 및 도안에도 적용한다."고 규정하고 있다. 따라서 순수미술만 보호하던 1793년법이 응용미술도 보호하게 되었고 1806년법에 의해서만 보호되던 디자인이 1902년법에 의해서도 보호받게 되었다.223)

한편 1909년 7월 14일에 제정된 디자인법(La loi du 14 juillet 1909, 이하 '1909년법'이라 한다)에서는 디자인의 보호대상을 2차원, 3차원의 새로운 디자인을 포함한 모든 산업디자인으로 범위를 확대하였다. 따라서 저작권법이 규정하는 보호범위까지 모두 포함하게 되어 1902년법에 의하여 개정된 1793년법의 중첩적인 적용이 가능하다고 1909년법 제1조에 규정하였다. 이로써 쁘이에의 미의 일체성 이론이 성문법상 명시되었다.224)

---

220) Van Caenegem, W., & Tréguier, L. "Copyright, Art and Originality: Comparative and Policy Issues", Global Journal of Comparative Law, 8(2), 2019, FN(64) 18.

221) Response Clothing Ltd, v The Edinburgh Woollen Mill Ltd [2020] EWHC 148 (IPEC).

222) 차상육, 앞의 논문, 80면 참조.

223) 이상정, 앞의 책, 202면 참조.

미의 일체성 이론은 프랑스가 저작권법과 디자인법의 중복보호의 입장을 채용한 것이라고 볼 수 있어 패션디자인 보호에 있어서 의의가 크다. 예를 들어, 의복이나 패션 같은 계절상품의 디자인은 등록을 해야만 디자인법으로 보호를 받을 수 있는데, 저작권법상에는 특별한 요건이 가중되지 않으므로 저작권으로 보호를 받을 수 있다는 것이다. 또한 보호기간과 관련하여 1909년 디자인법에 의한 보호기간은 연장 25년을 포함하여 최장 50년이지만 저작권법은 저작자 생존 중 및 사후 50년으로 디자인권과 중복 보호를 받는 경우 디자인권이 소멸된 이후에도 저작권의 권리행사를 할 수 있어 저작자의 보호기간이 길어지는 효과가 있다.[225] 무엇보다도 '미의 일체성 이론'이 가지는 가장 큰 의의는 산업디자인의 예술성 정도나 목적에 관계없이 디자인을 보호하여 산업디자인법의 보호영역을 넓히고 순수미술과 응용미술을 구분하는 문제를 해결하였다는 것이다. 그러나 장기의 보호기간과 저작인격권의 적용을 둘러싸고 과잉보호의 지적이 제기되었다. 또한 기능적 디자인이 법적인 보호영역에서 제외되고 일방적으로 저작권법의 원칙이 산업디자인에 적용됨으로써 부작용이 생기게 되어 그에 따른 비판이 일기 시작하였다.[226]

프랑스의 미의 일체성 이론과 입장을 같이 하는 일부 국가들은 저작권법 아래에서 모든 물품이 순수미술이든 산업적으로 생산된 것이든 상관없이 동등한 대우를 받아야 한다고 생각하며, 중첩적 보호의 접근방식을 취하고 있다. 그러한 접근방식에는 이른바 미의 일체성 이론이 그 기초를 잡고 있으며 현재에도 유지되고 있다.[227]

한편 2013년 독일연방대법원이 '생일열차' 사건에서 응용미술에 상

---

224) 유정주, 앞의 논문, 289면 참조.
225) 이상정, 앞의 책, 215면 참조.
226) 차상육, 앞의 논문, 85면 참조.
227) Uma Suthersanen, "Legal Review of Design in the European Union", Applied Arts Under Ip Law, Quaderni di ALAI Italia/2, Aracne, July 2018, p. 63.

대적으로 고도의 창작성을 요구해오던 종래 단계이론을 폐기하는 판결을 하면서, 응용미술에 대해서도 순수미술과 마찬가지로 최소한의 창작성만을 적용하고 저작권법과 디자인법의 중첩적 보호에 대한 조정을 고려하지 않는 태도를 취한 것은 프랑스의 미의 일체성 이론과 같은 입장을 택한 것으로 볼 수 있다. 나아가 최근 유럽사법재판소가 청바지 디자인의 독창성이 저작물성 판단에 유일한 기준이며, 그러한 독창성을 가지려면 EU 저작권 지침 제2조(a)에 따라서 저작물이 저작자 자신의 지적인 창작으로 자유롭고 창조적인 선택의 표현을 통하여 저작자의 개성을 반영해야 한다고 판시한 것도 결국엔 프랑스의 미의 일체성 이론과 같은 취지의 판결이라 할 수 있다.

4. 1952년 패션창작물법

계절적 의류 및 패션물의 창작침해 방지에 관한 1952년 3월12일 법률(La loi du 12 mars 1952 relative aux créations des industries saisonnières de l'habillement et de la parure, 이하 '1952년 패션창작물법'이라 한다)[228]은 저작권으로 패션창작물의 보호를 강화하기 위한 특별법이다. 동법 제2조에서는 보호받는 대상으로 "계절의류 및 장식품 산업으로 간주되며, 패션 요구 사항으로 인해 제품의 형태를 자주 갱신하는, 특히 봉제, 모피, 란제리, 자수, 패션, 신발, 장갑, 가죽 제품, 오트쿠튀르(haute couture)를 위한 참신하고 특별한 직물 제조, 양장점 및 제화공 제작"을 규정하고 있다.[229] 1952년 패션창작물법은 패션창작물을 보호하기 위한 법이었으나 당시 패션디자인은 저작권법 및 디자인법의 보호를 받을 수 있었으므로 거의 활용이 되지 못하였고 1992년

---

228) Art 2, Loi n° 52-300 du 12 mars 1952 réprimant la contrefaçon des créations des industries saisonnières de l'habillement et de la parure.

229) https://www.wipo.int/edocs/lexdocs/laws/fr/fr/fr461fr.pdf, (2020.12.20. 최종접속).

이전의 저작권법등을 통합한 지적재산법전이 제정되면서 1952년 패션창작물법은 폐지되었다. 그러나 1952년 패션창작물법 상의 유행디자인은 1992년 지적재산법(Loi du 1 juillet 1992 relative au code de la propriété intellectuelle, 이하 'CPI'라 한다) 제112조의 2 제14호에 패션창작물로서 저작물 리스트에 추가되었다.[230)]

5. 1957년법

1957년 3월 11일에 개정된 저작권법(Loi du 11 mars 1957 sur la propriété littéraire et artistique, 이하 '1957년법'이라 한다)은 프랑스 현행 저작권법의 원형에 가까운 법률로서 1909년 디자인법과 함께 프랑스 법체계의 근간이 되고 있다.[231)] 그리고 뽀이에의 미의 일체성 이론은 1957년법에 이르러서야 비로소 프랑스 법률에 완전하게 굳혀졌다. 즉 1957년법 제2조는 "그 종류, 표현 형태 및 가치 및 목적을 묻지 않고 저작물을 보호한다."고 규정하고 있다.[232)] 동법 제3조는 보호대상이 되는 저작물로서 소묘, 회화, 건축, 조각, 판화저작물, 이외의 응용미술저작물을 예시하고 있다. 따라서 1909년 디자인법의 보호를 받는 디자인은 1957년법에 의하여도 보호를 받을 수 있었다. 따라서 1909년법 에서 저작권법과의 중복적용을 명문화 한 것처럼 1957년법 에서 1909년법과의 중복적용이 명문화 되었다. 1957년법 하에서 저작권 보호기간은 동법 제21조에 따라서 저작자 생존기간 및 사후 50년간이다. 이후 1957년법은 1985년 7월 3일에 일부 개정이 되어 저작인접권제도를 도입하고 1992년 CPI 제1권에 저작권으로 편입이 되었다.

---

230) 이상정, 앞의 책, 204면 참조.
231) 차상육, 앞의 논문, 81면 참조.
232) Van Caenegem, W., & Tréguier, L. "Copyright, Art and Originality: Comparative and Policy Issues", Global Journal of Comparative Law, 8(2), 2019, 18.

6. 1992년 지적재산법

프랑스는 저작권법과 산업재산권법 관련규정을 정리 통합하여 '지적재산법(Loi du 1 juillet 1992 relative au Code de la propriété intellectuelle, 이하 '1992년 CPI'라 한다)'을 1992년 7월 1일 제정하였다. 1957년법의 규정은 CPI 제1편 저작권으로 편입되었고 1909년법의 규정은 CPI 제2편 제5장에 디자인법으로 편입되었다.

1992년 CPI 제112-1조에서는 저작권의 보호대상으로 "어떤 정신적 저작물에 대해서도 그 종류, 표현형식, 가치 또는 목적의 어느 것을 불문하고 그 저작자의 권리를 보호한다."[233]고 규정하고 있다. 그리고 1992년 CPI 제112-2조 제10호에서 '응용미술저작물'을 보호대상으로 예시하고 있는데 응용미술저작물은 1902년법에서 응용미술의 저작권 보호를 명시한 법 내용이 1957년 저작권법을 거쳐 1992년 CPI 제112조-2조 제10호로 규정된 것이다. 또한 1992년 CPI 제112조-2조 제14호는 1952년 3월 12일 법의 패션창작물의 저작권 보호를 명시한 법 내용이 제14호로 규정된 것이다. 1992년 CPI 제112-2조의 제14호에서 "의류 및 패션제품의 계절적 산업의 창작물"은 저작물로 예시되어 있다. 즉, 유행과 관련한 제작물, 예를 들어 의복, 모피, 내의, 자수, 패션(la mode), 구두, 장갑, 가죽제품, 최신의 고급패션 여성복을 위한 특별한 용도의 직물의 제조형태, 유행물품 및 구두제조업자의 제품과 그리고 실내장식을 위한 직물의 제조형태이다.[234] 그리고 저작권의 보호기간은 1992년 CPI 제123-1조에 의하면 저작자 생존 중 및 사후 50년간 존속된다. 이후 저작권 보호기간은 1997년 3월 27일 법(Loi n° 97-283 du 27 mars 1997)에서는 저작물의 범주에 상관없이 저작자 생존 중 및 사후 70년간 존속되는 것으로 변경되었다.

---

233) Art. L.112-1.
234) 이상정, 앞의 책, 204-205면 (주17).

Ⅳ. 소 결

프랑스에서 패션디자인은 저작권과 디자인권으로 중첩보호를 받을 수 있으며 민법상 불법행위규정에 기초한 부정경쟁방지 법리에 의하여도 보호받을 수 있다. 프랑스에서는 미의 일체성 이론을 근거로 순수미술과 응용미술을 구분하지 않고 저작물을 넓게 인정해왔다. 특히 CPI 제112-2조 제10호에서는 응용미술저작물을, 제14호에서는 '의류 및 패션제품의 계절적 산업의 창작물'을 보호받는 저작물로 예시하고 있다. 그러나 프랑스에서 순수미술과 응용미술을 구분하지 않고 처음부터 저작권법에서 보호한 것은 아니다. 19세기에는 영국의 미술공예운동의 사상처럼 순수미술에 대한 보호만이 허용되었으며 1909년 저작권법에 이르러서야 미의 일체성 이론이 성문법상 명시되고 응용미술의 저작권법과 디자인법의 중첩보호가 이루어졌다.

프랑스 저작권법상 저작물의 보호요건은 창작성이다. 그러나 CPI에서 창작성요건을 저작물의 성립요건으로 명문으로 규정하고 있지는 않다. 다만 판례에서 창작성 여부가 다투어진다. 패션디자인의 저작물성이 쟁점이 된 여러 사례를 통하여 창작성 요건은 작가의 개성을 반영해야 한다는 것을 의미하며 '작가의 개인적인 스탬프', '디자인을 구분하게해주는 창조적인 노력과 작가의 개성을 반영하는 것' 등으로 표현되고 있다. 또한 의류 디자인의 전체적인 인상이 진부한 요소의 조합이더라도 작가의 창의적인 노력과 임의의 선택을 통한 개성의 각인을 나타낸다면 저작물이 창작성을 가진 것으로 인정된다. 반면 패션의 특성을 고려하여 패션트렌드는 작가의 개성을 반영한 표현으로 인정되지 않는다.

프랑스에서 패션디자인은 등록디자인권과 미등록공동체디자인권으로 보호가 가능하다. 등록디자인권의 경우 무심사제도를 통하여 25년간 디자인보호를 받는 점은 영국등록디자인권과 EU등록공동체디자인권과 동일하다. 한편 제품의 수명주기가 짧고 유행에 민감한 패션디자인은 미등록공동체디자인권으로 등록 절차 없이 3년간의 보호를 받을 수 있다. 그러나 제3자의 독자창작에 대한 권리의 효력이 미치지 않는 점과 미등록공동체디자인권의 유효성에 대하여 디자인권자가 소명해야 하는 점은 단점이라고 볼 수 있다. 따라서 패션하우스나 개인 패션디자이너는 경영전략과 시장상황을 고려하여 보호받고자 하는 권리를 선택하는 것이 필요하다.

제5절 독 일

Ⅰ. 패션디자인의 법적 보호

독일에서 의류디자인 및 액세서리 디자인을 포함한 패션디자인의 보호는 주로 저작권법, 디자인법, 부정경쟁방지법에 의하여 보호받을 수 있다. 패션디자인은 독일 저작권법에 의하여 응용미술저작물로 인정되면 보호가 가능하다. 종래 독일에서는 판례상 응용미술에 대하여 정립된 단계이론에 의하여 고도의 창작성을 갖춘 경우에만 저작물성이 인정되어 직물디자인을 포함한 패션디자인의 저작권 보호가 제한이 있었다. 그러나 코트모델 사건에서 독일연방대법원은 코트를 제조하기 위한 스케치디자인이 독특성을 가진 창작물이라고 판단하여 저작물성을 인정하였고 기성복의 모델도 개별 디자인 요소의 창작적인 조합이 있는 경우 저작권 보호대상이 될 수 있다고 판결하였다. 또한 사슴모양 드레스 사건에서 라이프치히 지방법원은 사슴모양 드레스가 개인의 정신적 창작의 정도를 현저히 넘어서는 개성을 가진 창작물이라며 저작물성을 긍정하였다. 그러나 독일연방대법원은 셔츠드레스 사건과 블랙베리 패턴 사건에서는 고도한 미술적 내용의 예술적 창작성과 개인의 지적창작 그리고 저작권 보호에 필요한 디자인 수준의 부족을 이유로 저작물성을 부정하는 판결도 하였다. 그러던 중 2013년 독일연방대법원이 '생일열차' 사건 판결에서 종래의 단계이론을 명시적으로 포기하고[235] 응용미술저작물에 대하여 다른 저작물유형에 적용되는 저작물성 판단기준과 동일하게 최소한의 보호기준을 적용하였다. 따라서 독일에서 패션디자인의 저작물성 판단기준의 문턱이 낮아진 것으로 볼

235) 차상육, "독일판례상 응용미술의 보호 – 저작권법을 중심으로 –", 계간저작권 제34권 제1호(통권 제133호), 한국저작권위원회 (2021), 117면 참조.

수 있다.

패션디자인은 또한 프랑스와 영국과 마찬가지로 독일 디자인법을 통하여 무심사주의에 따라 기본적인 방식만을 심사받아 디자인권 등록이 가능하다. 독일은 프랑스와 영국처럼 유럽연합의 디자인보호지침을 국내법에 이행하기 위하여 2004년 3월 12일에 디자인법을 개정하여 2004년 6월 1일부터 시행하였다. 2004년 디자인법은 디자인권을 저작권과 완전하게 독립한 지적재산권으로 인식하고 있다. 즉 디자인보호요건으로 기존의 독창성과 창작성의 정도대신 독자성을 요건으로 하고 있는 특징이 있다. 이후 독일은 2014년 디자인법을 개정하여 법률명을 DesignG로 변경하였다. 따라서 기존의 Muster 용어를 Design으로 모두 변경하여 독일 디자인법을 국제 관행 및 용어와 일치시키고 디자인법의 이해도를 높이려는 노력을 하였다. 또한 등록된 독일디자인의 유효성에 이의를 제기할 수 있는 방법을 변경하여 독일 디자인 무효화 절차를 2001년 공동체디자인규정 유럽규칙과 일치시켜 독일특허상표청에 도입하였다. 따라서 영세한 패션기업이 무효소송에 이전보다 더 쉽게 접근할 수 있게 되었다. 현행 디자인법은 2017년 7월 17일자로 개정되어 시행 중이다. 또한 패션디자인은 EU 공동체디자인규정을 통한 등록공동체디자인권과 미등록공동체디자인권으로 보호가 가능하다.

마지막으로 독일에서 패션디자인은 기만적 광고 등을 비롯한 특별한 유형의 불법경쟁행위를 금지시키는 부정경쟁방지법을 통하여 보호가 가능하며 현행 부정경쟁방지법은 2019년 4월 18일 개정되어 현재 시행 중이다.[236] 이하에서는 패션디자인 보호에 중심이 되는 독일 저작권법과 디자인법 그리고 부정경쟁방지법의 법제 연혁과 관련 판례를 중심으로 살펴본다.

---

236) https://www.kiip.re.kr/law/list.do?bd_gb=statute&bd_cd=4&bd_item=0, (2021.10.07. 최종접속).

Ⅱ. 디자인법에 의한 패션디자인의 보호

독일은 1876년 디자인법을 제정하였고 이후 1986년 디자인법을 개정하였다. 그리고 2004년 3월 12일에 유럽연합의 디자인보호지침을 국내법에 이행하기 위하여 디자인법을 개정하였다. 이후 2013년 디자인법을 Designgesetz으로 변경하고 2014년 디자인법부터 적용하였다. 독일 디자인법은 무심사주의를 따르고 있으며 기본적인 방식심사를 통하여 등록이 허여된다. 독일 디자인법은 2017년 개정을 거쳐 최근 개정은 2021년 8월 10일 '특허법의 간소화 및 현대화를 위한 제2차 법률(Zweite Gesetz zur Vereinfachung und Modernisierung des Patentrechts vom 10. August 2021)'의 제5조(Artikel 10)를 통하여 일부 개정이 되었다. 이하에서는 패션디자인의 보호와 관련하여 독일디자인법의 연혁과 각 디자인법의 특징에 대하여 살펴본다.

1. 1876년 디자인법

독일은 1876년 1월 11일 "디자인 및 모형의 저작권에 관한 법률(Urheberrecht an Mustern und Modellen, GeschmMG 1876, 이하 '1876년 디자인법'이라 한다)"을 최초의 디자인 보호법제로 제정하고 1876년 1월 9일에 "조형미술저작물의 저작권에 관한 법률(이하 '1876년 조형미술저작권법'이라 한다)"을 제정하였다. 당시 1876년 조형미술저작권법은 순수미술만을 보호대상으로 하고 응용미술에 대해서는 1876년 디자인법으로 보호하였다.[237] 그런데 1876년 조형미술저작권법에서는 순수미술저작물의 저작자가 해당 저작물의 산업적 이용을 허락한 경우에는 저작권법적 보호를 받을 수 없다고 규정하면서 디자인에 대한 중복보호를

237) 이호흥, "저작권법과 디자인법의 교차영역에 관한 연구", 저작권위원회(2007), 95면 참조.

부정하였다.[238] 따라서 응용미술에 속하는 패션디자인의 경우 1876년 디자인법에 의한 보호만이 가능하였을 것이다. 그러나 이러한 보호체제에 대한 비판이 제기된 후 1907년 개정된 저작권법(KUG)[239]에서는 산업적 목적에 제공된 미술공예저작물의 디자인에 대한 저작권법의 보호를 인정해주면서 응용미술에 대한 디자인권과 저작권의 중복보호가 가능해졌다.

2. 1986년 디자인법

독일은 1986년 12월 18일에 디자인법(Gesetz vom 18.12.1986, GeschmMG 1986)을 개정하고 1988년 7월 1일부터 시행하였다. 1986년 디자인법의 보호대상은 산업상의 도안 및 모형이며, 디자인은 미적효과 내지 미적기능을 갖추고 시각에 호소하는 것이어야 한다. 또한 기술적 목적을 가졌더라도 미적효과를 가지는 형태는 디자인 객체로 20년간 보호받을 수 있다. 디자인의 실체적 보호요건은 디자인이 산업상 이용가능성, 신규성 및 독창성을 갖출 것이 요구되며 공서양속에 반하지 않아야 한다. 신규성의 판단시점은 출원시점이며, 출원인 또는 그 승계인이 출원일 전 6개월 이내에 제조물을 공표한 경우, 디자인 변경 없이 같은 제조물을 출원할 때에는 신규성상실 예외규정에 의하여 신규성을 상실하지 않는다. 그리고 1986년 디자인법에서 요구하는 독창성의 정도는 저작권보다 높을 필요는 없지만 평균적 디자이너의 능력을 넘어서는 심미적 효과를 부여하는 개인적 독창성이 나타나야 한다. 즉, 통상적인 기술은 보호받지 못하고 미적형태의 전체적 인상이 중요하다. 1986년 디자인법 하에서 디자인을 창작한 자가 등록출원을 하면

238) 이호흥, 앞의 논문, 94-96면 참조.

239) Gesetz betreffend das Urheberrecht an Werken der bildenden Künste und der Photographie vom 9. Januar 1907(조형미술 및 사진저작물의 저작권에 관한 법률).

배타적 복제권을 부여받는다. 따라서 등록된 디자인과 본질적으로 동일한 디자인을 제3자가 복제하는 것을 금지시킬 수 있으며 반포의 목적으로 디자인권자의 허락을 받지 않고 행하는 어떠한 복제(일부복제포함)도 금지할 수 있다. 그러나 새로운 디자인을 위하여 기존 디자인 개개의 모티브를 사용하는 것은 허용되는 복제에 해당한다.[240]

3. 2004년 디자인법

독일은 유럽연합 디자인보호지침을 국내법에 이행하기 위하여 2004년 3월 12일에 디자인법을 대폭 수정하여 2004년 6월 1일부터 시행하였다. 2004년 디자인법(Geschmacksmusterreformgesetz: GeschmMG 2004)[241]이 가지는 중요한 의미는 2004년 개정된 디자인법을 통하여 새로운 디자인권이 구성됨으로써, 종래 디자인권이 저작권과 비교하여 본질적으로 하위에 있다는 의미에서 디자인권과 저작권 사이의 단계는 더 이상 존재하지 않게 되었다.[242] 입법자는 2004년 개정된 디자인법을 통하여 디자인권으로서 독자적인 영업상 보호권을 창설하였고 저작권과의 밀접한 관계를 폐기하였다.[243] 즉 2004년 디자인법에서는 디자인보호요건으로 이전 디자인법에서 요구하였던 독창성과 창작성의 정도 대신에 현행 디자인법 제2조 제1항 및 제3항의 '독자성(Eigenart)' 그리고 '디자인의 구별가능성'을 요건으로 하고 있음을 명확히 하였다.[244] 디자인이 정보를 받는 이용자에게 야기되는 전체적 인상이 등록출원일 전(또는 우선권의 주장을 수반하는 경우에는 우선일 전)에 공중의 이용에 제공된 다른 어떠한 디자인이 당해 이용자에게 주어진 전체적

---

240) 이상정, 산업디자인과 지적소유권법, 세창출판사 (1995), 221-229면 참조.
241) 2004년 디자인법 "Geschmacksmustergesetz"는 2014년 1월 1일 부터는 "Designgesetz"로 용어가 변경되었다.
242) BGH Urteil vom 13. 11 2013-I ZR 143/12, 34.
243) Begr. z. RegE des Geschmacksmusterreformgesetzes, BT-Dr 15/1075, S. 29.
244) BGH Urteil vom 13. 11 2013-I ZR 143/12, 35.

인상과 구별되는 경우 해당디자인은 2004년 디자인법 제2조 제3항 제1호에 따른 '독자성'을 가진다. 이와 같은 독자성 규정은 유럽연합의 '디자인보호지침' 및 '공동체디자인규정'에서 디자인의 보호요건으로 규정한 독특성의 내용을 그대로 반영한 것이다. 독자성과 독특성 이라는 용어차이만 있을 뿐이다. 따라서 2004년 디자인법에서는 종래 독일 디자인법에서 디자인보호요건으로 요구하였던 독창성 및 창작성은 더 이상 보호요건이 아니다.[245] 다음으로는 2004년 디자인법에서 규정하고 있는 디자인의 정의와 디자인보호요건 그리고 디자인보호기간에 대하여 살펴본다.

2004년 디자인법 제1장 제1조 제1호에서는 "디자인(Muster)은 제품 전체 또는 그 일부의 2차원 또는 3차원 모양이며, 특히 선, 윤곽, 색상, 형상, 표면 구조 또는 제품 자체 또는 그 장식의 재료에서 발생하는 특징"을 의미한다고 규정하고 있으며, 디자인보호지침상의 디자인 정의와 동일하다. 다만 디자인에 해당하는 용어로 'Muster'가 사용된 차이가 있다. 동법 제2조 제1항에서는 신규성과 독자성을 갖춘 디자인은 등록디자인으로 보호된다고 규정하고 있으며 같은 조 제2항에서는 신규성의 판단기준으로 "디자인 출원일 이전에 동일한 디자인이 없으면 디자인은 새로운 것으로 간주되며 디자인의 특징이 사소한 부분에서만 다른 경우 그 디자인은 동일한 디자인으로 간주한다."고 규정하고 있다. 또한 같은 조 제3항 제1호에서는 디자인이 정보를 가진 이용자에게 주어지는 전체적 인상이 출원일 전에 공개된 다른 디자인이 그 이용자에게 불러일으키는 전체적 인상과 다른 경우 독자성을 가지는 것으로 보며 제2호에서는 독자성의 판단 시 디자인을 개발할 때의 디자이너의 디자인자유도를 고려해야 한다고 규정하고 있다. 동법 제4장 제27조 제2항에서는 등록디자인의 보호기간은 출원일로부터 기산하여 25년간 이라고 규정하고 있다.[246] 유럽연합의 디자인보호지침에 규정

245) BGH Urteil vom 13. 11 2013-I ZR 143/12, 36.

된 25년의 보호기간을 국내법에 반영한 것이다. 한편 2004년 디자인법에서는 미등록디자인에 대한 별도의 규정은 마련되어 있지 않다. 따라서 미등록 패션디자인의 경우 유럽연합의 공동체디자인규정의 미등록 공동체디자인권에 따라 모방금지권으로 3년간 보호를 받을 수 있다.

이상으로 살펴본 2004년 디자인법의 주요한 개정 내용은 디자인권을 저작권과는 완전히 독립한 지적재산권으로 인식하고, 저작권의 범위 및 목적으로부터 디자인권을 추출하여 제품디자인의 산업적 성격 및 목적을 배려하고 있다.[247] 즉, 2004년 디자인법은 종래 디자인법이 디자인 보호요건으로 신규성과 심미적 효과를 부여하는 독창성을 갖출 것을 필요로 한 것과 달리, 디자인보호지침에서 규정한 디자인 보호요건과 동일한 신규성과 독자성을 요구함으로써 패션디자인을 포함한 산업디자인의 마케팅측면의 특성을 고려한 보호를 정립한 것으로 볼 수 있다.

4. 2014년 디자인법

독일 디자인법은 2013년 10월 10일에 독일어로 디자인의 의미에 해당하는 'Geschmacksmuster(디자인)'을 'eingetragenes Design(등록디자인)'으로 변경하고 'Geschmacksmusterreformgesetz' 법률명을 'Designgesetz'으로 변경하여 2014년 1월 1일 새로운 디자인법인 '디자인의 법적보호에 대한 법률(Gesetz über den rechtlichen Schutz von Design: Designgesetz - DesignG)'을 발효하였다. 그리고 관련법규 '디자인 법의 현대화에 관한 법률 및 전시보호 규칙'[248]을 개정하였다. 이후

246) https://dejure.org/gesetze/GeschmMG/, (2021.10.05. 최종접속).

247) 2003년 5월 28일 독일디자인법 개정안(BT-Drucksache 15/1075), S.29; 차상육, "독일판례상 응용미술의 보호 - 저작권법을 중심으로 -", 계간저작권 제34권 제1호(통권 제133호), 한국저작권위원회 (2021), 129면 참조.

248) Gesetz zur Modernisierung des Geschmacksmusterrechts sowie zur Änderung der Regelungen über die Bekanntmachungen zum Ausstellungsschutz (vom

독일 디자인법은 2017년 개정을 거쳐 최근 2021년 8월 10일 '특허법의 간소화 및 현대화를 위한 제2차 법률의 제5조(Artikel 10)'를 통하여 일부 개정이 되었다.[249] 연방법 관보에 따르면 제2차 법률의 대부분은 2021년 8월 17일부터 발효되었고, 디자인법의 경우 제34a조 제3항은 2022년 5월 1일부터 발효된다.[250]

2013년 12월 31일까지 유효한 디자인법상 디자인 정의규정에는 디자인 용어에 'Muster(견본, 패턴)'가 사용되었다. 즉 디자인법의 보호대상이 견본 혹은 패턴을 의미하는 것으로 볼 수 있다. 그러나 2014년 디자인법부터 디자인의 정의규정에 'Design'으로 용어가 변경되면서 디자인법의 보호대상을 정확하게 디자인으로 규정한 것이다. 즉, 2014년 디자인법 제1조에서는 "디자인(Design)은 제품 전체 또는 그 일부의 2차원 또는 3차원의 외관으로 특히 선, 윤곽, 색상, 형상, 표면 구조 또는 제품 자체 또는 그 장식의 재료에서 발생하는 특징"을 의미한다고 규정하고 있다. 디자인등록요건과 신규성과 독자성의 판단기준 그리고 디자인보호기간 등 2014년 디자인법의 내용은 2004년 디자인법과 동일하다, 다만 디자인법 전체 규정에 있어서 기존 'Muster' 용어가 'Design'으로 모두 변경되었다. 이것은 독일 디자인법에 대한 이해도를 높이며 독일 디자인법을 국제 관행 및 용어와 일치시킨 것으로 볼 수 있다.

Ⅲ. 저작권법에 의한 패션디자인의 보호

독일에서 패션디자인의 보호는 저작권법에 의하여도 보호받을 수 있다. 그러나 종래 독일 판례에서는 응용미술의 저작물성 판단기준으로

10.10.2013 (BGBl. I S. 3799).

249) https://dejure.org/BGBl/2021/BGBl._I_S._3490.

250) https://dejure.org/gesetze/DesignG.

'미술적 고도성(Astetische Hoehe)'을 요구하는 단계이론(Stufentheorie)으로 패션디자인을 포함하는 응용미술의 저작권보호 문턱은 다소 높았다.

그럼에도 1954년 12월 14일 독일연방대법원(Bundesgerichtshof, BGH)은 '코트모델(Mantelmodell)' 사건[251]에서 실용적 목적을 위해 대량생산된 패션디자인에 고도의 미술성을 문제 삼지 않고 미술저작물로 인정하는 최초의 판결을 하였다.[252] 판결에서 독일연방대법원은 패션 분야에서는 드로잉, 초안, 패턴뿐만 아니라 이러한 템플릿에 따라 만들어진 모델들이 미술적 디자인으로 독특성을 가진 창조물이라면 미술로 보호될 수 있으며, 미술로 보호를 받을 자격이 없는 모델 스케치의 경우에는 문학 및 음악저작물[253]로 저작권 보호를 받을 수 있다고 판시하였다.[254]

그러나 이후 독일연방대법원은 2013년 11월 '생일열차(Geburtstagszug)' 사건 판결[255]을 통하여 명시적으로 종래의 단계이론을 포기하기 전까지 응용미술의 저작물성 판단에 고도의 창작성을 요구하는 판결을 해왔다.[256] 예컨대 독일연방대법원은 1983년 11월 10일 '셔츠드레스(Hemdblusenkleid)' 사건에서 패션디자인은 고도의 미술적 내용을 가지고 예술적 창작으로 보여야 저작권보호의 대상이라고 판시하며 원고의 셔츠드레스는 컷, 패브릭 패턴, 색상의 선택과 같은 개별적 디자인요소들에 특이함이 없으며 요소들의 조합 역시 예술적 특성과 개인의 지적창작을 나타내지 않는다고 판단하며 저작권 보호를 부정하는 판결을

---

251) BGH, Urteil vom 14.12.1954 - I ZR 65/53 (LG Berlin) 'Mantelmodell'.
252) 角田政芳・関真也, ファッションロー, 勁草書房 (2017), 243頁.
253) LitUrhG §1 (1) 3.
254) BGH, Urteil vom 14.12.1954 – I ZR 65/53 (LG Berlin) 'Mantelmodell'.
255) BGH GRUR 2014, 175 – Geburtstagszug Urteil vom 13. 11. 2013 – I ZR 143/12.
256) BGH, 22.06.1995 – I ZR 119/93 'Silberdistel' GRUR 1955, 581: 엉겅퀴풀 모양의 귀걸이의 저작물성에 대하여 형태형성의 고도성을 갖추지 못하였다고 판단하여 저작물성을 부정하였다. 단계이론을 적용한 판결로서 의미가 있다.

내렸다.[257] 또한 직물디자인 패턴의 저작물성이 문제되었던 1983년 1월 27일 '블랙베리 패턴(Brombeer-Muster)' 사건에서 독일연방대법원은 직물디자인도 개인의 개성을 나타내는 창작물인 경우 응용미술저작물로서 저작권보호를 받을 수 있다고 전제하였다. 그러나 이 사건의 직물패턴으로 디자인된 블랙베리 패턴은 저작권법 제2조 제2항의 의미에서의 개인의 지적창작물로 볼 수 없다고 판단하였다. 즉 블랙베리 패턴은 잎과 꽃 사이에 밀도 있게 블랙베리가 모여 있는 자연에 존재하는 모델을 본질적인 변경 없이 그대로 표현한 것으로 저작권보호에 필요한 미적 수준을 갖추지 못하였다고 판단하였다. 또한 저작권 보호와 디자인 보호 사이의 한계를 너무 낮게 설정해서도 안 된다고 판시하였다. 그리고 저작권 보호에 요구되는 디자인 수준이 있는지 여부에 대한 질문에 대한 결정적인 요소는 미술을 수용하고 미술작품에 상당히 익숙한 평균적 관찰자의 판단에 따른 작품이 전달하는 미적 인상이라고 보았다. 그러면서 이 사건 블랙베리 패턴은 저작권보호를 받을만한 디자인 수준이 되지 못한다고 판시하며 저작물성을 부정하는 판결을 하였다.[258]

패션디자인의 보호에 관한 독일연방대법원의 이와 같은 판결태도를 전제하고 이하에서는 패션디자인의 보호와 관련 있는 독일 저작권법 규정과 독일 판례상 응용미술의 저작물성 판단의 기준이 되었던 단계이론을 살펴보고 이어서 독일에서 패션디자인의 저작물성이 인정된 '코트모델(Mantelmodell)' 사건[259]과 '사슴모양 드레스(Hirschgewand)' 사건[260]을 살펴본다.

257) BGH 10.11.1983 I ZR 158/81 'Hemdblusenkleid'.
258) BGH, 27.01.1983 I ZR 177/80 'Brombeer-Muster'.
259) BGH, Urteil vom 14.12.1954 – I ZR 65/53 (LG Berlin) 'Mantelmodell'.
260) LG Leipzig, Urteil vom 23. 10. 2001 – 5 O 5288/01, 'Hirschgewand'.

1. 조형미술저작물

현행 독일저작권법(저작권 및 저작인접권 보호에 관한 법률, 이하 '저작권법'이라 한다)[261]의 제2조 제1항에서는 저작권법의 보호대상으로 문학, 학술 및 미술저작물을 규정하고 있으며 제4호에서는 조형미술저작물(Werke der bildenden Künste)이 보호대상으로 예시되어 있다.[262] 그리고 조형미술저작물에는 건축 및 응용미술저작물(die Werke der angewandten Kunst)과 이들 저작물들의 초안(Entwürfe)이 포함된다고 규정하고 있다. 또한 동조 제2항에서는 저작물이란 인간의 정신적 창작물에 한한다고 규정하고 있다.

따라서 패션디자인이 조형미술저작물의 예시에는 명시되지 않았지만 저작권법 제2조 제1항 4호의 조형미술저작물에 포함된 응용미술저작물에 해당이 되고 같은 조 제2항에 규정된 바와 같이 개인 자신의 지적인 창작물에 해당된다면 저작권에 의하여 보호가 가능하다.

한편 미술저작물의 개념에 대하여 독일연방대법원(BGH)은 예술적 기교를 말할 수 있을 정도로 높은 수준의 미적인 내용으로 보이고, 미적 감정의 자극에 의하여 우선적으로 결정되는 개인 자신의 지적인 창작물이라고 정의하였다. 따라서 패션의 예술적 가치와 그것을 구현하는데 필요한 기술이 종래의 패션디자인이 소비자에게 주로 제공하는 보호기능보다 훨씬 높을 때만 저작권 보호가 가능하다.[263] 특히 패션디자인은 개인적인 지적 창작물이라는 저작권법 제2조 제2항의 조건을 충족해야 하며 그와 같은 지적창작물은 지금까지 알려진 모델과 상

261) Gesetz über Urheberrecht und verwandte Schutzrechte (Urheberrechtsgesetz) vom 09.09.1965.

262) UrhG §2 (1) 4.

263) Wulf, Alexander, "A Comparative Approach to the Protection of Fashion Innovations", Berkeley Center for Law and Technology, University of California, Berkeley, 2007, p. 13.

당히 다르고 본질적으로 새로움(novelty)을 보여주는 패션디자인의 경우에만 해당한다. 그러므로 라이프치히 지방법원이 '사슴모양 드레스' 사건에서 판시한 바와 같이 유행하는 라인이나 형태를 단순하게 추가한 개발 또는 이미 알려진 것들과의 조합은 새롭지 않은 디자인으로 저작권 보호의 대상으로는 부족하다.264) 따라서 패션 실무에서 저작권은 주로 코스튬이나 이와 유사하게 특이한 '오트쿠튀르(haute couture)'에 부여된다. 그러나 독일연방대법원은 원칙적으로 앞에서 언급한 보호조건을 충족하면 기성복(ready-made clothing)이더라도 저작권 보호가 가능하다고 판시하고 있다.265) 즉, 패션디자인이 오트쿠튀르에 해당하는지 혹은 기성복에 해당하는지의 구분은 저작권 보호의 부여와 무관하다는 의미이다. '코트모델(Mantelmodell)' 사건에서 독일연방대법원이 지적한 것처럼 패션디자인의 생산 모델은 물품의 예술적 특성에 영향을 주거나 변화시키지 않는다. 따라서 패션디자인의 저작물성 판단을 위한 유일한 결정적 테스트는 예술을 평가하는데 합리적으로 익숙한 관찰자들이 개인의 창작성의 충분한 정도(degree)를 발견할 수 있는지 여부라는 것이다.266)

한편 패션디자인을 포함하는 응용미술에 대한 정의는 독일 저작권법 조문에 따로 규정되어 있지는 않고 판례·학설에 맡기고 있다. 그리고 응용미술저작물과 미술저작물을 구분하는 견해에 따르면 응용미술저작물은 "미술적인 형태를 가지는 생활필수품 내지 실용품을 말하며" 미술저작물은 조각, 회화 및 판화와 같은 협의의 조형미술의 저작물 즉 순수미술 저작물에 대한 개념이므로 양자는 실용목적의 유무에 의하여 구별된다.267) 이하에서는 응용미술에 대한 저작권법과 디자인

---

264) LG Leipzig, Urteil vom 23. 10. 2001 – 5 O 5288/01, 사슴모양 드레스 (Hirschgewand) 사건.

265) BGH, Urteil vom 14.12.1954 – I ZR 65/53 (LG Berlin) 'Mantelmodell'.

266) Rochelle Cooper Dreyfuss, Intellectual Property at the Edge, Cambridge University Press (2015), p. 183.

법의 보호영역에 대한 구별기준에 대한 판례상 이론인 단계이론에 대하여 살펴본다.

2. 단계이론의 형성

단계이론(Stufentheorie)이란, 저작권과 디자인권 사이에는 본질적인 차이는 존재하지 않고, 다만 단계적 차이가 존재할 뿐이고, 양 권리의 보호대상은 미적 창작성의 정도인 형태형성의 고도성 내지 조형정도를 징표로 단계적으로 구별한다는 사고방식으로 1967년 독일의 Wilhelm Nordemann 교수에 의하여 처음으로 Stufentheorie라는 명칭이 사용되었다.[268] 독일연방대법원은 '엉겅퀴풀 모양의 귀걸이(Silberdistel)' 사건[269]에서 '엉겅퀴풀 모양의 귀걸이'가 응용미술품으로 형태형성의 고도성을 갖추지 못하였다고 판단하며 저작물성을 부정하는 판결을 하였다.[270] 이 사건 판결은 패션디자인에 관한 판결은 아니지만 독일의 단계이론 판결의 주요한 판례로서 의미를 가져서 살펴본다. 독일연방대법원은 이 사건 판결에서 "저작권과 디자인권 사이에는 본질적인 차이는 존재하지 않고, 다만 단계적 차이가 존재함에 불과하다... (중략) ... 따라서 저작권보호와의 관계에서는 단순히 디자인 보호능력을 갖춘 대상의 경우와 대비하여 보다 고도의 창작적 독창성의 정도가 요구되어

---

267) Gerhard Schricker, Urheberrecht, Vol.1, C.H. Beck'sche, 1987, S. 139; 이호흥, 저작권법과 디자인법의 교차영역에 관한 연구, 한국저작권위원회 (2007), 96면; 차상육, "응용미술의 저작권법상 보호에 관한 연구", 박사학위논문, 한양대학교 (2010), 100면 참조.

268) Wilhelm Nordemann, Zur Abgrenzung des Geschmacksmusterschutzes vom Urheberschutz, UFITA-Schriftenreihe Band 50, 1967, S.906,908: 차상육, 앞의 논문, 104면 참조.

269) BGH GRUR 1995, S.581: 엉겅퀴풀 모양의 귀걸이 장식을 무단으로 모방하여 판매한 피고에 대하여 원고가 저작권 침해금지 및 손해배상책임을 구한 사건(Silberdistel)이다.

270) '엉겅퀴풀 모양의 귀걸이' 사건의 판결에 대한 상세는 차상육, 앞의 논문, 113면 참조.

야 하고 그때 양자 사이의 한계는 그다지 낮게 설정되는 것은 아니다.” 또한 “항소법원이 심미적 주의를 끄는 것으로 보는 것은 현저히 자연적인 것이고 다른 점은 작은 꽃잎의 선택뿐이다. 그러나 그것만으로는 이 사건에서 디자인의 전체적 인상을 필요로 하는 형태형성의 고도성 내지 조형형태에 달하고 있을 정도로 강하게 각인되는 것은 없다.”고 판시하였다.[271)]

이와 같이 독일법원은 판례를 통하여 저작권보호대상인 응용미술에 대하여 디자인권 보호대상의 응용미술보다 상대적으로 고도한 미적 창작성을 요구하는 단계이론을 정립하였다.[272)] 이것은 응용미술에 대한 저작권과 디자인권의 중첩보호에 따른 문제를 피하기 위한 이유 때문이었을 것으로도 볼 수 있다.[273)]

한편 우리 대법원이 대한방직 직물디자인 사건에서 “그 자체가 하나의 독립적인 예술적 특성이나 가치를 가지고 있어 위에서 말하는 예술의 범위에 속하는 창작물에 해당하여야만 저작물로서 보호된다.”라고 판결한 것은 독일의 단계이론에서 요구하는 고도의 미적창작성을 요구한 판단이기 보다는 “그 예술적 수준의 높고 낮음과 관계없이 독자적인 미적감상의 대상으로 삼을 수 있는 특징과 가치를 가진다는 의미로서” 판단한 것이라 할 수 있다.

3. 패션디자인 판례

종래 독일에서는 판례상 응용미술의 저작권 보호에 대하여 저작권법 제2조 제2항에 명시된 인간의 정신적 창작물에 해당해야 하는 요건 외에 형태형성의 고도성을 요구하며 디자인법보다 더 엄격한 기준

271) 차상육, “독일판례상 응용미술의 보호 – 저작권법을 중심으로 –”, 계간저작권 통권 제133호, 한국저작권위원회 (2021), 138-139면 참조.

272) RGZ 76, 339 [“Schulfraktur”]; BGH GRUR 1958, 562 [“Candida-Schrift”].

273) 차상육, 위의 논문, 119면 참조.

을 적용해왔다. 따라서 응용미술품에 속하는 패션디자인이 저작권 보호를 받으려면 인간의 정신적 창작물이어야 하고 형태형성의 고도성을 갖추어야하였다. 이러한 상황 때문에 패션디자인이 독일 저작권법에서 보호받은 사례는 많지 않다. 그런데 유명 아티스트의 텍스타일 디자인, 예를 들어 '앤디워홀(Andy Warhol)'에 의하여 디자인된 텍스타일 디자인과 '루시안 프로이드(Lucien Freud)'와 '파블로 피카소(Pablo Picasso)'에 의하여 디자인된 소파덮개용 직물(Moebelstoffe)과 '살바도르 달리(Salvador Dali)'에 의하여 디자인된 실크스카프와 넥타이 패턴(Muster)은 저작권에 의하여 보호를 받고 있다.[274] 이러한 상황은 실용품 혹은 응용미술품 이라는 이유로 응용미술의 저작권보호를 부정할 수 없다는 독일법원의 태도변경에 따른 영향을 받은 것으로 볼 수 있다.[275] 다음에서는 패션디자인의 저작물성이 문제되었던 사건에 대하여 살펴본다. 첫 번째 사건은 '코트모델(Mantelmodell)' 사건[276]으로 패션의류를 제조하기 위한 스케치 디자인의 저작물성을 인정한 사건이다. 두 번째 사건은 이브닝 드레스에 포함된 사슴모양의 디자인을 응용미술저작물로 인정한 '사슴모양 드레스(Hirschgewand)' 사건[277]이다.

1) 코트모델(Mantelmodell) 사건

독일에서 자수(embroidery)[278], 조화(artificial flowers)[279], 천(cloth)과

---

274) Thomas Seifried · Markus Borbach, Schutzrechte und Rechtsschutz in der Mode- und Textilindustrie, dfv Mediengruppe (2014), p. 92., 角田政芳 · 関真也, 前掲書, 246-247頁에서 재인용.

275) 角田政芳 · 関真也, 前掲書, 247頁 참조: 2013년 11월 13일 독일연방대법원은 '생일열차' 사건에서 전통적인 단계이론을 명시적으로 포기하며 나무로 만들어진 열차 디자인을 응용미술저작물로 인정하는 판결을 하였다.

276) BGH, Urteil vom 14.12.1954 – I ZR 65/53 (LG Berlin) 'Mantelmodell'.

277) LG Leipzig, Urteil vom 23. 10. 2001 – 5 O 5288/01, 'Hirschgewand'.

278) Reichsgericht(Supreme Court of the German Reich, "RG") Apr 9, 1937, GRUR 1938, 68.

279) RG, Mar 19, 1932, RGZ 135, 385 'Künstliche Blumen': Kur, Annette, Protection for fashion: The European experience, Rochelle Cooper Dreyfuss,

레이스(lace)의 패턴[280]은 실제로 개별 물품의 창작적 특성이 부족하여 저작권 보호요건을 충족하지 못하더라도 원칙적으로는 저작권 보호의 대상이라고 인정되어왔다. 그러나 의류와 신발 같은 물품은 그것들의 기능적인 특징과 개별적인 표현의 한계를 고려할 때, 단순한 기술적 공예라는 문턱을 넘어설 수 없어 결코 저작권보호 대상이 아니라는 것이 법원의 판결에 있어 다수 의견이었다. 그런데 이러한 종전 독일법원의 태도와 달리 '코트모델(Mantelmodell)' 사건[281]에서 독일연방대법원은 패션디자인의 저작권을 인정하는 기념비적인 결정을 선고하였다. 코트모델(Mantelmodell) 사건에서 독일연방대법원은 원고의 여성용 겨울코트를 만들기 위해 제작된 드로잉 스케치를 가져다 무단으로 코트를 제작하여 원고의 경쟁업체에게 공급한 피고에게 저작권 침해를 인정하는 판결을 함으로써 코트를 위한 스케치 디자인의 저작물성을 인정하였다. 구체적으로 드로잉 스케치가 응용미술로서 저작권법의 보호를 받을 수 있을 뿐 아니라, 그러한 창작활동의 결과물인 의류에도 저작권보호가 적용된다고 판결하며 원고의 저작권 침해 청구를 기각한 항소법원에 저작권 보호에 대하여 더 조사할 것을 요청하였다.[282]

독일연방대법원은 판결에서 패션 분야에서는 드로잉, 초안, 패턴뿐만 아니라 이러한 템플릿에 따라 만들어진 모델들이 미술적 디자인으로 독특성을 가진 창작물이라면 1907년 저작권법(KUG)[283] 제2조 제2항의 미술공예 제작물로 보호될 수 있으며, 미술로 보호를 받을 자격

Jane C. Ginsburg (eds.), Intellectual Property at the Edge: The Contested Contours of IP(Cambridge Intellectual Property and Information Law, 22), Cambridge University Press (2014), pp. 180-190.

280) RG, June 12, 1937, RGZ 155; Landgericht(District Court, 'LG") Dresden, May 16, 1930; GRUR 1930, 1209; LG Berlin, March 14, 1935 GRUR 1936, 204.

281) BGH, Urteil vom 14. 12. 1954 – I ZR 65/53 (LG Berlin) 'Mantelmodell'.

282) Rochelle Cooper Dreyfuss, Intellectual Property at the Edge, Cambridge University Press (2015), p. 182.

283) Gesetz betreffend das Urheberrecht an Werken der bildenden Künste und der Photographie.

이 없는 모델 스케치의 경우에는 1901년 '문학 및 음악저작물의 저작권에 관한 법률(LUG)' 제1조 제1항 제3호의 문학 및 음악저작물[284]로 저작권 보호를 받을 수 있다고 판시하였다.[285]

또한 "기성복"의 모델이라는 사실이 단순히 저작권 보호를 방해하지 않는다고 판시하였다. 즉 기성복의 제조가 주로 기계 작업을 필요로 하는 연속 생산을 한다고 고려할 때 일반적으로 가능한 가장 간단한 재단작업에 의존하지만 그것이 기성복 모델도 개별 디자인이 가능하고 새로운 라인 또는 재봉작업에서 흔한 여러 요소를 독창적으로 조합하여 저작권 보호 요건을 충족 할 수 있다는 것을 배제하지 않는다고 판시하였다.[286]

2) 사슴모양 드레스(Hirschgewand) 사건

'사슴모양 드레스(Hirschgewand)' 사건[287]에서 라이프치히 지방법원은 원고의 사슴모양 드레스는 응용미술저작물로 저작권 보호를 받을 수 있다고 판결하였다. 또한 디자인권 보호와 구분하여 원고의 드레스는 저작권법상 개인의 정신적 창작의 정도를 현저히 넘어서는 개성을 가진 의상으로 저작권 보호를 받는다고 판시하였다. 이 사건에서 라이프치히 지방법원은 응용미술의 경우 최소한의 보호요건을 넘어서는 예술적 창작성을 가져야 한다는 단계이론을 적용하여 사슴모양 드레스의 저작물성을 판단하였다. 사건의 개요와 법원의 판단법리에 대하여 살펴보면 다음과 같다.

패션 디자이너인 원고는 사슴문양이 들어간 드레스를 위한 모델을

---

284) Gesetz betreffend das Urheberrecht an Werken der Literatur und der Tonkunst: LUG §1 (1) 3.

285) Henssler, Urheberschutz in der angewandten Kunst und Architektur, 1950, S. 51 zu § 4.

286) BGH, Urteil vom 14. 12. 1954 – I ZR 65/53 (LG Berlin) 'Mantelmodell'.

287) LG Leipzig, Urteil vom 23. 10. 2001 – 5 O 5288/01, 'Hirschgewand'.

제작하였으며 피고는 무단으로 원고의 드레스를 원고가 주최한 패션쇼에서 촬영하여 소매상을 위한 기성복 주문 패션 박람회에서 자신의 전시용 팸플릿에 해당 사진이미지를 그림으로 포함시켰다. 또한 피고는 원고의 드레스를 저작자 성명도 표시하지 않은 채 무단으로 박람회 팸플릿 사진을 통하여 복제하고 배포하여 소매상들에게 공개하였다. 이에 원고는 피고의 원고 드레스 모델의 무단 복제 및 배포는 저작권 침해에 해당하며 피고의 행위로 인하여 원고의 명성이 위태롭게 되고 원고의 저작인격권도 침해되었다고 주장하였다. 따라서 원고는 피고를 상대로 원고 드레스 모델의 무단이용에 대한 손해배상을 구하는 저작권 침해소송을 제기하였다. 원고는 자신의 드레스의 모델은 예술품의 지위를 가지는 단 하나의 드레스의 제작을 위한 것이며 원고는 쿠튀르 모델(Couture-Modelle)만을 디자인한다고 주장하였다. 따라서 피고의 무단 이용은 원고가 패션박람회에 참여한다는 인상을 원고의 잠재고객에게도 주어 원고의 사업에 부정적인 영향을 줄 수 있다고 주장하였다.[288]

라이프치히 지방법원은 원고의 사슴모양 드레스는 저작물의 개념을 충족하는 응용미술저작물로 독일 저작권법 제2조 제1항 제4호의 조형미술저작물에 속한다고 판단하였다. 또한 원고의 사슴모양 드레스가 독일 디자인법(GeschmMG)에 의한 보호도 가능하다고 하여 저작권법 측면에서 저작물로 분류되는 것이 처음부터 배제되지는 않는다고 판단하였다. 즉 라이프치히 지방법원은 저작권보호는 저작자의 창작과 동시에 발생하지만 디자인보호는 디자인등록요건을 만족하여 등록함으로써 보호가 이루어진다고 하였다. 그리고 저작권법과 디자인법의 양자의 체계에 따르면 창작적인 성과는 보호되지만 그 구별은 단계적인 성격을 가진다고 판단하였다. 따라서 디자인법은 단지 디자인의 특징(Eigentümlichkeit)을 충족시키는 데 반해서, 저작권의 발생을 위해

288) LG Leipzig, Urteil vom 23. 10. 2001 – 5 O 5288/01, 'Hirschgewand'.

서는 디자인 보호요건을 명백하게 넘어서는 예술적 창작성의 정도(Gestaltungshöhe)가 필요하다고 판단하였다. 즉 저작물은 확실한 개성(Individualität)을 드러내야 하며, 저작물은 이 개성을 일상적인 것보다 두드러지게 해야 하고 이 개성은 예술가의 인격적 정신을 통해서 각인되어야 한다고 판단하였다. 라이프치히 지방법원은 응용미술의 경우 보호의 한계는 더 높아야 하며 보호요건도 최소한의 보호(Schutz der "kleinen Münze")보다 더 높아야 하는 것은 독일연방대법원에 의하여 확립된 판례법이라고 하였다.289) 따라서 라이프치히 지방법원은 패션 창작의 경우 유행에 맞는 트렌드와 형태를 단순히 추가로 발전시키거나 이미 알고 있는 것과 결합하는 것은 저작권보호를 받기에 충분하지 않다고 판단하였다. 그리고 오트쿠튀르 모델뿐만 아니라 기성복의 모델도 저작권보호를 받을 수 있다는 것은 이미 코트모델(Mantelmodell) 사건 판결에서 확인되었다고 판단하면서도 패션의 창작성과 관련한 저작권 보호의 한계가 무한정 높아져서는 안 된다고 판시하였다.290)

원고의 사슴모양 드레스에 대한 창작성 판단과 관련하여 라이프치히 지방법원은 원고의 고품질 직물로 만든 오트쿠튀르 드레스는 이브닝 옷을 위한 매우 특이한 직물을 사용하여 끈을 사용한 디자인에 으르렁 거리는 수사슴의 키치적인 모티프를 묘사함으로써 이전까지 결코 존재하지 않았고, 종래의 일상적인 패션제품을 뛰어넘는 드레스를 창작하였다고 판단하였다. 또한 원고 드레스의 재단(cutout)은 패션산업에서 보통 적용되는 형태를 뛰어넘지는 못하였지만 드레스 디자인은 예술적 가치를 부여하기에 충분하다고 판단하였다. 따라서 라이프치히 지방법원은 원고의 드레스가 개인의 지적인 창작물로 여겨지는데 필요한 개성을 가졌다고 판단하고 원고 드레스의 패션디자인은 저작권 보

289) Id.

290) LG Leipzig, Urteil vom 23. 10. 2001 – 5 O 5288/01, Dresden Higher Regional Court, January 15, 2002 – 14 U 2752/01, 'Hirschgewand': 피고의 항소는 드레스덴 고등지방법원에 의하여 기각되었다.

호대상이라고 판결하였다.[291]

결론적으로 라이프치히 지방법원은 피고가 원고의 드레스를 볼 수 있는 사진을 자신의 전시용 팸플릿에 무단이용 함으로써 독일 저작권법 제16조 제1항의 복제권과 제17조 제1항의 배포권을 침해하였다고 판결하였다. 또한 성명표시권은 원본뿐 아니라 복제물에도 적용되기 때문에 피고는 제13조에 따른 원고의 성명표시권도 침해하였다고 판결하였다.[292]

4. 단계이론 포기

2013년 독일연방대법원은 '생일열차(Geburtstagszug)' 사건[293]에서 종래 독일연방대법원이 이른바 '엉겅퀴풀 모양의 귀걸이(Silberdistel)' 사건에서 설시한 바 있는 응용미술에 관한 상대적으로 고도한 저작권 보호기준인 '단계이론'을 명시적으로 포기하였다. 즉 응용미술의 저작물성 판단에 있어서 더 이상 "고도의 조형성" 내지 "형태형성의 고도성" 기준을 요구하지 않음으로 2004년 6월 1일 시행된 독일디자인법 개정의 취지와 부합하는 판결을 하였다.

현재 독일 저작권법의 해석론은 순수미술과 응용미술의 구별 내지 저작권법과 디자인법의 중첩적 보호에 대한 조정을 더 이상 고려하지 않고 있다. 따라서 독일연방대법원은 '생일열차' 사건에서 종래의 단계

291) Wulf, Alexander, "A Comparative Approach to the Protection of Fashion Innovations", Berkeley Center for Law and Technology, University of California, Berkeley, 2007, p. 14.

292) LG Leipzig, Urteil vom 23. 10. 2001 – 5 O 5288/01, 'Hirschgewand'.

293) BGH GRUR 2014, 175 – Geburtstagszug Urteil vom 13. 11. 2013 – I ZR 143/12: 독일연방대법원은 목재로 만든 생일열차 도안과 생일카라반 도안이 응용미술임을 전제로 응용미술의 저작물성을 긍정하는 취지의 판단을 하였다. 이후 파기환송심인 슐레스비히 고등법원에서는 생일카라반 도안에 대해서만 저작물성을 인정하였다. 사건의 상세는 차상육, "독일판례상 응용미술의 보호 – 저작권법을 중심으로 –", 계간저작권 제34권 제1호(통권 제133호), 한국저작권위원회 (2021), 142-150면 참조.

이론을 명시적으로 포기한 이래, 응용미술에 대해서도 순수미술과 마찬가지로 '작은 동전'(Kleine Münze)[294] 기준에 의하여 저작물성 내지 창작성 여부를 판단하고 있다.[295] 이와 같은 독일연방대법원의 태도는 프랑스의 '미의 일체성 이론'과 같은 입장을 취한 것이라고 할 수 있다.

Ⅳ. 부정경쟁방지법에 의한 패션디자인의 보호

패션디자인은 독일 부정경쟁방지법(Unlauterer Wettbewerb-Gesetz: UWG)을 통하여도 보호받을 수 있다. 다만 독일에서 패션디자인의 보호는 저작권법이나 디자인법을 통하여 주로 이루어지기 때문에 여기서는 법의 개요 중심으로 관련된 사건과 함께 간단하게 소개하는 것으로 한다.

독일은 1880년 독일연방대법원이 법에 의하여 금지된 것 외에는 모두 허용한다고 하며 부정경쟁방지법에 대하여 민법상 불법행위법을 적용하지 않았다. 따라서 1896년에 프랑스 판례법을 참조하여 부정경쟁방지법을 제정하고 곧이어 1909년에 개정을 통하여 부정경쟁행위의 일반조항을 규정하였다.[296] 그러한 일반조항은 민법상 불법행위 조항

---

294) 독일의 유명한 지적재산권학자 엘스터에 의하면 저작권의 객체와 관련하여 "창작된 것은 큰 돈이건 작은 동전이건 이를 묻지 않는다."에서 유래된 것으로 형태형상 고도성과 관련하여 이의 최하한선에서 보호를 받을 수 있는 정신적 창작물을 총칭하는 개념이다: 이호흥, 앞의 논문, 98면 (주 205) 참조: '작은 동전'(Kleine Münze) 이론은 음악저작물이나 언어저작물 그리고 순수미술저작물 등 저작물의 종류와 관계없이 형태상 최소한의 창작성이 있으면 족하다는 저작물성 판단기준을 말한다. 독일 저작권법상 저작물성 판단에 있어서 적용되는 일반적 기준이라 할 수 있다. 차상육, "글자체 디자인(서체도안)의 저작권법상 보호", 계간저작권 통권 제127호, 한국저작권위원회 (2019), 102면 (주 29).

295) 차상육, "응용미술의 저작권법상 보호에 관한 연구", 박사학위논문, 한양대학교 (2010), 101-102면 참조.

296) 나종갑, "부정경쟁방지법의 본질론과 무임승차 행위의 한계 – 한 우산속 바람꽃, 너도바람꽃, 나도바람꽃 –", 산업재산권 제53호, 한국지식재산학회 (2017), 46면 참조.

과 유사하게 포괄적으로 새로운 유형의 부정경쟁행위를 규제하면서도 경쟁의 자유를 인정해줄 영역을 구분하기 위한 기준이 필요하였다. 따라서 독일 법원은 법의 규제가 적용되지 않는 모방행위는 원칙적으로 허용하되 '특별한 사정(besondere Umstände)'이 존재하는 경우에만 부정경쟁행위로 인정하기로 하였다. 즉 해당 행위가 부정경쟁행위로서 다른 경쟁자의 이익을 침해하거나, 소비자의 이익을 침해하거나, 공중의 이익을 침해하는 경우를 '특별한 사정'으로 인정하였는데, 특히 모방행위와 관련하여 '특별한 사정'으로 인정된 행위들로는, 출처의 오인혼동행위, 부정한 방법으로 정보를 취득한 행위, 배임행위를 통한 모조품의 제작행위, 명성이나 평판의 훼손행위, 경쟁자를 방해하기 위해 고의적으로 유사제품을 염가에 판매하는 행위 등이다.[297) 독일은 2004년 7월 8일부터 신 부정경쟁방지법을 시행하고 있으며 2019년 4월 18일에 개정되어 현재 시행 중이다. 이하에서는 현행 독일 부정경쟁방지법에 대하여 살펴본다.

독일 부정경쟁방지법은 제1장 제1조에서 경쟁사, 소비자 및 기타 시장 참여자를 불공정한 상업적 행위로부터 보호하고 동시에 왜곡되지 않은 경쟁에 대한 일반 대중의 이익을 보호하기 위한 것을 법의 목적으로 하고 있다고 규정하고 있다. 앞서 저작권법 사례에서 살펴본 '블랙베리 패턴(Brombeer-Muster)' 사건 판결에서 독일연방대법원은 "특별한 보호권이 없는 패브릭 샘플의 복제 및 활용은 샘플이 계약 협상과정에서 침해자에게 위임되고 협상 실패 후 그가 악용하는 경우 부정경쟁방지법 제1조의 의미 내에서 일반적으로 부정경쟁한행위로 간주되어야 한다고 판결하였다.[298)]

앞서 살펴본 '셔츠드레스(Hemdblusenkleid)' 사건에서 독일연방대법

297) 이규홍, "부정경쟁방지법 제2조 제1호 차목(변경 후 카목)에 대한 연구", 정보법학, Vol. 22, No. 2, 한국정보법학회 (2018), 67면 참조.
298) BGH Urteil vom 27. 01. 1983 – I ZR 177/80.

원은 패션의 모방품에 대한 부정경쟁방지법상 보호쟁점에 대한 판결을 하였다. 독일연방대법원은 먼저 이 사건의 '셔츠드레스'모델은 맞춤 분야의 기술만 드러나고 저작권 보호를 위하여 필요한 개인의 지적창작은 나타나지 않았기 때문에 저작권 침해에 대한 손해배상 청구는 인정되지 않는다고 판단하였다. 따라서 특별법에 의하여 보호되지 않는 혜택을 모방하는 것은 특정한 추가 상황에서만 부정경쟁한 것이라고 판시하며 셔츠드레스 사건에서는 부정경쟁방지법상 제1조의 의미내의 부정경쟁은 없다고 판결하였다. 독일연방대법원은 피고의 디자인이 원고의 셔츠드레스 디자인을 모방한 것인지 비교한 후 두 디자인은 곡선, 체크, 셔츠의 깃과 소맷동의 가장자리가 다르다고 보고 피고의 모방은 노예적 모방(sklavische Nachahmung)이 아니라고 판단하였다. 또한 피고의 모방이 패션의 참신함을 모방하는 관점에서 부도덕한 것으로 가정할 수 없다고 판단하였다. 특히 정장복은 전형적인 패션의 참신함을 가지기 보다는 소위 클래식한 디자인으로 한 시즌에만 국한되어 판매되지 않는다고 판단하였다. 결론적으로 셔츠드레스 사건에서 독일연방대법원은 피고의 부정경쟁행위는 인정되지 않는다고 판결하였다.[299)]

V. 소 결

이상으로 독일의 저작권법, 디자인법 그리고 부정경쟁방지법을 통한 패션디자인의 보호에 대하여 각 법의 연혁을 중심으로 관련 판례와 함께 살펴보았다.

독일 저작권법상 패션디자인은 조형미술저작물인 응용미술저작물로 인정 되면 저작권 보호를 받을 수 있다. 예컨대 코트모델(Mantelmodell) 사건과 사슴모양 드레스(Hirschgewand) 사건에서 독일연방대법원은 여

---

299) BGH 10. 11. 1983 I ZR 158/81 'Hemdblusenkleid'.

성용 코트를 위한 스케치디자인과 드레스의 저작물성을 인정하였다. 그러나 상기 판결 이후에도 독일 법원이 저작권의 보호대상인 응용미술에 대하여 디자인권의 보호대상인 응용미술보다 상대적으로 고도의 미적창작성을 요구하는 단계이론을 채용하고 있었기 때문에 패션디자인의 저작권보호가 항상 인정된 것은 아니다.

2013년 독일연방대법원은 '생일열차' 사건에서 응용미술의 저작물성 판단에 더 이상의 고도의 조형성 내지 형태형성의 고도성 기준을 요구하지 않음으로 단계이론을 명시적으로 포기하였다. 이와 같은 결과는 독일이 2004년 디자인법을 시행하면서 디자인의 보호요건으로 기존의 독창성이 아닌 독자성을 요구하며 저작권법에서 응용미술에 대한 보호요건을 다른 저작물 유형과 마찬가지로 저작물성에 대한 일반적인 기준과 동일하게 설정한 것이기 때문이라고 할 수 있다. 또한 프랑스의 미의 일체성 이론과 같은 입장을 독일연방대법원이 취한 것으로도 볼 수 있다. 따라서 현재 독일에서 패션디자인의 저작권 보호요건은 종전 단계이론이 적용되었을 때와 비교하여 문턱이 낮아졌다.

한편 독일 저작권법이 응용미술의 저작물성 판단에 적용한 단계이론의 고도한 창작성 기준은 1986년 우리 저작권법의 응용미술작품의 저작물성 판단기준인 '독립적인 예술적 특징과 가치'에 대하여도 영향을 준 것이라는 견해가 있다. 그러나 우리 저작권법에서 요구한 '독립적인 예술적 특징과 가치' 기준은 독일의 단계이론에서 요구하는 고도의 미적창작성이기 보다는 그 예술적 수준의 높고 낮음과 관계없이 독자적인 미적감상의 대상으로 삼을 수 있는 특징과 가치를 가진다는 의미라고 본다.

이와 같이 독일은 2013년 생일열차 사건 판결을 통하여 종전의 단계이론을 명시적으로 포기하였고, 일본은 패션디자인 사건은 아니지만 TRIPP TRAPP 의자 사건에서 독일의 단계이론과 해석상 상응하는 종래의 순수미술동일시설을 부정하고 일본 판례로서 처음으로 비구별설을 채택하여 의자디자인의 저작물성을 긍정하였다. 한편 우리나라는 2000년 개정저작권법상 응용미술저작물의 보호요건으로 분리가능성과 독자성을 명시적으로 규정한 이후 직물디자인을 포함한 패션디자인의 저작물성 판단에 더 이상 독일 단계이론의 고도한 창작성 기준을 채택하지 않고 있다.

제6절 미 국

I. 패션디자인의 법적 보호

미국에서 패션디자인은 저작권법(Copyright Law), 특허법(Design Patent) 그리고 상표법(Trademark Law) 등에 의하여 보호받을 수 있다. 먼저 패션디자인이 특허법의 디자인특허로 보호받기 위해서는 디자인이 신규성, 비자명성,[300] 장식성 그리고 비기능성의 요건을 만족해야 한다. 그러나 시대를 반영하며 과거의 유행이나 선행디자인에서 영감을 얻어 새롭게 창작되는 패션디자인이 신규성과 비자명성을 만족시키기는 특히 어렵다. 또한 디자인특허로 등록되기까지 많은 비용과 시간이 소요되는 점은 짧은 제품 수명주기를 가지고 유행에 민감한 패션디자인의 보호에는 실무적인 면에서는 적당하지 않은 면이 있다.

상표법의 경우에는 상표로 등록이 되면 반영구적인 보호가 가능하지만 패션디자인이 식별성과 비기능성을 갖추어야 상표법의 보호를 받을 수 있다. 그러나 식별력을 취득하는 데에도 많은 시간과 비용이 소요된다. 그리고 상표법에서는 상품의 출처(source)를 나타내는 로고와 이름은 보호하지만 상표의 미적이고 장식적인 요소에 대하여는 보호가 확립되어 있지 않다.

또한 패션디자인은 연방상표법인 랜햄법(Lanham Act)상 트레이드 드레스(Trade Dress)에 의하여도 보호받을 수 있다. 트레이드 드레스는 상품의 전체적인 이미지와 인상으로서[301] 제품의 외관이 하나의 출처를 표시하는 상표로서의 기능을 해야 하고, 기능적이지 않아야 하며,

300) 비자명성(Non-Obviousness)은 우리 특허법상 진보성 개념과 동일한 의미이다.
301) Two Pesos, Inc. v. Taco Cabana, Inc., 932 F.2d 1113, 1118 (CA5 1991): "The 'trade dress' of a product is essentially its total image and overall appearance."

본질적인 식별력을 가지거나 사용에 의한 식별력(secondary meaning)을 취득해야 한다.[302] 1946년 미국 연방상표법 제정 시에는 트레이드 드레스에 대한 명시적인 규정이 없었으며 트레이드 드레스가 전통적 의미의 상표의 개념에는 속하지 않으므로 법원의 판례에 의하여 보호되었다. 그러던 중 1988년 미국 의회가 판례법으로 축적한 트레이드 드레스 법리를 반영하여 연방불공정행위를 규정한 랜햄법 제43조(a)를 전면개정하면서 트레이드 드레스 보호의 근거가 명시적으로 마련되었다.[303] 이후 연방대법원은 Two Pesos, Inc. v. Taco Cabana, Inc 사건[304]에서는 Taco Cabana의 트레이드 드레스를 상표와 같이 취급하여 본질적으로 식별력이 있는 트레이드 드레스는 이차적 의미의 입증이 없이 보호받을 수 있다고 판결하였고, Wal-Mart Store, Inc. v. Samara Brothers, Inc. 사건[305]에서는 상품의 디자인은 본질적으로 식별력을 가질 수 없으므로 이차적 의미를 입증해야 보호할 수 있다고 다른 취급의 판결을 하였다. 그리고 연방대법원은 TrafFix 사건[306]을 통하여 트레이드 드레스 보호의 확장을 경고하였다. 그럼에도 제2순회항소법원은 Louboutin 사건에서 대법원의 경고를 무시하고 여성용 힐의 밑창부분이 빨간색(red sole)으로 유명한 크리스챤 루부탱(Christian Louboutin) 구두 밑창의 빨간색 부분을 트레이드 드레스의 보호대상으로 인정하였다. 따라서 루부탱 구두 밑창의 빨간색과 동일한 빨간색을 구두 전체에 사용한 입생로랑(Yves Saint Laurent)은 루부탱 구두의 트

---

302) 국내의 트레이드 드레스와 관련된 선행문헌으로는 이상정, "트레이드 드레스 보호에 관한 미국연방대법원의 월마트 판결과 트라픽스 판결에 관한 소고", 창작과 권리 제27호, 세창출판사 (2002), 40-54면; 계승균, "우리나라에서 트레이드 드레스의 법적 보호에 관한 연구", 산업재산권 제42호, 한국산업재산권법학회 (2013), 43-77면 참조.

303) 나종갑, 미국상표법연구, 도서출판 글누리 (2006), 382-385면 참조.

304) Two Pesos, Inc. v. Taco Cabana, Inc., 932 F.2d 1113, 1118 (CA5 1991).

305) Wal-Mart Stores v. Samara Bros. 529 U.S. 205 (2000).

306) TrafFix Devices, Inc v. Marketing Displays, Inc., 532 U.S. 23 (2001).

레이드 드레스를 침해하지 않았다고 판결하였다.[307] Louboutin 사건의 항소심인 제2순회항소법원의 판결은 패션산업에서 제품디자인을 보호하기 위하여 트레이드 드레스를 확장한 판결로 해석할 수 있다.[308] 그러나 트레이드 드레스는 패션업계의 신진 디자이너들이나 소규모 영세한 패션하우스의 디자이너들이 패션디자인 보호를 위하여 접근하기에 쉬운 보호법은 아니다.

한편 저작권에 의한 보호는 패션디자인의 창작과 동시에 자동으로 권리가 발생하며 디자인특허나 상표와 비교하여 낮은 등록비용으로 저작자의 생존기간과 사후 70년간 장기간의 권리를 보호받을 수 있는 장점이 있다. 패션디자인이 미국 저작권법의 보호대상이 되기 위해서는 독창성을 가진 창작물로서 유형의 매체에 고정될 것이 요구된다. 이 경우 독창성은 디자인특허의 요건처럼 현저하게 독특하거나 새로운 것일 필요는 없고[309] 디자인이 다른 저작물에서 복제되지 않고 저작자에 의해 독자적으로 만들어졌으며 적어도 최소한의 창작성만 갖추면 된다.[310] 따라서 텍스타일에 디자인이 인쇄되거나 패턴디자인이 구성된 직물디자인 그리고 레이스디자인으로 구성된 2차원의 직물디자인은 미국 저작권법의 보호를 받을 수 있다.[311] 그러나 미국의 경우 의류를 주로 실용품으로 간주하기 때문에 3차원의 의류디자인은 미국 저작권법 제101조에 규정되어 있는 분리가능성 기준을 통과해야 저작물로

---

307) Christian Louboutin S.A. v. Yves Saint Laurent Am. Holdings, Inc., 696 F.3d 206 (2d Cir. 2012).

308) Giles, Shayna, "Trade Dress: An Unsuitable Fit for Product Design in the Fashion Industry", 223. 225 (2015). Available at SSRN: https://ssrn.com/abstract=2715146.

309) Peter Pan Fabrics, Inc. v. Acadia Company. 173 F.Supp. 292,299 (S.D.N.Y. 1959); Alfred Bell & Co. v. Catalda Fine Arts, Inc., 191 F.2d 99, 102-103 (2d Cir. 1951).

310) Feist Publications, Inc. v. Rural Tel. Serv. Co.,499 U.S. 340,345 (1991).

311) 박형옥, "직물디자인의 미국 저작권법상 보호에 관한 판례 검토", 산업재산권 제60호, 한국지식재산학회 (2019), 346-363면 참조.

인정받을 수 있다. 즉, 의류의 디자인이 해당 의류의 실용적인 면과 별도로 식별될 수 있고 독립적으로 존재할 수 있는 회화, 그래픽 또는 조각의 특징을 가지는 경우에만 회화, 그래픽, 또는 조각저작물로 인정되어 저작권 보호를 받을 수 있다.

2017년 미국 연방대법원은 치어리더 유니폼 사건인 Star Athletica, L.L.C. v. Varsity Brands, Inc. 사건[312]에서 "실용품의 디자인에 포함된 특징이 실용품과 분리되어 2차원 또는 3차원 미술저작물로 인식될 수 있고, 그 자체 혹은 다른 유형의 매체에 고정될 때 실용품의 디자인 특징이 통합된 실용품으로부터 분리되어 관념된다(imagined)면 회화, 그래픽, 조각저작물로 보호받을 수 있다"고 판결하면서 하급심의 분리가능성에 대한 통일적 기준을 제시하였다. 그리고 이어지는 패션디자인의 하급심 판례에서는 연방대법원의 치어리더 유니폼 판결의 법리를 인용하여 패션디자인의 저작물성을 긍정하고 있다. 따라서 미국에서는 저작권법을 통한 패션디자인의 보호가 패션디자이너나 패션기업에게 가장 적합한 수단이다. 따라서 본 절에서는 패션디자인의 보호에 대하여 다른 법제보다 판례축적이 더 잘된 저작권법을 중심으로 살펴본다. 그리고 디자인특허에 대해서는 기본적인 개요만 살펴보고 트레이드 드레스에 대하여는 다루지 않기로 한다.

Ⅱ. 저작권법에 의한 패션디자인의 보호

1. 패션창작자들의 길드와 디자인불법복제금지법안

1932년 미국에서는 카르텔인 "패션 창작자들의 길드(Fashion Originators' Guild)"가 설립되어 디자이너들의 스케치를 등록해주고 유통업체와 제조업체들은 창작물만 취급하겠다는 '협력선언'에 서명하였으며,

312) Star Athletica, L.L.C. v. Varsity Brands, Inc., 137 S. Ct. 1002 (2017).

선언을 준수하지 않는 소매 업체는 보이콧의 대상이 되었으며 보이콧 대상이 되는 매장과 거래하는 길드 회원에게는 벌금이 부과되었다. 그러나 1941년 대법원이 '패션 창작자들의 길드'와 연방 무역위원회와의 소송에서 길드의 관행을 셔먼법(Sherman Act)과 클레이튼법(Clayton Act)을[313] 위반한 불공정경쟁 행위로 판결하였다. 따라서 '패션 창작자들의 길드'는 패션디자인의 불법복제로부터 지적재산권을 위한 효과적인 대안이었지만 활동이 종결되었고 그 이후로 패션디자인은 미국 법률에 의해 보호받지 못하는 채로 남아 있게 되었다.[314]

한편 미국에서는 패션디자인이 기본적으로 실용품의 영역이고 패션디자인의 모방과 복제가 디자이너들에게 유익한 것이며 패션산업계의 혁신과 이익을 창출한다는 주장이 저작권 '침해의 역설(piracy paradox)' 주장자들[315]을 중심으로 만연해 왔다. 그러나 그러한 환경 속에서도 패션디자이너들의 권리보호와 창작물의 법적보호를 위한 입법적 시도를 하거나 관련 법률을 강화하려는 등의 노력은 계속되어져 왔다. 즉, 1914년 의회가 패션 디자인의 법적 보호를 촉진하는 약 70개의 법안을 검토하여온 이래[316] 2006년도 3월 30일에 미국 패션디

313) 미국의회는 1890년 첫 번째 독점 금지법인 셔먼법을 통과시켰다, 그것은 자유롭고 제한받지 않는 경쟁을 유지하는 것을 목적으로하는 포괄적인 경제자유헌장이다. 그리고 1914년에 의회는 추가로 FTC를 만든 연방 거래위원회 법(Federal Trade Commission Act)과 클레이튼법(Clayton Act)을 추가적인 독점 금지법으로 통과시켰다: https://www.ftc.gov/tips-advice/competition-guidance/guide-antitrust-laws/antitrust-laws, (2021.10.07. 최종접속).

314) Kal Raustiala and Christopher Sprigman, The Piracy Paradox: "Innovation and Intellectual Property in Fashion Design", Virginia Law Review, Vol. 92 (2006), pp. 1697-1698.

315) Kal Raustiala and Christopher Sprigman, The Piracy Paradox: Innovation and Intellectual Property in Fashion Design, Virginia Law Review Vol. 92 (2006).

316) Susan Scafidi, "Intellectual Property and Fashion Design", 1 Intellectual Property And Information Wealth, 2006, pp. 119-121, for a discussion of the most important acts considered by Congress over the twentieth century; Guillermo Jimenez, Barbara Kolsun, Fashion Law, Carolina Academic Press, 2016, p. 341.

자이너협회[317] 주도로 1976년도 저작권법의 제13조를 수정하여 저작권법의 보호범위를 의류와 핸드백, 지갑 등의 액세서리를 포함하는 패션디자인으로 확대하기 위한 '디자인불법복제금지법(Design Piracy Prohibition Act, DPPA)'안을[318] 하원에 제출하였다. 그러나 법안은 하원 본회의를 통과하지 못하고 2007년[319]과 2009년[320]에도 다시 하원에 제출하였지만 모두 입법화 되지 못하고 폐기되었다.[321]

가장 최근에 제출된 법안인 2012년 '혁신적인 디자인 보호법(Innovative Design Protection Act of 2012: IDPA)'[322]안도 상원에 제출되었지만 통과되지 못하였다.

2. 직물디자인과 드레스디자인의 보호

1954년 연방대법원이 응용미술에 대한 저작권 보호가능성을 확대해준 Mazer v. Stein 판결[323] 이후 미국 법원들은 직물디자인(fabric designs)과 드레스디자인(dress designs)을 구분하여 직물디자인은 저작권법에서 보호하고 드레스디자인은 저작권법에서 보호하지 않았다.[324] 직물디자인은 1909년 미국 저작권법 하에서는 미술저작물(Works of art)과 인쇄물(Prints)로서 보호되었다.[325] 예컨대 Peter Pan Fabrics,

---

317) CFDA: Council of Fashion Designers of America.

318) Design Piracy Prohibition Act, H.R.5055 – 109th Congress (2005-2006).

319) Design Piracy Prohibition Act, H.R.2033 – 110th Congress (2007-2008).

320) Design Piracy Prohibition Act, H.R.2196 – 111th Congress (2009-2010).

321) DDPA와 관련한 상세는 차상육, "패션디자인 보호를 둘러싼 분쟁양상과 법적 쟁점", 산업재산권 제32호, 한국지식재산학회 (2010), 249-250면(주 28) 참조.

322) Innovative Design Protection Act of 2012, S. 3523, 112th Cong. (2012).

323) Mazer v. Stein, 347 U.S.201 (1954); 판결의 상세는 차상육, "응용미술의 저작권법상 보호에 관한 연구", 박사학위논문, 한양대학교(2010), 25-27면 참조.

324) Peter Pan Fabrics, Inc. v. Martin Weiner Corp. 274 F.2d 487 (2d Cir. 1960); Folio Impressions, Inc. v. Byer Cal., 937 F.2d 759, 763 (2d Cir. 1991); Knitwaves, Inc. v. Lollytogs Ltd., 71 F.3d 996, 1002 (2d Cir. 1995); Folio Impressions, Inc. v. Byer Cal., 937 F.2d 759, 763 (2d Cir.1991); Varsity Brands, Inc. v. Star Athletica, LLC, 799 F.3d 468, 492 (6th Cir. 2015).

Inc. v. Brenda Fabrics, Inc. 사건에서 뉴욕남부지방법원은 원고의 드레스용 직물위에 인쇄된 비잔티움 스타일의 장식 디자인은 미술저작물과 인쇄물의 범주 모두에 해당이 되어 저작권법의 보호대상이 된다고 판결하였다.[326] 이하에서는 직물디자인과 드레스디자인의 차이를 살펴보고 직물디자인의 저작물성이 쟁점이 되었던 사건들을 살펴본다.

1) 직물디자인과 드레스디자인의 구분

직물디자인은 완성된 드레스와 같은 의류의 직물 위에 일정한 무늬가 반복적으로 표현되거나 아니면 장미꽃 같이 단일의 객체로 표현되는 요소들로 인쇄된(imprinted) 디자인을 보통 일컫는다. 반면, 드레스디자인은 직물을 완성된 드레스 또는 의류로 제작하기 위한 모양, 스타일, 절단 및 치수를 설명하는 디자인으로서 의류의 실용적인 면으로부터 물리적으로 혹은 관념적으로 분리하는 것이 불가능한 디자인을 말한다.[327] 의류에서 목선의 형태, 소매 스타일, 치마 형태나 주머니같은 디자인의 구성요소들 역시 의류의 실용적인 부분과 불가분하게 연결되어 분리될 수 없거나 독립하여 존재할 수 없는 의류의 구성요소들로 저작권법의 보호대상이 아니다.[328]

미국연방대법원의 치어리더 유니폼 디자인에 대한 판결에서 다수의견은 Varsity Brands사가 자사의 치어리더 유니폼의 표면에 포함된 그래픽 디자인의 복제만을 금지할 수 있을 뿐 Varsity Brands사의 치어리더 유니폼과 동일한 모양(shape), 스타일, 절개선(cut)과 면적

---

325) 1909년 미국 저작권법: https://www.copyright.gov/history/1909act.pdf; 17 U.S.C.A. § 5(a-m, g, k): (g) Works of art; models or designs for works of art; (k) Prints and pictorial illustrations.

326) Peter Pan Fabrics, Inc. v. Brenda Fabrics, Inc.. 169 F.Supp. 142,143 (S.D.N.Y. 1959).

327) Melville B. Nimmer, David Nimmer, Nimmer On Copyright, Vol. 1, Matthew Bender, 2004; Varsity Brands, Inc. v. Star Athletica, L.L.C. 799 F.3d 468,492 (6th Cir. 2015).

328) 17 U.S.C. § 101; Varsity Brands, 799 F.3d 492.

(dimentions)의 유니폼 제작을 금지할 권리는 없다고 판시함으로써 저작권이 유니폼 전체로 확대되는 것은 아님을 분명히 하였다.[329] 이러한 미국연방대법원의 태도는 드레스디자인은 저작권법에서 보호하지 않는다는 원칙을 유지한 것이라 할 수 있다.

2) 직물디자인의 저작물성 판단

직물디자인의 저작물성이 인정되려면 음악저작물이나 어문저작물 등 다른 유형의 저작물과 마찬가지로 직물디자인에 독창성이 존재하여야 한다. 미국 저작권법에서 사용되는 용어인 독창적인(original)의 의미는 저작물이 다른 저작물에서 복제되지 않고 저작자에 의해 독자적으로 만들어졌으며 적어도 최소한의 창작성을 갖춘 것을 뜻한다.[330] 다음에서는 직물디자인과 관련한 사례를 살펴본다.

3. 직물디자인 판례

1) Peter Pan Fabrics, Inc. v. Acadia Company, Inc. 사건

이 사건은 Peter Pan Fabrics(이하 '원고')사의 직물디자인의 저작물성이 쟁점이 된 사건으로 비잔티움(Byzantium) 스타일의 회화를 천위에 복제하여 미술저작물의 복제물로 저작권 등록을 한 원고의 직물디자인을 피고 Acadia Company(이하 '피고')가 원고 직물디자인의 디테일한 부분만 약간 변형하여 유사한 직물디자인으로 제작하여 낮은 가격으로 업체에 제공한 것에 대하여 원고가 저작권 침해의 소를 제기한 사건이다.[331]

---

329) 580 US_2017. opinion of the court, at 12; 김원오, "패션디자인의 저작권 보호를 위한 미국의 분리가능성 요건 – 미연방대법원의 Star Athletica v. Varsity Brands 사건 판결 평석을 중심으로 –", 산업재산권 제55호, 한국지식재산학회(2018), 246면.

330) 17 U.S.C.A. §101 et seq.

331) Peter Pan Fabrics, Inc. v. Acadia Company. 173 F.Supp. 292 (S.D.N.Y. 1959);

제1심 법원인 뉴욕남부지방법원은 원고의 직물디자인은 비잔틴과 그리스의 모티브와 유물들의 특징들을 전체적인 패턴과 독특한 특징들에 있어서 매우 복잡하고 정밀하게 독창적으로 표현하였다고 인정하며 직물디자인의 저작물성을 인정하였다.[332] 특히 저작물성 판단에서 요구되는 독창성은 저작물이 현저하게 독특하거나 새로운 것일 필요가 없으며 저작자는 저작물에 단순한 사소한 변형을 넘어서 자신이 한 것임을 알아볼 수 있도록 기여를 해야 하며, 독창성은 사실적 복제를 금지하는 것 이상을 의미하지는 않는다고 판시하였다.[333]

이어 항소심인 제2순회항소법원에서 Hand 판사는 관찰자의 심미적인 감각이 영향을 주는 디자인과 관련한 사건의 저작권 침해에 대한 테스트는 훨씬 더 모호하기 때문에 테스트의 질문내용을 결정함에 있어서 디자인이 의도하는 용도를 고려해야 하며 특히 관찰자가 사용하는 것과 같은 정밀한 조사가 고려되어야 한다고 하였다. 그리고 소송에서 법원은 직물이 의류로 만들어질 때 그것의 전체적인 외관이 어느 범위까지 그것의 심미적 매력을 결정지을지를 추정해야 한다고 하였다. 이러한 전제하에 Hand 판사는 "원고와 피고의 디자인이 같은 색상, 아치, 소용돌이무늬, 심벌의 열 등을 가지고 있으며, 유사한 부분이 있지만 두 디자인의 패턴이 전체적으로 동일하지 않다. 그러나 통상의 관찰자가 두 디자인을 간과해서 볼 때에 동일한 심미적 느낌을

본사건의 원고들은 Peter Pan Fabrics사와 Henry Glass사이고 피고들은 Acadia사와 Martin Weiner사이지만 편의상 원고는 Peter Pan Fabrics사를 피고는 Acadia사만을 칭하기로 한다. 그리고 이사건의 원고와 피고는 여성의 드레스를 제조하는데 사용되는 텍스타일을 컨버터 해주는 업자들이다. 컨버터(converter)는 생지(색을 입히지 않은 천)를 구입하여 그 위에 장식적인 디자인을 인쇄한 후 드레스 제조업자들에게 텍스타일을 판매하는 사람들이다.

332) Peter Pan Fabrics, Inc. v. Acadia Company. 173 F.Supp. 292, 299-300 (S.D.N.Y. 1959); 박형옥, "직물디자인의 미국 저작권법상 보호에 관한 판례 검토", 산업재산권 제60호, 한국지식재산학회 (2019), 337-338면 참조.

333) Peter Pan Fabrics, 173 F.Supp. 299; Alfred Bell & Co. v. Catalda Fine Arts, Inc., 191 F.2d 99, 102-103 (2d Cir. 1951) (Frank, J.); 권영준, 저작권침해판단론, 박영사 (2007), 17면 주(9).

주는 디자인으로 간주할 것이기 때문에 원고의 디자인은 보호되어야 한다."고 판결하며 1심 법원의 금지명령을 지지하였다.[334]

2) Folio Impressions, Inc. v. Byer Cal. 사건

이 사건은 텍스타일에 패턴디자인이 구성된 직물디자인과 관련된 사건으로, Folio Impressions(이하 '원고')사가 공유에서 가져온 배경으로 제작한 패턴디자인에 있어서 그 구성요소인 패턴의 배경과 장미 그리고 장미의 배열에 대한 저작물성 여부가 쟁점이 되었다.

제1심 법원인 뉴욕남부지방법원의 뉴먼 판사는 원고의 패턴디자인 속 배경은 공유에서 가져온 것이기 때문에 배경을 포함한 장미들이 놓여있는 패턴디자인 자체는 저작권 보호대상이 아니지만 패턴디자인 속 구성 요소인 장미 그 자체의 저작물성은 인정하였다.[335] 이어 항소심인 제2순회항소법원은 원고의 패턴디자인 자체는 직물디자인으로서 저작물성이 인정된다고 하면서도 패턴디자인의 배경의 저작물성은 인정하지 않고 장미와 장미의 배열방식에 대한 저작물성만 인정하였다. 또한 피고 디자이너의 바로크 장미에 대해서도 독자적 창작의 결과물로서 저작물성을 인정하였다.

특히 제2순회항소법원은 원고와 피고의 패턴디자인 사이의 실질적 유사성 판단을 위하여 오로지 시각적 비교에 근거하여 이 사건의 쟁점 대상인 패턴디자인을 포함하는 직물들 각각을 더욱 분별력 있는 "통상의 관찰자"테스트를 적용하여 검토하였다. 그리고 두 패턴디자인에 있어서 배경 위에 장미들이 유사한 직선의 패턴으로 놓여있다고 하더라도 원고의 패턴디자인 속 장미들 각각은 모두 동일한 모양을 하고 있지만, 피고의 바로크 장미 패턴의 장미들 각각은 세부적으로 미묘하게 다르다고 판단하였다. 또한 원고의 장미는 보다 선명하고 뚜렷한 반면

334) Peter Pan Fabrics, Inc. v. Martin Weiner Corp. 274 F.2d 487 (2d Cir. 1960).
335) Folio Impressions v. Byer California, 752 F. Supp. 583 (S.D.N.Y. 1990).

에 피고의 장미는 부드러운 느낌을 준다고 보았다. 따라서 이러한 이유로 제2순회항소법원은 “보통의 문외한(lay)의 관찰자는 복제하였다고 의심되는 작품이 원고의 저작물로부터 이용되었다고 인식하지는 않을 것”336)이라고 판단하였다.

결론적으로 제2순회항소법원은 원고와 피고의 장미가 실질적으로 유사하지 않고 모두 창작적이기 때문에 피고의 ‘바로크 로즈’ 패턴이 원고의 패턴디자인 속 장미와 장미배열에 대한 저작권을 침해하였다고 말할 수 없다고 판결하였다.337) 이 사건 판결은 제2순회항소법원이 저작권 침해의 성립요건인 실질적 유사성 판단을 위하여 전통적인 통상의 관찰자테스트를 적용하고 나아가 오로지 원고와 피고의 패턴디자인에 대하여 시각적 비교에 근거하여 그 구성 요소들을 더욱 분별력 있는 기준을 적용하여 판단하였다는 점에 의미가 있다.

그림 3-1 Folio Impressions v. Byer California 사건

원고 FOLIO'S DESIGN PATTERN #1365	피고 LIDA'S DESIGN PATTERN BAROQUE ROSE #7480
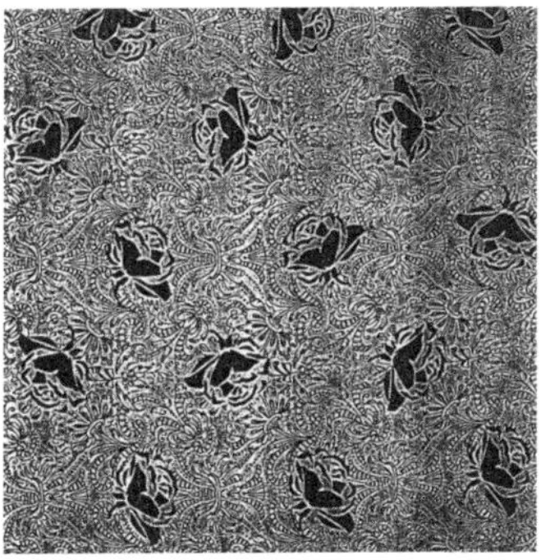	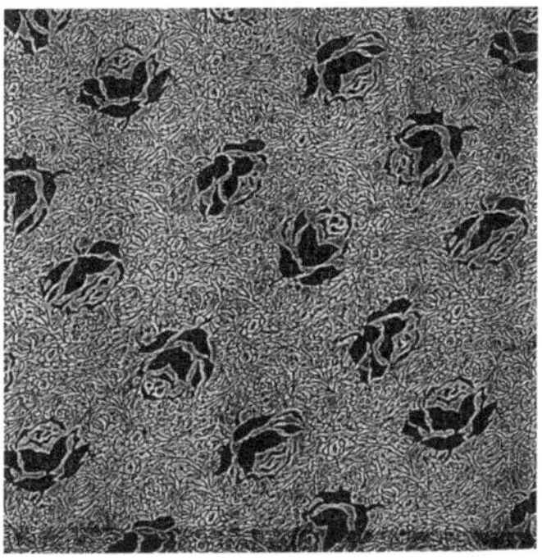

출처: Folio Impressions v. Byer California, 752 F. Supp. 583 (S.D.N.Y. 1990).

---

336) Ideal Toy Corp. v. Fab-Lu Ltd., 360 F.2d 1021, 1022 (2d Cir. 1966); Novelty Textile Mills v. John Fabrics Corp.,558 F.2d 1090, 1093 (2d Cir.1977); Folio Impressions v. Byer California, 937 F.2d 759, 766 (2d Cir. 1991).

337) Folio Impressions v. Byer California, 937 F.2d 759 (2d Cir. 1991).

3) Malibu Textiles, Inc. v. Label Lane International, Inc. 사건

이 사건은 Malibu Texiles, Inc(이하 '원고')사가 Label Lane International, Inc.와 H&M Hennes & Mauritz L.P.(이하 '피고들')를 상대로 원고의 "벵골 시계덩쿨 꽃"의 꽃무늬 레이스 디자인의 불법복제를 주장하며 저작권침해의 소를 제기한 사건이다.[338] 이 사건의 주요 쟁점은 원고의 레이스 디자인의 저작물성 여부와 피고의 원고 레이스 디자인의 침해여부이다.

항소심인 제9순회항소법원은 꽃무늬 레이스 디자인의 "벵골 시계덩쿨 꽃"의 자연적인 모양이 저작권 보호대상이 아니더라도 레이스 패턴에 있어서 꽃무늬 요소들의 독창적인 "선택, 조합, 그리고 배열"[339]은 보호를 받을 수 있다.[340]고 판단하였다. 그리고 직물위에 꽃무늬 디자인에 있어서 꽃잎, 꽃봉오리, 줄기, 잎, 색상 등의 수많은 방법의 조합이 있으므로 직물디자인에 있어서 꽃무늬 요소들을 선택, 조합하고 배열하는 데에 넓은 범위의 표현을 가지기 때문에 두터운 저작권 보호를 받는다고 판시하였다.[341]

이 사건 판결이 가지는 의미는 직물디자인을 구성하는 개별 요소들이 저작권 보호대상이 아니더라도 레이스 디자인에 있어서 꽃무늬 요소들의 독창적인 "선택, 조합, 그리고 배열"은 저작권 보호를 받을 수 있다고 항소심이 인정한 것이다. 즉, 개별 소재가 저작물인지 여부를 불문하고 소재를 선택하고 배열 또는 구성하는데 있어서 창작성이

338) Malibu Textiles, Inc. v. Label Lane International, Inc., 922 F.3d 946 (9th Cir. 2019).

339) 판결문 원문에서는 "selection, coordination and arrangement"라고 표현하고 있다. "선택, 구성, 배열"이라고도 국내 문헌에서는 번역하기도 한다.

340) Label Lane, 668 F. App'x at 803 (citing L.A. Printex, 676 F.3d 850); H&M, 668 F. App'x at 801 (same).

341) L.A. Printex Industries, Inc. v. Aeropostale, Inc., 676 F.3d 850 (9th Cir, 2012).

있다면 편집저작물로서 인정할 수 있는 미국 저작권법 제101조의 편집저작물 법리를 적용한 판결이다. 따라서 우리나라에서 2차원의 직물디자인 자체를 구성하는 개별 요소들의 저작물성이 없는 경우 응용미술품에 적용하는 응용미술저작물의 법리를 적용하지 않더라도 해석론상 미국 저작권법의 편집저작물 법리를 적용한다면 직물디자인의 저작권 보호 범위가 더욱 확대될 것이다.

4. 실용품 디자인의 분리가능성 판단기준

1976년 미국 개정저작권법에서는 1909년 저작권법상 "미술저작물"은 "회화, 그래픽 및 조각저작물"로 대체되었고 "회화, 그래픽, 조각저작물" 안에 응용미술이 포함되었다. 따라서 주로 실용품으로 여겨지는 의류의 디자인이 응용미술로서 저작권법의 보호를 받기 위해서는 저작권법 제101조의 회화, 그래픽 및 조각저작물의 특징을 가지는 2차원 또는 3차원의 요소를 의류의 디자인이 포함하고 있어야 한다. 그리고 그 요소가 의류의 실용적인 면에서 분리되어 인식되고 독립적으로 존재하여야 하는 분리가능성 테스트를 만족해야 한다. 즉, 의류가 아닌 다른 유형의 매체에 고정될 때 회화, 그래픽 및 조각저작물로 인정될 수 있어야 한다. 이하에서는 실용품의 디자인에 대한 저작권 보호를 위한 두 가지 분리가능성 판단기준을 적용하여 그 동안 하급심에서 난무해오던 분리가능성 테스트에 대한 통일적 기준을 제시해준 치어리더 유니폼 사건에 대한 연방대법원 판결과 이후 패션디자인의 저작물성이 쟁점이 된 하급심 판례를 살펴본다.

5. 패션디자인 판례

1) Star Athletica, L.L.C. v. Varsity Brands, Inc. 사건

이 사건은 운동선수와 치어리더를 위한 유니폼을 제작하여 판매하는 Varsity Brands(이하 '원고')가 치어리더 유니폼을 위하여 개발하여 저작권으로 등록한 2차원의 그래픽 디자인 중 5개의 디자인을 경쟁업체인 Star Athletica(이하 '피고')가 원고의 유니폼의 그래픽 디자인과 유사하게 디자인하여 해당 유니폼을 광고한 것에 대하여 원고가 2010년 테네시서부지방법원에 저작권 침해 소송을 제기한 사건이다.

제1심 법원인 테네시서부지방법원은 2014년 3월 원고의 치어리더 유니폼의 그래픽 디자인은 실용품인 치어리더 유니폼과 관념적으로 분리가 불가능하여 저작권보호대상이 아니라고 판결하였다. 또한 이 사건 유니폼 그래픽 디자인을 디자이너가 치어리더 유니폼에 사용하기 위한 목적으로 만들었는지 여부와 해당 그래픽 디자인이 유니폼에서 없어도 치어리더 유니폼으로 판매될 수 있는지 여부가 관념적 분리 가능성의 판단에 고려되어야 한다고 판시하였다.[342)]

이후 항소심에서는 원고의 치어리더 유니폼의 그래픽 디자인은 치어리더 유니폼의 기능적 특징과 분리되고, 유니폼의 실용적인 측면과 분리하여 독립적으로 존재할 수 있으므로 저작권 보호대상인 실용품의 디자인에 해당한다고 판결하며 1심 판결을 파기 환송하였다.[343)] 구체적으로 항소심은 저작권청의 견해를 참고하여 디자인과 실용품의 예술적 특징이 나란히 존재할 수 있어 분리된 저작물이 하나는 미술저작물로 다른 하나는 실용품으로 완전하게 인식될 수 있다면, 실용품의 통합된 회화, 그래픽, 또는 조각적 특징들은 관념적으로 분리가 가능하다고 판단하였다.[344)] 또한 항소심은 원고의 치어리더 유니폼 표면의 줄무늬(stripes), 갈매기형 무늬(chevrons), 색채 블록(colorblocks)과 지그재그 무늬(zigzags)의 배열의 그래픽 디자인은 유니폼의 기능을 강화하지 않으며, 유니폼의 기능적 측면과 분리되어 인식된다고 인정하였다.

342) Varsity Brands, Inc. v. Star Athletica, LLC, 2014 WL 819422, (W.D. Tenn. Mar. 1, 2014).

343) Varsity Brands, Inc. v. Star Athletica, LLC, 799 F.3d 468 (6th Cir. 2015).

344) Id. at 488-489; COMPENDIUM III § 924.2(B).

또한 그러한 그래픽요소들은 유니폼의 기능수행에 필수적인 것이 아니며 다른 의류의 표면에 결합될 수 있으므로 유니폼의 실용적인 면과 독립하여 존재할 수 있다고 판시하였다.[345] 결론적으로 항소심은 원고의 치어리더 유니폼 디자인의 그래픽 특징들은 드레스디자인보다는 직물디자인과 더 비슷하기 때문에 저작권법에 근거한 보호대상이라고 판결하였다.[346]

최종적으로 미국연방대법원은 2017년 3월 22일 이 사건에 대하여 "미국 저작권법 제101조는 실용품의 디자인에 통합된 회화적, 그래픽적, 조각적 특성이 물품의 실용적인 면으로부터 (1) 분리되어 인식될 수 있고, (2) 독립적으로 존재할 수 있다면 저작권 보호를 받을 자격이 된다.라고 규정하고 있다."고 전제하면서[347] 저작권법 제101조 규정의 '분리되는 인식'을 판단하기 위해서는 실용품을 확인할 수 있어야 하고 회화적, 그래픽적, 조각적 특성을 가지는 것으로 보이는 2차원 또는 3차원 요소를 발견할 수 있어야 한다고 판단하였다. 또한 '독립적 존재' 요건과 관련해서는 '분리되는 인식'의 특징들이 물품의 실용적인 면으로부터 떨어져 존재할 수 있는 능력을 가져야 한다고 하였다. 즉, 실용품 디자인의 예술적 특징은 그러한 특징이 분리가능성의 두 가지 요건을 만족할 때 그 자체 또는 실용품으로부터 분리되어 다른 매체에 있는 것으로 관념되는 경우에도 보호받을 수 있는 회화, 그래픽, 조각 저작물로서 자격을 가질 것이라고 판단하였다.[348] 특히 연방대법원은 이 사건 판결에서 "저작권으로 보호받을 수 있는 치어리더 유니폼의 유일한 특징은 유니폼 직물의 유형매체에 고정된 2차원적 미술저작물

345) 김원오, "패션디자인의 저작권 보호를 위한 미국의 분리가능성 요건 – 미연방대법원의 Star Athletica v. Varsity Brands 사건 판결 평석을 중심으로 –", 산업재산권 제55호, 한국지식재산학회 (2018), 230면.
346) Varsity Brands, Inc. v. Star Athletica, LLC, 799 F.3d 468, 493 (6th Cir. 2015).
347) Star Athletica, L.L.C. v. Varsity Brands, Inc., 137 S. Ct. 1002, 1010 (2017).
348) Id. at 1010, 1016.

이라고 하였다. 그리고 Varsity(이사건 1심에서 원고)사는 이 사건에서 보이는 장식과 동일한 모양, 절개, 치수의 치어리더 유니폼의 제작을 금지할 권리를 가지지 않고, 단지 유니폼이나 다른 유형의 표현 매체에 있어서 표면 디자인(surface designs)의 복제만 금지할 수 있다."고 판결하였다.349)

정리하면 이 사건 판결에서 연방대법원은 실용품에 통합된 디자인의 분리가능성 판단기준을 '분리된 인식'요건과 '독립적 존재'요건으로 나누어 실용품의 디자인에 포함된 특징이 실용품과 분리되어 2차원 또는 3차원의 미술저작물로 인식될 수 있으며, 단독으로 또는 다른 유형적 매체에 고정되어 회화, 그래픽 또는 조각저작물로 인정되고 실용품의 디자인의 특징이 통합된 실용품과 별개로 관념된다면 저작권 보호대상이라고 판시하였다.

미국 연방대법원의 이 사건 판결은 1954년 Mazer v. Stein 판결 이후 실용품의 디자인의 분리가능성에 대하여 처음으로 미국 연방대법원이 내린 판결로서 의류를 포함한 패션디자인 제품의 저작권보호를 확

그림 3-2 Star Athletica 사건, 원고 디자인

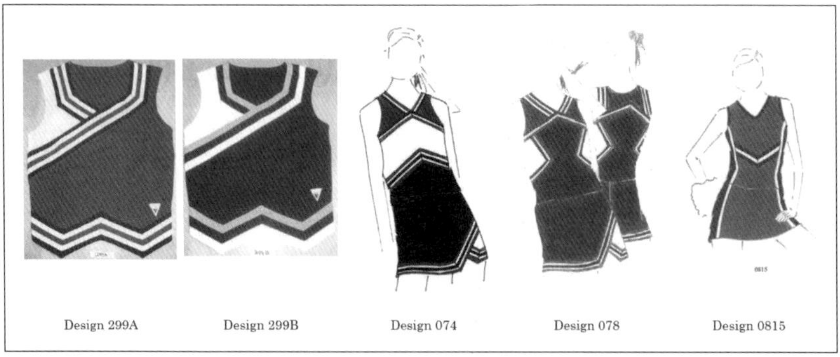

출처: Star Athletica, L.L.C. v. Varsity Brands, Inc., 137 S. Ct. 1002, 1017 (2017).

349) Id. at 1010, 1013.

정한 것은 치어리더 유니폼 표면의 2차원적 그래픽 디자인에 대한 저작권 보호라는 것을 패션업계에서는 유의하여야 한다.

2) Silvertop Associates, Inc. v. Kangaroo Manufacturing, Inc. 사건

이 사건[350]은 Silvertop Associates Inc.(이하 '원고')의 바나나 코스튬 디자인을 경쟁업체인 Kangaroo Manufacturing Inc.(이하 '피고')이 무단으로 거의 동일하게 제조하고 판매한 것에 대하여 원고가 저작권 침해와 트레이드 드레스 침해, 부정경쟁행위를 이유로 소를 제기한 사건으로 실용품인 바나나 코스튬디자인의 저작물성이 쟁점이 되었다.[351]

제1심 법원인 뉴저지 연방지방법원은 원고가 제시한 바나나의 특징들(코스튬의 전체적인 길이, 전체적인 곡률의 모양, 바나나 양끝의 색상, 섬유의 룩앤필, 바나나 코스튬에 새겨진 3차원의 평행선, 바나나 코스튬의 전체적인 색상과 톤 등)을 통해서 회화적, 그래픽적 또는 조각적 특성들이 코스튬 그 자체에서 분리되어 화가의 캔버스에 적용된다면 그것은 코스튬 그 자체를 복제하지 않는 방법으로 2차원 미술저작물로 인정받을 것이라고 판단하였다. 또한 코스튬 디자인의 요소들 단독으로는 보호받지 못하더라도 전체로서 고려될 때 코스튬 디자인은 분리가능하고 저작권으로 보호받을 수 있다고 판단하였다. 그러나 원고의 코스튬의 절개된 구멍은 단지 바나나 코스튬을 입을 수 있는 형태로 만들어진 실용적 기능만을 수행하며 바나나 코스튬의 심미적인 것에 기여하지 않는다고 판단하며 저작권 보호의 대상이 아니라고 판결하였다.[352]

---

350) Silvertop Associates, Inc. v. Kangaroo Manufacturing, Inc., 319 F.Supp.3d 754 (D.N.J. 2018).

351) 1심 판결의 상세는 박형옥, "의류 디자인의 미국 저작권법상 보호에 관한 연구 – Silvertop Associates, Inc. v. Kangaroo Manufacturing, Inc. 미국 바나나 코스튬 사건을 중심으로 –", 정보법학 제22권 제3호, 한국정보법학회 (2018), 115-126면 참조.

352) Silvertop Associates, 319 F.Supp.3d 764.

항소심인 제3순회항소법원은 원고의 바나나 코스튬의 비실용적이고 예술적인 특징들의 조합은 바나나 코스튬에서 분리가능하고 독립적으로 존재할 수 있는 조각저작물이라며 저작물성을 인정하는 판결을 하였다.[353] 항소심은 판결에서 Star Athletica 치어리더 유니폼 판결[354]에서 연방대법원이 제시한 분리가능성 판단 테스트를 원용하여 (1) 실용품 디자인의 예술적 특징이 "실용품으로 부터 분리되어 2차원 또는 3차원 미술저작물로 인식 될 수 있는지와 (2) 실용품으로부터 분리되어 관념된 경우 그 특징이 그 자체로 또는 다른 매체에서 보호 가능한 회화(pictorial), 그래픽(graphic) 혹은 조각(sculptural)저작물로서 만족되는지 여부"에 대한 질문을 함으로써 바나나 코스튬 디자인의 저작물성을 판단하였다. 또한 원고의 바나나 코스튬은 실용품이지만 바나나 코스튬의 색상, 선, 모양 및 길이와 같은 예술적이고 비실용적인 특징들의 조합은 코스튬으로부터 분리가 가능하고 독립적으로 존재할 수 있는 조각저작물로 저작권 보호대상이라고 이라고 판단하였다.

한편, 착용자의 팔, 다리, 얼굴을 위한 코스튬의 컷아웃 구멍(cutout holes), 구멍의 치수나 위치는 실용적이어서 저작물성이 없다고 판단하였다. 이어서 항소심은 바나나를 닮은 코스튬을 만드는 다른 방법이 많이 있기 때문에 원고의 바나나 코스튬에 저작권을 부여하는 것은 바나나 코스튬을 만드는 기본 아이디어를 실제적으로 독점하지 않는다고 판단하였다. 그리고 원고 바나나 코스튬 디자인을 다른 바나나 코스튬 디자인과 사람들이 쉽게 구분할 수 있으므로 합체의 원칙(Merger doctrine)[355]은 이 사건에는 적용되지 않는다고 판단하였다. 또

353) Silvertop Associates. Inc. v. Kangaroo Manufacturing. Inc., 931 F.3d 215. (3d Cir, 2019); 박형옥, "미국 법원, 바나나 코스튬 디자인의 분리가능성과 저작물성 인정", 저작권동향 보고서 제16호, 한국저작권위원회 (2019) 참조.

354) Star Athletica, L.L.C. v. Varsity Brands, Inc., 137 S. Ct. 1002 (2017).

355) 합체의 원칙(Merger doctrine)은 아이디어와 표현이 밀접하게 합체되어 있는 경우, 즉, 표현의 배후에 있는 아이디어의 표현방식이 유일하거나 매우 제한되어 있는 경우에 그러한 표현에 대해서는 저작권 보호가 허용되지 않는다는 것이다. 다

한 원고의 바나나 코스튬의 노란색과 구부러진 방식 그리고 바나나 검은색 끝은 바나나를 묘사하는데 필수적인 특징이 아님으로 표준적 삽화의 원칙(Scènes à faire doctrine)[356]도 이 사건에 적용되지 않는다고 판시하였다.

결론적으로, 항소심은 원고가 유효한 저작권을 보유하였다고 인정하며 1심 법원의 금지명령을 확인하는 판결을 하였다.[357] 정리하면 이

그림 3-3 Silvertop Associates, Inc. 사건

(좌) Rasta Imposta 원고의 디자인,	(우) Kangaroo 피고의 디자인

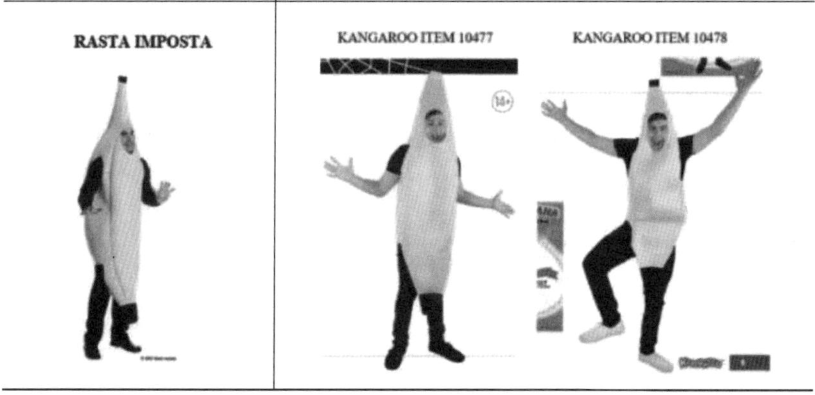

출처: Silvertop Associates, Inc. V. Kangaroo Manufacturing Inc (D.N.J. Oct 05. 2017).

시 말해서 어떤 아이디어의 매우 한정된 표현을 보호함으로써 아이디어 자체를 독점하게 되는 결과를 방지하기 위해 만들어진 원칙이다, 박성호, 저작권법(제2판), 박영사 (2017), 64면.

356) 표준적 삽화의 원칙(Scènes à faire doctrine)은 어떤 주제를 다루는데 없어서는 안 되는 사건 · 구성인물 · 배경 등의 '표준적 삽화(Scènes à faire)' 또는 '필수 장면'은 저작권법의 보호를 받지 못한다는 원칙이다. 미국 판례에서 처음 사용된 원칙으로서 공통된 주제나 아이디어는 다소간에 전형적인 형태로 표현될 수밖에 없으므로 그 결과 표현에 유사성이 있더라도 저작권 침해가 되지 않는다는 것이다, 박성호, 위의 책, 64-65면 참조.

357) Silvertop Associates. Inc. v. Kangaroo Manufacturing. Inc., 931 F.3d 215. (3d Cir, 2019); 박형옥, "미국 법원, 바나나 코스튬 디자인의 분리가능성과 저작물성 인정", 저작권동향 2019, 한국저작권위원회 (2019), 326-330면 참조.

사건의 판결은 2017년 미국연방대법원의 치어리더 유니폼 판결 이후 처음 내려진 하급심 판결로서 연방대법원의 치어리더 유니폼 판결의 법리를 인용하여 바나나 코스튬 디자인을 조각저작물로 인정한 것에 의미가 있다.

3) L.A. T-Shirt & Print, Inc. v. Rue 21, Inc. 사건

이 사건[358]은 L.A. T-Shirt & Print, Inc.(이하 '원고')의 의류에 인쇄된 3가지 종류(Tribal Bear, Party Bear, and Ornate Elephant)의 2차원 동물 디자인을 피고가 무단으로 동일하거나 실질적으로 유사하게 베끼어 판매한 것에 대하여 원고가 저작권침해의 소를 제기한 사건이다. 사건의 주요쟁점은 동물 디자인이 저작권 보호대상인지 여부이다.

뉴욕남부지방법원은 판결에서 원고의 3가지 동물디자인은 저작권 보호의 대상이라고 판결하였다. 구체적으로 나바호(Navajo) 패턴은 다양한 크기와 색상의 삼각형과 다이아몬드형의 줄무늬를 포함한 기하학적인 모양이 독특하게 배열되었다고 판단하였다. 그리고 화려하게 장식된 코끼리 디자인은 다양한 색상으로 이루어진 패턴으로 코끼리 다리 위 동심원에는 만화경(kaleidoscopic) 같은 배열이 있고 머리 위에는 정교한 대칭디자인이 있으며 귀와 몸통에는 모양과 크기가 다른 기하학 형상이 밀집된 줄무늬가 있는 특징이 있다고 보았다.

그러면서 연방대법원이 치어리더 유니폼 사건에서 유니폼 표면(surface) 위의 색, 모양, 줄무늬, 갈매기문양의 배열이 저작권 보호대상[359]이라고 판결한 것과, 아동용 스웨터 사건[360]에서 제2순회항소법

---

358) L.A. T-Shirt & Print, Inc. v. Rue 21, Inc., 16-CV-5400, 2017 WL 3575699, (S.D.N.Y. Aug.17, 2017).

359) Star Athletica, 137 S. Ct. 1002, 1012 (2017).

360) Knitwaves, Inc. v. Lollytogs Ltd., 71 F.3d 996, 1004 (2d Cir. 1995); 박형옥, "직물디자인의 미국 저작권법상 보호에 관한 판례 검토", 산업재산권 제60호, 한국지식재산학회 (2019), 358면 참조.

원이 줄무늬와 패널로 나눠진 배경 속의 나뭇잎과 다람쥐의 디자인 요소를 조화시킨 가을테마의 스웨터 디자인이 저작권 보호대상이라고 판결한 것을 인용하면서, 원고 동물 디자인의 기하학적인 패턴은 보호가능한 요소들이라고 판단하였다.

그림 3-4 Knitwaves, Inc. 사건

원고 Knitwaves의 Leaf Sweater	피고 Lollytogs의 Leaf Sweater

원고 Knitwaves의 Squirrel Sweater	**피고 Lollytogs의 Squirrel Sweater**

출처: Knitwaves, Inc. v. Lollytogs Ltd., 71 F.3d 996 (2d Cir.1995).

그 다음 곰 디자인에 있어서 빨간색 선글라스와 특징적인 너리쓰개 그리고 곰이 들고 있는 빨간색 컵 같은 액세서리의 배치도 보호가능하다고 판단하였다. 한편 색상 자체는 저작권 보호의 대상은 아니지만 원고의 곰 디자인에서 청록색, 아이보리 및 빨간색의 다양한 음영을 포함한 독특한 대조적인 색상의 배열은 저작권의 보호대상이라고 판단하였다. 그리고 화려한 장식의 코끼리 디자인에서 붉은 엄니와 발가락, 그리고 몸의 나머지 부분에 사용된 파란색, 빨간색, 아이보리색, 검은색의 조합된 독창적 색상의 특징은 프란츠 마르크(Franz Marc)[361]가 그린 말(horse)의 파란색처럼, 곰이나 코끼리의 자연스러운 색상과 일치하지 않기 때문에 원고 디자인의 색상 조합은 저작권의 보호 가능한 요소를 구성한다고 판단하였다. 마지막으로 원고 디자인에 포함된 동물들의 자세(pose)는 많은 법원들이[362] 동물의 머리 각도, 신체 부위의 병치 및 신체 부위의 모양이 저작권의 보호대상이 될 수도 있다고 판결한 것처럼 보호 가능한 저작물의 요소라고 판단하였다.

정리하면 이 사건 판결은 뉴욕남부지방법원이 곰과 코끼리를 묘사하는 여러 디자인에 대한 저작권의 보호범위를 확정지은 것에 의미가 있다. 뉴욕남부지방법원은 동물 디자인이 저작권 보호대상이며 치어리더 유니폼 판결에 근거하여 여러 요소들이 보호 가능한 요소들이라고 판결하였다. 특히 이 사건에서 색상의 배열을 저작권의 보호대상이라고 인정한 것은 주목할 만하다.

---

361) 독일의 표현주의 화가이자 판화가로서 청기사(The Blue Rider)파의 창립멤버로서 주로 동물들을 밝은 색채로 묘사하는 것으로 유명하다.
https://en.wikipedia.org/wiki/Franz_Marc, (2021.10.09. 최종접속).

362) Superior Form Builders, Inc. v. Dan Chase Taxidermy Supply Co., 74 F.3d 488, 494 (4th Cir. 1996); Satava v. Lowry, 323 F3d 805, 813 (9th Cir, 2003): "explaining that the "pose, attitude, gesture, muscle structure, facial expression, coat, or texture of [an] animal" may be protectible.

그림 3-5 L.A. T-Shirt & Print, Inc. 사건

(좌) 원고의 저작물 디자인	(우) 피고의 침해물 디자인
 "Tribal Bear"[13]	 Rue 21 / 6 Two T-Shirt[14]  Ross Stores / 6 Two T-Shirt[15]
 "Party Bear"[16]	 Sears T-Shirt[17]
 Ornate Elephant"[19]	 Rue 21 / 6 Two Apparel T-Shirt[18]

출처: L.A. T-Shirt & Print, Inc. v. Rue 21, Inc., 16-CV-5400, 2017 WL 3575699, (S.D.N.Y. Aug.17, 2017).

Ⅲ. 특허법에 의한 패션디자인의 보호

1. 디자인특허의 보호대상

미국에서 패션디자인은 특허법을 통하여 보호받을 수 있다. 미국은

우리나라와 일본을 비롯한 유럽연합 국가와 달리 디자인법제가 독자적으로 디자인을 규정하는 것이 아니라 미국 특허법에서 디자인특허(Design Patent)를 규정하고 있다. 이러한 특허법적 보호방식은 산업디자인에 대한 심사주의를 채택하고 있는 많은 국가에 영향을 미치고 있다.[363]

미국 특허법 제171조는 물품에 대한 새롭고 독창적이며 장식적인 디자인을 발명한 자에게 디자인특허를 부여하도록 규정하고 있다. 즉 디자인특허의 성립요건으로 물품성, 독창성, 장식성, 물품과의 불가분성을 요하고 있다. 따라서 특허법은 물품에 체화된 디자인에 대하여 특허를 부여하는 것이기 때문에 물품과 독립한 디자인은 그 보호대상이 될 수 없다. 그 다음 디자인특허의 성립요건으로 출원된 디자인이 독창적일 것을 요구한다. 즉 이미 존재하는 물건을 모방하는 디자인에 대하여는 독점권이 인정되지 않는다. 장식성에 대해서는 디자인은 물품의 기능에 관한 것이 아닐 것을 요한다. 즉 기능만으로 이루어진 것이 아닌 장식적 외관을 갖추어야 한다. 따라서 디자인은 장식적이어야 하므로 시각적으로 확인될 수 있는 것이어야 한다. 이때 시각적으로 확인할 수 있는 것은 물품의 사용시에 파악할 수 있는 것을 의미하지 않는다. 즉 생산에서 최종 사용에 이르기까지 어느 시점에서든지 파악될 수 있는 것이라면 충분하다.[364] 한편 미국 디자인특허는 물품의 기능자체와 물품의 디자인의 기능성의 구별을 요한다. 미국 연방항소법원도 물품의 기능성을 가진다는 것과 특정한 디자인이나 디자인의 부분적 형태들이 기능을 수행하는 것을 별개의 문제라고 판단하였다. 따라서 물품이 단지 기능성을 가지고 있다고 하여 디자인특허가 부정되지는 않는다. 즉 물품의 구성요소나 부분적 형태들이 가지는 기능성은

---

363) 윤선희, “한-미-EU-중-일 등 주요국 디자인침해판단기준 비교-분석”, 특허청 보고서 (2013.12), 269면 참조.

364) 윤선희, 위의 보고서, 54면 참조.

디자인특허의 유효성과는 무관하다.[365)]

패션디자인과 관련하여 미국 디자인특허는 표면장식(ornamentation)을 보호하고 있다. 우리나라가 직물지디자인을 디자인보호법에서 보호하고 있는 것처럼 미국 특허법에서도 직물지디자인을 디자인특허로 보호하고 있다. 그리고 직물지디자인은 장식적으로 직물디자인이 체화될 수 있는 응용물품이 존재하여야만 등록이 가능한 디자인이다.

2. 디자인특허의 보호요건

1) 신규성

출원된 디자인이 특허를 통하여 독점권을 얻기 위해서는 신규성 요건을 만족해야 한다. 미국 특허법 제102조에 따르면 청구된 발명이 청구된 발명의 유효한 출원일 이전에 특허를 받았거나, 인쇄된 간행물에 설명되어 있거나, 공개적으로 사용되거나, 판매중이거나, 다른 방식으로 대중에게 공개된 경우를 제외하고는 디자인특허를 받을 수 있다고 규정하고 있다.[366)]

디자인의 신규성 판단은 국가마다 차이가 있지만 공통적으로 다음의 2단계의 판단과정을 거친다. 첫째 법원은 청구항의 권리범위를 정하고 디자인의 구성요소들이 가진 특징들 중에서 장식적인 측면만을 파악한다. 둘째 선행기술과 청구항의 권리범위를 비교하여 양자가 실질적으로 동일한지를 판단한다. 우리나라의 경우 출원디자인의 요부가 주는 인상이 선행기술과 유사하지 않을 것을 요구하며 선행기술의 유사범위가 신규성을 부정하는 동일성의 기준이 된다. 반면 미국 특허법에서는 보통관찰자기준(ordinary observer test)에서 보아 출원디자인이 선행기술과 실질적으로 유사하지 않을 것을 요한다. 즉 선행기술에 익숙

365) 임호, 디자인특허론, 문우사 (2019), 21면 참조.
366) 35 U.S.C. §102.

한 구매자가 구매자로서의 주의를 기울였을 때 출원디자인이 선행기술과 혼동하지 않을 정도로 유사하지 않아야 한다. 미국 연방순회항소법원(CAFC)[367]의 신규성 판단기준은 디자인침해의 기준과 동일하다.[368]

2) 진보성

미국 특허법 제103조에서는 디자인특허의 요건으로 진보성 즉, 비자명성을 규정하고 있다. 비자명성이란 당해분야에서 통상의 지식을 가진 자가 공개된 기술에 의하여 용이하게 발명할 수 없는 것을 의미하며 우리나라의 진보성 개념과 기본적으로 동일하다. 그러나 디자인특허의 신규성이 인정되더라도 디자인이 자명한 것에 해당되면 디자인특허로 등록받을 수 없다. 즉, 청구발명과 선행기술의 차이가 청구발명의 효력발생일 이전에 청구된 발명이 관련된 기술에 통상적인 기술을 가진 사람이 볼 때 청구발명 전체가 자명한 경우, 특허법 제102조에 명시된 바와 같이 청구발명이 동일하게 공개되지 않았음에도 불구하고 청구발명에 대한 특허를 획득할 수 없다.

3. 디자인특허의 존속기간과 효력

미국의 디자인특허는 미국 특허상표청(United States Patents and Trademark Office: USPTO)에 디자인을 특허출원하여 심사받는다. 그리고 디자인특허 출원일은 특허법 제112조에 규정된 명세서 및 필요한 도면을 제출한 날로 하고 있으며 디자인특허의 존속기간은 특허법 제173조에 따라 발급된 날(the date of grant)로부터 15년간이다.[369]

미국 특허법 제271조는 특허 받은 디자인을 권원 없이 미국 내에서 제조, 사용, 판매를 위한 청약, 판매하거나 미국 내로 수입하는 행

367) US Court of Appeals for the Federal Circuit.
368) 임호, 앞의 책, 196면 참조.
369) 35 U.S.C. §§112,171,173.

위를 디자인특허 침해 행위로 정의하고 있다. 또한 특허법 제289조에 따라 디자인특허권자는 특허디자인의 권리범위 내 또는 유사범위 내에서 타인이 디자인특허를 무단으로 실시하는 것을 금지할 수 있는 배타적 권리를 가진다.

4. 디자인 유사여부 판단

미국 디자인특허로 등록된 디자인에 대한 침해판단시 법원은 등록디자인의 청구항의 권리범위를 확정해야 한다. 이때 침해판단은 신규성의 판단과 동일한 기준을 적용한다. 그리고 미국 디자인특허는 청구항과 도면의 해석을 통하여 디자인의 권리범위가 정해진다. 예컨대 미국 하급심은 신체보정용 의상의 디자인특허 침해소송에 있어서 원고의 디자인특허는 그 도면에 나타난 최초의 심미적인 선의 형태와 위치가 서로 불일치하는 모순이 있어 무효라고 판단하며 피고의 디자인특허 침해를 인정하지 않았다.[370]

한편 연방순회항소법원은 2008년 Egyptian Goddess 판결[371]에서 신규성의 핵심설을 포기하고 등록디자인 침해에 대한 보통관찰자기준을 유일한 침해기준으로 정립하였다. 따라서 선행기술에 익숙한 보통관찰자가 보기에 침해혐의물이 등록디자인과 동일한 것으로 속을 수 있을 정도로 유사하면 침해가 성립된다. 그리고 침해성립의 유사성 기준은 등록디자인이 시각적으로 주는 전체적 외관에 중점을 두고 있다. 보통관찰자기준은 디자인청구항을 전체적인 하나로 보고 이를 침해혐의물과 비교하는 것으로서 양자가 전체적으로 볼 때 서로 다른 외관을 가지고 있다면 특정한 부분이 동일하다고 하여도 침해가 성립할 수 없다.[372] 미국 디자인특허는 등록디자인과 침해혐의물이 실질적으로 유

370) Times Three Clothier, LLC v. Spanx, Inc.,13 Civ. 2157 (DLC) (S.D.N.Y. Apr. 29, 2014).

371) Egyptian Goddess, Inc. v. Swisa,Inc., 543 F.3d 665 (Fed. Cir. 2008).

사하면 침해가 성립하는 것으로 판단한다.373) 실질적으로 유사하다는 것은 선행기술에 익숙한 구매자가 통상적으로 구매자의 주의를 기울였을 때에도 침해혐의물을 등록디자인으로 잘못 알고 구입할 정도로 양자가 유사한 것을 말한다.374)

Ⅳ. 소 결

이상으로 미국에서 패션디자인에 대한 저작권법상 보호와 특허법에 의한 보호에 대하여 살펴보았다. 미국에서는 저작권법에 의한 보호가 더 중심적이고 관련 판례도 풍부하기 때문에 저작권법을 중심으로 살펴보았다. 미국은 패션디자인의 저작권법상 보호를 위하여 여러 차례 디자인불법복제금지법안의 입법화를 시도하였으나 모두 폐기되었다. 오래전부터 미국은 직물디자인이 다른 저작물에서 복제되지 않고 저작자에 의하여 독자적으로 창작되고 최소한의 창작성을 갖추면 저작물로서 보호하였다. 또한 저작물이 현저하게 독특하거나 새로운 것일 필요가 없으며 저작자는 저작물에 단순한 사소한 변형을 넘어서 자신이 한 것임을 알아볼 수 있도록 기여하는 경우에도 저작물성을 인정받는다. 한편 최근 직물디자인의 판결에서는 직물디자인을 구성하는 개별 요소들이 저작권 보호대상이 아니더라도 Malibu 레이스 디자인 사건의 항소심이 판단하였듯이 독창적으로 "선택, 조합, 그리고 배열"된 경우에는 저작권 보호를 받을 수 있다. 미국법원의 이와 같은 2차원의 평면 직물디자인에 대한 저작물성 판단은 우리 법원이 직물디자인에 대하여 응용미술저작물의 성립요건을 적용하여 판단하는 것과는 차이가 있다. 향후 우리 법원도 2차원의 직물디자인의 저작물성 판단에 있

372) 임호, 앞의 책, 522면 참조.
373) Braun, 975 F.2d 820.
374) Lee v. Dayton-Hudson Corp., 838 F.2d 1186,1190 (Fed. Cir. 1988).

어서는 최소한의 저작물성만 판단하고, 직물디자인의 개별요소가 저작물성이 없는 경우라도 편집저작물의 법리를 적용한다면 직물디자인의 보호범위가 더욱 확대될 수 있을 것이다.

미국연방대법원은 2017년 치어리더 유니폼 사건에서 "실용품의 디자인에 포함된 특징이 실용품과 분리되어 2차원 또는 3차원의 미술저작물로 인식되고, 실용품의 디자인 특징이 통합된 실용품과 별개로 관념되어, 그 자체 혹은 다른 유형의 매체에 고정될 때 회화, 그래픽, 조각저작물로 만족할 수 있다면 저작권 보호대상"이라고 판결하였다. 이러한 연방대법원의 판결은 그 동안 하급심에서 일률적이지 못했던 분리가능성 테스트의 통일적 기준을 제시하고 판단기준을 관념적 분리가능성으로 일원화시킴으로써 패션디자인의 저작권 보호 범위를 확대하였다는 것에 판결의 의미가 크다. 이후 하급심들은 Star Athletica 판결에서 제시한 분리가능성 테스트를 적용하여 패션디자인의 저작물성을 긍정하는 판결을 하고 있다.

최근 미국법원의 판결 태도는 미국에서 '디자인불법복제금지법안'을 통하여 패션디자인을 저작권의 보호대상인 저작물의 예시에 포함시키려는 노력은 실패하였지만, 판례 축적을 통하여 패션디자인의 저작권 보호를 확대하려는 의지로 볼 수 있다. 따라서 향후 미국에서 실용품인 의류디자인에 대한 저작물성은 관념적 분리가능성과 독자성을 만족한다면 긍정될 가능성이 높다.

한편 치어리더 유니폼 사건의 미국 연방대법원 판결은 우리 저작권법상 응용미술저작물의 분리가능성 기준에 우호적 법리로서 우리 패션디자인의 저작물성 판단에 긍정적 영향을 줄 수 있을 것이다. 돌이켜보건대 대한방직 사건에 대하여 소극적 판단을 한 우리 대법원 판결에 미국의 직물디자인 판단법리나 미국연방대법원의 치어리더 유니폼 판결 법리를 원용한다면 염직도안의 저작물성은 인정될 수 있을 것이다.

제7절 일 본

I. 패션디자인의 법적 보호

일본에서 패션디자인은 섬유나 직물을 포함하는 텍스타일 디자인 또는 완성된 옷의 디자인인 의류디자인에 해당되어 저작권법, 의장법, 상표법 그리고 부정경쟁방지법의 법적보호를 받을 수 있다. 그리고 의류디자인에는 옷 자체의 모양, 옷에 새겨진 문양,[375] 색채, 캐릭터 디자인[376] 등이 포함되며 옷의 완성을 위한 옷 자체의 스케치 디자인도 포함된다. 일반적으로 의류는 실용품이며 양산품 또는 장식에 속하여 저작권법에서는 응용미술에 포함되는 것으로 본다. 그러나 응용미술이 저작권법의 보호대상인지 여부나 그 판단기준은 규정되어 있지 않고 현행 저작권법의 입법경과에 비추어 볼 때 일품 제작의 미술공예품만을 보호한다는 견해와 의장법과의 중복 보호를 피해야 한다는 강한 견해로 인하여 이른바 순수 미술과 동일시 할 수 있는 미적 감상의 대상이 될 수 있는 것에 한해 미술저작물로서 보호를 인정해왔다.[377] 즉 의류디자인이 실용품의 디자인에 해당되어 응용미술로서 저작권법에

375) 東京地裁 昭和56年 4月20日 判決, (Tシャツ 事件), 티셔츠의 도안은 객관적, 외형적으로 볼 때, 티셔츠 모양으로 인쇄하는 실용목적으로 아름다움의 표현에서 실질적 제약을 받지 않고 오직 아름다움의 표현을 추구하여 제작된 것으로, 저작권법상 미술저작물로서 보호된다고 인정하였다.

376) 最高裁 平成9年 7月17日 判決, (ポパイネクタイ事件).

377) 角田政芳·関真也, 前掲書, 63頁; 1966년 7월 15일 문부성 "저작권제도심의회답신설명서"(文部省 「著作権制度審議会答申説明書」)7頁 이하에 의하면 일품 제작의 미술품(항아리, 벽걸이)이 미술저작물로서 보호되며 또한 도안 기타 양산품의 모형 또는 실용품의 모양으로 사용되는 것을 목적으로 하는 것에 대해서도 그것이 순수미술로서의 성질을 가지는 것인 때에는 미술저작물로서 취급되어야 한다는 내용이다; 일본의 현행 저작권법에서 응용미술에 대한 제정경과의 상세 소개는 차상육, "응용미술의 저작권법상 보호에 관한 연구", 박사학위논문, 한양대학교 (2010), 122면 참조.

의해 보호되는지 여부는 의류디자인이 '미술저작물'에 해당하는지에 달려있으며 저작권법상 미술저작물에는 "미술공예품을 포함한다."라고만 되어 있기 때문에 미술공예품 이외의 응용미술에 해당하는 의류디자인의 보호 여부는 관련 소송에서 그 점이 다투어졌다.

2015년 4월 14일 지적재산고등법원은 패션디자인과 관련한 사건은 아니지만 응용미술품으로서 의자 디자인의 저작물성이 쟁점이 된 'TRIPP TRAPP' 사건의 항소심에서 본 사건의 의자 디자인의 저작물성을 부정한 동경지방법원의 판결과 다르게 종래의 순수미술동일시설(특히 단계이론)을 부정하고 일본 판례로서 처음으로 비구별설을 채택하여 특별요건을 일절 부과하지 않고 의자 디자인의 저작물성을 인정하였다.[378] 그러나 'TRIPP TRAPP' 판결 이후 패션디자인과 관련한 '샤미블라우스(シャミ-ブラウス)' 사건에서[379] 오사카지방법원은 여전히 저작물성 판단에 있어서 미적감상의 대상이 될 수 있는 미적특성의 유무를 중시하는 입장을 취하는 것으로 보이는 판결을 하고 있어 일본 법원이 응용미술의 저작권 보호에 적극적인 입장으로 선회하였다고 단정 지어 말하기는 어렵다. 특히 지적재산고등법원은 'TRIPP TRAPP' 판결 이후 다른 판결례[380]에서 '실용적 기능과의 분리가능성'에 대한 언급은 없으며 '미적감상의 대상이 될 수 있는 미적특성 · 미적창작성'의 유무만을 언급하고 있다.

따라서 'TRIPP TRAPP' 판결이 단계이론의 극복이라는 평가를 받고 있고 패션쇼 사건에 대한 지적재산고등법원 판결 이전에는 종래 순수미술동일시설을 채용하는 판례가 대부분이었던 점을 비교하면 상당히

---

378) 知財高裁 平成27年 4月14日 判決, (TRIPP TRAPP 事件): 이하 이 책에서는 재판소를 우리나라에서 같은 의미로 사용되는 '법원'으로 명명하기로 한다.

379) 大阪地裁 平成29年 1月19日 判決, 平成27年(ワ)第9648号, 第10930号, (シャミ-ブラウス 事件).

380) 知財高裁 平成28年 10月13日 判決; 知財高裁 平成28年 11月30日 判決; 知財高裁 平成28年 12月21日 判決; 知財高裁 平成30年 6月7日 判決.

대조적이지만[381] 'TRIPP TRAPP' 사건에만 적용된 사례판결이라고 할 것이다. 따라서 일본에서 패션디자인이 응용미술로서 저작권법의 보호를 받기 위해서는 여전히 의류의 실용적 기능에서 분리된 부분이 미적 감상이 될 수 있는 미적특성 내지 미적창작성을 가져야 한다.

한편 의류디자인이 공업상이용가능성, 신규성, 창작비용이성의 의장 등록요건을 갖추고 공공질서 또는 선량한 풍속을 해칠 우려가 있는 등의 부등록 사유에 해당되지 않으면 의장법의 설정등록에 의하여 의장권으로 보호된다. 그리고 의장권자는 등록의장 및 이와 유사한 의장을 실시할 권리를 2020년 4월 1일부터 시행된 개정법에 따라 의장 출원일로부터 25년간 독점한다.

의류디자인은 또한 부정경쟁방지법 제2조 제1항 제3호 상품형태모방금지규정에 의해 상품이 일본 국내에서 최초로 판매된 날로부터 기산하여 3년간 의류디자인의 상품형태가 보호된다. 즉 의류디자인을 개발한 선행자의 상품의 형태에 의거하여 이와 실질적으로 동일한 형태의 상품을 만들어 내는 경쟁상 부정한 행위인 모방으로부터 보호된다. 그러나 의류디자인의 상품형태가 동종 상품과 비교하여 흔한 형태이거나 모방자의 상품형태가 선행자의 상품형태와 실질적으로 동일하지 않으면 제3호의 보호대상이 되지 않는다. 한편 의류디자인의 상품형태가 '상품 등 표시'로 주지성을 획득한 경우에는 부정경쟁방지법 제2조 제1항 제1호에 의하여 보호된다. 이하에서는 패션디자인의 보호에 대한 일본 저작권법과 의장법 그리고 부정경쟁방지법상 관련 규정과 판례를 살펴본다.

---

381) 中川隆太郎, "ファッションデザインの著作物性", 著作権研究 第45号, 著作権法学会, 2018, 198頁.

Ⅱ. 저작권법에 의한 패션디자인의 보호

1. 미술저작물로서 패션디자인의 보호

일본의 현행 저작권법 제2조 제1항 제1호는 "저작물이란 사상 또는 감정을 창작적으로 표현한 것으로 문예, 학술, 미술, 또는 음악의 범위에 속하는 것을 말한다."라고 규정하고 있으며, 동조 제2항은 이 법에서 말하는 "미술저작물은 미술공예품을 포함한다."라고 규정하고 있다. 또한 제10조 제1항 제4호에서는 저작물의 예시로서 회화, 판화, 조각 기타 미술저작물을 규정하고 있는데 이러한 예시는 미술의 범위에 속하는 저작물이라고 할 수 있다. 그리고 이 경우 기타 미술저작물은 회화, 판화, 조각, 미술공예품에 해당하지는 않는 표현물이지만 이에 준하여 저작물로서 인정되는 유형의 표현물로 생각할 수 있다.[382] 따라서 패션디자인이 저작권법으로 보호를 받기 위해서는 우선 미술저작물에 해당이 되어야 한다.

한편 미술공예품을 포함하고 실용적인 목적으로 산업상 이용할 수 있는 의장에 대해서는 의장법의 일정한 보호요건 하에서 의장권으로서 보호를 받을 수 있다. 그리고 순수미술이 아닌 이른바 응용미술로 분류되어 실용적인 목적으로 산업상 이용되는 패션디자인에서 실용적인 기능을 제외한 부분이 미적 감상의 대상이 될 수 있는 창작성을 갖추고 있다면 저작권법상의 '미술저작물'로서 저작물에 포함될 수 있다고 해석하는 것이 타당하다는[383] 입장을 일본 종래의 판례는 취하고 있다.

---

382) 木村 剛大, "幼児用椅子 TRIPP TRAPP は果たして著作物なのか － 美術の範囲の解釈の深化を目指して －", パテント Vol. 69, No. 7 (2016), 100頁.

383) 大阪地裁 平成29年 1月19日 判決, 平成27年(ワ)第9648号, 第10930号, (シャミーブラウス 事件).

2. 응용미술의 저작권법상 보호범위

응용미술의 저작권법상 보호범위와 관련된 규정인 저작권법 제2조 제2항의 해석론으로는 다음의 3가지 견해가 있다. 첫 번째는 한정설로서 응용미술 중 미술공예품에 한하여 저작권법에 의한 보호를 인정하는 견해[384]이고, 두 번째는 예시설로서 저작권법 제2조 제2항의 예시 규정 이외에도 양산된 실용품이 순수미술로서의 회화, 조각 등에 해당하는 것이면 미술저작물로서 보호한다는 견해이다.[385] 마지막 견해는 중복보호설로서 응용미술을 순수미술 또는 미술공예품이라고만 보는 것을 피하여 응용미술을 예시 외의 저작물로 보는 견해로 저작물의 작성목적이 실용목적이든 감상의 목적이든 저작물에 해당하는 한 저작권법으로 보호한다.[386] 이하에서는 각 학설의 특징과 학설이 종래와 최근 판례에 어떻게 적용되었는지 살펴본다. 그리고 일본의 학설이 독일의 단계이론과 프랑스의 미의 일체성 이론과도 관련이 있는지 살펴본다. 한편 일본의 학설이 우리나라 대한방직사건 판결과는 어떤 관련성이 있는지도 살펴본다.

1) 한정설

한정설은 저작권법 제2조 제2항에 명시된 미술공예품만을 저작권 보호대상으로 인정한다. 대표적인 판례는 1990년 2월 14일 오사카고등법원의 '니-체어(ニーチェア)' 사건[387]이다. 판결에서 오사카고등법원은

---

384) 加戸守行, 著作權法逐條講義(五訂新版), 社團法人著作權情報センター, 2006, 66頁; 차상육, 앞의 논문, 123면 재인용.

385) 半田正夫, 著作權法槪說, 法學書院 (2005), 88頁; 차상육, 위의 논문, 124면 재인용.

386) 齊藤博, 著作權法(第3版), 有斐閣 (2007), 85頁; 차상육, 위의 논문, 126면 재인용.

387) 大阪高裁 平成2年 2月14日 判決, 最高裁 平成3年 3月28日 判決, (ニーチェア事件); 松尾和子 "ニーチェアに関する著作権事件", 著作権研究, 1995, 21号, 151-158頁.

① 본 사건 의자의 디자인은 문예, 학술, 미술 또는 음악의 범위에 속하지 아니하고, ② 응용미술로서 저작권법상 보호되는 것은 미술공예품에 한하는데, 미술공예품이란, 실용성이 있더라도, 실용적인 면 및 기능적인 면을 떠나, 그 자체가 완결한 미술작품으로서 오로지 미적 감상의 대상으로 되는 것을 말하고, ③ 양산을 전제로 한 본 사건 의자의 디자인은, 의장법 등으로 보호받는 것은 별론으로 하더라도, 저작권법 제2조 제2항의 '미술공예품'에 해당하지 않고, 또한 제10조 제1항 제4호의 '기타 미술저작물'이라고도 말할 수 없어, 제2조 제1항 제1호의 사상 또는 감정을 창작적으로 표현한 것이어서, 미술의 범위에 속하는 것이라고도 말할 수 없다고 판시하면서, 의자 디자인의 저작물성을 부정하였다.[388] 이후 본 사건의 상고심에서도 항소심 판결을 인정하였다.

2) 예시설

예시설은 저작권법 제2조 제2항에 규정된 미술저작물을 저작권보호대상의 예시로 보면서 미술공예품 이외에 대해서도 저작권 보호를 인정하고 있다. 예시설은 통상의 미술저작물과 응용미술을 구별하여 응용미술에 대해서는 일정한 한정범위 내에서 보호하는 '구별설'과, 응용미술에 대해서도 그러한 한정을 하지 않는 '비구별설(부가요건부정설)'로 나뉜다.

(1) 구별설

종래 판례의 경향은 대부분 구별설을 취하고 있으며 구별설을 취하는 대부분의 판례는 응용미술에 대한 저작권 보호를 한정적으로 인정함에 있어 판단기준을 순수미술과 동일하게 볼 수 있는 응용미술에 한하여 보호를 인정하는 '순수미술동일시설' 기준을 채용하고 있다.[389]

---

388) 차상육, 앞의 논문, 139면.

그런데 응용미술이 저작권 보호의 대상이 되는 순수미술 여부인지의 판단기준에 대해서는, 종래의 판례 중에서도 견해가 확립되어 있지 않고, 고도의 예술성과 창작성을 요하는 단계이론이나, 실용적 기능과의 분리가능성, 그리고 미적감상의 대상이 될 수 있는 미적특성이나 미적 창작성 등의 다양한 기준이 난립해왔다.[390] 예컨대 나뭇결 화장지 사건[391]과 퍼비인형 사건[392]에서는 응용미술에 한하여 고도의 창작성이나 고도의 예술성을 요구해온 즉, 독일의 단계이론을 저작물성의 판단기준으로 채택하며 저작물성을 부정하였다. 그러나 독일에서는 2013년 11월 13일 독일연방대법원(BGH)의 '생일열차' 사건[393]을 통한 판례변경에 의하여 단계이론은 명시적으로 포기되었다. 현재로서는 일본에서 단계이론을 정면으로 옹호하는 판례는 찾아볼 수 없다.[394]

한편 실용적 기능과의 분리가능성 기준과 관련해서는 종래 판례인 '사가 비단띠' 사건 판결에서 교토지방법원은 "띠의 무늬와 같은 실용품의 모양으로서 이용되는 것을 목적으로 하는 미적창작물에 대해서는 원칙적으로 그 보호를 의장법등 공업소유권제도에 맡기고 단지 그것이 동시에 순수미술로서의 성질을 가지는 것인 때에 한하여 미술저작물로서 저작권법에 의하여 보호해야 할 것이라고 해석되지만 소위 순수미술로서의 성질을 가지는지 아닌지의 판단에 있어서는, 주관적으로 제작자의 의도로서 오로지 미의 표현만을 목적으로 하여 제작된 것인지 아닌지의 관점에서가 아니라, 대상물을 객관적으로 보아 그것이 실용

389) 東京地裁 平成25年 7月19日 判決 平成24年(ワ)第16694号, 知財高裁 平成26年 8月28日 判決, 平成25年(ネ)第10068号 (ファッションショー 事件).

390) 中川隆太郎, "ファッションデザインの著作物性", 著作権研究 第45号, 著作権法学会, 2018, 195頁.

391) 東京高裁 平成3年 12月17日 判決 判例時報 第1418号120頁 (木目化粧紙 事件).

392) 仙臺高裁 平成14年 7月9日 判決 判例時報 第1813号150頁 (ファービー人形 事件).

393) BGH GRUR 2014, 175-Geburtstagszug Urteil vom 13.11.2013 – I ZR 143/12.

394) 中川隆太郎, "ファッションデザインの著作物性", 著作権研究 第45号, 著作権法学会, 2018, 196頁.

성의 면을 분리하여 하나의 완결한 미술작품으로서 미적감상의 대상이 될 수 있는지 아닌지의 관점에서 판정해야 할 것이라 전제하면서, 본 무늬 갑은, 띠의 무늬로서는 나름대로의 독창성을 가진 것이라 말할 수는 있지만, 띠의 그림으로서의 실용적인 면을 분리하더라도 하나의 완결한 미술작품으로서 미적감상의 대상이 될 수 있을 정도의 것으로는 인정하기 어렵다."며 비단띠의 저작물성을 부정하는 판결을 하였다.[395]

그리고 '패션쇼' 사건 판결에서 지적재산고등법원은 "착용하는 의복의 선택 및 상호 코디네이트 및 부착하는 액세서리의 선택 및 상호 코디네이트는 ...(중략)... 시티나 리조트의 파티 등의 장면에서 실용되는 것을 상정한 것이며, 그 전체가 미적감상을 목적으로 하는 것은 아니며, 또한 실용적인 목적을 위한 구성과 분리하여, 미적감상의 대상이 될 수 있는 미적특성을 갖춘 부분을 파악할 수 있는 것도 아니다."라고 판시하며 저작물성을 부정하였다.[396]

이에 비하여 패션의류사건인 '샤미블라우스' 사건 판결에서 오사카 지방법원은 응용미술을 순수미술과의 동일시 가능성의 언급 없이 실용적 기능과 분리한 후 미적감상의 대상이 될 수 있는 미적특성 내지 미적창작성을 갖추고 있는지 여부에 따라 저작권 보호를 인정하고 있다.[397] 즉 원고의 민소매 러닝의 '꽃무늬 자수'부분을 포함한 전체 디자인은 "실용적인 기능을 떠나 독립한 미적감상의 창작성을 갖춘 것으로 인정되지 않는다."며 저작물성을 부정하는 판결을 하였다.[398] 한편

---

395) 京都地裁 昭和60年 6月15日 判決, (佐賀錦袋帯 事件).
396) 東京地裁 平成25年 7月19日 判決, 平成24年(ワ)第16694号, 知財高裁 平成26年 8月28日 判決言渡, 平成25年(ネ)第10068号 損害賠償請求控訴事件, (ファッションショー 事件).
397) 中川隆太郎, "ファッションデザインの著作物性", 著作権研究 第45号, 著作権法学会, 2018, 199頁.
398) 大阪地裁 平成29年 1月19日 判決, 平成27年(ワ)第9648号, 第10930号, (シャミーブラウス 事件).

패션디자인과 관련한 사건은 아니지만 하급심 법원들은 '유아용 젓가락(1심)' 사건[399], '스틱 가습기(1심)' 사건[400] '골프샤프트(1심)' 사건[401], '우산꽂이' 사건[402]에서는 실용적 기능과 분리한 후 미적감상의 대상이 될 수 있는 미적특성 혹은 미적창작성이 없다고 판단하며 저작물성을 부정하는 판결을 하였고 '픽토그램' 사건[403]에서는 미적특성을 갖춘 것으로 인정하여 저작물성을 긍정하였다.[404]

이와 같은 실용적 기능과의 분리가능성 기준과 관련하여 우리나라 대법원은 직물도안 사건인 대한방직사건에서 "산업상의 대량생산에의 이용을 목적으로 하여 창작되는 모든 응용미술작품이 곧바로 저작권법상의 저작물로 보호된다고 할 수는 없고, 그 중에서도 그 자체가 하나의 독립적인 예술적 특성이나 가치를 가지고 있어 위에서 말하는 예술의 범위에 속하는 창작물에 해당하여야만 저작물로서 보호된다."고 판시하며 직물의 염직에 사용하기 위한 염직도안이 저작권법상의 저작물이 아니라고 판결하였다.[405] 그리고 이 사건 판결을 계기로 우리나라는 대법원이 대한방직사건에서 받아들인 미국의 판례이론인 분리가능성 이론을 입법에 반영하여 2000년 개정 저작권법 제2조 제11의2호(현행 제15호)에서 응용미술저작물의 정의규정을 신설하였다.[406] 한편 우리 대법원이 '대한방직' 사건 판결에서 판시한 '예술적 특성이나 가치'는 미국 저작권법의 규정과 판례이론을 받아들인 것 이라는 견해도 있고[407] 독일의 단계이론과 관련이 깊다는 견해도[408] 있다. 또한 응용미

399) 東京地裁 平成28年 4月27日 判決, (幼児用箸 事件).
400) 東京地裁 平成28年 1月14日 判決, (スティック加湿器 事件).
401) 東京地裁 平成28年 4月21日 判決, (ゴルフシャフト 事件).
402) 大阪地裁 平成30年 10月18日 判決, (傘立て 事件).
403) 大阪地裁 平成27年 9月24日 判決, (ピクトグラム 事件).
404) 中川隆太郎, "ファッションデザインの著作物性", 著作権研究 第45号, 著作権法学会, 2018, 197-198頁.
405) 대법원 1996. 2. 23. 선고 94도3266 판결.
406) 박성호, 저작권법(제2판), 박영사 (2017), 94-95면 참조.
407) 박성호, 위의 책, 91면 참조.

술의 창작성 판단에 고도한 창작성을 요하고 우리나라와 일본 양국이 응용미술의 중첩적 보호에 소극적 이거나 제한적 조정조치를 취한점 등이 일본 판례의 영향을 받은 것이라고 추단하는 견해도 있다.[409]

(2) 비구별설

비구별설은 응용미술에 특별한 요건을 가중하지 않고 창작성만 만족하면 저작물성을 인정하는 견해이며 지적재산고등법원은 'TRIPP TRAPP' 사건 판결에서 종래 판례이론과 다르게 비구별설을 채용하여 의자디자인의 저작물성을 인정하였다. 지적재산고등법원은 저작권법 제2조 제2항의 예시에 관련된 '미술공예품'에 해당하지 않는 응용미술이어도, 동조 제1항 제1호 소정의 저작물성의 요건을 충족시키는 것에 대해서는 '미술저작물'로서 저작권법상 보호될 수 있는 것으로 해석해야 한다고 판시하였다. 또한 응용미술에 높은 창작성의 여부 판단 기준을 설정하는 것 보다 개별적이고 구체적으로 작가의 개성이 발휘되고 있는지 여부를 검토해야 한다고 판시하였다. 특히 실용품 자체가 응용미술인 경우 당해 표현물에 대하여 실용적인 기능에 관련한 부분과 그 이외의 부분을 나누는 것은 상당한 곤란함이 따르고, 양 부분을 구별할 수 없는 것에 대해서는 항상 저작물성이 인정되지 않는다고 생각하는 것은 실용품 자체가 응용미술인 대부분의 경우에 저작물성이 부정될 가능성이 있다"고 판시하였다.[410] 한편 이와 같은 'TRIPP TRAPP' 사건 판결이 2013년 독일 연방대법원의 '생일열차' 사건 판결의 영향을 받은 판결이라는 견해가 있다.[411] 즉 양 판결이 단계이론의 포기라는 판결내용을 같이하고 시기적으로 독일 '생일열차' 사건 판결이후

408) 이기수 · 안효질, "응용미술작품의 보호", 창작과 권리 제7호 (1997), 117-118면 참조.

409) 차상욱, "독일판례상 응용미술의 보호 – 저작권법을 중심으로 –", 계간저작권 제34권 제1호(통권 제133호), 한국저작권위원회 (2021), 161면 참조.

410) 知財高裁 平成27年 4月14日 判決, (TRIPP TRAPP 事件).

411) 차상욱, 위의 논문, 161면 참조.

일본 'TRIPP TRAPP' 사건 판결이 내려졌기 때문이라는 것이다. 'TRIPP TRAPP' 판결에서 지적재산고등법원이 채용한 비구별설은 저작권법상 응용미술의 보호에 있어서 순수미술과 구별하기 위하여 어떠한 미술작품의 목적이나 용도, 예술적 가치의 특별한 요건을 부과하지 않고 디자인법과의 중복보호를 인정하는 프랑스의 미의 일체성 이론과도 같은 맥락의 이론이라 할 수 있다.

3) 중복보호설

중복보호설은 저작권법 하에서 응용미술의 보호를 비구별설로 전면적으로 인정하든 일품제작인 미술공예품에만 한정적으로 인정하든 어떤 경우에도 응용미술의 의장법에서의 보호를 배제하지 않는다는 견해이다.[412] 따라서 중복보호설에 따르면 패션디자인의 창작자는 창작과 동시에 무방식으로 저작권 보호를 받을 수 있으며 의장등록출원을 통하여 의장권도 취득할 수 있게 되는 것이다.

3. 패션디자인 판례

1) 패션쇼(ファッションショー) 사건

이 사건[413]은 패션디자인을 포함하고 있는 패션쇼의 구성요소에 대한 저작물성이 다루어진 사건으로, 이 사건에 적용된 응용미술의 저작물성 판단법리가 패션디자인의 저작물성을 판단하는데도 동일하게 적용 될 것으로 생각되어 살펴본다. 패션쇼와 같은 무대예술은 각본, 음악, 무대장치, 의상 등 다양한 요소로 이루어져 있는 여러 저작물의 결합저작물이며 특히 무대장치와 의상의 경우는 미술저작물로 보호받

412) 차상육, "응용미술의 저작권법상 보호에 관한 연구", 박사학위논문, 한양대학교 (2010), 128면 참조.

413) 知財高裁 平成26年 8月28日 判決, 平成25年(ネ)10068号; 패션쇼 사건의 상세소개는 角田政芳・関真也, ファッションロー, 勁草書房 (2017), 27-33頁 참조.

을 수 있다.[414] 우리나라 하급심에서도 '가루야 가루야' 체험전을 무대 미술, 배경음악, 배우들의 실연, 의상 등이 포함된 결합저작물로 인정하였다.[415] 이 사건 패션쇼의 메이크업, 의상과 액세서리의 선택 및 상호 코디네이트, 안무, 배경 영상 각 요소가 단독저작물로서 인정된다면 패션쇼 전체가 결합저작물로 보호받아 경쟁업체가 실질적으로 유사한 패션쇼의 연출기법으로 공연할 수 없게 된다. 따라서 이 사건에서 원고들은 무대전체의 연출기법을 보호하기 위하여 패션쇼 각 구성요소의 저작권을 주장한 것으로 볼 수 있다.

이 사건은 패스트패션 브랜드인 'Forever21' 패션쇼의 구성요소에서 ① 각 모델의 메이크업과 헤어 스타일링, ② 착용하는 의복의 선택과 상호 코디네이트, ③ 장착하는 액세서리의 선택 및 상호 코디네이트, ④ 무대 위 일정한 위치에서의 포즈의 안무, ⑤ 무대 위 일정한 위치에서 옷을 벗는 동작의 안무, ⑥ 화장품, 의류, 액세서리, 포즈와 동작 코디네이트, ⑦ 모델의 출연 순서 및 배경에 흘러가는 영상 요소에 대한 저작물성이 쟁점이 된 사례이다.

항소심인 지적재산고등법원은 판결에서 패션쇼에 이용된 의복이나 액세서리는 대량 생산되는 패스트패션 브랜드의 것으로 실용적인 목적으로 제작된 것이 분명하며 설령 패션쇼가 도회적인 여성의 드레스 코디네이트와 리조트의 럭셔리파티 스타일의 컨셉으로 구성되었다고 하더라도 실용적 목적의 패션쇼라고 보았다. 따라서 패션쇼의 표현 요소인 ① 각 모델의 메이크업과 헤어스타일, ② 착용하는 의복의 선택과 상호 코디네이트, ③ 부착하는 액세서리의 선택 및 상호 코디네이트,

414) 文化法研究會, 舞豪囊術と法律ハンドブック一公演質務Q&A, 芸団協出版部 (2002), 36頁; 박성호, 저작권법(제2판), 박영사 (2017), 102면 재인용 참조.

415) 서울중앙지방법원 2016. 1. 13. 선고 2015나15275 판결; 그러나 '가루야 가루야' 체험전 사건의 대법원 판결(대법원 2019. 12. 27. 선고 2016다208600 판결)에서는 체험전 기획안의 저작물성은 인정하였지만 체험전이 결합저작물인지에 대하여는 판단하지 않고 기획안의 2차적 저작물이라고 판결하였다.

⑥ 화장품, 의류, 액세서리의 코디네이트의 요소들은 미적창작물에 해당한다고 하여도 예술작품 등과 같은 전시 등의 목적이 아닌 실용적인 목적을 가진다고 판시하였다.[416] 그 다음 항소심은 저작권법 제2조 제2항에서 규정하고 있는 미술저작물의 해석에 대하여 상기 조항은 예시 규정으로 해석하여야 한다고 전제하면서 일품제작의 미술공예품과 양산되는 미술공예품은 객관적으로 보았을 때 차이가 존재하지 않기 때문에 저작권법 제2조 제1항 제1호의 정의 규정에서 보면, 양산되는 미술공예품 전체가 미적관람을 목적으로 제작되는 것이라면 미술저작물로서 보호되는 것으로 해석된다고 판시하였다. 또한 항소심은 저작권법 제2조 제1항 제1호의 규정에 근거하여 실용목적의 응용미술에서도 실용목적에 필요한 구성과 분리하여 미적감상이 되는 미적특성을 갖추고 있는 부분을 파악할 수 있는 것에 대하여는 상기 제2조 제1항 제1호에 포함되는 것이 분명한 "사상 또는 감정을 창작적으로 표현한 순수미술의 저작물"과 객관적으로 동일한 것으로 볼 수 있으므로 해당 부분을 상기 제2조 제1항 제1호의 미술저작물로서 보호해야 한다."고 판시하였다.[417]

따라서 항소심은 이 사건 패션쇼의 착용하는 의복과 부착하는 액세서리의 선택 및 상호 코디네이트의 미적요소는 미적감상을 목적으로 하는 것이 아니고, 또한 실용적 목적을 위한 구성과 분리하여, 미적감상의 대상이 될 수 있는 미적특성을 갖춘 부분을 파악할 수 있는 것도 아니기 때문에 저작물성을 인정할 수 없다고 판결하였다.[418] 그리고 메이크업과 헤어스타일에 대한 미적 요소는 다른 사람들이 보는 것이 상정되는 것이기는 하지만, 시티나 리조트의 파티 등의 장면에서 이용되는 옷과 액세서리와 코디네이트를 상정하는 실제적인 것이며, 그것

416) 知財高裁 平成26年 8月28日 判決, 平成25年(ネ)10068号, 8-9頁 (ファッションショー 事件).
417) 위의 판결, 9-10면.
418) 위의 판결, 11면.

전체가 미적 감상을 목적으로 하는 것이 아니고, 또한 실용적인 목적을 위한 구성과 분리하여 미적감상의 대상이 될 수 있는 미적 특성을 갖춘 부분을 파악할 수 있는 것도 아니기 때문에, 미술저작물에 해당한다고도 볼 수 없다고 판결하였다.[419)]

정리하면 패션쇼 사건의 항소심 판결은 저작권법 제2조 제2항의 미술저작물에 포함된 미술공예품을 저작권 보호대상의 예시로 보면서 미술공예품 이외에도 저작권 보호를 인정하는 태도를 나타낸 것이라 할 수 있다. 따라서 항소심은 응용미술이 실용적인 목적을 가지더라도 실용목적에 필요한 구성과 분리하여 미적감상이 되는 미적특성을 갖추고 있는 부분이 있다면 그 부분에 대하여는 저작권 보호를 인정해주어야 한다고 판시하며 본 사건 패션쇼의 착용하는 의복과 부착하는 액세서리의 선택 및 상호 코디네이트를 포함한 구성요소의 저작물성을 부정하는 판결을 하였다. 항소심 판결은 미국 저작권법 제101조 규정의 분리가능성 기준과 우리나라 저작권법 제2조 제15호의 응용미술저작물 규정과 유사한 기준을 적용한 것이라 할 수 있다.

한편 항소심의 판단이 이전의 판례[420)]에서는 법원이 '실용적인 면에서 분리하여' 등으로 추상적으로 판단해온 기준을 '실용목적에 필요한 구성'과의 분리가능성으로 구체적으로 판단한 것은 저작권법 제2조 제2항의 미술저작물의 정의에 포함되는 미술의 범위를 재정리하고 명확히 하였다고 보는 견해도 있다.[421)]

2) 샤미블라우스(シャミーブラウス) 사건

이 사건[422)]은 여성용 고급 의류 제품을 제조 및 판매하는 원고가

---

419) 앞의 판결, 12면.
420) '유아용 젓가락(1심)' 사건, '스틱 가습기(1심)' 사건 '골프샤프트(1심)' 사건 '픽토그램' 사건, '우산꽂이' 사건 등.
421) 中川隆太郎, "ファッションデザインの著作物性", 著作権研究 第45号, 著作権法学会, 2018, 196頁.

원고의 상품1(블라우스), 상품2(민소매 러닝), 상품3(티셔츠)과 유사한 디자인을 제조하여 판매한 피고에 대하여 저작권법상 복제권 침해를 주장하며 소송을 제기한 사건이다. 오사카지방법원은 실용적 기능과의 분리가능성과 미적감상의 대상이 될 수 있는 미적특성·미적창작성에 대한 판단의 기준을 응용미술의 저작권보호의 범위의 지표로 채용하여 이 사건의 원고 상품2의 민소매 러닝 디자인에 대한 저작물성을 부정하는 판결을 하였다. 구체적으로 오사카지방법원은 원고 상품2의 '꽃무늬 자수' 부분의 디자인은 옷에 자수 장식을 추가하기 위하여 제작된 도안(디자인)에서 유래된 것으로 인정되며 또한 이 부분을 포함하는 원고 상품2의 전체 디자인도 옷을 위하여 제작된 도안에 유래하는 것은 명백하므로 이것들을 미적창작물로 본 경우 응용미술로서 규정된다고 판시하였다.[423] 그러면서 오사카지방법원은 순수미술이 아닌 이른바 응용미술로 간주되어 실용적 목적으로 제공되며 산업상 이용할 수 있는 제품의 디자인 등은 실용적인 기능을 분리한 경우에, 그것이 미적 감상의 대상이 될 수 있는 창작성을 갖추고 있다면 저작권법상의 '미술저작물'로서 저작물에 포함될 수 있다고 해석하는 것이 상당하다고 하였다.

따라서 오사카지방법원은 원고 상품2의 '꽃무늬 자수'와 '전체 디자인'은 그 자체가 미적 창작물이라고 할 수 있지만, 5개의 꽃과 13개의 나뭇잎으로 구성되어 배치된 디자인은 여성용 옷에 빈번히 이용되는 디자인으로서 꽃무늬 패턴 디자인 이상의 것이라는 인상을 주는 것이 아닌 단지 옷에 부가된 것이며, 분리된 디자인도 독자적으로 미적 감상의 대상이 될 수 있는 창작성이 인정되지 않는다며 저작물성을 부정

---

422) 大阪地裁 平成 29年 1月19日 判決, 平成27年(ワ)第9648号, 第10930号, (シャミーブラウス 事件); 샤미블라우스 사건의 소개는 角田政芳·関真也, 前掲書, 67-70頁 참조.

423) 大阪地裁 平成29年 1月19日 判決, 平成27年(ワ)第9648号, 第10930号, 21頁, (シャミーブラウス 事件).

하였다. 또한 '꽃무늬 자수'부분을 포함한 '전체 디자인'의 저작물성 판단에 대해서는 '전체 디자인'의 모양이 창작적인 활동의 결과로 만들어졌다는 것을 긍정하더라도, 양쪽 겨드랑이의 다트와, 사각 네크라인 그리고 목덜미 바로 아래에 레이스 자수를 포함한 러닝셔츠의 형상은 오직 의복의 실용적 기능만을 위해서 디자인된 그 자체라 할 것이므로, '꽃무늬 자수'부분을 포함한 원고 상품2의 '전체 디자인'은 '실용적인 기능으로부터 분리되어 독자적으로 미적감상의 창작성을 갖춘 것으로 인정되지 않는다.'며 저작물성을 부정하는 판결을 하였다.[424]

오사카지방법원이 원고 상품2의 '꽃무늬 자수'부분을 미적창작물이라고 인정하면서도 미적감상의 대상이 될 수 있는 창작성이 없다고 판결하고 러닝셔츠 형상에 있어서 다트와 사각 네크라인 그리고 목덜미 아래 부분 레이스 자수가 의류의 실용성을 위해 표현상 제약을 받는 구성요소임에도 불구하고 그 요소들만을 가지고 '전체 디자인'을 바로 실용적 기능만을 위한 디자인이라고 판결한 것은 아쉬운 부분이다.[425] 따라서 위에서 살펴본 바와 같이 일본 법원의 패션디자인에 대한 저작권 보호의 판단기준은 현행 저작권법 하에서는 실용적 기능과의 분리가능성과 미적감상이 될 수 있는 미적특성·미적창작성의 여부인 것이라 할 수 있다.

---

424) 앞의 판결, 22면 참조.
425) 中川隆太郎, "ファッションデザインの著作物性", 著作権研究 第45号, 著作権法学会, 2018, 220-221頁.

그림 3-6 샤미블라우스(シャミーブラウス) 사건

원고 상품2 오리지널 자수레이스 사용 러닝	피고 상품2 면마자수 앙상블(러닝셔츠)
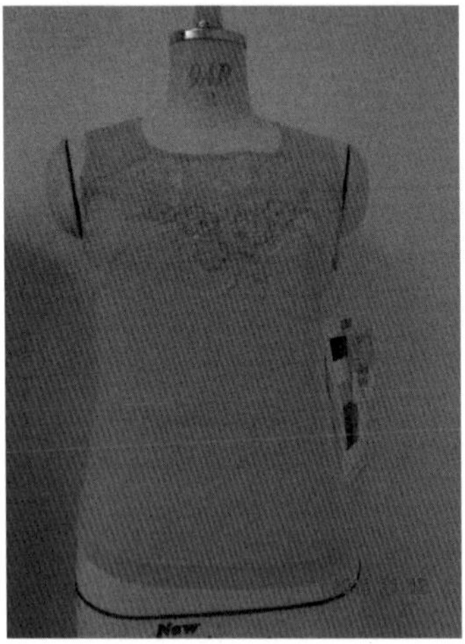	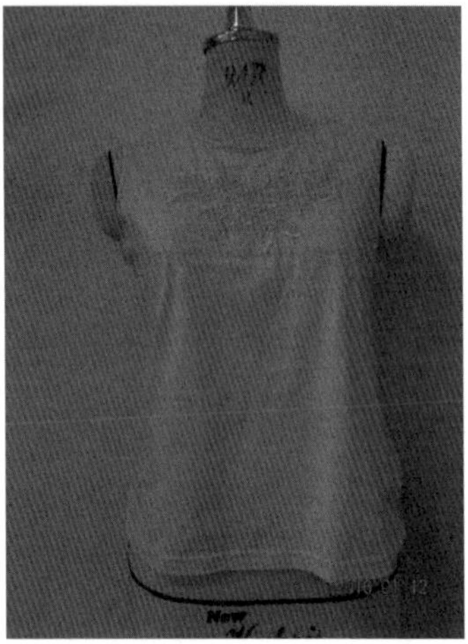
원고 상품2 가슴부분 확대	피고 상품2 가슴부분 확대
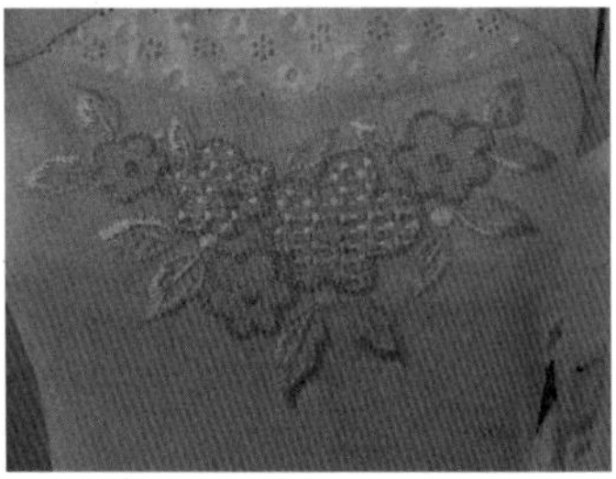	

출처: 大阪地裁 平成29年 1月19日 判決, 平成27年(ワ)第9648号, 第10930号, シャミーブラウス 事件 판결문.

Ⅲ. 의장법에 의한 패션디자인의 보호

의류를 비롯한 액세서리, 핸드백, 신발 등의 실용품을 포함하는 패션디자인의 대부분은 일본에서 저작권법, 의장법, 상표법과 부정경쟁방지법에 의하여 일정 요건을 만족한 경우에 각 법에 의한 보호를 받을 수 있다. 의장법은 우리나라의 디자인보호법에 해당하여 패션디자인의 형상, 모양이나 색채 또는 이들의 결합이 공업상이용가능성, 신규성, 창작비용이성의 의장등록요건을 만족하고 부등록사유에 해당되지 않는다면 의장법의 보호대상이 되며 권리주의, 심사주의, 선원주의, 등록주의 하에서 설정등록에 의하여 의장권이 부여된다.426)

최근 일본은 메이지(明治) 21년의 의장 조례 이후 패션산업을 포함한 디자인산업의 활성화를 위하여 의장법을 개정하였다. 개정된 의장법은 2019년 5월 17일에 일부 개정되어 2020년 4월 1일 부터 시행되고 있다. 패션디자인의 보호와 관련한 개정의 내용은 의장권의 존속기간이 기존 '등록일로부터 20년'에서 '출원일로부터 25년'으로 연장된 점이다. 그리고 관련의장제도의 확대로 관련의장의 출원가능 기간이 '본의장 출원일로부터 10년 이내까지'로 연장되고 '관련의장과만 유사한 의장'의 등록이 인정되었다. 또한 복수 개 의장의 일괄출원이 가능해지고, 도면절차도 간소화 되었다.427) 이하에서는 의장법의 보호요건과 일본 의장법의 특유제도에 대하여 간단하게 살펴본다.

1. 의장법의 보호요건

의장법 제2조에서는 의장법의 보호대상인 '의장(意匠)'은 "물품(물품의 부분을 포함한다)의 형상, 모양이나 색채 또는 이들의 결합(이하 '형상등'이라 한다), 건축물(건축물의 부분을 포함)의 형상 등 또는 화상(기기의 조작용으로 제공되는 것 또는 기기가 그 기능을 발휘한 결과로 표시되는 것에 한하여 화상 부분을 포함한다)에 의하여 시각을 통하여 미감을 일으키게

---

426) 角田政芳・関真也, 前掲書, 82頁.
427) KOTRA 해외시장뉴스: http://news.kotra.or.kr/user/globalAllBbs/kotranews/album/2/globalBbsDataAllView.do?dataIdx=176604, (2021.10.11. 최종접속).

하는 것을 말한다."[428]고 규정하고 있다. 따라서 의장법상 의장이 되기 위해서는 물품성, 형태성, 시각성, 심미성을 만족해야 한다.

의장등록의 요건으로 의장법 제3조 제1항에서는 공업상 이용할 수 있는 의장을 창작한 자는 의장등록출원 전에 일본 국내 또는 외국에서 공연히 알려진 의장, 의장등록출원 전에 일본 국내 또는 외국에서 반포된 간행물에 기재된 의장 또는 전기통신회선을 통하여 공중이 이용 가능하게 된 의장, 또는 이와 유사한 의장을 제외하고, 그 의장에 대하여 의장 등록을 받을 수 있다고 규정하고 있다. 또한 제3조 제2항에서는 의장등록출원 전에 그 의장이 속하는 분야에서 통상의 지식을 가진 자가 일본 국내 또는 외국에서 공연히 알려져 반포된 간행물에 기재되거나 전기통신회선을 통하여 공중이 이용 가능하게 된 형상 등 또는 화상에 기초하여 쉽게 의장을 창작할 수 있을 때에는 그 의장(전항 각 호에 열거하는 것을 제외한다)에 대해서는 동항의 규정에도 불구하고 의장등록을 받을 수 없다고 규정하고 있다.

따라서 우리 디자인보호법과 같이 의장은 공업상이용가능성, 신규성, 창작비용이성을 갖추어야 등록이 가능하다. 또한 의장법 제5조 규정에 따라 다음의 부등록사유에 해당되지 않아야 한다. 즉 공공질서 또는 선량한 풍속을 해칠 우려가 있는 의장, 타인의 업무와 관련된 물품, 건축물 또는 화상과 혼동을 일으킬 우려가 있는 의장, 물품의 기능을 확보하기 위해 불가결한 형상 또는 건축물의 용도에 불가결한 형상만으로 된 의장 또는 화상의 용도에 필수적인 표시만으로 이루어진 의장에 해당되지 않아야 한다.

한편 패션디자인이 의장등록출원 전에 무역전시회, 패션위크를 통하여 공개되거나 혹은 간행물, 웹사이트에 공개되어 신규성 상실 사유에 해당하게 된 의장인 경우 의장법 제4조 규정에 따라 신규성이 상실

---

428) E-gov법령검색: https://elaws.e-gov.go.jp/search/elawsSearch/elaws_search/lsg0500/detail?lawId=334AC0000000125 참조, (2021.10.11. 최종접속).

된 날로부터 1년 이내에 의장의 신규성 상실의 예외 규정의 적용을 받고자 하는 내용을 적은 서면을 의장등록출원과 동시에 특허청장관에게 제출하고 의장의 신규성 상실의 예외 규정의 적용을 받을 수 있는 의장이라는 것을 증명하는 서면을 의장등록출원일로부터 30일 이내에 특허청장관에게 제출하면 의장의 신규성 상실의 예외 규정의 적용을 받을 수 있다. 그러나 출원전에 공개한 의장이 신규성 상실의 예외 규정을 적용받았더라도, 예를 들어 다른 사람이 같은 의장을 독자적으로 창작하여 먼저 의장을 출원하고 있었을 경우나 먼저 공개한 경우에는 의장등록을 받을 수 없으므로 가능한 한 빨리 출원을 하는 것이 중요하다.[429]

또한 신규성이 있는 의장이라도 창작이 용이한 의장인 경우에는 의장등록을 받을 수 없기 때문에 등록하려는 의장이 너무 낮은 창작성을 가지지 않도록 해야 한다. 특히 패션디자인의 특성상 선행의장을 모방하거나 모티브를 가져와서 재창작하는 경우가 많다. 그럴 경우에도 창작이 용이하거나 신규성이 없어 의장등록출원의 거절사유에 해당될 수 있으니 주의하여야 한다.

2. 의장법의 특유제도와 패션디자인

1) 관련의장 제도

의장법 제10조에 따르면 의장등록출원인은 자기의 의장등록출원에 관한 의장 또는 자기의 등록의장 중에서 선택한 하나의 의장(이하, '본의장'이라 한다)에 유사한 의장(이하, '관련의장'이라 한다)에 관해서는 해당 관련의장의 의장등록출원일이 그 본의장의 의장등록출원일 이후로서 그 본의장의 의장등록출원이 게재된 의장공보의 발행일 전인 경우

429) https://www.jpo.go.jp/system/design/shutugan/tetuzuki/ishou-reigai-tetsuduki/index.html, (2021.01.11. 최종접속).

에 한하여 제9조(선출원) 제1항 또는 제2항 규정에도 불구하고 의장등록을 받을 수 있었다. 그런데 2020년 4월에 시행된 개정 의장법에서는 관련의장의 출원가능 기간이 본의장 출원일로부터 10년 이내로 연장되고, 관련의장과만 유사한 의장도 등록이 가능해졌다. 또한 개정 의장법에서 의장권의 존속기간이 의장등록출원일로부터 25년간으로 연장됨에 따라 관련의장의 의장권 존속기간도 기본의장의 의장등록출원일로부터 25년간으로 변경되었다. 따라서 이와 같은 관련의장 제도의 확대로 패션기업은 동일한 컨셉의 시리즈제품 디자인을 보호할 수 있고 기업의 장기적인 브랜드 아이덴티티 구축이 가능할 것이다.

2) 비밀의장 제도

의장법 제14조 제1항에 따르면 의장등록출원인은 의장권의 설정등록일부터 3년 이내의 기간을 지정하여 그 기간 동안 그 의장을 비밀로 할 것을 청구할 수 있다.

3) 부분의장 제도

부분의장 제도는 우리 디자인보호법의 부분디자인 제도처럼 의장법에 별도의 조항으로 명시되어 있지는 않고 의장법 제2조에서 의장을 구성하는 '물품'의 정의에 '물품의 부분'을 포함시켜 물품의 부분에 대하여 등록을 허여하기 위한 제도이다. 이와 같은 부분의장 제도는 의장의 부분이 독창성이 높고 특징 있는 창작인 경우에 해당 창작 부분을 제3자가 모방하는 것을 방지하는 효과가 있어 패션디자인의 의장권자를 보호할 수 있는 유익한 제도이다.

따라서 패션디자인의 부분을 부분의장으로 등록받고자 하는 경우에는 부분의장등록출원서의 의장의 설명란에 부분의장으로서 의장등록을 받으려고 하는 패션디자인의 부분을 특정하고 도면에 있어 어떤 방법으로 특정되는지를 기재하여야 한다. 또한 제출하는 도면에는 등록

받고자 하는 부분을 실선으로 표시하고 그 외의 부분은 점선으로 표시하여 기재한다.430)

3. 의장권의 효력

의장권은 의장법 제20조 제1항에 따라 설정등록에 의하여 발생하고 의장법 제23조에 따라 의장권자는 업으로서 등록의장 및 이와 유사한 의장의 실시할 권리를 독점한다. 다만, 그 의장권에 대하여 전용실시권을 설정한 때에는 전용실시권자가 그 등록의장 및 이와 유사한 의장을 실시할 권리를 독점하는 범위에 대해서는 그러하지 아니하다. 패션디자인의 경우 침해가 발생하면 패션디자인의 특성상 모방이 쉽고 특히 온라인상에서 침해가 발생하는 경우에는 피해의 속도와 범위가 오프라인에서의 침해보다 훨씬 더 빠르고 크다. 따라서 의장의 침해가 우려되는 경우에 의장권자는 의장법 제37조 제1항에 따라 자기의 의장권 또는 전용실시권을 침해하는 자 또는 침해할 우려가 있는 자에 대하여 그 침해의 정지 또는 예방을 청구할 수 있다. 또한 동법 제39조에 따라 불법행위를 이유로 한 손해배상을 청구할 수 있으며, 이때 의장법은 손해액 추정 등에 대한 규정을 두어 의장권자를 보호하고 있다.

Ⅳ. 부정경쟁방지법에 의한 패션디자인의 보호

패션디자인은 짧은 라이프 사이클과 유행에 민감한 제품의 특성을 가지고 있어 신속한 권리획득이 요구된다. 그러나 의장권의 까다로운 등록 요건을 충족해야 하고 등록에 많은 시간과 비용이 소요됨으로 개인이나 영세한 패션디자이너들이 의장등록을 하는 것은 쉽지 않다. 또

430) 일본특허청 의장법 심사기준 가이드라인, https://www.jpo.go.jp/system/laws/rule/guideline/design/shinsa_kijun/index.html, (2021.10.10. 최종접속).

한 대부분의 패션디자이너들은 의장권으로 미등록된 자신의 디자인이 불법으로 복제되거나 거의 동일하게 모방되는 경우에도 소송을 제기할 여유가 없어 정당한 권리를 보상받기도 전에 포기하는 경우가 많다. 따라서 이러한 점을 고려할 때 부정경쟁방지법의 상품형태모방금지 규정은 미등록 패션디자인의 보호에 유익한 방법이다. 따라서 이하에서는 부정경쟁방지법 제2조 제1항 제3호의 상품형태모방금지 규정을 검토하고 이후 상품형태모방과 관련한 패션디자인 사례를 살펴본다.

1. 상품형태모방금지 규정

부정경쟁방지법 제2조 제1항 제3호에서는 "타인의 상품 형태(해당 상품의 기능을 확보하기 위하여 필수적인 형태를 제외한다)를 모방한 상품을 양도·대여, 양도나 대여를 위하여 전시·수출 또는 수입하는 행위"를 부정경쟁이라고 규정하고 있다. 그리고 제2조 제1항 제3호의 보호대상인 상품형태의 보호기간은 일본 국내에서 최초로 판매된 날로부터 3년간이다. 이하에서는 상품형태모방의 요건에 대하여 검토한다.

2. 상품형태모방의 요건

1) 상품의 형태

부정경쟁방지법 제2조 제4항에 따르면 "상품의 형태"란 수요자가 통상적인 용법에 따라 사용할 때에 지각으로 인식할 수 있는 상품의 외부 및 내부의 형상, 그 형상에 결합한 모양, 색채, 광택 및 질감을 말한다. 따라서 상품의 외부 형상뿐만 아니라 내부의 형상도 포함되지만, 지각에 의해서 인식하는 것이 가능해야 한다. 그리고 상품의 성능과 아이디어는 포함되지 않는 것으로 본다.

동경지방법원은 '아메리카 슬리브' 사건[431]에서 피고의 블라우스와

---

431) 東京地裁 平成17年 4月27日 判決, 平成16年(ワ)第12723号.

바지가 원고의 블라우스와 바지의 분리기능을 모방하고 있다는 원고의 주장에 대해서 부정경쟁방지법 제2조 제1항 제3호에서 "상품의 형태"라 함은 물건의 모양의 형태이며, 외관의 형태에 영향을 주지 않는 기능을 포함하는 것은 아니라고 해석된다며 피고상품이 원고상품의 형태를 모방한 상품이 아니라고 판단하였다.

또한 제4항에서 말하는 상품의 의미는 상표의 대상이 되는 물품이기는 하지만 상표법상의 상품을 의미하기보다는 시장에서 유통이 예정되어 있는 유체물을 의미한다.[432] 따라서 제2조 제1항 제3호 규정에서 모방의 대상은 상품의 형태이어야 한다. 그러나 상품 전체의 형태가 동종 상품과 비교하여 어떠한 특징도 없는 흔한 형태인 경우에는, 특단의 자금이나 노력을 들이는 것 없이 만들어 낼 수 있는 것이므로 상품의 형태에 해당하지 않는 것으로 본다.[433] 동경지방법원도 여성의류의 형태모방사건[434]에서 "흔한 형태는 그 개발에 특별한 비용이나 인력의 투하 및 위험 부담이 이루어진 것이 아니어서, 그것을 특정한 자에게 전용시키는 것은 동종의 상품 간의 발전적인 경쟁을 저해하므로, 부정경쟁방지법 제2조 제1항 제3호의 보호 대상이 되지 않는다고 해석해야 한다."고 판시하였다.

2) 모방의 의미

부정경쟁방지법 제2조 제5항에서는 이 법에서 "모방하다"란 타인의 상품의 형태에 의거하여 이와 실질적으로 동일한 형태의 상품을 만들어 내는 것을 말한다고 규정하고 있다. 따라서 모방하였다고 말하기

432) 계승균, "상품형태모방금지위반행위의 형사처벌 가능성에 관한 소고", 산업재산권 제50호, 한국지식재산학회 (2016), 100-101면 참조; 안원모, "상품형태의 보호: 부정경쟁방지법 제2조 제1호 자목을 중심으로", 산업재산권 제19호, 한국산업재산권법학회 (2006), 306면 참조.

433) 知財高裁 平成31年 1月24日 判決, 平成30年(ネ)第10038号.

434) 東京地裁 平成30年 4月26日 判決, 平成27年(ワ)第36405号.

위해서는 타인의 상품의 형태에 의거하여 모방품이 작성되었다는 의거성과 양 상품의 형태가 실질적으로 동일한 것 즉, 실질적 동일성이 요구된다. 또한 의거성은 실질적 동일성이 인정되면 쉽게 인정이 된다. 한편 독자적으로 기획하거나 개발한 상품의 형태가 타인의 상품형태와 실질적으로 동일한 경우가 있다. 이 경우에 무조건 모방하였다고 말할 수 없다. 따라서 그 경우에는 원고제품의 발매시기, 판매량, 평판과 피고제품의 기획시기, 발매시기와의 관계, 원고와 피고의 거래관계의 유무 등을 종합적으로 고려하여 의거 여부를 판단해야 한다.[435)]

3) 실질적 동일성 판단

실질적 동일성의 판단은, 양 상품을 대비하는 방법으로 판단하게 된다.[436)] 즉, 대비하는 것에 의해 공통점·상이점을 인정한 후, 공통점이 상품의 형태 전체에서 중요한 의미를 가지는지 여부를 평가하고 상이점이 인정되는 경우에는, 개변 착상의 난이도, 개변의 내용과 정도, 개변에 의한 형태적 효과 등에 비추어, 당해 개변에 의해 상응하는 형태상의 특징을 가져 왔는지를 평가한다.[437)] 그리고, 양 평가를 바탕으로 실질적 동일성을 종합적으로 판단한다.

한편 실질적 동일성의 판단은 판단의 주체가 누구인지에 따라 결과가 다르게 나타난다. 판단의 주체는 거래를 하는 자, 상품을 최종적으로 구입하는 수요자 그리고 디자이너와 같은 창작자가 될 수 있다.[438)] 하급심에서는 민소매 원피스를 입는 젊은 여성 수요자나 원피스를 거래하는 전문적 거래자의 기준으로 원고와 피고상품의 형태상

435) 계승균, 앞의 논문, 101면 참조.
436) 高部眞規子, 著作権・商標・不競法関係訴訟の実務(第2版), 商事法務 (2018), 480頁.
437) 経済産業省知的財産政策室編, 逐条解説・不正競争防止法(第2版), 商事法務(2019), 39頁.
438) 계승균, 위의 논문, 92면 참조.

차이를 판단하며 양 상품 형태의 차이점이 양 상품의 형태상 공통점보다는 수가 적지만 원피스를 착용하는 수요자나 전문적 거래자에게 주는 인상을 크게 좌우 한다고 판시하였다.[439]

3. 패션디자인 판례

패션디자인은 수정과 변경이 용이하여 모방이 쉽다. 따라서 독자적으로 패션디자인을 개발한 경우가 아니라면 타인의 패션상품의 형태에 의거하여 실질적으로 동일한 형태의 패션상품을 만들 경우 부정경쟁방지법상 부정경쟁행위라고 판단되는 모방행위이다. 따라서 다음에서는 패션디자인의 상품형태모방과 관련한 판례를 통하여 모방의 대상이 되는 상품형태의 흔한 형태 및 실질적 동일성 판단에 대한 법원의 판결을 살펴본다.

1) 아메리칸 슬리브(アメリカンスリーブ) 사건

이 사건[440]은 여성의류를 기획, 제조, 판매하는 원고가 자신의 상품 형태를 모방한 상품을 제조, 판매한 피고에 대하여, 피고의 행위는 부정경쟁방지법 제2조 제1항 제3호에 따른 부정경쟁행위에 해당한다며, 피고 상품의 양도 등의 금지 및 폐기, 손해배상 및 사죄광고의 청구를 구한 사안이다. 사건의 법적 쟁점은 ① 피고 각 상품이 원고 각 상품의 형태를 모방한 상품인지, ② 원고 각 상품의 형태는 동종의 상품이 일반적으로 갖는 형태인지 등이다.

항소심은 원고 상품1 내지 3과 피고 상품1 내지 3에 대하여 상품의 차이점과 공통점을 비교한 후 차이점이 수요자와 거래자에게 주는 인상의 정도와 각 상품 형태의 실질적 동일성 여부를 판단하였다. 그리고는 원고 상품1 내지 3과 피고 상품1 내지 3의 실질적 동일성을

439) 東京地裁 平成17年 4月27日 判決, 平成16年(ワ)第12723号.
440) 위의 판결.

모두 부정하였고 모방도 없다고 판결하였다. 구체적으로 항소심은 원고 상품1은 진동 둘레의 형태가 수요자·거래자에게 있어서 중요한 고려요소인데 그 형태에 있어서 원고 상품1은 어깨가 크게 드러나는 아메리칸 슬리브(소매)인 반면, 피고 상품1의 진동 둘레는 어깨를 드러내지 않는 점에 차이가 있어서 다른 인상을 준다고 판시하였다. 그리고 원고 상품2는 피고 상품2와 소맷마루[441] 및 팔꿈치로부터 소매 끝 부분까지의 형태의 차이점이 인정되는데 이러한 차이점이 수요자·거래자에게 주는 인상이 크다고 보았다. 그 다음 원고 상품3과 피고 상품3에 있어서는 파레오[442]가 붙은 바지의 수요자·거래자에게 있어서, 파레오의 형태는 상품으로부터 받는 인상에 있어서 큰 부분을 차지하는 것이라고 판단하며 피고 상품3의 파레오의 형태는 띠 모양에서 플레어 모양의 옷자락 부분이 덧붙여져 있는 점에서, 원고 상품3에서는 볼 수 없는 특징을 가진다고 판단하였다.

이와 같이 항소심은 원고 상품1 내지 3과 피고 상품1 내지 3에 대하여 수요자·거래자의 관점에서 양 상품의 인상이 달라지는지 여부를 판단하여 실질적 동일성을 부정하였다. 특히 항소심이 원고 상품3의 인상이 '상당히 다르다'라고 판시한 점은 차이점이 상품의 인상에 대하여 주는 영향의 정도를 측정한 것으로 볼 수 있다.[443] 또한 항소심은 실질적 동일성의 판단에서 원고 상품과 피고 상품의 형태상 차이점이 수요자 및 거래자가 상품을 구입할 때 중요한 고려요소가 될 것인지를 판단하였다. 예를 들어, 원고 상품1의 진동 둘레의 형태는 어깨가 크게 드러나 보이게 하여 착용하는 속옷의 형태나 피부 노출 정

441) 소맷마루(袖山): 소맷부리의 위쪽부터 어깨에 이르는 선(線), 엣센스 일한사전, 민중서림(1993, 제2판). 1275면.

442) 파레오: 쿡 제도 및 타히티어 랩 어라운드에 대한 단어 스커트, 오늘날 이 용어는 남성이나 여성이 착용하는 몸을 감싸는 천 조각에 적용된다; https://en.wikipedia.org/wiki/Pareo.

443) 竹内康真·溝田宗司, "ファッションロー実質的同一性の判断基準 − 裁判例の動向を踏まえて −", 特許ニュース, No.15153, (2020), 3頁.

도가 달라진다는 관점에서 수요자 및 거래자의 인상을 크게 끌어 상품 구입시 중요한 고려요소라고 판단하였다. 한편 실질적 동일성 판단 주체에 대하여 항소심은 "구입 시 중요한 고려요소"등을 검토하고 있는 점에서 수요자의 관점에서 판단한 것으로 볼 수 있다.

그림 3-7 아메리칸 슬리브 사건: 원고 상품1과 피고 상품1

원고 상품1	피고 상품1
 CÉST LA VIE	 prose poem

그림 3-8 아메리칸 슬리브 사건: 원고 상품 2,3과 피고 상품 2,3

원고 상품2	피고 상품2	원고 상품3	피고 상품3
 CÉST LA VIE 24－2330	 ラブリークイーン (株)	 CÉST LA VIE 25－2428	 ラブリークイーン (株)

출처: 東京地裁 平成17年 4月27日 判決 平成16年(ワ)12723号 판결문.

2) 셔츠칼라(シャツカラー) 사건

이 사건[444]은 원고가 피고 상품3 내지 11의 각 상품을 판매한 피고에게 피고 각 상품은 원고가 판매하는 원고 상품3 내지 11의 각 상품의 형태를 모방한 상품이며, 그 판매는 부정경쟁방지법 제2조 제1항 제3호 소정의 부정경쟁행위에 해당한다고 주장하며, 손해배상 및 사죄광고의 게재를 요구한 여성의류 형태모방 사건으로, 여성의류의 형태에 대해 실질적 동일성이 긍정된 사례이다.

이 사건의 쟁점은 ① 원고가 부정경쟁방지법 제2조 제1항 제3호의 '타인'에 해당하는지 여부, ② 피고 각 상품의 형태가 원고 각 상품의 형태에 의거하여 이와 실질적으로 동일한 형태의 상품을 만들어 내는 모방으로 제2조 제5항의 모방에 해당하는지 이다. 판결에서 동경지방법원은 원고가 원고의 상품에 대해 기획부터 생산 판매에 이르기까지 관계 서류를 소지하고 있으며, 그것은 원고가 디자인을 확정하고 생산을 주문한 것(즉, 타사의 디자인 상품을 구매한 것이 아님)을 뒷받침하는 것으로 인정된다고 보았다. 따라서 원고 각 상품의 형태는 원고가 그 자본과 노력에 의해 개발하였다고 볼 수 있기 때문에 원고는 부정경쟁방지법 제2조 제1항 제3호의 '타인'에 해당되어 동호 소정의 부정경쟁행위를 한 자에 대해 손해배상 등의 청구를 하는 주체로 해석한다고 판시하였다.

또한 실질적 동일성 판단에 대해서는 원고 각 상품 및 피고 각 상품의 기본 형태는 동일하거나 거의 같은 것이며, 구체적 형태의 미세한 차이를 제외하면 동일하며, 형태 중 특징적인 부분은 모두 공통적이라고 보았다. 그리고 피고 상품의 차이점은 언뜻 보는 것만으로는 식별되지 않거나 전체적인 형태에 미치는 영향이 부족하며, 원고 각 상품에 비해 시간이나 비용을 들이지 않는 방향으로 변경된 것이며 여

---

444) 東京地裁 平成27年 7月16日 判決, 平成25年(ワ)第28365号.

성의류라는 상품의 특성상 매우 쉽게 변경할 수 있는 것이라고 판단하였다. 따라서 원고 각 상품과 피고 각 상품의 형태는 모두 실질적으로 동일하다고 판결하였다.[445)]

구체적인 판결 이유를 살펴보면 원고 상품6과 피고 상품6의 기본적 형태는 모두 깃이 달린 셔츠 칼라, 긴팔 세트인 슬리브, 앞 버튼이 열린 두 겹의 옷단으로 된 블라우스이며, 구체적 형태는 동일하다. 다만 양자의 차이점은 ① 원고 상품6의 단추가 조개단추인 반면 피고 상품6의 단추는 락토단추인 점, ② 원고 상품6에서는 원단 수축가공 또는 주름가공이 되어있는 반면, 피고 상품6의 원단은 그러한 가공이 없는 점, ③ 두 상품은 모두 왼쪽 앞길에 가슴 포켓이 설치되어 있는 바, 원고 상품6은 세로로 세 개가 나란히 늘어서 있는 반면, 피고 상품6에서는 그중에 중앙 포켓이 없다는 점이다. 그러나 상기 차이점 중 ①은 소재의 차이에 불과하며 최상부의 단추 이외는 착용 시에는 보이지 않는 구조로 되어 있다는 것, ②는 외관상 특단의 차이를 야기하는 것은 아니라는 것, ③은 원단과 같은 계열 색상의 포켓으로서 눈에 띄지 않는 데다 이를 제거하여 제작의 수고를 더는 것은 매우 쉽다고 생각된다는 점이다. 따라서 이러한 차이는 수요자가 받는 인상에 별다른 영향을 주지 않는 사소한 차이이며, 또는 인상을 다소 바꾸더라도 극히 쉬운 개변이라고 할 수 있다고 법원은 판단하였다.[446)] 따라서 법원은 피고 각 상품 및 원고 각 상품 형태가 실질적으로 동일하며, 차이점의 일부는 원고 각 상품에 비해 피고 각 상품에서 수고나 비용이 들지 않은 것으로, 피고 각 상품의 형태가 원고 각 상품에 의거한 것임을 추인하게 해준다고 판단하였다.

정리하면 법원은 이 사건의 9점의 여성의류에 대하여 피고상품이

---

445) 竹内康真・溝田宗司, “ファッションロー実質的同一性の判断基準 − 裁判例の動向を踏まえて −”, 特許ニュース, No.15153, (2020), 4頁.

446) 東京地裁 平成27年 7月16日 判決, 平成25年(ワ)第28365号.

원고상품의 형태를 모방한 것이라고 인정하였다. 또한 실질적 동일성의 판단에 있어서 특징적인 부분이 공통되는 것을 지적하고 있는데 이러한 판단 방법은 요부의 공통성을 중시하는 의장권의 유사여부 판단에 가까운 것이다. 또한 법원이 실질적 동일성 판단에 수요자가 받는 인상을 검토하면서도, 인상이 다소 차이가 있다고 해도 지극히 용이한 개변인 경우에는 실질적 동일성을 긍정할 수 있다고 판단한 것은 수요자뿐만 아니라 개변자의 관점도 채용한 것으로 볼 수 있다.

3) 부인복(婦人服) 형태모방 사건

이 사건[447]은 부인복의 형태모방에 관한 판결로서 부인복의 형상이 동일하고 색만 다른 상품이 널리 존재하고 있는 것을 근거로 부인복 형태의 개발에 자금·노력을 투하하는 주요 대상은 색채 이외의 점이며 부인복의 색채 차이가 현저한 다른 인상을 주는 경우를 제외하고는 원칙적으로 형태의 실질적 동일성의 판단에 강한 영향을 미치지 않는다고 판시한 점에서 주목된다.

사건에서 원고는 피고의 부인복 상품1 내지 8의 판매는 원고가 제조 판매하고 있는 부인복1 내지 8의 상품형태를 모방한 것으로 부정경쟁방지법 제2조 제1항 제3호의 부정경쟁행위에 해당한다며 손해배상을 청구하였다. 제1심 판결에서 법원은 피고 상품1 내지 7에 대해 상품형태모방에 해당함을 긍정하며 원고의 청구를 일부 인용하고 나머지는 기각하였다. 이에 피고가 항소하였다. 이 사건의 쟁점은 다양하지만 주목할 점은 원고와 피고 부인복의 색채 차이가 모방의 판단 요소인 실질적 동일성의 판단에 영향을 미치는지 여부이다. 따라서 원고상품과 피고 상품의 색채의 차이에 대한 법원의 실질적 동일성 판단을 살펴본다.

---

447) 知財高裁 平成31年 2月14日 判決, 平成30年(ネ)第10058号, 原審 東京地裁 平成30年 4月26日 判決, 平成27年(ワ)第36405号.

법원은 원고 상품2와 피고 상품2에 대한 형태의 실질적 동일성을 인정하면서 다음과 같이 색채의 차이가 실질적 동일성 판단에 영향을 주지 않는다고 판단하였다. 즉, “부인복에서 형상이 같고 색채만 다른 이른바 ‘색이 다른’ 상품이 널리 존재하는 것은 공지의 사실이므로, 부인복 수요자도 당연히 형상이 같고 색채만 다른 부인복이 존재하는 것을 인식하고 있으며, 또한 부인복의 형태의 개발에 자금·노력을 투하하는 주요 대상은 색채 이외의 점이라고 해석된다. 그런 이상, 부인복의 색채의 차이는 그것이 현저하게 다른 인상을 주는 경우는 제외하더라도 일반적으로는 형태의 실질적 동일성의 판단에 강한 영향을 미치지 않는다고 해야 한다.” 그러면서 법원은 원고 상품2와 피고 상품2는 적어도 상의와 하의 중 하나에서 색채가 유사하지만 색채를 제외한 형태에 있어서 공통점이 많기 때문에 색채의 차이가 있어도 실질적으로 동일하다고 판시하였다.[448)]

또한 원고 상품4와 피고 상품4의 색채가 주는 인상에 대해서는 “배색의 대비에 있어서 원고 상품4(네이비 2색)는 어두운 색조이고 피고 상품4(헤븐리 블루)는 밝은 색조라는 차이점이 있으나 이는 공통점(앞면에서의 비스듬한 방향의 주름장식이나 이웃한 원단이 원칙적으로 다른 색 천이 사용되고 있는 점, 전면·배면을 통한 천의 중첩 방법 등)에 간과될 정도의 차이이며 수요자에 대하여 ‘색 다른 상품’이라는 인상을 주는 정도에 지나지 않는다.”고 판시하였다.[449)]

항소심 역시 “부인복의 색채 차이는 수요자에게 현저히 다른 인상을 주는 경우를 제외하고는 형태의 실질적 동일성 판단에 강한 영향을 주는 것은 아니라고 해야 하는 바, 피항소인(원심의 원고) 상품4와 항소인(원심의 피고) 상품4의 형태와 세부에 이르기까지의 일치를 전제로 하면, 항소인들이 주장하는 피항소인 상품4와 항소인 상품4의 색채와

---

448) 東京地裁 平成30年 4月26日 判決, 平成27年(ワ)第36405号.
449) 위의 판결.

대비가 주는 이미지의 차이가 수요자에게 현저히 다른 인상을 주는 것이라고 할 수 없다고 해야 하며, 따라서 이 차이에 의해 항소인 상품4가 피항소인 상품4의 특징적인 부분과 일치하므로 수요자에 대해 피항소인 상품4와 같은 인상을 주는 것으로 인정되어 항소인 상품4의 형태는 피항소인 상품4의 형태와 실질적으로 동일하다고 해야 한다는 판단이 좌우되지 않는다."고 판시하였다.[450)]

그림 3-9 부인복 형태모방 사건: 상품2, 상품4

피고 상품2	원고 상품2	피고 상품4	원고 상품4

출처: 東京地裁 平成30年 4月26日 判決 平成27年(ワ)第36405号 판결문.

Ⅴ. 소 결

지금까지 패션디자인의 보호와 관련하여 일본 저작권법, 의장법, 부정경쟁방지법의 법제와 관련 사례를 살펴보았다. 먼저 일본 저작권

450) 知財高裁 平成31年 2月14日 判決, 平成30年(ネ)第10058号.

법에서는 제2조 제2항의 미술저작물을 어떻게 해석하느냐에 따라 패션디자인의 저작권 보호여부가 달라진다. 관련하여 한정설, 예시설, 중복보호설의 3가지 견해가 있다. 종래의 대부분의 저작권 판례는 응용미술에 대한 저작권 보호의 판단기준을 순수미술과 동일시할 수 있는 응용미술 중 미술공예품에 한하여 보호를 인정하는 '순수미술동일시설'을 채용하여 왔으며 고도의 예술성과 창작성을 요하는 독일의 단계이론이나, 미국 저작권법 제101조상의 실용적 기능과의 분리 가능성, 그리고 미적감상의 대상이 될 수 있는 미적특성이나 미적창작성 등의 다양한 기준을 적용하여왔다.

그러던 중 지적재산고등법원이 2015년 'TRIPP TRAPP' 의자 사건의 항소심에서 종래의 순수미술동일시설을 부정하고 일본 판례로서 처음으로 비구별설을 채택하여 의자 디자인의 저작물성을 인정하였다. 그러나 'TRIPP TRAPP' 판결 이후 패션디자인과 관련한 '샤미블라우스(シャミーブラウス)' 사건에서 오사카지방법원은 여전히 저작물성 판단에 있어서 실용적 기능과의 분리가능성과 미적감상의 대상이 될 수 있는 미적특성·미적창작성에 대한 판단의 기준을 중시하는 입장을 취하는 판결을 하였다. 따라서 현행 저작권법 하에서는 일본 법원이 패션디자인의 저작권 보호범위의 확대에 적극적인 입장을 취하는 것으로는 볼 수 없다.

한편 패션디자인은 의장법에 의하여도 보호가 가능하다. 의장법의 보호요건은 우리나라 디자인보호법 보호요건과 동일하게 공업상이용가능성, 신규성, 창작비용이성을 갖추면 보호가 가능하다. 또한 관련의장, 부분의장, 비밀의장 제도와 같은 특유 제도가 있어서 패션디자인의 권리강화와 보호에 적극 활용할 수 있다. 일본 의장법은 최근 개정을 하여 의장법의 보호기간을 출원일로부터 25년간으로 연장하였다.

패션디자인은 일본 부정경쟁방지법의 상품형태모방금지 규정을 통하여 미등록디자인으로 3년간 보호받을 수 있다. 일본 상품형태모방금지 규정이 모방의 정의를 명시적으로 규정하고 있는 점과 상품형태의 보호기간을 일본 국내에서 최초로 판매된 날로부터 3년간이라고 규정한 점은 우리 부정경쟁방지법 (자)목 규정과 다른 점이다. 한편 모방의 실질적 동일성 판단에 있어서 양 상품의 공통점과 차이점을 대비적으로 관찰하여 전체적으로 판단하는 방법과 형태개발에 투하한 비용, 시간, 노력 등을 고려하는 점, 차이점이 사소한 변경인지의 여부 판단, 개변이 있는 경우 착상의 난이도 등의 판단방법은 일본 법원과 우리 법원이 거의 유사하다. 그러나 실질적 동일성 판단을 수요자, 거래자뿐 아니라 당업자의 기준에서 판단하고 양 상품에 차이점이 있는 경우 차이점이 식별되는지 여부, 형태개발에 자금, 노력을 투하하는 주요대상이 무엇인지 등의 판단기준은 우리 법원의 판단에 참고가 가능하다 할 것이다.

제4장

우리나라 법제에서 패션디자인의 보호와 한계

Fashion Law

제4장

우리나라 법제에서 패션디자인의 보호와 한계

제1절 패션디자인의 법적 보호

우리나라에서 패션디자인은 제3장에서 살펴본 EU와 주요 패션선진국의 경우와 마찬가지로 일정한 보호요건을 갖춘 경우에 저작권법, 디자인보호법, 부정경쟁방지법 등에 의해 제한적으로 보호받을 수 있다. 예를 들어 패션의류의 경우 의류에 인쇄된 그래픽이미지 또는 문양은 저작권법의 응용미술저작물로 보호받을 수 있다.

또한 의류 및 패션잡화용품 그리고 섬유제품이나 직물류의 물품류에 속하는 물품에 관한 디자인은 디자인보호법상 디자인일부심사등록제도를 통하여 신속한 조기 디자인권의 확보와 보호가 가능하다. 그리고 관련디자인, 비밀디자인, 부분디자인제도 같은 디자인보호법만의 특유제도를 활용하여 패션디자인의 침해와 무분별한 모방을 예방하고 디자인권의 보호범위를 확대하거나 강화할 수 있다.

그다음 패션디자인의 상품형태는 부정경쟁방지법의 상품형태모방금지 조항인 (자)목으로 보호를 받을 수 있으며 패션디자인의 데드카피가 발생한 경우에는 성과모용금지 조항인 (카)목으로 보호받을 수 있다.

따라서 패션디자인은 단일한 법제를 통해서가 아니라 여러 법제를 통하여 보호받을 수 있다. 이러한 배경을 가지고 본 장에서는 저작권법, 디자인보호법 그리고 부정경쟁방지법을 통한 패션디자인의 보호와 한계에 대하여 살펴본다.

제2절 패션디자인의 저작권법에 의한 보호와 한계

패션디자인은 실용적 목적을 가지는 응용미술에 해당한다. 따라서 패션디자인이 현행 저작권법 하에서 응용미술저작물로 보호를 받기 위해서는 종래 독일 판례의 단계이론에서 요구한 고도한 미적 창작성이나 일본 종래 판례에서 요구한 순수미술과 동일시할 수 있을 정도의 미적감상성 내지 고도의 미술성을 갖출 필요는 없으며, 최소한의 창작성을 갖추고 저작권법상 응용미술저작물의 보호요건인 분리가능성과 독자성을 만족하면 된다. 예컨대 패션의류의 디자인이 저작권법상 응용미술저작물로 보호를 받기 위해서는 우선, 의류에서 실용적인 요소를 제외한 창작적인 부분이 물리적 혹은 관념적으로 분리 가능해야 한다. 그 다음 분리된 부분이 독자적인 미술저작물로 인정되어야 하며 물품에 동일한 형상으로 복제될 수 있는 양산성을 가져야 한다. 따라서 패션의류에서 보호받고자 하는 부분이 실용적인 요소인지 창작적인 요소인지 구분하는 것이 중요하다.

우리 대법원은 대한방직사건 판결에서 응용미술작품의 저작물성 여부 판단기준에 대하여 "산업상의 대량생산에의 이용을 목적으로 하여 창작되는 모든 응용미술작품이 곧바로 저작권법상의 저작물로 보호된다고 할 수는 없고, 그 중에서도 그 자체가 하나의 독립적인 예술적 특성이나 가치를 가지고 있어 위에서 말하는 예술의 범위에 속하는 창작물에 해당하여야만 저작물로서 보호된다."고 판시하였다. 이후 이러한 대법원의 '독립적인 예술적 특성이나 가치'에 대한 기준에 대하여 비판이 제기되었다. 한편 응용미술저작물 규정이 2000년 개정저작권법에 도입된 이후의 사건인 '히딩크 넥타이' 도안 사건의 대법원 판결에서는 넥타이 도안의 분리가능성 및 독자성의 의미나 구체적 기준 그리고 도안 자체의 창작성 여부에 대한 판단이 명확하지 않다는 비판은 있었지만 실용품에 인쇄된 도안이 현행 저작권법상 응용미술저작물로 최초로 인정되었다.

최근 특허법원은 레이스 디자인 도안이 창작성과 분리가능성 요건을 만족하는 응용미술저작물에 해당한다고 판결하였다. 따라서 이러한 배경을 가지고 이하에서는 응용미술저작물 정의 규정이 현행 저작권법에 도입되기 이전과 이후의 패션디자인 주요 판결을 분석하며 판결이 가지는 시사점을 살펴본다.

Ⅰ. 응용미술

응용미술(applied art)이란 용어는 산업혁명 이후 수공예제품(크래프트 제품)이나 공업제품과 관련하여 순수미술(fine art)에 대립하는 개념으로 현재는 실용품에 부가된 미적 디자인을 가리키는 말로서 쓰인다. 또한 응용미술의 범위에는 일품제작이든 양산[1]이든 실용적 목적을 갖춘 것이면 포함된다.[2] WIPO 용어사전에 따르면 응용미술은 실용품을 전제로 한 개념이며 일품제작의 미술공예품이나 양산품을 포함하는 개념이라고 하고 있으며, 다만 실용품의 정의를 두고 있지 않아서 응용미술의 정의는 각국 법률의 해석에 맡기고 있다.

한편, 우리 법원은 응용미술품에는 ① 미술공예품, 장신구 등 실용품 자체인 것, ② 가구에 장식된 조각 등 실용품과 결합된 것, ③ 일용품의 금형 등 양산되는 실용품의 금형으로 사용될 것을 목적으로 하는 것, ④ 염직도안 등 실용품의 무늬로 이용될 것을 목적으로 하는 것 등이 모두 포함되어 있는 것으로 이해된다고 판시하고 있다.[3] 따라

1) "양산이라 함은 동일한 형태의 물품을 반복적으로 계속해서 생산함을 뜻하는 것이다": 대법원 1994. 9. 9. 선고 93후1247 판결.

2) 박성호, 저작권법(제2판), 박영사 (2017), 89면 참조.

3) 서울민사지방법원, 1995. 1. 27. 선고 93가합48477 판결(대한방직사건).

서 패션제품의 제조에 이용되는 염직도안과 같은 무늬의 패션디자인은 응용미술에 속한다. 응용미술작품[4]은 1986년 12월 31일에 개정된 저작권법 제4조 제1항 제4호에서 미술저작물에 예시되었고, 2000년 1월 12일 개정된 저작권법 제4조 제1항 제4호에 미술저작물의 예시에 응용미술저작물(디자인을 포함하는 규정)로 변경되었다.

Ⅱ. 응용미술저작물

응용미술저작물의 정의규정은 대법원이 대한방직 직물디자인 사건에서 받아들인 미국 저작권법의 '분리가능성' 이론을 입법에 반영하여[5] 2000년 개정된 저작권법 제2조 제15호에 "응용미술저작물은 물품에 동일한 형상으로 복제될 수 있는 미술저작물로서 그 이용된 물품과 구분되어 독자성을 인정할 수 있는 것을 말하며, 디자인 등을 포함한다."는 명문으로 도입되었다. 그리고 저작권법 제4조 제1항 제4호에는 공예[6]와 함께 미술저작물로 예시되었다. 이하에서는 응용미술저작물의 보호요건과 보호기간에 대하여 살펴보고 응용미술저작물의 저작권법과 디자인보호법의 중첩적 보호에 대한 쟁점에 대하여 살펴본다.

1. 응용미술저작물의 보호요건

응용미술에 속하는 패션디자인이 응용미술저작물로 보호받기 위해서는 기본적으로 ① 창작성 등 저작물의 성립요건을 갖추고, ② 물품에 동일한 형상으로 복제될 수 있어야 하며, ③ 물품의 디자인 등이

---

4) 응용미술품과 동일한 의미이며, 1986년 개정 저작권법 제4조에서 '응용미술작품'으로 표기되어 그대로 인용하였다.

5) 박성호, 저작권법(제2판), 박영사 (2017), 94-95면 참조.

6) 한편 일품제작의 공예품은 응용미술과 미술저작물의 범위에는 포함되지만 응용미술저작물에는 포함되지 않는다.

이용된 물품과 구분되어 독자성을 인정받을 수 있는 것이어야 한다. 예를 들어 패션의류에 포함된 그래픽 디자인이 응용미술저작물로 보호받기 위해서는, ① 최소한의 창작성을 갖추어야 하며, ② 패션의류의 그래픽 디자인이 의류를 포함한 다른 물품에 동일한 형상으로 복제될 수 있어야 하며, ③ 패션의류의 그래픽 디자인이 의류와 구분되어 독자성을 인정받을 수 있어야 한다. 여기서 패션의류와 구분되어 독자성을 인정받을 수 있어야 한다는 의미는 패션의류의 그래픽 디자인 자체가 순수미술품과 마찬가지로 독자적인 미적감상의 대상으로 삼을 수 있어야 한다는 것을 의미하는 것으로 해석할 수 있다. 그러나 그래픽 디자인의 수준이 종래 독일의 단계이론이나 일본의 순수미술동일시설과 같은 높은 수준을 가져야 한다는 것을 의미하지는 않는다. 우리 대법원은 판결[7]에서 "저작권법 제4조 제1항 제4호에서는 저작물의 일종으로 응용미술저작물을 규정하고 있고, 같은 법 제2조 제15호에서는 응용미술저작물에 관하여 '디자인을 포함하여 물품에 동일한 형상으로 복제될 수 있는 미술저작물로서 그 이용된 물품과 구분되어 독자성을 인정할 수 있는 것'으로 정의하고 있는바, 응용미술저작물로서 저작권법의 보호를 받기 위해서는, 산업적 목적으로의 이용을 위한 '복제가능성'과 당해 물품의 실용적 · 기능적 요소로부터의 '분리가능성'이라는 요건이 충족되어야 한다."고 판시하고 있다.

한편 분리가능성이란 미국 하원보고서에 따르면 물품의 실용적 요소와 미적요소의 물리적 분리가능성 또는 관념적 분리가능성을 말하는 것으로 어느 한가지의 분리가능성만 있어도 미술저작물성이 인정된다.[8] 분리가능성이 처음으로 우리 판례에서 언급된 사건은 응용미술저

---

7) 서울중앙지방법원 2018. 11. 16. 선고 2017가합555001 판결, 특허법원 2020. 1. 7. 선고 2018나2407 판결, 대법원 2020. 5. 14. 선고 2020다209693 판결, 대법원 2013. 4. 25. 선고 2012다41410 판결, 대법원 2004. 7. 22. 선고 2003도7572 판결 참조.

8) 미국 하원보고서(H. R. Rep. No. 94-1476, 94th Cong., 2d Sess., 1976, p. 55)

작물 정의규정이 도입되기 이전의 사건인 대한방직 직물디자인 사건이 있으며 그 다음으로는 응용미술저작물 정의규정이 도입된 이후 제기된 '히딩크 넥타이' 도안 사건이 있다. 구체적으로 대한방직 사건에서 서울민사지방법원은 "응용미술작품은 그 미적인 요소가 그 실용적인 기능성과 물리적 또는 개념적으로 분리 가능한 경우에 한하여 저작물로서 보호될 수 있다고 하면서, 꽃무늬 등을 여러 가지 색채로 표현하고 이를 적당하게 배열하여 만든 이 사건의 2차원적인 직물디자인은, 그 미적인 요소가 그 실용적 기능과 분리되어 인식되고, 지적・문화적 창작으로서 예술의 범위에 속하며 저작자의 스스로의 노력에 의하여 만들어져 창작성도 인정된다."고 판결하며 대한방직 사건 직물디자인의 저작물성을 인정하였다.9)

반면 이 사건에 대한 서울형사지방법원 판결에서는 먼저 "응용미술작품 중 염직도안이나 실용품의 모델 등과 같이 본래 산업상의 이용을 목적으로 하여 창작되는 경우에는 원칙적으로 저작물성을 인정할 수 없지만 도안이나 모델 자체가 실용품의 기능과 물리적 혹은 개념적으로 분리되어 식별될 수 있는 독립적인 예술적 특성이나 가치를 가지고 있는 경우에는 예외적으로 저작물성이 인정된다."고 판시하였다. 그러나 "코빙톤 파브릭스 코포레이션의 직물디자인은 직물의 염직디자인으로 사용되어 그 색채나 문양에 비추어 볼 때 직물의 기능과 물리적으로 혹은 개념적으로 분리되어 식별될 수 있는 예술적 특성을 가지고 있다고 볼 수 없다."고 판단하며 저작물성을 부정하는 판결을 하였다.10)

그 다음으로 '히딩크 넥타이' 도안 사건의 파기환송심 판결에서 서울중앙지방법원은 '히딩크 넥타이' 도안의 독특한 형상과 문양이 미적

참조.

9) 서울민사지방법원 1995. 1. 27. 선고 93가합48477 판결.

10) 서울형사지방법원 1994. 11. 10. 선고 94노2571 판결.

요소를 가진 응용미술작품으로 물품에 동일한 형상으로 복제될 수 있는 미술저작물에 해당하고 넥타이 도안이 다른 실용품의 디자인으로도 이용될 수 있다고 보았다. 그러면서 넥타이의 실용적 기능이 도안의 미적인 요소보다 주된 용도가 아니라고 보았다. 결론적으로 '히딩크 넥타이' 도안은 넥타이의 기능과 관념적으로 구분되어 독자성이 있는 저작권법의 보호대상인 저작물에 해당한다고 판결하였다.[11] 반면 이 사건의 원심에서 서울지방법원은 "'히딩크 넥타이' 도안은 우리 민족 전래의 태극문양 및 팔괘문양을 상하 좌우 연속 반복한 넥타이 도안으로서 응용미술작품의 일종에 해당된다고 할 것이나, 그 제작 경위와 목적, 색채, 문양, 표현기법 등에 비추어 볼 때, 실용물인 넥타이와 분리된 도안 그 자체가 하나의 독립적인 예술적 특성이나 가치를 가지고 있는 창작물로 보기 어렵다."고 판단하며 넥타이 도안의 저작물성을 부정하였다.[12]

한편 응용미술저작물의 보호요건인 "물품의 디자인 등이 이용된 물품과 구분되어 독자성을 인정할 수 있는 것"의 두 요건은 응용미술저작물의 성립요건에 별도 요건을 부가하려는 것이 아니라 디자인보호법의 보호대상이기도 한 '응용미술' 중에서 저작권법의 보호대상인 '미술저작물'에 해당하는 것을 가려내기 위한 판단기준으로 의미를 가진다. 그리고 물품에서 디자인이 구분되어 독자적으로 인정받을 수 있어야 한다는 것은 미국 저작권법 제101조에서 "실용품의 디자인에 통합된 회화적, 그래픽적 및 조각적 특성이 물품의 실용적인 면으로부터 분리되어 인식될 수 있고 독립적으로 존재할 수 있다면 저작권 보호대상이다."라고 규정한 것과 관련이 있다.[13] 특히 미국 저작권법 제101조에서는 회화, 그래픽, 조각저작물은 2차원과 3차원의 순수미술, 그래픽,

11) 서울중앙지방법원 2005. 2. 4. 선고 2004노2851 판결.
12) 서울지방법원 2003. 8. 14. 선고 2003고단3524 판결.
13) 박성호, 앞의 책, 90면 참조.

응용미술 등을 포함한다고 규정하고 있어 우리 응용미술저작물 규정이 분리가능성과 독자성 요건만 명시한 것과는 약간의 차이가 있다.

따라서 패션디자인이 우리 현행 저작권법상 응용미술저작물로 보호받기 위해서는 우선, 패션의류의 실용적인 요소와 미적표현 요소를 구분하여 물리적 혹은 관념적으로 분리하는 것이 가능해야 한다. 그 다음 분리된 미적표현 요소 즉 도안이나 문양 같은 패션디자인이 독자적인 미술저작물로 인정되어 패션의류를 포함한 다른 물품에 동일한 디자인으로 복제될 수 있는 공업상 이용가능성 내지 양산성이 있어야 한다.

2. 응용미술저작물의 보호기간

저작권법 제39조에 따르면 응용미술저작물의 저작재산권은 특별한 규정이 있는 경우를 제외하고는 저작자가 생존하는 동안과 사망한 후 70년간 존속된다. 따라서 패션디자인은 디자인보호법에 의하여 20년간 디자인권의 존속기간[14]이 만료된 이후에도 저작권법에서 응용미술저작물로서 더 장기간 동안 보호받을 수 있다. 또한 2인 이상이 하나의 저작물 작성에 창작적 기여를 하여 공동으로 저작한 경우에는 공동저작물로서 보호를 받고 저작재산권 보호기간은 공동저작자중 "맨 마지막으로 사망한 저작자가 사망한 후 70년간 존속한다." 이때 2인 이상은 자연인에 한정하지 않고 자연인과 법인이 함께 하는 경우도 포함한다.[15]

한편 패션회사에 고용된 디자이너들의 창작물이 저작권법 제2조상 업무상저작물의 요건[16]을 만족하면 저작권법 제41조에 따라 저작재산권은 공표한 때부터 70년간 존속한다. 다만, 창작한 때부터 50년 이내에 공표되지 아니한 경우에는 창작한 때부터 70년간 존속한다. 한편

14) 디자인보호법 제91조: 디자인권은 제90조 제1항(디자인권의 설정등록)에 따라 설정등록한 날부터 발생하여 디자인등록출원일 후 20년이 되는 날까지 존속한다.
15) 박성호, 앞의 책, 242면 참조.
16) "업무상저작물"은 법인·단체 그 밖의 사용자(이하 "법인등"이라 한다)의 기획하에 법인등의 업무에 종사하는 자가 업무상 작성하는 저작물을 말한다.

저작권법 제44조에 따르면 저작재산권의 보호기간은 저작자가 사망하거나 저작물을 창작 또는 공표한 다음 해부터 기산한다.

3. 저작권법과 디자인보호법의 중첩적 보호

응용미술저작물은 저작권법과 디자인보호법의 중첩적 보호가 가능하다. 우선 저작권법의 응용미술저작물 정의규정에 따르면 응용미술저작물은 미술저작물의 일종이며 물품에 동일한 형상으로 복제될 수 있어야 한다는 점에서 공업상 이용가능성 내지 양산성이 있는 실용품을 보호대상으로 하고 있다. 그리고 디자인보호법 제33조에서는 디자인등록의 요건으로 "디자인은 공업상 이용할 수 있는 경우에 한하여 등록을 받을 수 있다."라고 규정하며 응용미술을 보호대상으로 하고 있다. 또한 동법 제2조 제1호에서는 "디자인이란 물품(물품의 부분, 글자체 및 화상(畫像))을 포함한다."라고 규정하며 응용미술을 디자인으로 보호하고 있다. 따라서 저작권법과 디자인보호법은 응용미술저작물의 중첩적 보호에 적극적인 태도를 취한다고 볼 수 있다.[17] 그렇다면 패션디자인이 응용미술품으로서 저작권법과 디자인보호법의 중첩적 보호를 받는다는 것은 당연한 것이라 할 수 있다.

이하에서는 응용미술에 대한 저작권법과 디자인보호법의 중첩적 보호의 문제를 반대하는 견해와 중첩적 보호를 인정하는 입장에서 중첩적 보호를 명시적으로 규정한 국제협약과 유럽연합의 디자인법에 대하여 살펴본다.

1) 중첩적 보호의 반대 견해

응용미술에 대한 저작권법과 디자인보호법의 중첩적 보호에 부정적 태도를 취하는 견해는 저작권법과 디자인보호법의 중첩적 보호는

17) 박성호, 앞의 책, 101면 참조.

디자인보호법과 저작권법의 보호방식 및 보호기간이 다르기 때문에 근본적 문제가 발생한다고 주장하고 있다. 그 중 보호기간의 차이에 따른 문제에 대한 주장을 살펴보면, 디자인보호법에서는 디자인권이 설정등록한 날부터 발생하여 디자인등록출원일 후 20년이 되는 날까지 존속되는 반면, 저작권법에서는 저작물의 창작과 동시에 저작권이 발생하여 저작자 사후 70년간 보호되는 차이가 있다. 디자인보호법에서 디자인권의 존속기간을 20년으로 한정한 것이 개발된 디자인의 보호기간이 종료되면 공유의 재산이 되어 만인이 이용할 수 있도록 하기 위한 취지라는 것은 널리 알려져 있다. 그런데 디자인보호법에서 20년의 존속기간이 종료된 응용미술이 저작권법 하에서 70년 보호기간으로 장기간 보호를 받게 되면 디자인의 선택에 제한이 발생할 수 있고 산업발전에 저해가 될 수 있다. 또한 공공영역에서 자유실시가 보장되어야 할 영역이 다시 제한받을 수 있어 공익적 법익과 충돌할 수 있다는 주장이다.[18] 그 다음은 물품성과 관련된 것이다. 즉 응용미술의 디자인은 물품에 화체되어야 한다. 디자인보호법에서는 디자인등록출원을 할 때 디자인의 대상이 되는 물품 및 물품류를 기재하여야 하며 물품류 구분에 따라 디자인일부심사등록출원 여부가 결정된다. 패션의류는 대부분 제2류 물품류에 속하기 때문에 디자인일부심사등록출원의 대상이 된다. 또한 디자인의 유사여부 판단시에 동일하거나 유사한 물품 간에서만 판단이 이루어진다. 따라서 동일하거나 유사한 디자인이 동일물품 혹은 유사물품에 이용된 경우 디자인권의 침해가 인정된다.

한편 저작권법상 보호받는 응용미술은 물품성이 요구되지 않으므로 물품성이 없어도 저작권으로 보호 받을 수 있다. 즉 응용미술저작물이 이용된 물품과 상관없이 저작권 침해여부가 결정이 된다. 따라서

18) 윤여강, “패션디자인의 저작권법에 의한 보호 방안에 대한 연구”, 홍익법학 제20권 제1호, 홍익대학교 법학연구소 (2019), 875면 참조; 김원오, “디자인 보호법제간 경합 현황과 경합의 처리를 둘러싼 제 문제”, 산업재산권 제47호, 한국지식재산학회 (2015), 255면 참조.

이와 같은 이유 등으로 저작권법과 디자인보호법의 중첩적 보호는 실용품의 디자인 개발자에게 장기간의 보호를 부여하지만 경쟁자의 디자인 개발 및 일반공중의 자유로운 이용에는 제한을 준다. 또한 보호요건 및 보호기간에 있어서 저작권법이 유리하기 때문에 디자인보호법의 존재 이유가 사라지는 문제도 발생한다고 주장하고 있다.[19]

2) 중첩적 보호 인정

TRIPS협정 제25조 제2항 제2문에서는 "회원국이 디자인을 산업디자인법이나 저작권법을 통하여 이행할지는 자유이다."라고 규정하고 있다. 그러나 회원국에게 산업디자인의 보호 의무를 부과할 뿐 보호방법에 대해서는 언급하고 있지 않으며 각 회원국에 일임하고 있다. 따라서 디자인보호에 저작권법과 디자인보호법을 중첩적으로 적용할 수도 있고 어느 하나를 선택적으로 적용할 수도 있는 것으로 해석할 수 있다. 또한 베른협약 제2조 제7항에서는 "응용미술저작물과 산업디자인, 모형의 보호를 위한 법률의 적용범위, 보호조건등은 동맹국의 입법에 맡겨 정하도록 하고, 본국에서 오로지 디자인과 모형으로만 보호되는 저작물은 다른 동맹국에서 디자인과 모형에 부여하는 것과 같은, 그러한 특별한 보호만을 받는다. 다만, 그 다른 동맹국에서 그러한 특별한 보호를 부여하지 아니하는 경우에, 그 저작물은 미술저작물로서 보호된다."고 규정하고 있다. 이 조항은 두 가지 보호방식이 중첩되는 것을 배제하지 않는 것으로 해석된다.[20]

또한 EU의 디자인보호지침[21] 전문(8)과 제17조 제1문에서 그리고 공동체디자인규정[22] 전문(32)과 제96조 제2항에서 디자인보호법과 저

---

19) 윤여강, 앞의 논문, 876-877면 참조.

20) Cofemel v. G-Star Raw, C-683/17, EU:C:2019:721, para 42.

21) Directive 98/71/EC of the European Parliament and of the Council of 13 October 1998 on the legal protection of designs. O.J., 1998, L289/28.

22) Council Regulation (EC) No 6/2002 of 12 December 2001 on Community

작권법을 통한 중첩적 보호의 원칙을 명시적으로 언급하고 있다. 우선 디자인보호지침 전문(8)에서는 "저작권 보호의 범위 및 보호조건을 회원국이 정하더라도, 등록디자인보호법과 저작권법 하에서의 보호에 대한 중첩의 원칙을 세우는 것이 중요하다."고 명시하고 있으며, 디자인보호지침 제17조 제1문에서는 "본 지침에 따라 회원국에 등록되거나 회원국과 관련하여 등록된 디자인권에 의해 보호되는 디자인은 디자인이 창작되거나 어떤 형태로 고정된 날짜로부터 해당 국가의 저작권법에 따라 보호받을 수 있다."며 중첩적 보호를 인정하고 있다. 또한 공동체디자인규정 전문(32)에서도 "저작권 보호의 범위 및 그러한 보호조건을 회원국이 정하더라도, 공동체디자인과 저작권법 하에서의 보호에 대한 중첩의 원칙을 세우는 것이 중요하다."고 명시하고 있으며, 공동체디자인규정 제96조 제2항에서는 "공동체디자인에 의해 보호되는 디자인은 어떤 형식으로든 디자인이 창작되거나 고정된 날짜로부터 회원국의 저작권법에 의해 부여된 보호를 받을 자격이 있으며 요구되는 독창성의 정도를 포함하여 그러한 보호가 수여되는 범위와 조건은 각 회원국에 의해 결정된다."고 규정하고 있다.

한편 제3장에서 살펴본 바와 같이 2019년 9월 12일 유럽사법재판소는 청바지 패션디자인의 저작물성이 쟁점이 된 Cofemel 사건의 판결에서 디자인에 대한 디자인법과 저작권법의 중첩보호에 대하여 다음과 같이 판단하였다. 우선 베른협약의 제2조 제7항이 산업디자인과 모형에 대한 저작권법과 디자인법의 중첩보호를 배제하지 않는다고 해석하였다.[23] 그리고 저작권법상 보호와 디자인법상 보호는 근본적으로 다른 목표와 효과를 추구하고 있기 때문에 명확한 규칙을 적용해야 한다고 판단하였다. 또한 유럽사법재판소 법무관의 의견서를 인용하여, 디자인보호의 목적은 새롭고 차별적이면서도 기능적이고 대량생산이

---

designs.

23) Cofemel v. G-Star Raw, C-683/17, EU:C:2019:721, para 42.

가능한 것을 보호하는 것이기 때문에 제한된 기간 동안 적용되지만 경쟁업체를 과도하게 제한하지 않으면서 디자인 창작 및 생산에 필요한 투자수익을 보장할 수 있는 충분한 시간을 적용해야 한다고 하였다. 그리고 디자인이 저작권의 보호대상이 되는 경우 디자인법에서의 보호기간보다 훨씬 더 많은 기간 동안 보호받기 때문에 의류디자인이 저작물로 분류될 수 있는 가치 있는 대상에 해당할 경우에만 보호가 이루어져야 한다고 하였다. 또한 의류디자인을 저작권법과 디자인법으로 중첩보호를 함으로써 각 법이 가지는 목적과 효과를 약화시키는 결과를 초래해서는 안 된다고 하면서 EU법에 따라 동일한 대상에 대한 디자인법과 저작권법의 중첩적 보호가 부여될지라도 특정상황에서만 동시보호를 허용할 수 있다고 판시하였다.24)

4. 우리나라 응용미술저작물의 보호기간 문제

응용미술에 대한 저작권법과 디자인보호법의 중첩적 보호와 관련한 논쟁중 하나는 응용미술저작물의 보호기간이다. 응용미술저작물의 보호기간은 다른 저작물과 동일하게 저작자의 생존기간 및 사후 70년간이다. 그러나 응용미술이 기본적으로 유행성이 강하고 제품의 수명주기가 짧은 물품에 이용되고 있다는 점과 베른협약이 제7조 제4항에서 응용미술저작물에 대해서는 최소한 25년의 보호기간을 규정하고 있다는 것을 고려하면 응용미술저작물의 현행 저작권법상 보호기간은 논쟁이 될 수 있다.

응용미술이 저작권법상 응용미술저작물로 인정받기 위해서는 창작성 요건 외에 분리가능성 요건을 통과해야 한다. 그렇다면 창작과 동시에 최소한의 창작성만 있으면 바로 저작권이 발생하는 다른 종류의 창작물에 비하여 오히려 저작권 보호요건이 가중된 것으로도 이해할

24) Cofemel v. G-Star Raw, C-683/17, EU:C:2019:721, paras 50-52.

수 있다. 따라서 응용미술이 유행성이 강하고 짧은 제품수명 주기를 가졌다는 이유로 저작물의 보호기간의 원칙에서 부여하는 70년의 보호기간보다 짧은 기간을 부여해야 할 이유는 없다. 그리고 유행성에 민감하고 짧은 제품수명주기를 가진 패션제품이더라도 패션기업의 전략상 장기간의 보호를 필요로 하는 경우도 있다.

한편 베른협약의 주요 원칙 중에서 내국민대우의 원칙은 상호주의에 의한 제한이 따르며, 최소한의 원칙은 '최소한의 보호기준'을 동맹국으로 하여금 실천하게 요구한 것이다. 따라서 베른협약이 정한 응용미술저작물에 대한 보호기간은 최소한의 25년이라는 기간을 따르되 그 이상의 보호기간을 부여하는 것은 상호주의에 의한 제한에 따라 각국이 보호기간을 정하는 것이다. 따라서 베른협약에서 응용미술저작물에 대하여 최소 25년의 보호기간을 두었다고 하여 이에 상응하여 우리 저작권법상의 보호기간을 줄여야 할 필요는 없다.

Ⅲ. 패션디자인의 응용미술저작물 판례

패션디자인은 주로 실용품으로서 양산성과 분리가능성 그리고 독자성을 갖추면 현행 저작권법상 응용미술저작물로서 보호가 가능하다. 응용미술작품의 저작물성이 문제가 된 사건으로는 응용미술저작물의 정의 규정이 도입된 2000년 1월 12일 이전의 판례인 '한복문양' 사건(1991.8), '대한방직' 사건(1996.2), '생활한복' 사건(2000.3), '전기보온밥통의 꽃무늬 문양' 사건(2000.5), '봉제완구인 반짝이 곰인형' 사건(2001.5) 등이 있으며, 도입 이후의 판례로는 '히딩크 넥타이' 도안 사건(2004), '드라마 대장금 앞치마' 사건(2006), '묵주반지' 사건(2006), '팻독(Fatdog) 강아지 형상 도안' 사건(2007), '에비수 청바지 갈매기 문양' 사건(2010), 'Reds 도안' 사건(2012), '스포츠의류 여우머리 도안' 사건

(2014), '얼음과 매화문' 문양 사건(2020) 등이 있다. 이하에서는 패션디자인과 관련한 응용미술작품 사건만 살펴본다.

1. '한복문양' 사건

'한복문양' 사건[25]은 저작물인 원고의 한복치마디자인 중 독창성이 인정되는 부분이 피고의 것과는 전체적인 미감이 유사하다고 보기는 어렵다고 한 사례로서, 한복디자인 중 저작권 보호의 대상이 되는 부분과 저작물인 한복디자인의 유사 여부의 판단방법 등이 쟁점으로 다루어졌다. 대법원은 판결에서 한복디자인이란 종래의 문화적 유산인 복식에 기초를 두고 이에 변형을 가해가는 것이므로 그 디자인 중 저작권에 의하여 보호되는 것은 저작자의 독창성이 나타난 개인적인 부분에만 한하고 옛부터 전해 내려오는 제작기법이나 표현형식은 누구나 자유롭게 이용할 수 있는 것이어서 저작권 보호의 대상이 되지 않는다고 할 것이므로, 저작권의 침해 여부를 가리기 위해 두 저작물 사이에 실질적 유사성이 있는가의 여부를 판단함에 있어서도 위 독창적인 부분을 가지고 대비를 해야 한다고 판단하였다. 즉 대법원 판결에 따르면 "실용성과 심미감을 더하는 의복제작기법은 삼국시대 이전부터 사용되어 오던 것임을 인정할 수 있으므로 원고의 위 저작물 중 치마폭 이음새마다 바탕색과 다른 색 띠를 수직으로 덧대거나 띠 안에 무늬를 넣는 방법 자체는 종래의 문화적 유산에 속하는 것이고 다만 띠의 모양을 사다리꼴로 하고 띠 안에 꽃, 나비, 추상적 문양 등을 소재로 한 무늬를 일정한 간격으로 혼합배치한 점에서 기법상의 독창성이 인정되므로 이 부분이 저작권 보호의 대상이 된다."는 것이다. 그러면서 "이 독창성이 인정되는 부분을 피고의 그것과 대비해 보면 치마를 착용하였을 때 치마 상단의 주름으로 인해 피고의 띠도 윗부분이 좁고 아랫

25) 대법원 1991. 8. 13. 선고 91다1642 판결.

부분이 넓게 보이는 점이 원고의 것과 유사하기는 하나 전체적인 띠의 모양과 넓이가 원고의 것과는 다를 뿐 아니라 그 안의 무늬의 소재, 배열방법 등에 있어서 양자는 차이가 있어 띠 부분의 전체적인 미감이 유사하다고 보기는 어렵다."고 판단하였다. 결론적으로 대법원은 저작물인 원고의 한복치마디자인 중 독창성이 인정되는 부분이 피고의 것과는 전체적인 띠의 모양과 넓이가 다를 뿐 아니라 그 안의 무늬의 소재, 배열방법 등에 있어서 차이가 있어 띠 부분의 전체적인 미감이 유사하다고 보기는 어렵다고 판결하였다.

2. '대한방직' 사건

'대한방직' 사건[26]은 미국법인 코빙튼(COVINGTON) 직물회사가 자사의 르데지레(LE DESIRE)와 르바스켓(LE BASKET)직물디자인(이하 '직물디자인'이라 한다)을 모방한 국내회사를 저작권법 위반으로 고소한 사건으로, 응용미술품이 저작물로 보호되기 위한 요건에 대하여 다투어졌으며, 대법원은 직물의 염직에 사용하기 위한 염직도안이 저작권법상의 저작물이 아니라고 판결하였다. 이러한 대한방직 사건의 판결은 응용미술저작물의 정의 규정이 도입되기 이전의 사례임에도 불구하고 응용미술저작물의 성립요건인 분리가능성 테스트를 적용하고 응용미술작품에 고도한 미적 내용을 요구한 판결이라는 비판을 받았다. 이하에서는 대법원의 판결요지를 살펴본 후 제기된 여러 견해를 살펴본다.

대법원은 판결에서 "산업상의 대량생산에의 이용을 목적으로 하여 창작되는 모든 응용미술작품이 곧바로 저작권법상의 저작물로 보호된다고 할 수는 없고, 그 중에서도 그 자체가 하나의 독립적인 예술적 특성이나 가치를 가지고 있어 위에서 말하는 예술의 범위에 속하는 창작물에 해당하여야만 저작물로서 보호된다."고 판결하였다. 그러면서

26) 대법원 1996. 2. 23. 선고 94도3266 판결.

직물의 염직에 사용하기 위한 염직도안이 응용미술품의 일종이긴 하나 저작권법상의 저작물이 아니라고 판결하였다.

이러한 '대한방직' 사건의 대법원 판결에 대하여 다음과 같이 여러 비판의 견해가 있었다. 우선 염직도안의 저작물성이 인정되어야 한다는 견해가 있다. 즉, '대한방직' 사건의 판결은 "응용미술작품 중 '물리적 또는 개념적으로 분리되어 식별할 수 있는' 경우에만 저작물성을 인정하는 미국법의 태도와 비슷하며, 미국에서도 직물디자인의 관념적 분리가능성이 인정되어 저작물로 보호되는 점을 고려하면 대한방직 사건의 염직도안도 분리가능성 이론에 입각하여 저작물성을 긍정해야 하며 우리 저작권법이 응용미술작품을 보호한다고 규정한 이상 산업상 이용되었다는 이유로 저작물성을 부정할 수는 없다."[27]는 의견이다. 그리고 대법원이 "저작권법과 구 디자인보호법과의 중첩적 보호에 관하여 조정조치가 필요함을 전제로 하여 소극적 태도를 취하고 있었다."[28]고 보는 의견도 있다.

그 다음 대법원이 "그 자체가 하나의 독립적인 예술적 특성이나 가치를 가지고 있어 위에서 말하는 예술의 범위에 속하는 창작물에 해당하여야만 저작물로서 보호된다."고 판결한 것에 대한 여러 비판적 견해가 있다. 우선 첫 번째 견해로는 대법원이 산업상 재생산될 응용미술작품의 저작권보호를 위해서 하나의 추가요건을 요구하고 있다는 것이다. 즉, "대법원이 이러한 응용미술작품에 대한 저작권보호를 원칙적으로 부정한 점을 제외한다면, 대법원이 위의 추가요건에 의하여 응용미술작품의 저작권보호를 위해서 특별히 고도의 미적 내용을 요구하고 있다고 해석할 수 있는 한 이는 바로 독일판례의 발전과 유사한 경향

---

27) 이상정, 산업디자인과 지적소유권법, 세창출판사 (1995), 80면 참조: 대한방직 사건의 대법원 판결이 나오기 전에 의견으로 대한방직 사건의 항소심 판결에 대한 입장을 표명한 것이다.

28) 차상육, "패션디자인 보호를 둘러싼 분쟁양상과 법적 쟁점", 산업재산권 제32호, 한국지식재산학회 (2010), 242면(주13) 참조.

을 보이고 있는 것으로 볼 수 있으며, 또한 저작권법상 독창성은 원래 반드시 고도의 것이어야 하는 것은 아니고 저작권법상 보호능력 있는 저작물의 경계에 위치하고 있으면서, 최소한의 저작물성을 유지하고 있는 한 이는 저작권법상 보호되어야 한다."[29]는 견해이다. 그 다음 견해 역시 "판결의 내용이 독일의 판례에 나타나는 '고도의 미적 내용'의 개념과 비슷하다."[30]는 취지의 의견이 있으며, "독자적인 예술적 특징과 가치의 판단기준을 제시한 대법원의 판결의 태도가 원칙적으로 일품 제작의 미술공예품만 저작권법상의 저작물로 보는 일본의 판례의 영향을 받았다."[31]는 견해가 있다.

한편 현행 저작권법의 응용미술저작물 정의규정과 관련하여 '독자적인 예술적 특징과 가치'라는 표현을 해석한다면, 그와 같은 표현은 "법외의 요건을 추가한 것이 아니고, 그 예술적 수준의 높고 낮음과 관계없이 독자적인 미적감상의 대상으로 삼을 수 있는 특징과 가치를 가진다는 의미로서, 응용미술저작물로서 보호받을 수 있기 위하여 요구되는 분리가능성과 독자성 요건, 즉 실용적 요소와 미적요소의 분리가능성과 독자성의 유무를 판단하는 경우 그 판단요소로서는 수렴되는 것이라고 이해할 수 있다."[32]는 의견이 있다.

대법원의 판결과 상기 여러 견해를 종합하여 판단하면 대법원의 판결 태도는 응용미술품에 대한 저작권법과 디자인보호법의 중첩적 보호를 반대하는 입장이기 보다는 각 법의 입법취지나 산업계의 상황을 고려하여 응용미술품이 저작권법의 보호 영역으로 포함되기 위하여 실

---

29) 이기수 · 안효질, "응용미술작품의 보호", 창작과 권리 제7호 (1997), 117-118면 참조.

30) 도두형, "응용미술작품과 저작권법", 판례월보 제308호, 판례월보사, 1996. 5, 30-32면 참조.

31) 심재필, "응용미술작품의 지적재산권적 보호", 대전지방변호사회지 창간호, 2000. 6, 207면 참조; 차상육, "응용미술의 저작권법상 보호에 관한 연구", 박사학위논문, 한양대학교 (2010), 192면 참조.

32) 박성호, 앞의 책, 91면 (주255) 참조.

용품에 해당하는 응용미술품에서 실용적인 부분을 제외한 나머지 창작적인 부분에 대한 창작성 판단이 이루어져야 한다는 의미로 판단한 것으로 볼 수 있다. 그 다음 대법원이 "그 자체가 하나의 독립적인 예술적 특성이나 가치를 가지고 있어 위에서 말하는 예술의 범위에 속하는 창작물에 해당하여야만 저작물로서 보호된다."라고 한 판단은 독일의 단계이론에서 요구하는 고도의 미적창작성이나 일본 저작권법의 순수미술동일시설에서 채용하고 있는 고도의 미적특성 내지 미적창작성을 요구한 판단이기 보다는 "그 예술적 수준의 높고 낮음과 관계없이 독자적인 미적감상의 대상으로 삼을 수 있는 특징과 가치를 가진다는 의미로서" 판단한 것으로 볼 수 있다.

미국의 경우 직물디자인이 1909년 미국저작권법 하에서는 미술저작물과 인쇄물로 보호되었다.[33] 그리고 미국의 법원들은 직물디자인의 저작물성 판단기준으로 실용품 디자인의 저작물성 판단에 적용하는 분리가능성 테스트를 적용하기 보다는 "직물디자인의 저작물성 판단에서 요구되는 독창성은 저작물이 현저하게 독특하거나 새로운 것일 필요가 없으며 저작자는 저작물에 단순한 사소한 변형을 넘어서 자신이 한 것임을 알아볼 수 있도록 기여를 해야 하며, 독창성은 사실적 복제를 금지하는 것 이상을 의미하지는 않는다."[34]라고 판단하거나, "독창성은 저작물의 저작자에 의한 독자 창작과 다른 사람의 작품으로부터 복제하지 않은 것을 의미하며 독창성과 창작성의 수준은 최소한의 정도면 족하다."[35]라고 독창성 또는 창작성에 대해서만 판단하였다.[36] 또한

---

33) 1909년 미국 저작권법: https://www.copyright.gov/history/1909act.pdf; 17 U.S.C.A. § 5(a-m, g, k).: (g) Works of art; models or designs for works of art; (k) Prints and pictorial illustrations.

34) Peter Pan Fabrics, Inc. v. Acadia Company. 173 F.Supp. 292 (S.D.N.Y. 1959); Alfred Bell & Co. v. Catalda Fine Arts, Inc., 191 F.2d 99, 102-103 (2d Cir. 1951) (Frank, J.).

35) Folio Impressions, 937 F.2d at 765 (citing Weissmann v. Freeman, 868 F.2d 1313,1321 (2d Cir. 1989); Feist Publications, Inc. v. Rural Tel. Serv. Co.,499

최근 레이스직물 디자인의 저작물성이 쟁점이 된 사건에서 미국 법원은 "꽃무늬 레이스디자인의 '벵골 시계덩쿨 꽃'의 자연적인 모양이 저작권 보호대상이 아니더라도 레이스 패턴에 있어서 꽃무늬 요소들의 독창적인 '선택, 조화, 그리고 배열'은 보호를 받을 수 있다."[37]고 판단하며 레이스 직물디자인의 저작물성을 인정하였다.[38]

이 사건으로 돌아와 보면, 대한방직 사건이 현행 저작권법상 응용미술저작물 정의규정이 적용되는 사건이라면 분리가능성과 독자성을 만족해야 저작물성이 인정되는 것은 당연하다. 그러나 2차원의 염직도안이 3차원의 패션의류 디자인 자체가 아님에도 불구하고 굳이 분리가능성 테스트를 거쳐서 저작물성을 판단하여야 하는지는 의문이다. 미국 법원의 직물디자인의 저작물성 판단기준을 참고하고, 2차원의 염직도안을 저작자 자신이 최소한의 독창성을 가지고 표현하였는지 여부에 따라 저작물성을 판단하여도 문제는 없을 것이다.

따라서 우리 법원이 패션의류 제작을 위한 2차원의 직물디자인에 관한 저작권 침해사건의 저작물성 판단에는 최소한의 창작성 기준만 적용하고, 3차원의 패션의류 완성품 자체에 포함된 직물디자인의 침해사건의 경우에는 현행 응용미술저작물의 성립요건인 분리가능성과 독자성 기준을 적용한다면 응용미술품인 패션디자인이 응용미술저작물로서 과거보다 더욱 폭넓게 보호될 수 있을 것이다.

U.S. 340 (1991)). ("The level of originality and creativity that must be shown is minimal, only an "unmistakable dash of originality need be demonstrated, high standards of uniqueness in creativity are dispensed with.").

36) 박형옥, "직물디자인의 미국 저작권법상 보호에 관한 판례 검토", 산업재산권 제60호, 한국지식재산학회 (2019), 336-339면 참조.

37) Label Lane, 668 F. App'x at 803 (citing L.A. Printex, 676 F.3d at 850); H&M, 668 F. App'x at 801 (same).

38) 박형옥, 위의 논문, 362면 참조.

3. '히딩크 넥타이' 도안 사건

'히딩크 넥타이' 도안 사건[39]은 응용미술저작물의 정의규정이 2000년 1월 12일 저작권법에 명문으로 도입된 이후 제기된 사건으로 일명 '히딩크 넥타이'의 도안이 그 이용된 물품과 구분되어 독자성을 인정할 수 있는 것이라면 저작권법 제2조 제11의2호에서[40] 정한 응용미술저작물에 해당한다고 한 사례로, 실용품에 인쇄된 패션디자인을 현행 저작권법상 응용미술저작물로 인정한 최초의 사건으로 의미가 크다. 이하에서는 사건의 판결요지와 법적쟁점 그리고 패션디자인의 저작물성 판단에 주는 시사점을 살펴보고자 한다.

대법원은 판결에서 "'히딩크 넥타이' 도안은 원심의 인정과 같이 우리 민족 전래의 태극문양 및 팔괘문양을 상하 좌우 연속 반복한 넥타이 도안으로서 응용미술작품의 일종이라면 '물품에 동일한 형상으로 복제될 수 있는 미술저작물'에 해당한다고 할 것이며, 또한 그 이용된 물품(이 사건의 경우에는 넥타이)과 구분되어 독자성을 인정할 수 있는 것이라면 저작권법 제2조 제11의2호[41]에서 정하는 응용미술저작물에 해당한다고 할 것이다."라고 판단하였다. 그러면서 "'히딩크 넥타이' 도안이 그 이용된 물품과 구분되어 독자성을 인정할 수 있는 것이라면 저작권법의 보호대상인 저작물에 해당하고, 그렇지 아니하다면 저작물에 해당하지 아니한다고 할 것인데도, 원심이 위 도안이 그 이용된 물품과 구분되어 독자성을 인정할 수 있는 것인지에 관하여 심리를 하지 않고 위 도안이 저작권법의 보호대상인 저작물에 해당하지 아니한다고 판단한 것은 잘못이다."라는 이유로 사건을 파기환송하였다.[42]

---

39) 대법원 2004. 7. 22. 선고 2003도7572 판결.
40) 저작권법 [시행 2003. 7. 1.] [법률 제6881호, 2003. 5. 27., 일부개정], 현행 저작권법 제2조 제15호.
41) 현행 저작권법 제2조 제15호.
42) 대법원 2004. 7. 22. 선고 2003도7572 판결.

이러한 대법원 판결에 대해서는, "대법원 판결이 도안이 그 이용된 물품과 구분되어 독자성을 인정할 수 있는 것이라면 저작권법의 보호 대상인 저작물에 해당하고, 그렇지 아니하다면 저작물에 해당하지 아니한다고 판시하였을 뿐, 분리가능성 및 독자성의 의미나 그 구체적 기준 그리고 도안 자체의 창작성 여부에 대해서는 언급한 바가 없어 이로 인해 응용미술저작물성의 판단기준을 불명료하게 만들고 법적 안정성의 결여를 초래하였다는 비판을 받을 수 있다."라는 견해가 있다.[43] 또한 대한방직 사건 판결에서 대법원이 응용미술작품의 중첩적 보호에 소극적 태도를 취한 것과 다르게 '히딩크 넥타이' 도안 사건에서는 적극적인 태도를 취하고 사실상 판례를 변경한 것이라고 평가된다는 견해[44]가 있다.

그 다음 파기환송심[45]에서 서울중앙지방법원은 "'히딩크 넥타이' 도안은 그 독특한 형상과 문양에서 미적인 요소를 지니고 있어 응용미술작품의 일종으로 '물품에 동일한 형상으로 복제될 수 있는 미술저작물'에 해당한다고 할 것이고, 또한 그 이용된 물품인 넥타이는 '히딩크 넥타이' 도안을 직물에다가 선염 또는 나염의 방법으로 복제하는 방법으로 제작된 것으로서 위 도안은 얼마든지 다른 실용품의 디자인으로도 이용될 수 있다고 보이고, 넥타이의 실용적 기능이 위 도안의 그 미적인 요소보다 결코 주된 용도라고도 보이지 아니하여[46], 결국 '히딩크

43) 박성호, 앞의 책, 98-99면 참조.

44) 박성호, 위의 책, 99면 참조.

45) 서울중앙지방법원 2005. 2. 4. 선고 2004노2851 판결. 피고인들이 파기환송심 판결에 불복하여 재상고 하였으나 상고는 모두 기각됨. 대법원 2007. 6. 28. 선고 2005도1450 판결.

46) Kieselstein-Cord v. Accessories By Pearl, Inc. 632 F.2d 989 (2d Cir, 1980) 사건에서 제2순회항소법원은 벨트버클의 주된 장식적 측면이 부차적인 실용적 기능으로부터 관념적으로 분리가능하다고 판시하며 벨트버클의 저작물성을 인정하였다. 판결의 상세는 차상육, "응용미술의 저작권법상 보호에 관한 연구", 박사학위논문, 한양대학교(2010), 42-46면 참조; 위 벨트버클 사건에서 도출된 'Primary-Subsidiary Test'를 '히딩크 넥타이' 도안 사건 파기 환송심과 연관지어 보는 의견은 박성호, 저작권법(제2판) 박영사 (2017), 93면, 96면; 차상육, "미국과 한국의

넥타이' 도안은 넥타이의 기능과 관념적으로 구분되어 그 독자성을 인정할 수도 있다고 할 것이므로 저작권법의 보호대상인 저작물에 해당한다고 봄이 상당하다."고 판시하면서 피고인들의 저작권 침해를 인정하였다.[47]

그러나 상기 파기환송심 판결에 대하여 학계에서는 다음과 같이 넥타이 도안의 창작성 판단에 대한 비판이 제기되었다. 우선 "넥타이 도안이 넥타이의 실용적 기능으로부터 분리가능성이 인정되더라도 민족전래의 태극문양 및 팔괘문양을 상하좌우로 연속 반복한 것에 대해 미술저작물로서의 창작성이 있다고 볼 수 있을지 의문"[48]이라는 것이다. 그리고 "분리가능성이 있더라도 창작성은 별도로 평가하여 창작성이 없으면 궁극적으로 저작권 보호대상에서 배제되어야 하는데, '히딩크 넥타이' 도안 사건 파기환송판결에서 태극팔괘 문양의 창작성 여부를 제대로 심리하여 판단하였는지 의구심이 든다."[49]는 견해가 있다. 또 다른 견해로 "'히딩크 넥타이' 도안은 우리 전래의 태극문양 등을 응용한 것으로 공유의 영역에 있는 무늬나 모양을 이용한 것이므로 문양 자체에 창작성이 없으며 또 이러한 문양을 이용하여 넥타이 도안을 디자인한다는 것 자체는 컨셉이며 아이디어 영역이다."[50]라는 견해이며, 같은 취지로 "이 사건 넥타이 디자인이 넥타이 업계의 전통적인 직물디자인 배치기법인 줄무늬 패턴(stripe pattern)의 기법을 사용한 점은 표현이 아니라 아이디어라고 보는 것이 타당하며 공유의 영역에 속

패션디자인 보호의 비교법적 검토", 법학논고 제72집, 경북대학교 법학연구원 (2021. 01) 260-261면 참조.

47) 서울중앙지방법원 2005. 2. 4. 선고 2004노2851 판결.

48) 박성호, 저작권법(제2판), 박영사 (2017), 93-94면.

49) 김원오, "패션디자인의 저작권 보호를 위한 미국의 분리가능성 요건 - 미연방대법원의 Star Athletica v. Varsity Brands 사건 판결 평석을 중심으로 -", 산업재산권 제55호, 한국지식재산학회 (2018), 246면 참조.

50) 이상정, "이른바 '히딩크 넥타이'의 도안의 저작물성 - 대법원 2004. 7 22. 선고 2003도7572 판결 -", 창작과 권리 제42호, 2006, 56면 참조.

하는 전통문양의 소재를 최소한의 개성 있는 창작적 표현인 저작물로 평가하는 것은 의문이 든다."[51]는 견해이다.

한편 파기환송심에서는 넥타이 도안의 구성요소의 배치와 조화에 대하여 언급하면서 도안의 형상과 문양이 미적요소를 가진 창작성 있는 응용미술작품이라고 판단하였고, 넥타이 도안이 응용미술저작물의 성립요건인 양산성과 분리가능성 그리고 독자성을 만족하였다고 판단하였다. 또한 분리가능성에 대해서는 관념적 분리가능성을 인정하였다. 그러나 이와 같은 파기환송심 판결에 대해서는 앞에서 살펴본 바와 같이 여러 비판이 제기되었다. 이 점에 대하여 살펴보면, 먼저 태극문양 및 팔괘 문양 같은 전통문양 자체는 아이디어 요소로서 창작성이 부족하거나 없을 수 있다. 그러나 넥타이 도안의 직물디자이너가 태극과 팔괘의 전통문양을 가져와 수정의 증감이나 변형 없이 그대로 베낀 것이 아니라, 디자이너의 개성이 반영된 예술적 판단으로 독창적인 선택과 배열을 통하여 새롭게 창작하였다면 넥타이 도안의 창작성 혹은 독창성을 인정함에 부족함이 없을 것이다. 앞에서 살펴본 '한복문양' 사건[52]의 대법원 판결에서도 대법원은 원고의 한복치마디자인의 저작물성을 판단함에 있어서 삼국시대부터 사용되어 오던 치마폭 이음새마다 바탕색과 다른 색 띠를 수직으로 덧대거나 띠 안에 다양한 소재의 무늬를 넣는 종래의 방법을 제외하고, 띠의 모양과 무늬의 배치방법상의 독창성만을 저작권 보호의 대상으로 인정하였다. 그리고는 원고 한복치마디자인의 독창적인 상기 요소와 대비되는 피고의 치마디자인을 비교하였다.

또한 이 사건 넥타이 도안의 창작성 판단에 유럽연합의 공동체디자인규정에서 공동체디자인의 독특성판단에 함께 고려하는 요소인 '디

---

51) 차상욱, "패션디자인 보호를 둘러싼 분쟁양상과 법적쟁점", 산업재산권 제32호, 한국지식재산학회 (2010), 247면 참조.

52) 대법원 1991. 8. 13. 선고 91다1642 판결.

자이너의 자유도'를 적용한다면, 넥타이 디자인에 있어서 스트라이프 패턴은 물방울 무늬(dot) 디자인과 같이 넥타이라는 제품의 한정된 표현 소재로 넥타이를 구매하는 소비자가 주로 기대하는 디자인이기 때문에 디자이너의 표현의 자유가 제한되는 요소라고 볼 수 있다. 따라서 이 점을 고려한다면 스트라이프 패턴기법을 사용한 것이 아이디어라고 단정하기보다는, 스트라이프 기법으로 표현된 부분을 제외하고 나머지 넥타이 도안의 요소를 어떻게 디자이너가 창작적으로 표현하였는지를 판단하는 것이 넥타이 도안의 저작물성을 판단하는데 바람직할 것이다.

결론적으로 응용미술품인 패션의류디자인의 창작성 판단에 '히딩크 넥타이' 도안 사건의 파기환송심 판결과 유럽연합 공동체디자인 규정의 '디자이너의 자유도' 개념을 참고하여 적용한다면 창작적인 패션디자인을 응용미술저작물로 인정하는 범위는 더욱 확대될 것이다.

4. '드라마 대장금 앞치마(醫女 의상)' 사건

'드라마 대장금 앞치마' 사건[53]은 드라마 대장금에 출연하는 의녀(醫女), 수랏간생각시, 나인 등이 입었던 앞치마의 저작권을 양수한 신청인이 이 앞치마를 무단으로 복제하여 판매한 피신청인에 대하여 저작권침해금지를 구하는 가처분소송을 제기한 사건이다. 법원은 판결에서 '응용미술저작물'이 저작권법의 보호대상임을 밝히면서도, "실용적인 기능을 주된 목적으로 창작된 응용미술저작물의 경우 그 모두가 바로 저작권법상의 저작물로 보호될 수는 없고, 창작성이 인정되는 부분이 이용된 물품과 구분되어 독자성을 인정할 수 있는 경우만을 저작권법의 보호대상이라고 판단하였다. 그러면서 기록상 이 사건 앞치마[54]

---

53) 서울중앙지방법원 2006. 2. 13.자 2005카합4149 판결: 신청인은 서울중앙지방법원에 저작권침해금지가처분신청을 하였으나, 피보전권리가 소명되지 않는다는 이유로 기각결정을 받고서 항고하였으나, 항고심에서는 신청인이 항고 취하하였다.

가 현대적인 세련미를 강조하고 한복의 아름다움이 잘 부각될 수 있다고 하더라도 그 주된 용도는 실용적인 측면에 있다고 보이는데다가, 디자인적 요소가 미적인 고려를 하였더라도 기능적인 고려를 함께 반영한 것이라고 볼 수 있고, 그 제품 자체가 실용적인 용도가 전혀 없다고 가정하더라도 그것이 미적 요소로 인하여 상당수 사람들에게 구매될 수 있는 실질적 가능성이 있어 그 미적요소가 독자적인 상품성을 가진다고 단정하기 어려운 점에 비추어 보면, 위와 같은 미적인 요소가 앞치마라는 물건과 관념적으로 분리할 수 있다고 단정하기도 어렵다고 할 것인 바, 이 사건 앞치마가 저작권법에서 보호대상으로 삼고 있는 응용미술저작물에 해당한다고 선뜻 단정하기 어렵다."고 판시하였다.

이 사건의 판결에서는 현행 저작권법상 응용미술저작물의 독자성 요건에 대하여 미국 저작권법상 분리가능성 기준을 도입하여 해석하고 있음을 알 수 있다. 즉, 이 사건 앞치마의 한복디자인은 현대적인 세련미를 강조하고 한복의 아름다움이 잘 부각될 수 있도록 디자인하여 창작성이 인정된다 하더라도, 물리적 분리가능성뿐만 아니라 관념적 분리가능성도 존재하지 않으므로 응용미술저작물로 보호할 수 없다고 판시한 것이다.[55]

5. '레이스 디자인' 사건

이 사건[56]은 '히딩크 넥타이' 도안 사건에서 넥타이 도안이 응용미

54) 신청인이 주장하는 이 사건 앞치마의 특징은, "상체까지 덮는 원피스 형태를 기본으로 하여 앞치마의 양 옆 부분에 트임을 주고, 목 깃 부분을 둥근 모양으로 하며, 허리부분에 상, 하체를 분할하는 기능을 가진 허리끈을 달고, 가슴 및 허리선을 곡선으로 처리하여 현대적인 세련미를 강조하였다는 점 및 둥근 목 깃 형태로 저고리 깃과 흰 동정이 드러나 보이도록 하고, 앞치마의 양 옆 트임 사이로 한복치마가 드러나 보이도록 하여 한복의 아름다움이 잘 부각될 수 있도록 하였다는 점"이다. 차상육, 앞의 논문, 240면 참조.

55) 차상육, 앞의 논문, 240-241면 참조.

술저작물로 인정된 이후 직물디자인이 응용미술저작물로 인정된 최근의 판결로서 의미가 있어서 검토한다. 이 사건은 매화 문양이 얼음 결정을 이루듯 연결된 '얼음과 매화문' 문양(이하 '이 사건 도안'이라 한다)을 창작하여 의류 등 제품에 적용하여 제작·판매해온 원고 의류디자이너(이하 '원고'라 한다)가, 원고의 문양을 무단으로 레이스 원단에 복제하여 이 사건 제품을 제작·판매한 피고에 대하여 저작권 침해를 주장하며 손해배상을 청구한 사건이다. 이하에서는 이 사건 도안을 응용미술저작물로 인정한 특허법원의 판결에 대하여 살펴본다.

특허법원은 "응용미술저작물로서 저작권법의 보호를 받기 위해서는, 산업적 목적으로의 이용을 위한 '복제가능성'과 당해 물품의 실용적·기능적 요소로부터의 '분리가능성'이라는 요건이 충족되어야 한다."[57]고 하였다. 그 다음 "이 사건 도안은 매화 문양이 얼음 결정을 이루듯이 서로 선 또는 점으로 연결되어 있는데, 이는 다른 레이스 제품이나 도안들과는 명확히 구분되는 것으로서, 단순한 사상 또는 감정 그 자체에 그치는 것이 아니라 선, 면 등에 의해 구체적으로 외부에 표현한 창작적인 표현형식으로 보이는 점, 이 사건 도안은 레이스 원단이나 의류뿐만 아니라 다른 물품에도 동일한 형상으로 복제될 수 있는 점, 이 사건 도안은 표현 방식이 원단이나 의류 등 물품이 가지는 기능적 요소와 불가분적으로 연결되어 있지 않아 쉽게 분리가 가능한 것으로 보이는 점 등에 비추어 보면, 이 사건 도안은 창작성을 가진 응용미술저작물로서 저작권법의 보호대상인 저작물에 해당한다."고 판시하였다. 그러면서 이 사건 도안이 디자인보호법의 보호를 받으면 충분하고 저작권법에 따른 보호를 받을 필요가 없다는 취지의 피고의 주

---

56) 서울중앙지방법원 2018. 11. 16. 선고 2017가합555001 판결(제1심판결), 특허법원 2020. 1. 7. 선고 2018나2407 판결[손해배상(기)]. 대법원 2020. 5. 14. 선고 2020다209693 판결, 심리불속행기각.

57) 대법원 2013. 4. 25. 선고 2012다41410 판결, 대법원 2004. 7. 22. 선고 2003도7572 판결 등 참조.

장에 대해서는, "저작물과 디자인은 배타적 · 택일적인 관계에 있지 아니하여 디자인보호법상 디자인을 구성할 수 있는 도안이라도 저작권법에 의하여 보호되는 저작물의 요건을 갖춘 경우에는 저작물로 보호받을 수 있다."며 피고 주장을 배척하였다.[58]

한편 의거성과 관련하여 특허법원은 원고가 2012년 가을 및 2013년 봄경 발간한 컬렉션 화보집에 이 사건 도안이 적용된 의류를 촬영한 사진이 포함되어 있는 사실, 2013. 6. 23. '최고다 이순신' 드라마에서 출연자가 이 사건 도안이 적용된 의류를 착용한 모습이 방영된 사실, 2013. 7. 1. 이 사건 도안이 적용된 스커트 사진과 함께 창작자인 원고를 소개하는 내용의 신문기사가 게재된 사실을 확인한 후, 피고는 스스로 이 사건 제품의 문양을 창작하였다고 주장하는 2013. 7. 8. 전에 이 사건 도안에 쉽게 접근할 수 있었던 것으로 보인다며 이 사건 제품은 이 사건 디자인에 의거하여 작성된 것으로 추정된다고 판단하였다. 결론적으로 특허법원은 피고가 응용미술저작물인 이 사건 도안을 원고의 허락 없이 무단으로 복제하여 이 사건 제품을 제작 · 판매하고 이 사건 제품에 저작권자인 원고의 성명을 표시하지 아니함으로써 원고의 복제 · 배포권 및 성명표시권을 침해하였다고 판단하며 피고의 저작권 침해행위로 인한 원고의 모든 손해를 배상할 책임이 있다고 판결하였다. 나아가 재산상 손해액 산정에 있어서 "이 사건 도안이 적용된 레이스 또는 의류용 원단의 경우 주로 여름철 등 짧은 기간 동안만 판매되고, 의류 제품 특성상 유행주기가 짧으므로 저작권자의 허락 없이 무단으로 복제 · 배포될 경우 저작권자가 입는 손해는 쉽게 회복하기 어렵다"[59]는 점을 고려하였다. 이러한 판단은 패션의류의 유행성과 주기성을 고려한 것이다.

한편 이 사건과 같이 레이스 디자인의 저작물성과 침해여부가 쟁

58) 특허법원 2020. 1. 7. 선고 2018나2407 판결.
59) 특허법원 2020. 1. 7. 선고 2018나2407 판결.

점이 된 2019년 미국의 Malibu Textiles 사건의 판결을 비교하면, 미국 제9순회항소법원은 판결에서 '벵골 시계덩쿨' 꽃무늬 레이스 디자인은 꽃무늬의 자연적인 모양으로 저작권 보호의 대상은 아니지만 꽃무늬 패턴이 독창적으로 선택, 조합되고 배열되어 저작권 보호의 대상이라고 판결하였다.[60] 그렇다면 직물디자인의 구성요소가 최소한의 창작성을 가지고 저작자에 의하여 독자적으로 만들어졌다면 당연히 저작권 보호의 대상이 된다. 따라서 우리 레이스 디자인 사건에 적용하여 본다면 2차원적 도안 자체가 매화 문양이 얼음 결정을 이루듯 선과 점으로 연결되어 있어 회화저작물 같은 창작적인 표현에 해당된다면 굳이 응용미술저작물의 분리가능성과 독자성 기준을 적용하지 않더라도 저작물성은 긍정될 수 있을 것이다. 따라서 3차원의 패션의류에 포함된 도안이 아닌 2차원의 도안 자체에 대해서는 통상의 저작물 창작성 요건만 판단하여 직물디자인의 저작권 보호를 확대해야 할 것이다.

Ⅳ. 저작권법에 의한 보호의 한계

지금까지 패션디자인의 저작권법에 의한 보호와 한계에 대하여 살펴보았다. 패션디자인의 저작권법에서의 주된 보호쟁점은 패션디자인이 응용미술저작물로서 인정받기 위한 요건과 저작권과 디자인권의 중첩적 보호 문제이다. 먼저 응용미술에 속하는 패션디자인이 응용미술저작물로 보호받기 위해서는 ① 창작성 등 저작물의 성립요건을 갖추고, ② 물품에 동일한 형상으로 복제될 수 있어야 하며, ③ 물품의 디자인 등이 이용된 물품과 구분되어 독자성을 인정받을 수 있는 것이어야 한다. 따라서 패션의류 디자인 자체는 순수미술품과 마찬가지로 독자적인 미적감상의 대상으로 삼을 수 있어야 한다. 그러나 패션디자인

60) Malibu Textiles, Inc. v. Label Lane International, Inc., 922 F.3d 946, 954 (9th Cir. 2019).

의 수준이 종래 독일의 판례상 단계이론에서 요구하던 고도한 창작성 기준이나 일본의 종래 판례에서 요구하던 순수미술동일시설과 같은 높은 수준을 가져야 한다는 것을 의미하지는 않는다. 한편 우리 대법원은 응용미술의 저작권보호에 대하여 대한방직사건 판결에서 "산업상의 대량생산에의 이용을 목적으로 하여 창작되는 모든 응용미술작품이 곧바로 저작권법상의 저작물로 보호된다고 할 수는 없고, 그 중에서도 그 자체가 하나의 독립적인 예술적 특성이나 가치를 가지고 있어 위에서 말하는 예술의 범위에 속하는 창작물에 해당하여야만 저작물로서 보호된다."고 판결하였다. 이와 같은 대법원의 판결은 저작권법과 디자인보호법의 중첩보호에 따른 산업계의 상황이나 각 법의 입법취지를 고려하여 내린 판결로 볼 수 있다. 한편 판시 내용 중 "예술적 특성이나 가치"기준에 대하여 법외의 요건을 추가한 것이라는 비판과, 독일과 일본의 판례의 영향을 받은 것이라는 견해가 있었다. 그러나 "예술적 특성이나 가치"라는 표현은 그 예술적 수준의 높고 낮은 정도보다는 대량생산되는 산업적인 응용미술작품에서 독자적인 미적감상의 대상으로 삼을 수 있는 특징과 가치를 가진다는 의미로서 해석할 수 있다.

두 번째 보호 쟁점인 패션디자인의 저작권과 디자인권의 중첩적 보호에 대해서는 패션디자인이 응용미술품으로서 양 법의 보호요건을 만족한다면 중첩보호는 현행 보호법제 아래에서 가능하다. 더욱이 디자인의 중첩보호는 TRIPS협정과 베른협약 규정에서도 배제하지 않는 것으로 해석된다.

한편 현행 저작권법 하에서는 직물디자인의 저작물성 판단에 응용미술저작물의 보호요건인 분리가능성과 독자성 기준을 적용한다. 그러나 미국 직물디자인의 저작물성 판단법리를 원용하여 3차원의 패션의류에 포함된 도안이 아닌 2차원의 도안 자체에 대한 저작물성 판단에는 통상의 저작물 창작성 요건만 적용하여 판단한다면 직물디자인의 보호가 더욱 확대될 것이다.

제3절 패션디자인의 디자인보호법에 의한 보호와 한계

Ⅰ. 디자인보호법에 의한 패션디자인의 보호

패션디자인은 일정한 보호 요건을 갖춘 경우에 디자인보호법으로 독점배타적인 권리를 디자인등록출원일 후 20년간 향유할 수 있으며 저작권과의 중첩보호도 가능하다. 디자인과 저작권은 인간의 정신적 창작활동의 성과에 의한 지적산물을 보호대상으로 하는 점은 동일하나 그 제도적 목적이나 보호대상 등에 차이가 있다.[61] 예컨대 패션디자인에 대한 디자인권은 창작과 동시에 무방식으로 발생하는 저작권과 다르게, 특허청의 디자인등록출원제도를 통하여 디자인권을 획득할 수 있다. 그리고 디자인등록출원은 심사주의와 일부심사주의를 병행하고 있다. 따라서 패션제품의 특성과 패션기업의 경영전략에 따라 유행성이 강하고 짧은 제품수명주기를 가지는 직물지나 패션의류의 디자인은 디자인일부심사등록제도를 통하여 일정한 등록요건의 심사를 받아 조기에 디자인권을 획득할 수 있으며, 장기간의 독점적 권리를 향유하며 법적인 확실성을 보장받고 싶은 패션디자인의 경우 디자인등록심사제도를 통하여 강력한 디자인권을 확보할 수 있다. 한편 디자인보호법에는 패션디자인의 보호를 위한 다른 법제에는 없는 몇 가지의 특유한 제도들이 있다. 즉 관련디자인제도, 부분디자인제도, 비밀디자인제도, 복수디자인제도, 한 벌의 물품의 디자인제도 등이다.

그리고 2020년 10월 20일 디자인보호법 제115조 제7항과 제8항에서는 디자인권자가 상당한 투자와 노력을 통해 창작한 디자인을 보호하고, 창작의 장려를 통해 소비자의 이용편의와 산업의 발전을 도모하기 위한 목적으로, 타인의 디자인권 또는 전용실시권을 침해한 행위가

61) 윤선희, 디자인보호법의 이해, 박영사 (2018), 10-11면 참조.

고의적인 것으로 인정되는 경우에는 손해로 인정된 금액의 3배를 넘지 아니하는 범위에서 배상액을 부과할 수 있도록 징벌적 손해배상제도가 신설되었다. 현행 디자인보호법은 2013년 전부개정 이후로 2021년 8월 17일 일부개정되어[62] 2021년 11월 18일부터 시행중이다.

Ⅱ. 디자인보호법의 보호대상

1. 패션디자인의 개념

디자인보호법 제2조 제1호에서는 "디자인이란 물품[물품의 부분, 글자체 및 화상(畫像)을 포함한다. 이하 같다][63]의 형상·모양·색채 또는 이들을 결합한 것으로서 시각을 통하여 미감(美感)을 일으키게 하는 것을 말한다."라고 정의하고 있다. 따라서 디자인의 대상은 물품, 물품의 부분, 글자체 및 화상이다. 특히 2021년 10월 21일 시행법은 종전 디자인 보호대상에서 제외하였던 제42조[64] '한 벌의 물품의 디자인' 중 일부를 부분디자인으로 보호할 수 있도록 하였다. 그리고 디자인제도는 특별한 기술적 구성을 파악하는 것이 아니라 순수한 외형의 미감을 시각이라는 관점에서 파악하여 이에 법적 보호를 부여하는 것이다.[65] 따라서 이 책에서 디자인보호법을 통하여 보호받고자 하는 패션디자인

62) 디자인보호법 [시행 2021. 11. 18.] [법률 제18404호, 2021. 8. 17., 일부개정].

63) 종전 디자인보호법 제2조 제1호에서는 "디자인이란 물품[물품의 부분(제42조는 제외한다) 및 글자체를 포함한다. 이하 같다]의 형상·모양·색채 또는 이들을 결합한 것으로서 시각을 통하여 미감(美感)을 일으키게 하는 것을 말한다."라고 규정되어 있었다. 그러나 2021년 10월 21일부터 시행된 법률 제18093호 2021. 4. 20, 일부개정 디자인보호법 제2조 제1호에서는 '화상'이 물품의 한 유형으로 포함되었다.

64) 디자인보호법 제42조(한 벌의 물품의 디자인) ① 2 이상의 물품이 한 벌의 물품으로 동시에 사용되는 경우 그 한 벌의 물품의 디자인이 한 벌 전체로서 통일성이 있을 때에는 1디자인으로 디자인등록을 받을 수 있다.
② 제1항에 따른 한 벌의 물품의 구분은 산업통상자원부령으로 정한다.

65) 윤선희, 지적재산권법(제18정판), 세창출판사 (2020), 202-203면 참조.

은 일반적인 디자인의 개념이 아닌 법적인 디자인의 개념에 해당하는 것으로, 기본적으로 실용성과 장식성을 가지고 있으면서 디자인보호법상 디자인의 성립요건인 물품성, 형태성, 시각성, 심미성을 만족하는 개념이다. 구체적으로는 디자인일부심사등록출원의 대상이 되는 물품류 제2류의 패션제품 자체인 의류와 제5류의 섬유제품 내지 직물류의 직물디자인 등을 의미한다.

2. 패션디자인의 디자인 성립요건

디자인보호법 제2조 제1호의 디자인 정의 규정에서도 알 수 있듯이 디자인보호법상 보호받는 디자인으로 성립되려면 물품성, 형태성, 시각성, 심미성의 4가지 요건을 만족해야 한다. 그리고 이와 같은 디자인의 정의에 합치되지 않는 경우에는, 디자인보호법 제33조(디자인등록의 요건) 제1항 본문(공업상 이용가능성)에 위반되어 디자인등록을 받을 수 없는 것으로 된다. 다음에서는 4가지 디자인의 성립요건에 대하여 살펴본다.

1) 물품성

디자인은 물품의 미적 외관으로 디자인보호법의 대상이 되는 디자인으로 성립하기 위해서는 추상적 모티브만으로는 부족하고, 물품에 창작내용이 포함되어 있어야 한다. 즉, 디자인과 물품은 불가분의 관계를 가지고 있다.

물품의 의미에 대하여 디자인보호법은 정의규정을 두고 있지 않으며 디자인심사기준 제1부(총칙) 제2장에서 '디자인보호법상 물품이라 함은 독립성이 있는 구체적인 물품으로 유체동산을 원칙으로 한다.'고 규정하고 있다.[66]

---

66) 특허청 디자인심사기준 (2021.10.21.), 6-11면 참조.

우리 대법원도 판례에서 물품의 개념에 대하여 '독립성이 있는 구체적인 유체동산'으로 판시하고만 있다.[67] 같은 취지로 특허청 디자인심사기준에서도 양말의 뒷굽과 같이 독립하여 거래대상이 될 수 없는 물품의 부분은 디자인등록의 대상이 되지 않는다고 설명하고 있다. 다만, 독립하여 거래대상이 될 수 없는 물품의 부분일지라도 거래대상이 될 수 있는 전체물품의 부분디자인으로는 등록 가능하다.[68] 물품성은 디자인등록의 여부나 디자인의 권리범위 여부에 중요한 영향을 끼친다. 즉 디자인등록출원서에 기재된 물품의 명칭은 권리부여 단계에서 출원디자인의 신규성을 판단하는 범위를 확정하는 기준이 되고 권리침해 단계에서도 등록디자인의 보호범위를 확정하는 기초가 된다. 예를 들어 물품에 구현된 형상이나 모양이 서로 동일한 디자인이라도 그것이 구현된 물품자체가 서로 다르면 원칙적으로 두 디자인은 유사하지 않은 별개의 디자인으로 본다.[69] 그러나 저작권법의 경우에는 저작물에 해당하는 디자인이 물품성을 갖출 것을 요구하지 않기 때문에 저작권으로 보호받는 디자인을 무단으로 이용하는 경우 디자인이 이용된 물품의 종류와 매체에 상관없이 저작권 침해가 발생한다. 예를 들어 저작권법에서는 응용미술저작물로 보호받는 그래픽디자인을 시계밴드의 디자인으로 사용을 하였든, 패션의류의 직물지 문양으로 사용하였든 이용된 물품에 상관없이 두 경우 모두 저작권침해가 인정된다.

패션디자인의 경우 로카르노 협정에 따른 물품류 중 제2류와 제5류의 물품류에 주로 해당하므로 디자인보호법 제37조 제4항에 따라 디자인일부심사등록출원으로만 출원할 수 있다.

---

67) 대법원 2001. 4. 27. 선고 98후2900 판결.
68) 특허청 디자인심사기준 (2021.10.21.), 6-7면 참조.
69) 윤태식, 디자인보호법 – 디자인 소송 실무와 이론 –, 진원사 (2016), 53면.

2) 형태성

디자인의 형태성이란 '형상 · 모양 · 색채 또는 이들을 결합한 것'을 말한다. 즉 물품의 외관에 관한 디자인의 형태성의 요소를 말하는 것으로서, 물품은 유체동산이므로 글자체 및 화상 외에는 형상이 결합되지 않은 모양 또는 색채만의 디자인 및 모양과 색채의 결합디자인은 인정되지 아니한다.[70] 디자인심사기준에 따르면 "형상"이란 물품이 공간을 점하고 있는 윤곽을 말하며, 글자체 및 화상을 제외한 모든 디자인은 형상을 수반한다. 그리고 "모양"이란 물품의 외관에 나타나는 선도, 색구분, 색흐림 등을 말한다. 구체적으로 "선도"란 선으로 그린 도형을 말하며 "색구분"이란 공간이 선이 아닌 색채로써 구획되어 있는 것, "색흐림"이란 색과 색의 경계를 흐리게 하여 색이 자연스럽게 옮아가는 것같이 보이게 하는 것을 말한다. 그리고 "색채"란 물체에 반사되는 빛에 의하여 인간의 망막을 자극하는 물체의 성질로서, 법상 색채에는 투명색 및 금속색 등을 포함한다.[71] 그리고 형태성을 구성하는 이러한 요소들은 디자인의 동일유사 등을 판단하는 데에 주요한 기준이 된다. 예컨대 〈표 4-1〉에서 보는 바와 같이 동일물품에 있어서 형상 · 모양 · 색채가 동일하다면 동일디자인이고, 유사물품에 있어서 형상 · 모양 · 색채가 유사하면 유사디자인이고, 비유사물품에 있어서 형상 · 모양 · 색채가 비유사하다면 비유사디자인이라고 판단한다.[72] 대법원은 판결에서 형태 중 색채만이 다른 경우 심미감의 차이 유무에 대한 판단에서 디자인을 이루는 구성요소에는 형상과 모양뿐 아니라 색채도 포함되지만, 대비되는 두 디자인이 형상과 모양에서 동일하고 색채의 구성에 있어서도 바탕색으로 된 부분과 채색되어 있는 부분의

70) 특허청 디자인심사기준 (2021.10.21.), 11-12면 참조.
71) 특허청 디자인심사기준 (2021.10.21.), 12면 참조.
72) 특허청디자인심사기준 (2021.10.21.), 175면 참조.

위치와 면적 등 기본적인 채색 구도가 동일하다면, 그 두 디자인의 채색된 부분의 구체적인 색채가 다른 색으로 선택되었다는 점만으로는 특별한 사정이 없는 한, 보는 사람이 느끼는 심미감에 차이가 생긴다고 볼 수 없을 것이라고 판단하며 등록디자인과 비교대상디자인은 유사한 디자인이라고 판결하였다.[73]

따라서 패션의류에 있어서 타사의 패션의류디자인의 형상과 모양이 동일하고 색채의 구성에 있어서 구체적 색채만 다른 색으로 채색하고 기본 채색구도가 동일하다면 타사의 디자인과 유사한 디자인으로 판단되어 등록이 무효되거나 디자인권 침해가 인정될 수 있다.

표 4-1 물품의 유사여부에 따른 디자인의 유사여부

구분	동일물품	유사물품	비유사물품
형상 · 모양 · 색채 **동일**	동일 디자인	유사디자인	비유사디자인
형상 · 모양 · 색채 **유사**	유사디자인	유사디자인	비유사디자인
형상 · 모양 · 색채 **비유사**	비유사디자인	비유사디자인	비유사디자인

3) 시각성

디자인보호법에 정의된 디자인의 개념 중 '시각을 통하여 미감을 일으키게 하는 것'이 시각성에 해당된다. 시각성 요건은 물품의 형태를 육안으로 식별할 수 있고 외부에서 파악할 수 있어야 한다. 다만, 디자인이 확대되어 관찰할 수 있는 것이 통상적인 경우에는 시각성이 있는 것으로 본다.[74]

4) 심미성

디자인보호법에 정의된 디자인의 개념 중 '미감을 일으키게 하는

73) 대법원 2007. 10. 25. 선고 2005후3307 판결.
74) 특허청디자인심사기준 (2021.10.21.), 12면 참조.

것'이 심미성에 해당 된다. 특허청 디자인 심사기준에 의하면 '미감을 일으키게 하는 것'은 미적 처리가 되어 있어 해당 물품으로부터 미를 느낄 수 있도록 처리하는 것을 말하며 기능·작용·효과를 주목적으로 하는 것이거나 디자인으로서 짜임새가 없고 조잡감만 주는 것은 미감을 일으키게 하지 않는 것으로 본다.[75]

Ⅲ. 패션디자인의 디자인 등록요건

1. 디자인등록제도

현행 디자인보호법은 디자인등록출원이 디자인등록요건을 모두 갖추고 있는지를 심사하여 등록하는 '디자인심사등록'제도와 디자인등록출원이 디자인등록요건 중 일부만을 갖추고 있는지를 심사하여 등록하는 '디자인일부심사등록'제도[76]를 같이 운영하고 있다. 그리고 유행성이 강한 물품인 제2류와 제5류 물품류에 해당하는 패션디자인은 디자인등록출원에 필요한 방식을 갖추고 있는지와 디자인의 성립요건, 공업상 이용가능성 및 부등록사유 등 디자인등록요건의 일부사항만을 심사하여 행하는 디자인등록제도인 디자인일부심사등록제도를 적용한다.

2. 디자인등록의 요건

디자인을 등록받기 위해서는 출원에 적법한 절차적 요건인 선출원

---

75) 특허청디자인심사기준 (2021.10.21.), 13면 참조.

76) 특허청은 패션디자인과 같이 유행성이 강한 디자인에 대해서는 디자인등록출원이 출원방식에 적합한지 등의 형식적 요건과 부실권리의 발생을 최소화 하기 위한 필수적인 사항만을 심사하여 디자인등록을 허여함으로써 심사처리기간의 단축과 신속한 권리화를 가능하게 하여 권리자의 실질적인 보호와 아울러 행정력의 절감을 도모하고자 1998년 3월 1일자로 무심사등록제도를 도입하였고 2014년 7월 1일자로 명칭을 일부심사로 변경하여 운영하고 있다. 윤선희, 지적재산권법(제18정판), 세창출판사 (2020), 229면 참조.

일 것, 당사자 능력이 있을 것, 적법한 공동출원일 것, 출원의 변경·분할 등의 절차에 위반되지 않을 것 등을 갖추어야 하며,[77] 디자인보호법 제33조에 따른 공업상이용가능성, 신규성 및 창작비용이성의 3가지 실체적 요건을 갖추어야 한다.[78]

한편 디자인일부심사등록출원의 요건은 로카르노 협정에 따른 물품류 중 제2류와 제5류의 물품류이어야 하며[79] 디자인등록출원에 필요한 방식을 갖추어야 한다. 또한 디자인보호법 제34조의 디자인등록을 받을 수 없는 디자인이 아니어야 하며, 디자인보호법 제33조 제1항 본문에 따른 공업상 이용가능성과 디자인보호법 제33조 제2항 중 주지디자인에 의한 용이창작, 디자인보호법 제39조 공동출원으로 인한 거절이유에 해당하지 않을 것 등이다.[80] 그리고 디자인일부심사등록출원시 제33조(디자인등록의 요건) 제1항(신규성) 각호, 제33조 제2항 제1호 공지디자인 등에 의한 창작비용이성, 제33조 제3항 확대된 선출원, 제35조 관련디자인 제1항의 규정 중 자기의 기본디자인과만 유사한

---

77) 윤선희, 디자인보호법의 이해, 박영사 (2018), 35면 참조.

78) 윤선희, 지적재산권법(제18정판), 세창출판사 (2020), 217면 참조.

79) 특허청 디자인심사기준 제2부 제9장에 따르면, 디자인일부심사등록출원을 할 수 있는 물품의 범위는 로카르노협정에 따른 물품류 중 다음의 물품류에 속하는 물품으로 한다[디자인보호법 제37조 제4항에 따른 규칙 제38조(물품류 구분 등)제3항]. 즉, (1) 제1류(식품), (2) 제2류(의류 및 패션잡화 용품), (3) 제3류(다른 류에 명기되지 않는 여행용품, 케이스, 파라솔 및 신변용품), (4) 제5류(섬유제품, 인조 및 천연 시트직물류), (5) 제9류(물품 운송·처리용 포장 및 용기), (6) 제11류(장식용품), (7) 제19류(문방구, 사무용품, 미술재료, 교재)이다.

그리고 일부심사출원을 할 수 있는 물품류에 속하지 않는 물품이 일부심사출원된 경우에는 디자인보호법 제37조(디자인등록출원) 제4항 전단에 위반되어 등록을 받을 수 없다. 또한 일부심사출원을 할 수 있는 물품류에 속하는 물품이 심사출원된 경우에는 동법 제37조(디자인등록출원) 제4항 후단에 위반되어 등록을 받을 수 없다, 특허청디자인심사기준 (2021.10.21.), 149면 참조.

한편 출원 변경의 보정을 통하여 디자인일부심사등록출원을 디자인심사등록출원으로, 디자인심사등록출원을 디자인일부심사등록출원으로 변경할 수 있다. 다만, 국제디자인등록출원은 제외한다, 특허청디자인심사기준 (2021.10.21.), 188면 참조.

80) 윤선희, 위의 책, 229면.

디자인, 제2항 자기의 관련디자인과만 유사한 디자인, 제46조 선출원 규정의 제1항·제2항에 대해서는 심사단계에서는 판단하지 않는다.[81]

1) 공업상 이용가능성

디자인보호법 제33조 제1항 본문에 의하면 디자인은 공업상 이용할 수 있는 경우에 한하여 등록을 받을 수 있다. '공업상 이용할 수 있는 디자인'이란 공업적 생산방법에 의하여 동일한 물품을 양산할 수 있는 디자인을 말하며 공업적 생산방법이란 원자재에 물리적 또는 화학적 변화를 가하여 유용한 물품을 제조하는 것을 말한다 그리고 양산이란 동일한 형태의 물품을 반복적으로 계속하여 생산하는 것을 뜻한다.[82] 그리고 '공업적 생산방법'에는 기계에 의한 생산은 물론 수공업적 생산도 포함한다. 한편 '동일한 물품을 양산할 수 있는 디자인'이란 물리적으로 완전히 같은 물품을 양산할 수 있는 디자인이어야 하는 것은 아니고, 그 디자인 분야에서 통상의 지식을 가진 사람이 그 지식을 기초로 합리적으로 해석하였을 때 같은 물품으로 보일 수 있는 수준의 동일성을 가진 물품을 양산할 수 있는 디자인을 의미한다. 또한 부분디자인에 있어서도 디자인의 대상이 되는 물품이 공업적 또는 수공업적 방법에 의하여 반복적으로 양산될 수 있어야 한다.[83] 한편 패션업계에서는 여성용 원피스, 블라우스 그리고 치마 혹은 남성용 넥타이 등을 제조하기 위한 직물지를 물품류로 하는 디자인에 여러 모양이 연속·반복하여 배치되는 규칙을 가지는 패턴의 문양을 자주 사용한다. 그 경우 직물지 디자인의 표현이 구체적이지 않아 공업상 이용가능성 요건 위반에 해당되지 않도록 도면작성에 주의해야 한다.

---

81) 특허청디자인심사기준 (2021.10.21.), 289면 참조.
82) 대법원 1994. 9. 9. 선고 93후1247 판결 참조.
83) 특허청 디자인심사기준 (2021.10.21.), 65면 참조.

2) 신규성

디자인보호법 제33조 제1항 제1호에 따른 디자인등록출원 전에 국내 또는 국외에서 공지(公知)되었거나 공연(公然)히 실시된 디자인과 제33조 제1항 제2호에 따른 디자인등록출원 전에 국내 또는 국외에서 반포된 간행물에 게재되었거나 전기통신회선을 통하여 공중(公衆)이 이용할 수 있게 된 디자인, 제33조 제1항 제3호에 따른 이와 유사한 디자인은 디자인등록을 받을 수 없다고 규정하고 있다. 제33조 제1항 제3호 규정은 모방이 용이한 패션디자인의 경우 동일한 범위로는 권리보호가 어려워 유사한 디자인도 종전 디자인 안에 포함시켜 신규성 상실로 등록을 받을 수 없도록 한 것이다. 대법원은 판결에서 디자인보호법이 요구하는 객관적 창작성이란 과거 또는 현존의 모든 것과 유사하지 아니한 독특함만을 말하는 것은 아니므로 과거 및 현존의 것을 기초로 하여 거기에 새로운 미감을 주는 미적 창작이 결합되어 그 전체에서 종전의 디자인과는 다른 미감적 가치가 인정되는 정도면 디자인등록을 받을 수 있으나, 부분적으로는 창작성이 인정된다고 하여도 전체적으로 보아서 종전의 디자인과 다른 미감적 가치가 인정되지 않는다면 디자인등록을 받을 수 없다고 판단하고 있다.[84)]

한편 부분디자인 등록출원을 하는 패션의류의 경우, 부분디자인의 신규성 요건은 부분디자인에 관한 디자인등록출원이 있기 전에 해당 부분디자인과 동일 또는 유사한 부분을 포함하는 전체디자인 또는 해당 부분디자인과 동일 또는 유사한 부분을 포함하는 부분디자인이 디자인이 국내 또는 국외에서 공지·공용되거나, 간행물에 게재되거나 또는 전기통신회선을 통하여 공중이 이용할 수 있게 된 경우에는 해당 부분디자인의 출원은 디자인보호법 제33조(디자인등록의 요건) 제1항 각

84) 대법원 2006. 7. 28. 선고 2005후2915 판결, 대법원 2008. 9. 25. 선고 2008도3797 판결 등.

호의 어느 하나에 해당하여 디자인등록을 받을 수 없다. 특히 한 벌의 여성용 한복세트 같은 한 벌 물품의 디자인에 대해서는 한 벌 전체로서만 신규성 요건을 판단한다.[85)]

제2류와 제5류를 물품류로 하는 패션디자인에 대한 디자인일부심사등록출원에서는 디자인보호법 제62조(디자인등록거절결정) 제2항에 따라 등록 전에 신규성을 심사하지 않는다. 다만, 디자인보호법 제55조(정보 제공)에 따라 정보 및 증거가 제공된 경우에는 그를 근거로 하여 디자인보호법 제62조(디자인등록거절결정) 제4항에 따라 거절결정을 할 수 있다. 또한 신규성 위반에 해당하여 등록된 경우에는 디자인보호법 제68조 제1항에 따라 일정기간 내 이의신청이유가 되고, 디자인보호 제121조 제1항에 따라 디자인등록의 무효사유가 된다.

(1) 신규성 상실의 예외

디자인보호법 제36조 에서는 신규성 상실의 예외 규정을 두어 출원 전에 공개된 디자인에 대하여서도 공개방법의 여하에 관계없이 공개일로부터 12개월 이내에 출원을 하고 출원시 신규성 인정을 받고자 하는 신청과 그로부터 30일 이내에 증거서면을 제출하면 신규성을 인정해준다.[86)] 따라서 신규성 상실의 예외 규정이 적용되면 그 공지디자인은 자기가 출원한 디자인에 대하여 디자인보호법 제33조 제1항 신규성 및 제2항 용이창작에 해당하는지 여부를 심사할 때 공지디자인으로 보지 않는다. 그러나 새로운 패션디자인을 패션쇼나 온라인을 통하여 대중에게 처음으로 공개한 이후 디자인일부심사등록출원을 할 경우 출원시에 신규성 요건을 심사받지 않더라도 이후 제55조 정보제공 규정에 따라 출원된 디자인이 신규성 또는 창작성 등을 상실하였다는 제3자의 정보제공이 있는 경우 제62조 제4항에 따라 그 정보 및 증거에

85) 특허청 디자인심사기준 (2021.10.21.), 89면 참조.
86) 윤선희, 디자인보호법의 이해, 박영사 (2018), 53면 참조.

근거하여 디자인등록거절결정이 될 수 있다. 또한 설정등록이 되더라도 제68조 제1항 제2호의 이의신청이유에 해당하여 제73조 제4항에 따른 디자인등록취소결정이 확정된 때에는 디자인권이 처음부터 없었던 것으로 될 수 있다. 따라서 패션창작자들은 디자인등록출원서 작성 시 신규성 상실 예외 조항을 체크하는 것이 안전하다.

신규성의 판단기준은 디자인보호법 제3조 제1항 제1호, 제2호에서 "디자인등록출원 전에 국내 또는 국외에서"라고 규정하고 있으므로 시간적 기준은 창작시가 아니라 등록출원 시이다. 선출원 등이 일단위로 판단하는 디자인등록출원일과는 다르다. 그리고 지역적 기준은 국내뿐만 아니라 국외에까지 포함한다.[87)]

(2) 신규성 사례

기능성 조끼디자인의 신규성과 창작비용이성 여부가 문제된 사건에서 특허법원은 이 사건 등록디자인이 비교대상디자인 1과 유사하여 디자인등록을 받을 수 없는 디자인에 해당되는지 여부와, 이 사건 등록디자인과 비교대상디자인들의 결합에 의하여 당해 디자인분야에서 통상의 지식을 가진 자가 용이하게 창작할 수 있는 것인지 여부를 판단하였다. 여기서는 신규성 판단쟁점만 살펴본다.

특허법원은 이 사건 등록디자인과 비교대상디자인 1은 모두 조끼를 대상물품으로 하고 있으며 양 디자인의 특징적인 형상과 모양이 잘 나와 있는 정면도를 기준으로 양 디자인의 유사여부를 비교하면 특허심판원이 판단한 것처럼 정면 중앙에 슬라이드 파스너의 형성, 좌·우측에 경사형 어깨, 양측 허리부분의 벨트, 정면 중앙의 선 처리나 재봉된 형상이 매우 유사하다고 판단하였다. 그러나 이러한 디자인들은 이미 양 디자인의 출원 전에 그 디자인이 속하는 분야에서 오랫동안 널리 사용되어온 기본적 또는 기능적 형태에 해당되어 단순하며, 여러

---

87) 노태정, 디자인보호법 개설(제3판), 세창출판사 (2017), 72면.

디자인이 다양하게 고안되었던 것으로 구조적으로 그 디자인을 크게 변화시킬 수 없는 부분의 디자인임을 알 수 있으므로, 이들 부분이 서로 동일 내지 유사하다는 사정만으로 전체적인 측면에서 양 디자인이 서로 유사하다고 보기는 어렵다고 판단하였다.

결론적으로 특허법원은 이 사건 등록디자인이 속한 디자인 분야의 유사범위를 좁게 보아야 하는 점과 양 디자인의 차이의 정도 및 전체적인 인상 등을 고려하면 양 디자인은 지배적 특징 및 전체적으로 느껴지는 심미감이 당해 디자인 분야의 유사범위를 넘는 정도의 차이가 있어 서로 유사하다고 할 수 없어 등록디자인의 신규성이 긍정된다고 판단하였다.[88] 이와 같이 등록디자인의 신규성 판단은 비교대상 디자인과의 동일 혹은 유사여부의 판단과 관계가 있으며 등록디자인의 신규성이 부정되면 등록디자인은 등록무효가 된다. 기능성 조끼디자인 사건에서 특허법원은 등록디자인이 기존 디자인에서 흔히 사용되어온 디자인의 형태를 가지고 있고 그 디자인의 변형에 디자이너의 창작이 제한되는 경우라면, 그 요소를 제외한 나머지 디자인의 요소들의 차이와 전체적인 인상을 고려하여 등록디자인의 신규성을 긍정한 것으로 판단된다. 따라서 패션디자인에 있어서도 등록디자인의 신규성이 부정되지 않기 위해서는 선행디자인에서 흔히 사용하는 디자인요소를 차용하되 새로운 미감을 주는 디자인요소를 추가하여 종전의 디자인과 전체적인 인상에 차이가 생기도록 하여야 한다.[89]

3) 창작비용이성

디자인보호법 제33조 제2항에 따르면 디자인등록출원 전에 그 디자인이 속하는 분야에서 통상의 지식을 가진 사람이 제33조 제1항 제1호 · 제2호에 해당하는 디자인 또는 이들의 결합에 의하거나 국내 또

88) 특허법원 2008. 3. 28. 선고 2007허11500 판결.
89) 대법원 1994. 6. 14. 선고 93후961 판결 참조.

는 국외에서 널리 알려진 형상·모양·색채 또는 이들의 결합 어느 하나에 따라 쉽게 창작할 수 있는 디자인은 제1항에도 불구하고 디자인등록을 받을 수 없다고 규정하고 있다. 위의 규정을 실무에서는 창작비용이성에 관한 규정이라고 부르고 있으며 창작비용이성은 신규성과 함께 디자인등록의 요건으로 특허청 심사기준에서는 용이창작 이라는 용어로 설명하고 있다.[90]

(1) 창작비용이성 판단

시기적·지역적 기준은 출원시를 기준으로 한다. 그리고 지역적 기준은 국제주의를 취하고 있다. 판단주체는 당해 디자인자가 속하는 분야에서 통상의 지식을 가진 자이다. 이때 '그 디자인이 속하는 분야에서 통상의 지식을 가진 자'라 함은 동 업계에서 그 디자인에 관한 보편적 지식을 가진 자를 말한다.[91]

특허청 디자인심사기준에 의한 용이창작 여부의 판단기준은, 공지디자인 또는 주지의 형상·모양 등을 거의 그대로 이용하거나 선용한 것 등과 같은 단순모방이 아니라 이들을 취사선택하여 결합한 것으로서 그 디자인을 전체적으로 관찰할 때 새로운 미감을 일으키는 경우에는 용이하게 창작할 수 있는 디자인이 아니다.[92] 여기에서 '주지의 형상·모양 등'이란 일반인이 이를 알 수 있을 정도로 간행물이나 T.V 등을 통하여 국내·외에서 널리 알려져 있는 형상·모양 등을 말하며, '그 디자인이 속하는 분야에서 통상의 지식을 가진 자'란 그 디자인이 표현된 물품을 생산, 사용 등 실시하는 당 업계에서 그 디자인에 관한 평균적 지식을 가진 자를 말한다.[93]

대법원은 판결에서 디자인의 용이창작의 여부에 대하여 "디자인보

---

90) 특허청 디자인심사기준 (2021.10.21.), 94면 참조.
91) 윤선희, 앞의 책, 59면.
92) 특허청 디자인심사기준 (2021.10.21.), 112면 참조.
93) 특허청 디자인심사기준 (2021.10.21.), 103면 참조.

호법 제5조 제2항은 그 디자인이 속하는 분야에서 통상의 지식을 가진 자가 제1항 제1호 또는 제2호에 해당하는 디자인의 결합에 의하여 용이하게 창작할 수 있는 것은 디자인등록을 받을 수 없도록 규정하고 있는데, 여기에는 위 각 호에 해당하는 디자인의 결합뿐만 아니라 위 디자인 각각에 의하여 용이하게 창작할 수 있는 디자인도 포함된다고 봄이 타당하고, 그 규정의 취지는 위 각 호에 해당하는 디자인의 형상·모양·색채 또는 이들의 결합을 거의 그대로 모방 또는 전용하였거나, 이를 부분적으로 변형하였다고 하더라도 그것이 전체적으로 볼 때 다른 미감적 가치가 인정되지 않는 상업적·기능적 변형에 불과하거나, 또는 그 디자인 분야에서 흔한 창작수법이나 표현방법에 의해 이를 변경·조합하거나 전용하였음에 불과한 디자인 등과 같이 창작수준이 낮은 디자인은 그 디자인이 속하는 분야에서 통상의 지식을 가진 자가 용이하게 창작할 수 있는 것이어서 디자인등록을 받을 수 없다는 데 있다."[94]고 보면서 디자인 각각에 의한 용이창작도 용이한 창작의 범위에 포함시켜 판단하고 있다.

(2) 창작비용이성 사례

가. 한 벌의 여성용 한복 세트 사건

이 사건은 한 벌의 여성용 한복 세트 디자인의 신규성과 창작비용이성이 쟁점이 된 사건으로 신규성은 긍정되고 창작비용이성은 부정된 사례이다. 여기에서는 창작비용이성 쟁점만 살펴보기로 한다.

이 사건의 등록디자인은 단체 교복을 위해 한복을 개량한 디자인이다. 해당 사건에서 특허법원은 "등록디자인과 비교대상디자인1은 저고리에 있어서는 옷깃모양의 차이, 단추의 배치유무, 주머니선의 차이, 팔 부분의 배래[95]모양의 유무, 뒷단의 길이 및 뒤트임의 유무 등에서

94) 대법원 2010. 5. 13. 선고 2008후2800 판결.

95) 배래: 한복 소매 아래쪽에 물고기의 배처럼 불룩하게 둥글린 부분, 표준국어대사전, 국립국어원(2000), 2562면.

그리고 조끼에 있어서는 목 둘레의 모양, 옆 라인의 형태 등에 있어서 서로 차이가 있다고 보았다. 그러나 저고리의 옷깃의 형태의 넓고 좁은 차이는 통상의 디자이너가 별다른 어려움 없이 선택할 수 있는 정도에 불과한 것이고 개량한복 분야에서는 자연스러운 현상이라고 판단하였다. 또한 뒷단의 길이 및 뒤트임의 유무에 대한 차이 역시 통상의 디자이너가 흔히 선택하거나 조합하는 표현방법으로서 창작이 어렵다고 할 수는 없다고 보았다. 조끼에 있어서 등록디자인과 비교대상디자인 1,2간 옆 라인의 형태의 들어가고 나온 차이에 대해서는 모양의 정도에만 차이가 있고 개량한복 분야에서 조끼의 옆 라인이 들어가고 나온 정도가 다소 다르다는 사정만으로는 이를 용이하게 창작하기 어렵다고 할 수 없다고 판단하였다.

따라서 특허법원은 이 사건 등록디자인의 저고리와 조끼는 비교대상디자인 1과 다소 차이가 있으나, 비교대상디자인 2의 해당부분을 선택적으로 채용하였거나 개량한복 분야에서 흔한 창작수법이나 표현방법에 의해 이를 변경·조합한 정도로서 통상의 디자이너가 용이하게 창작할 수 있는 수준에 불과하다며 등록디자인의 저고리와 조끼의 창작비용이성을 부정하였다.[96]

(3) 패션디자인의 창작비용이성 판단

디자인일부심사등록출원의 대상인 패션디자인은 창작성 중 공지디자인에 의한 용이창작의 등록요건은 심사받지 않고 주지의 형상·모양·색채 또는 이들의 결합 즉, 주지형태에 기초한 용이창작에 대하여만 심사받는다. 그리고 주지의 형상 등에 의한 것이라도 그 디자인이 속하는 분야에서 통상의 지식을 가진 자가 쉽게 창작할 수 있는 것이 아니면 용이창작으로 보지 아니한다.[97] 그러나 디자인일부심사등록출

96) 특허법원 2013. 8. 8. 선고 2013허1795 판결. 대법원 2013후2156 심리불속행기각.

97) 특허청 디자인심사기준 (2021.10.21.), 107면 참조.

원에 대하여 정보 및 증거가 제공된 경우에는 그에 근거하여 디자인등록거절결정을 할 수 있다. 따라서 패션디자인의 출원시 주지한 디자인뿐만 아니라 공지디자인에 의한 용이창작에 대한 위반도 예상하여야 한다.

한편 패션산업계에서는 주지한 또는 공지된 선행디자인의 소재만 변경하고 디자인의 일부를 수정하거나 증감하여 대부분 동일하게 복제하는 경우가 많다. 이 경우 단순히 의류의 소재를 다른 천으로 치환하고 패션디자인 분야에서 통상의 지식을 가진 자라면 비교적 용이하게 그 디자인을 떠올릴 용이한 창작에 해당되는 디자인을 단순한 상업적·기능적 변경에 불과하게 변형한다면 디자인보호법 제55조 정보제공에 따라 등록된 이후에도 등록디자인이 무효가 될 수 있다. 또한 신규성 여부 판단에 있어서는 등록디자인과 비교대상디자인 간 1디자인 대 1디자인을 비교하는 개념이지만, 창작비용이성 판단은 1디자인 대 복수의 디자인 간 비교하는 개념이다. 따라서 등록디자인과 비교대상디자인 간에 디자인이 유사하지 않다고 하여 등록디자인의 신규성이 긍정된다고 하더라도 등록디자인이 다른 비교대상디자인들로부터 창작이 용이하다면 등록디자인은 무효가 될 수 있다는 점에 유의하여야 한다.

3. 디자인권의 존속기간과 효력

디자인보호법 제91조 제1항에 따르면 디자인권은 제90조 제1항에 따라 설정등록한 날부터 발생하여 디자인등록출원일 후 20년이 되는 날까지 존속한다. 다만, 제35조에 따라 관련디자인으로 등록된 디자인권의 존속기간 만료일은 그 기본디자인의 디자인권 존속기간 만료일로 한다.

또한 동법 제92조에 따른 디자인권의 효력은 디자인권자는 업으로서 등록디자인 또는 이와 유사한 디자인을 실시할 권리를 독점한다. 다만, 그 디자인권에 관하여 전용실시권을 설정하였을 때에는 동법 제97조 제2항에 따라 전용실시권자가 그 등록디자인 또는 이와 유사한 디자인을 실시할 권리를 독점하는 범위에서는 그러하지 아니하다고 디자인권의 효력에 대하여 규정하고 있다. 동법 제93조에서는 등록디자인의 보호범위는 디자인등록출원서의 기재사항 및 그 출원서에 첨부된 도면·사진 또는 견본과 도면에 적힌 디자인의 설명에 따라 표현된 디자인에 의하여 정하여진다고 규정하고 있다.

그런데 이와 같은 디자인권의 존속기간은 디자인심사등록제도를 통하거나 디자인일부심사등록제도를 통하거나 동일하다. 따라서 짧은 제품수명 주기를 가지고 유행성에 민감하여 디자인일부심사등록제도를 통하여 조기에 디자인권을 획득하는 패션디자인의 경우 20년이라는 장기간의 보호기간이 필요하지 않을 수 있다. 따라서 디자인일부심사등록제도를 통하여 등록하는 패션디자인의 경우 디자인의 보호기간은 조정이 필요하다.

Ⅳ. 패션디자인의 유사여부 판단

1. 디자인의 유사여부 판단

디자인의 유사여부는 신규성, 선출원, 확대된 선출원, 디자인권의 효력 등을 판단하는데 중요한 기준이다.[98] 디자인보호법 제33조 제1항 제3호는 공지디자인과 유사한 디자인을 신규성이 없는 디자인으로 규정하고 있으며 동법 제92조는 디자인권자는 업으로서 등록디자인 또는 이와 유사한 디자인을 실시할 권리를 독점한다고 규정하여 디자인권의 독점적·배타적 효력은 등록디자인뿐만 아니라 그와 유사한 디

98) 특허청 디자인심사기준 (2021.10.21.), 174면 참조.

자인에도 미친다고 규정하고 있다.[99] 이하에서는 디자인 유사여부에 대한 특허청과 대법원의 판단기준 그리고 유사여부 판단주체에 대하여 살펴본다. 특허청과 대법원의 디자인 유사여부 판단기준은 패션디자인의 유사여부 판단에도 동일하게 적용된다.

2. 특허청의 디자인 유사여부 판단

특허청 디자인 심사기준에 의하면 디자인의 유사여부 판단은 동일하거나 유사한 물품 간에서만 이루어진다. 그리고 디자인 유사여부 판단의 일반원칙은 다음과 같이 크게 세 가지로 정리할 수 있다. 즉 ① 디자인의 대상이 되는 물품이 유통과정에서 일반수요자를 기준으로 관찰하여 다른 물품과 혼동할 우려가 있는 경우에는 유사한 디자인으로 본다. 또한 혼동할 우려가 있을 정도로 유사하지는 않더라도 그 디자인 분야의 형태적 흐름을 기초로 두 디자인을 관찰하여 창작의 공통성이 인정되는 경우에도 유사한 디자인으로 본다. ② 유사여부는 전체적으로 관찰하여 종합적으로 판단한다. 여기서 '전체적으로 판단한다'의 의미는 디자인을 구성하는 각 요소를 분리하여 개별적으로 대비할 것이 아니라 그 외관을 전체적으로 대비 관찰하여 보는 사람으로 하여금 상이한 심미감을 느끼게 하는지 여부에 따라 판단하여야 한다는 것이므로 그 지배적인 특징이 유사하다면 세부적인 점에 다소 차이가 있을지라도 유사한 것으로 본다는 것이다. ③ 디자인의 유사범위의 폭에 대하여는 참신한 디자인일수록 유사의 폭을 넓게 보고, 같은 종류의 것이 많이 나올수록 유사의 폭을 좁게 본다.[100]

---

99) 차세대 콘텐츠 재산학회 한국디자인법연구회, 디자인과 법, 채움북스(2017), 374면(김병일 집필부문) 참조.

100) 특허청 디자인심사기준 (2021.10.21.), 176면 참조.

3. 대법원의 디자인 유사여부 판단

대법원은 "디자인의 유사여부 판단에 있어서, 디자인을 구성하는 요소들을 각 부분으로 분리하여 대비할 것이 아니라 전체와 전체를 대비・관찰하여, 보는 사람의 마음에 환기될 미적 느낌과 인상이 유사한지 여부에 따라 판단하되, 그 물품의 성질, 용도, 사용형태 등에 비추어 보는 사람의 시선과 주의를 가장 끌기 쉬운 부분을 중심으로 대비・관찰하여 일반 수요자의 심미감에 차이가 생기게 하는지 여부의 관점에서 판단하여야 한다."[101]고 판시하고 있다. 한편 그 디자인이 표현된 물품의 사용시 뿐만 아니라 거래시의 외관에 의한 심미감도 함께 고려하여야 하며,[102] 이 때 그 모양과 형상의 지배적인 특징이 유사하다면 세부적인 점에 다소 차이가 있다 하더라도 두 디자인이 유사하다고 보고 있다.[103]

또한 디자인권은 물품의 신규성이 있는 형상, 모양, 색채의 결합에 부여되는 것으로서 공지의 형상과 모양을 포함한 출원에 의하여 디자인등록이 되었다 하더라도 공지 부분에까지 독점적이고 배타적인 권리를 인정할 수는 없으므로 디자인권의 권리범위를 정함에 있어 공지 부분의 중요도를 낮게 평가하여야 하고, 따라서 등록디자인과 그에 대비되는 디자인이 서로 공지 부분에서 동일・유사하다고 하더라도 등록디자인에서 공지 부분을 제외한 나머지 특징적인 부분과 이에 대비되는 디자인의 해당 부분이 서로 유사하지 않다면 대비되는 디자인은 등록디자인의 권리범위에 속한다고 할 수 없다고 판시하고 있다.[104]

---

101) 대법원 2013. 12. 26. 선고 2013다202939 판결.
102) 대법원 2001. 5. 15. 선고 2000후129 판결.
103) 대법원 2007. 1. 25. 선고 2005후1097 판결.
104) 대법원 2012. 4. 13. 선고 2011후3469 판결, 대법원 2004. 8. 30. 선고 2003후762 판결 등 참조.

4. 디자인의 유사여부 판단주체

디자인의 유사여부 판단주체는 우리 디자인보호법에는 명시적으로 규정되어 있지 않고 ① 일반수요자를 기준으로 하여야 한다는 설, ② 디자인이 속하는 분야에서 통상의 지식을 가진 사람을 기준으로 하여야 한다는 설, ③ 일반수요자나 디자인이 속하는 분야에서 통상의 지식을 가진 사람을 초월하는 사회의 보편적인 주체를 기준으로 판단하여야 한다는 설이 있다.[105] 통설은 디자인의 유사여부는 '일반수요자가 혼동을 일으키는지'를 기준으로 판단하여야 한다고 한다.[106] 그리고 앞서 살펴본 특허청의 디자인 유사여부 판단기준과 대법원 판례에 의하면 디자인의 유사여부 판단은 일반수요자를 기준으로 하고 있다.

한편 디자인 유사여부를 판단할 때 공지디자인은 신규성을 판단할 때 공지디자인을 해석하는 것과 다르게, 개괄적·전체적으로 파악해야 한다. 따라서 디자인의 전체관찰의 원칙과 구성요소의 요부관찰의 예외적 적용을 위한 판단주체는 '정보를 알고 있는 수요자(informed consumer)' 또는 평균적인 디자이너의 전문적인 지식을 가지고 있는 수요자의 입장에서 심미감에 차이를 생기게 하는지 여부를 기준으로 판단되어야 한다.[107]

Ⅴ. 디자인보호법상의 특유제도와 패션디자인

디자인보호법은 다른 산업재산권법과 같이 산업발전을 궁극의 목적으로 하고 있으며 물품의 외관상 나타나는 미감을 보호대상으로 한

105) 송영식 외 6인, 지적소유권법(상), 육법사 (2013), 983면(주1) 참조.
106) 송영식 외 6인, 위의 책, 983면(주2); 차세대 콘텐츠 재산학회, 앞의 책, 379면 재인용 참조.
107) 차세대 콘텐츠 재산학회, 한국디자인법연구회, 위의 책, 382면(김병일 집필부분) 참조.

다. 반면에 특허와 실용신안은 기술적 사상을, 상표는 자타상품의 식별력을 보호대상으로 하고 있다. 한편 디자인이 화체된 물품의 외관은 타인의 모방이 용이하고 유행이나 환경·계절에 민감하여 침해에 쉽게 노출이 된다.[108] 특히 패션디자인의 경우에는 제품수명의 주기가 짧고 유행성에 민감하여 다른 어떤 제품보다도 모방과 변형이 용이하다. 따라서 그러한 침해로부터 패션디자인을 보호할 수 있는 디자인보호법만의 특유제도가 있다. 이하에서는 대표적인 특유제도로서 관련디자인, 비밀디자인, 부분디자인 제도에 대하여 패션디자인의 보호와의 관련성과 함께 살펴본다.

1. 관련디자인제도와 패션디자인

디자인보호법 제35조 제1항에 따르면 디자인권자 또는 디자인등록출원인은 자기의 등록디자인 또는 디자인등록출원한 기본디자인과만 유사한 관련디자인에 대하여는 그 기본디자인의 디자인등록출원일부터 1년 이내에 디자인등록출원된 경우에 한하여 제33조 제1항 각 호 및 제46조 제1항·제2항의 선출원 규정에도 불구하고 관련디자인으로 디자인등록을 받을 수 있다. 그리고 관련디자인으로 등록된 디자인권의 존속기간 만료일은 디자인보호법 제91조 제1항 단서에 따라 그 기본디자인의 디자인권 존속기간 만료일로 한다.

이와 같은 관련디자인제도는 자기의 등록디자인 또는 출원디자인에 유사한 디자인에 대하여 관련디자인등록을 인정하여 사전에 권리범위를 명확히 함으로써 침해와 모방을 미연에 방지하고 침해에 대한 신속한 조치를 취할 수 있도록 해준다. 그리고 신규성과 선출원주의에 대한 예외라고 할 수 있다.[109]

관련디자인제도는 특히 패션디자인의 보호와 관련하여 중요하고

108) 윤선희, 지적재산권법(제18정판), 세창출판사 (2020), 221면.
109) 윤선희, 디자인보호법의 이해, 박영사 (2018), 112면 참조.

유용한 제도이다. 예컨대, 패션디자인의 경우 패션회사는 회사의 패션 정책, 구매자의 특성, 브랜드 아이덴티티 등을 정한 후에 패션상품의 디자인 콘셉트를 설정하는 과정에서 디자인 콘셉트와 테마, 이미지와 컬러 및 소재의 방향을 설정한다. 그리고 디자인 콘셉트를 설정하면서 시즌별 지속적으로 포함시킬 요소와 유행 요소를 추가하여 변경할 부분 등을 정한다.[110] 이때 패션회사에서 기본디자인으로 디자인등록출원할 디자인을 결정할 수 있으며 기본디자인과만 유사한 디자인도 결정하여 관련디자인으로 디자인등록을 받을 수 있다. 관련디자인은 그 자체로 독자적인 권리범위를 가지며 관련디자인 권리자는 등록디자인 또는 이와 유사한 디자인을 실시할 권리를 독점한다. 따라서 패션회사는 자사의 기본디자인과는 유사하지 않고 관련디자인하고만 유사하게 변형하거나 수정한 타사의 디자인으로부터 자사의 패션디자인을 보호받을 수 있다. 즉, 패션회사는 패션제품의 브랜드 콘셉트를 유지하면서 트렌드를 반영한 시즌별, 또는 테마별 디자인에까지 관련디자인으로 등록하여 디자인권을 보호받을 수 있다.

2. 비밀디자인제도와 패션디자인

디자인보호법 제43조의 제1항에서는 디자인등록출원인은 디자인권의 설정등록일부터 3년 이내의 기간을 정하여 그 디자인을 비밀로 할 것을 청구할 수 있으며 이 경우 복수디자인등록출원된 디자인에 대하여는 출원된 디자인의 전부 또는 일부에 대하여 청구할 수 있다고 규정하고 있다. 이와 같은 비밀디자인 제도는 디자인권이 설정되기 전·후로 당해 디자인이 상품판매보다 먼저 공개될 경우 타인에 의한 모방품이 시중에 유통되어 디자인의 실시화 이전에 불이익을 당할 수 있는 권리자를 보호하기 위하여 도입된 제도이다.[111]

110) 엄소희·장윤이, 앞의 책, 20면, 119면 각 참조.
111) 윤태식, 앞의 책, 415면 참조.

패션디자인은 디자인권이 설정되기 전·후로 새로운 시즌 상품을 소개하기 위하여 온라인 웹사이트나 오프라인의 간행물 또는 패션쇼를 통하여 패션상품의 판매보다 먼저 공개되는 경우가 많다. 그런데 패션디자인은 패션제품에 화체된 외관이 시각적으로 보이기 때문에 타인의 위법한 모방과 도용이 용이하고, 유행성이 강하여 짧은 시간 안에 쉽게 시중에 유통될 수 있다. 따라서 최근에 영국의 명품 브랜드인 멀버리(Mulberry)는 패션컬렉션 쇼가 끝나고 6개월 후에나 패션디자인 제품을 시장에 유통하던 기존 브랜드들의 관행을 깨고 버버리(Burberry)가 내세운 'See Now, Buy Now' 아이디어를 수용하여 시즌과 상관없이 런던 패션위크에서 공개한 린넨 수트를 소비자가 매장에서 바로 구매할 수 있도록 하고 있다. 일반적으로 대부분의 브랜드는 매년 9월에 다음 해의 봄과 여름옷을 컬렉션 쇼에서 선보이고 실제 패션제품은 3월에나 시장에 유통시켜 소비자에게 배송한다. 따라서 패션회사가 이와 같이 패션제품의 공개와 동시에 제품을 판매하는 정책을 실행하기 위해서는 사전에 온라인 쇼핑몰이나 혹은 오프라인 매장을 통하여 판매할 패션제품의 직물을 미리 주문해야 하고, 판매되지 않는 재고가 쌓이지 않도록 사전에 구매자들에게 조기 피드백을 받아야 한다.[112] 이러한 상황을 반영하여 버버리코리아는 최근 모바일을 통한 패션의류의 소비 증가와 구매자들의 소비패턴의 트렌드를 반영하여 소셜미디어 카카오톡 앱의 채널을 통하여 버버리의 새로운 컬렉션과 신상품을 소개하고 있으며, 모바일 상에서 소비자들이 링크를 클릭하여 바로 상품을 구매할 수 있도록 하고 있다.

그러나 현실적으로 대부분의 패션회사들은 이와 같은 정책을 펼치기 어려운 환경에 있다. 따라서 패션회사들은 위에서 검토한 비밀디자인제도를 디자인경영 전략의 일환으로 활용하여 경쟁사에 패션제품개

112) https://www.businessoffashion.com/articles/news-analysis/fashion-labels-dither-over-see-now-buy-now, (2021.10.11. 최종접속).

발 전략이 노출되지 않도록 함과 동시에 타사의 불법복제와 도용으로 인한 불이익과 피해를 사전에 방지하여야 한다. 그리고 등록디자인의 내용에 대한 비밀기간은 패션회사의 판매전략과 판매시기를 고려하여 정해야 한다. 왜냐하면 디자인이 공개된 후 패션회사의 사업상 문제로 패션상품의 사업화가 실패될 경우, 해당 디자인의 유출로 인한 예상치 못한 피해를 볼 수 있기 때문이다.

3. 부분디자인제도와 패션디자인

부분디자인제도에 대한 규정은 디자인보호법에 별도로 명시되어 있지는 않고 디자인보호법 제2조 정의규정에서 디자인을 구성하는 물품에 '물품의 부분'을 포함시켜 물품의 부분에 관한 디자인도 등록받을 수 있도록 하였다. 원칙적으로 물품 전체의 외관에 관한 디자인에 대해서만 디자인등록을 받을 수 있지만, 2001년 개정법에서는 디자인의 정의 규정에 물품의 부분의 형상·모양·색채 또는 이들의 결합도 디자인임을 명확히 하여 그 자체로 독립거래의 대상이 될 수 없는 물품의 일부분에 관한 디자인도 등록받을 수 있도록 하였다. 이와 같은 부분디자인제도가 도입되기 전에는 하나의 디자인에 독창적이고 특징적인 부분이 다수 존재하는 경우 그것들 중 일부가 모방되어도 전체적 관찰에 따른 판단으로 디자인권 침해를 면할 수 있었다.[113]

스포츠웨어를 포함하는 패션의류의 경우 부분디자인으로 등록하여 자사의 패션디자인을 보호할 수 있다. 그런데 부분디자인이 다음의 요건을 구비하지 못한 경우에는 디자인보호법상 디자인의 정의에 합치되지 않는 것으로 보기 때문에 패션디자인을 부분디자인으로 등록하고자 하는 경우 특허청 디자인 심사기준에서 제시하는 다음의 요건을 확인하여야 한다. 첫 번째로 부분디자인의 대상이 되는 물품이 통상의 물

---

113) 윤선희, 지적재산권법(제18정판), 세창출판사 (2020), 223면.

품에 해당되어야 한다. 즉 ① 독립성이 있으며 구체적인 유체물로서 거래의 대상이 될 수 있어야 하고, ② 로카르노 협정에 따른 물품류 중 어느 하나의 물품류에 속하는 물품이어야 한다. 즉 패션디자인의 경우에는 제2류와 제5류의 물품류에 속하는 물품이어야 한다. 두 번째로 물품의 부분의 형태라고 인정되어야 한다. 즉 ① 물품의 형상을 수반하지 않은 모양·색채 또는 이들을 결합한 것만을 표현한 것이 아니어야 하고, ② 물품 형태의 실루엣만을 표현한 것이 아니어야 한다. 세 번째로 다른 디자인과 대비함에 있어 대비의 대상이 될 수 있는 부분으로서 하나의 창작단위로 인정되는 부분이어야 한다. 마지막으로 디자인의 대상이 되는 물품이 기계에 의한 생산방법 또는 수공업적 방법에 의하여 반복적으로 양산될 수 있을 것이어야 한다.[114)]

특히 2021년 10월 21일 시행법은 부분디자인에서 한 벌의 물품의 부분은 한 벌의 물품의 디자인으로서 인정되는 한 벌의 물품의 부분을 말하는 것인바, 한 벌의 물품의 디자인 중 일부 즉, 구성물품 또는 구성물품의 부분을 부분디자인으로 보호할 수 있도록 하였다.[115)]

따라서 디자인보호법 시행규칙 별표 5의 '한 벌의 물품의 구분'에 규정되어 있는 '한 벌의 여성용 한복 세트', '한 벌의 스키복 세트', '한 벌의 등산복 세트' 등과 같은 '한 벌의 물품의' 의류디자인의 경우 한 벌의 물품의 부분디자인으로 보호받을 수 있다.

한편 기능성 티셔츠의 특정부분을 부분디자인으로 등록하여 보호할 수 있다. 해당 티셔츠의 등록디자인공보[116)]를 살펴보면 디자인의 설명에는 티셔츠 디자인의 좌우측면에 통기구가 형성된 것이 특징이며, 실선으로 표현된 부분이 부분디자인으로 등록을 받고자 하는 부분이며, 일점쇄선은 부분디자인으로 등록받고자 하는 부분과 그 외 부분

114) 특허청 디자인심사기준 (2021.10.21.), 13-15면 참조.
115) 특허청 디자인심사기준 (2021.10.21.), 16-18면 참조.
116) 디자인등록번호-3007968520000, http://www.kipris.or.kr, (2021.10.10. 최종접속).

의 경계라고 기재되어 있다. 따라서 티셔츠의 좌우측면의 통기구 부분을 부분디자인으로 등록하여 보호 받고자 하는 디자인이라는 것을 알 수 있다. 이와 같이 티셔츠의 통기구 부분을 부분디자인으로 등록하면 타인이 티셔츠가 아닌 다른 종류의 패션의류에 통기구 부분디자인을 동일 유사하게 모방하여 이용할 경우 본 티셔츠 부분디자인의 디자인권자는 디자인권 침해 주장을 할 수 있다. 결국 부분디자인 등록으로 디자인권자의 권리범위가 확대되는 효과를 볼 수 있다.

Ⅵ. 디자인보호법에 의한 보호의 한계

우리나라에서 패션디자인은 EU와 주요 패션선진국과 마찬가지로 일정요건 하에 저작권법과 디자인법의 중첩보호를 받을 수 있다. 그러나 저작권법과 디자인보호법이 서로 다른 보호방식과 보호요건을 가지고 있기 때문에 디자인보호법만의 독자적인 규정을 정확하게 이해하고 실무에 적용해야 한다. 패션디자인은 짧은 제품수명주기를 가지고 있고 유행에 민감하기 때문에 모방이 용이하고 침해가 발생하면 원상회복도 쉽지 않다. 따라서 패션디자인의 이러한 특성을 고려하여 특허청은 디자인등록출원의 형식적 요건과 부실권리의 발생을 최소화하기 위한 필수적인 사항만 심사하여 신속한 디자인 권리화를 가능하게 하는 디자인일부심사등록제도를 도입하여 운영하고 있다. 그러나 디자인등록에 소요되는 비용과 시간 그리고 신규성과 창작성 위반으로 인하여 디자인등록거절결정이나 디자인권이 무효가 될 수도 있다는 부담감으로 실무에서는 디자인일부심사등록제도의 실효성에 의문을 가지며 적극적으로 디자인등록을 하고 있지 않다. 또한 패션디자인의 속성과 패션회사의 경영 전략에 따라 20년이라는 장기간의 보호기간이 필요하지 않는 경우도 있다.

한편 디자인보호법에는 패션디자인을 타인의 모방과 침해로부터 보호할 수 있도록 해주는 관련디자인제도, 비밀디자인제도, 부분디자인제도 등의 유용한 특유제도가 있다. 이와 같이 패션디자인은 현행 디자인보호법 하에서 디자인일부심사등록제도를 통하여 조기에 디자인권을 획득하고 여러 특유제도를 통하여 디자인권의 침해를 예방하고 디자인권의 보호범위를 확대하거나 강화할 수 있다. 그러나 디자인일부심사등록제도의 도입 취지와 제도의 문제점을 고려한다면 현행 디자인일부심사등록제도를 무심사제도로 전환하고 디자인일부심사등록을 통하여 등록한 디자인권의 보호기간을 단기로 조정하며 또한 디자인권 등록에 소요되는 비용의 조정이 필요하다.

제4절 패션디자인의 부정경쟁방지법상 보호와 한계

Ⅰ. 부정경쟁방지법의 패션디자인보호 필요성

패션디자인을 보호하는 법적인 수단으로 앞에서 저작권법과 디자인보호법을 통한 보호에 대하여 살펴보았다. 저작권법의 경우 패션디자인이 실용품에 해당되어 응용미술저작물의 분리가능성과 독자성 요건을 만족한다면 저작물로서 보호를 받을 수 있다. 기본적으로 저작물로서 최소한의 창작성을 갖추어야 하는 것은 당연하다. 2000년 개정저작권법 이전과 이후에 응용미술의 저작물성 판단에 대한 우리 대법원과 하급심에서는 '독자적인 예술적 특징과 가치'라는 기준을 적용하여 여러 비판이 제기되기도 하였지만, 최근 응용미술의 저작권침해 사건에서 저작물성 판단법리는 분리가능성과 독자성 판단이라는 기준으로 확립되어 가고 있다. 그렇지만 패션디자인에서 실용적인 요소와 창작적인 요소를 구분하는 과정은 쉽지 않다. 한편 패션디자인은 제품의 수명주기가 짧고 유행에 민감한 특성을 가지고 있어 수정이나 변형이 용이하며 경쟁자의 모방과 침해로부터 쉽게 노출이 되는 문제가 있다. 저작권법의 경우 경쟁자가 독자창작을 주장하는 경우 저작권 침해의 성립요건인 의거성이나 실질적 유사성이 인정되지 않으면 저작권 침해가 긍정되기 어렵다. 설령 침해가 인정되어 침해정지가 이루어진다고 하여도 패션디자인의 속성상 유행이 지나간 상태이고 피해의 원상회복은 손해배상을 통하여 해결될 수밖에 없다는 한계가 있다.

디자인보호법의 경우 패션디자인은 디자인일부심사등록제도를 통하여 일정 요건만 심사받고 조기에 디자인권 확보가 가능하다. 그러나 디자인등록에 소요되는 심사기간이 패션디자인의 속성을 반영할 만큼 신속하지 않으며 까다로운 디자인 성립요건과 등록요건을 만족해야 한다. 설령 디자인권이 등록된 이후라도 신규성과 공지디자인과의 창작 비용이성 위반으로 디자인권이 무효가 될 수 있다. 또한 디자인권 출원과 등록에 소요되는 비용도 창작자에게는 부담이 된다.

따라서 이와 같은 저작권법과 디자인보호법의 보호의 한계로 인하여 부정경쟁방지법상의 보호가 대두되었다. 이에 이하에서는 부정경쟁방지법 제2조 제1호 (자)목의 상품형태모방행위금지 조항과 제2조 제1호 (카)목의 성과모용금지 조항을 통하여 패션디자인의 기존 법제의 보호의 한계를 어떻게 극복할 수 있는지 살펴본다. 즉 현행 (자)목에서 개선해야 할 점은 없는지 살펴보고 나아가 상품형태 모방의 객관적 요건인 실질적 동일성 판단과 관련하여 일본 판례에서의 실질적 동일성 판단기준을 살펴보고 우리 법원의 판결에 원용할 수 있는 부분은 없는지도 살펴본다. 마지막엔 패션의류디자인 사건은 아니지만 (카)목과 관련한 최근 '에르메스 눈알가방' 사건의 대법원 판결의 내용을 살펴보고 판결에 대한 여러 견해와 패션디자인 업계에 주는 시사점을 살펴본다.

Ⅱ. 부정경쟁방지법 (자)목을 통한 패션디자인 보호

1. (자)목을 통한 패션디자인 상품형태보호

의류와 액세서리 등과 같은 패션상품은 상품의 특성상 형태의 모방이나 변경이 용이하다. 따라서 패션상품의 특정 부분을 삭제 또는 변형하거나 소재를 변경하는 등의 수정을 통하여 선행상품의 형태를 모방하는 일은 패션산업계에서 만연하다.

원칙적으로 부정경쟁방지법 하에서는 상품의 형태가 디자인권이나 특허권 등에 의하여 보호되지 않는 한 이를 모방하여 제작하는 것이 허용된다. 그러나 선행자가 새로운 패션디자인을 개발하기 위하여 투자한 시간과 비용을 모방자가 무임승차할 경우 선행자는 시장선행의 정당한 인센티브를 받지 못하고 상품의 개발과 시장개척의 의욕마저 상실하게 되어 결국에는 패션산업 전체의 건전한 거래질서의 형성을 저해하게 된다. 따라서 부정경쟁행위에 해당하는 상품형태의 모방행위와 부정경쟁행위에서 제외되는 모방행위에 대한 판단 기준이 중요하다.

기존 부정경쟁방지법상의 상품형태의 보호는 상품형태가 2차적으로 상품 출처로서의 식별력을 갖고 주지성까지 취득할 것을 요건으로 하였기 때문에 실제 거래계에서 발생하는 패션디자인의 상품형태 모방행위를 규제하는 데 한계가 있었다. 따라서 2004년에 상품형태모방을 부정경쟁행위의 한 유형으로 독립하여 상품의 형태가 갖추어진 날로부터 3년간 보호해주는 (자)목 규정이 신설되었다. (자)목 규정은 제품수명 주기가 짧고 유행에 민감한 디자인권이나 상표권으로 등록되지 못한 미등록 패션디자인의 보호와 시장에 새로 진입하여 패션상품의 주지성이나 저명성을 확보하지 못한 경우에 패션상품의 형태를 보호받을 수 있다.[117)]

2. (자)목 상품형태모방금지 규정

1) 패션디자인의 상품형태보호

부정경쟁방지법 제2조 제1호 (자)목은 타인이 제작한 상품의 형태(형상・모양・색채・광택 또는 이들을 결합한 것을 말하며, 시제품 또는 상품소개서상의 형태를 포함한다. 이하 같다)를 모방한 상품을 양도・대여 또는 이를 위한 전시를 하거나 수입・수출하는 행위는 부정경쟁행위라고 규정하고 있으며 (1) 상품의 시제품 제작 등 상품의 형태가 갖추어진 날부터 3년이 지난 상품의 형태를 모방한 상품을 양도・대여 또는

117) 김병일, "패션디자인의 모방과 보호 – 디자인보호법과 부정경쟁방지법을 중심으로", 2015년 경북대학교 IT와 법연구소・(사)한국지식재산학회・한남대학교 과학기술법연구원 공동학술대회, 96-97면 참조.

이를 위한 전시를 하거나 수입·수출하는 행위나, (2) 타인이 제작한 상품과 동종의 상품(동종의 상품이 없는 경우에는 그 상품과 기능 및 효용이 동일하거나 유사한 상품을 말한다)이 통상적으로 가지는 형태를 모방한 상품을 양도·대여 또는 이를 위한 전시를 하거나 수입·수출하는 행위는 제외한다고 규정하고 있다.

따라서 (자)목은 주지성 요건과 관계없이 상품의 형태가 갖추어진 날로부터 3년간 보호받을 수 있도록 한 것으로 기존의 부정경쟁방지법이 영업비밀보호 관련 규정이외의 부정경쟁행위가 상품표지 내지 영업표지로서의 표시보호를 중심으로 한 것에 비하여, 상품의 형태 그 자체를 보호한다는 점에서 부정경쟁행위의 범위를 확대한 규정이다.[118]

2) 패션디자인의 3년 보호기간의 의의

(자)목 단서에서는 상품의 시제품 제작 등 상품의 형태가 갖추어진 날부터 3년이 지난 상품의 형태를 모방한 경우에는 (자)목의 상품형태 모방 행위에 해당되지 않는다고 규정하고 있다. 즉 상품형태가 갖추어진 날로부터 3년간 보호가 된다는 의미이다. 한편 일본 부정경쟁방지법 제2조 제1항 제3호에서는 '최초 판매된 날로부터 기산하여 3년'으로 규정하고 있으며 유럽공동체디자인규정에서는 미등록공동체디자인권의 보호기간을 디자인이 최초로 유럽공동체내의 공중에 이용하게 된 날로부터 3년간 보호하고 있다. 보호기간의 기산일 산정 기준에 차이가 있지만 우리나라와 일본 그리고 유럽연합의 경우 3년 이라는 보호기간은 공통적이다. 3년의 보호기간은 패션디자인이 유행에 민감하고 제품의 수명주기가 짧기 때문에 보호기간을 3년의 단기간으로 정하여 형식적 절차 없이 모방으로부터 보호하고 선행자에게 3년의 투자회수기간을 보장한 것이다.

---

118) 윤선희·김지영, 부정경쟁방지법, 법문사 (2012), 182면 참조.

3) (자)목 보호대상인 패션디자인의 형태

(자)목에서 규정하고 있는 모방의 대상이 되는 상품의 형태란 "형상 · 모양 · 색채 · 광택 또는 이들을 결합한 것"을 말한다. 그리고 상품형태의 전부를 모방하는 것뿐만 아니라 상품형태의 일부의 경우에도 그 일부분이 특별히 구별되는 특이성이 있는 경우에는 일부의 모방도 (자)목의 형태모방에 해당하는 것으로 본다.[119] 우리 하급심에서는 부정경쟁방지법에서 규정하는 상품의 형태는 구체적인 상품의 형태와 분리된 상품의 아이디어 또는 상품의 형태에 관련되어 있다하더라도 추상적인 특징에 불과한 것은 상품의 형태에 해당한다고 볼 수 없다.[120] 고 판단하고 있다. 따라서 패션디자인의 아이디어나 추상적인 특징은 (자)목의 보호대상인 형태가 아니다.

한편 부정경쟁방지법상의 조항은 디자인권과 같은 독점배타권을 부여하는 것이 아니고, 보호기간도 단기간이므로 (자)목의 보호대상인 상품의 형태가 디자인법상의 신규성과 창작비용이성 같은 엄격한 요건이 요구되지는 않는다.[121] 즉 상품의 형태이면 충분하고 그 이상의 창작적 가치가 요구되는 것은 아니다. 따라서 상품의 형태는 특허법과 같은 고도성은 물론 특허법의 신규성 · 진보성과도 관계가 없으며 디자인의 창작성도 요구되지 않는다.[122] 그렇다면 디자인보호법을 통하여 보호받지 못하는 미등록패션디자인의 경우 (자)목 규정을 통하여 패션디자인의 형태를 보호받을 수 있을 것이다.

---

119) 김병일, 앞의 발표문, 97면 참조.
120) 서울고등법원 2015. 9. 10. 선고 2014나2052436 판결 참조.
121) 김병일, 위의 발표문, 98면 참조.
122) 윤선희 · 김지영, 앞의 책, 187면 참조; 서울고등법원 2014. 5. 22. 선고 2013나2014833 판결 참조.

4) 패션디자인의 통상의 형태

(자)목 단서(2)는 타인이 제작한 상품과 동종의 상품이 통상적으로 가지는 형태의 모방 행위를 부정경쟁행위에서 제외하고 있는데, 여기에서 동종의 상품이 통상적으로 가지는 형태는 동종의 상품 분야에서 일반적으로 채택되는 형태로서, 상품의 기능·효용을 달성하거나 그 상품 분야에서 경쟁하기 위하여 채용이 불가피한 형태 또는 동종의 상품이라면 흔히 가지는 개성이 없는 형태 등을 의미한다.[123]

여기서 '동종의 상품'이란 모방한 대상과 경쟁관계에 있는 상품으로서 그 상품과 외관이 동일하고 그 외의 기능 및 호용 등을 종합적으로 관찰하여 동일한 종류에 속하는 것이라고 판단되는 상품을 말한다. 또한 동일한 수요자에게 주로 공급되는 상품을 의미하기도 한다. 신상품과 같이 '동종의 상품이 없는 경우'에는 당해상품과 그 기능 및 효용이 동일하거나 유사한 상품이 동종의 상품에 해당하게 된다.

그리고 '통상적으로 갖는 형태'란 당해 상품의 진부한 형태, 즉 몰개성적 형태와 상품의 형태와 상품의 기능이 일체 불가분이 되어있는 경우, 즉 기능적 형태 또는 경쟁상 불가피적 형태가 이에 해당한다.[124] 같은 취지로 직물지디자인 사건에서 우리 하급심은 '통상의 형태'란 동종의 상품분야에서 일반적으로 채택되는 형태로서 당해 상품의 형태가 어떠한 특징도 발견할 수 없는 경우, 즉 당해상품의 기능이나 효용을 확보하기 위하여 불가결한 기술적인 형태 및 경쟁상 불가피한 형태를 의미한다고 판시한 후, ① 이 사건 직물지의 평직(씨실과 날실이 각각 한 올씩 번갈아 상하로 교차하는 직물조직)의 형상은, 동일한 크기의 사각형이 반복되는 바둑판 형상과는 달리 사각 무늬와 작은 격자문양이 반복되는 것으로 그 자체가 고유한 형태를 지니는 점, ② 이 사건 직물

123) 대법원 2017. 1. 25. 선고 2015다216758 판결.
124) 윤선희·김지영, 앞의 책, 192-193면 참조.

지는 일반 천이 아니라 섬유 또는 가죽 재질로서 소파 등의 제품에 사용되는 점을 종합하여 볼 때, 직물조직의 형상을 이용한 이 사건 직물지의 형태는 제조자가 상당한 기술과 비용을 투자하여 이룩한 제품 형태라 할 것이고, 달리 이 사건 직물지의 재질인 섬유 또는 가죽에서 흔히 발견되는 형태라고 할 수 없다고 판시하였다.[125)]

패션디자인에 있어서 동종의 상품이 통상적으로 가지는 형태에 대하여 언급한 하급심 판례가 있다. 자수장식셔츠 사건에서 법원은 신청인의 의류제품과 피신청인의 의류제품은 가슴부분에 꽃과 잎사귀를 형상화한 자수와 끝이 레이스로 이루어진 소매의 형상과 모양, 레이스 터널안에 스트링(끈)이 들어가 있어 외부로 나온 스트링을 묶을 수 있도록 된 목 부분, 고무밴드로 허리부분이 조여지는 밑단, 60수 저밀도 면100% 소재에 있어서 거의 동일하거나 유사하다고 판단하였다. 그리고 신청인의 의류제품의 자수, 소매 및 목 부분의 모양 및 디자인 등이 동종의 상품이 통상적으로 가지는 형태라고는 보기 어렵다고 판단하였다. 그러므로 신청인의 의류제품과 동종의 상품이 통상적으로 가지는 형태를 모방하였다는 피신청인의 주장을 받아들이지 않았다.[126)]

또한 사파리 하프코트 사건에서 법원은 원고의 제품은 2005년 겨울시즌에 세계적으로 유행했던 스타일에 기초하여 제작되었지만 나름대로의 특징이 있다고 보면서 동종 상품에 공통되어 특징이 없는 흔한 형태라는 피고들의 주장을 배척하였다.[127)]

그리고 상품의 형태가 동종 상품의 통상적 형태에 해당하는지 여부는 전체적 관찰을 통하여 판단해야 한다며 법원은 다음과 같이 판시하고 있다. 즉 "상품형태는 그 형태의 일부분이 모여서 전체적으로 하

---

125) 서울남부지방법원 2007. 7. 28. 선고 2006가합6228 판결: 이 사건에서 피고는 원고의 등록디자인이 신규성과 창작성이 없다는 이유로 등록무효심판 청구(2006. 5. 29. 2006당1422호)를 하였다.

126) 서울지방법원 2012. 7. 24. 자 2012카합1460 결정.

127) 서울동부지방법원 2006. 12. 1. 선고 2006가합1983 판결.

나의 형태를 구성하게 되는 것 이므로, 동종 상품에 사용되는 통상적인 형태의 일부분을 개별적으로 모방하였다 하더라도, 그 일부분이 전체적으로 결합되어 이루게 되는 형태가 동종 상품이 통상적으로 가지는 형태가 아니라면, 동종 상품의 통상적인 모방에 해당한다고 보기 어렵다"고 판단하고 있다.[128)]

패션디자인은 반복성의 특성을 가지고 있어 과거의 유행이 재해석되어 반복되는 경향이 강하다. 또한 패션디자인의 유행 주기가 짧기 때문에 일정기간 유행한 디자인은 그 시기가 지나면 동종 상품의 통상적인 형태의 디자인이 단기간에 될 수 있다. 따라서 법원은 패션상품에 있어서 동종의 상품이 통상적으로 가지는 형태를 판단할 때에는 어느 정도 그 시기의 유행성을 반영하여 모방 대상이 된 패션상품마다 개별적인 판단을 해야 할 것이다.

5) (자)목의 형태모방에 해당되는 패션디자인의 모방 범위

(자)목 규정에서는 모방의 정의에 대하여 규정하고 있지 않다. 따라서 패션실무에서는 (자)목의 부정경쟁행위에 해당하는 모방의 의미를 대법원의 판시내용을 통하여 해석할 수 있다. 즉, 대법원은 판결에서 "모방이라고 함은 타인의 상품의 형태에 의거하여 이와 실질적으로 동일한 형태의 상품을 만들어내는 것을 말하며, 형태에 변경이 있는 경우 실질적으로 동일한 형태의 상품에 해당하는지 여부는 당해 변경의 내용·정도, 그 착상의 난이도, 변경에 의한 형태적 효과 등을 종합적으로 고려하여 판단하여야 한다."[129)]고 판시하고 있다.

그렇다면 패션디자인에서 (자)목 소정의 상품형태의 모방이라고 인정되는 범위는 어디까지로 정할지가 문제가 된다. 그 점에 대하여는

128) 서울중앙지방법원 2013. 9. 6. 선고 2012가합40610 판결; 정상조 편집대표, 앞의 책, 189면 참조.

129) 대법원 2008. 10. 17. 자 2006마342 결정; 대법원 2012. 3. 29. 선고 2010다20044 판결; 서울중앙지방법원 2012. 7. 24. 자 2012카합1460 결정.

(자)목에서 보호하는 상품의 형태는 어떠한 창작적 가치를 보호하지 않고 넓게 상품형태를 보호하고 있지만 모방의 개념을 넓게 해석하여 상품형태를 넘어 상품의 아이디어까지 보호하는 것은 불합리하고 일반 지적재산권제도와의 정합성에도 옳지 않기 때문에 (자)목에서의 모방행위는 완전한 모방, 즉 소위 데드카피(dead copy) 행위의 범위로 한정해야 한다.[130] 그러나 패션디자인의 경우 선행자의 패션상품을 최소한의 변경도 없이 완전하게 모방하는 경우는 극히 드물다. 따라서 (자)목에서의 모방행위의 범위는 완전모방 그리고 완전모방은 아니지만 모방자의 패션상품형태의 개변이 수요자에게 선행자의 패션상품형태와 동일한 인상을 주는 정도의 실질적인 동일한 모방에 해당된다면 그 경우까지도 (자)목의 모방 범위에 포함하여야 한다.

6) 패션디자인 모방의 실질적 동일성 판단 주체

모방에 해당하기 위해서는 객관적 요건으로서 타인의 상품형태와 동일하거나 실질적으로 동일하다고 볼 수 있을 정도로 흡사하여야 한다. 또한 다소 개량·변경이 이루어졌어도 거의 비용이 들지 않은 것이 분명한 경우에는 (자)목의 모방행위에 포함되는 것이다.[131] 이때 실질적 동일성 판단의 주체를 누구로 하는지가 중요하다. 관련하여 하급심은 여성용의류 사건에서 당해 상품의 종류, 용도, 거래자 및 수요자의 관점 등도 함께 고려되어야 한다고 판시하였다.[132] 이와 달리 상품형태 모방행위의 규제에 있어서는 상품주체 혼동행위의 규제와 달리 '혼동'을 요건으로 하지 않으므로 수요자·거래자의 관점에서 실질적 동일성 여부를 판단할 것이 아니라 모방의 당사자 즉 동종 사업자의 관점에서 실질적 동일성 여부를 판단할 필요가 있다는 견해도 있

---

130) 윤선희·김지영, 앞의 책, 189면 참조.
131) 윤선희·김지영, 위의 책, 189면 참조.
132) 서울중앙지방법원 2006. 9. 12. 2006카합2449호 결정.

다.[133] 생각건대 상품형태모방에 대한 (자)목의 입법취지가 상품개발자의 선행자로서의 시장선행 이익을 법적으로 보호하는 것이라는 점을 고려한다면 실질적 동일성의 판단 주체는 상품의 개발자 혹은 당업자의 관점에서도 판단이 이루어져야 할 것이다.

또한 패션디자인의 경우 패션상품의 개발자는 상품의 개발시 수요자에게 강한 인상을 주며 수요자가 패션상품을 구입하는데 고려요소가 될 수 있는 자사만의 특징적인 상품형태를 패션상품에 반영하여 시간과 비용 그리고 노력을 투하한다.[134] 따라서 이점을 고려하면 (자)목이 패션 신상품 개발자의 선행이익을 보장하고 인센티브를 제공하는 취지의 조항이라면 당업자의 관점뿐 아니라 당업자가 투하한 자본의 대상이 되는 패션상품형태는 결국에는 수요자가 패션상품을 구입하게 하는 것을 목적으로 투하한 것이므로, 수요자의 관점도 중요하다.

예컨대 패션업계에서는 유명한 패션브랜드 혹은 신진 디자이너의 의류상품형태를 일부분만 수정하거나 변형한 모방 제품을 출시하는 것이 관행처럼 되어 왔다. 예를 들어 루이비통이나 구찌와 같은 럭셔리 브랜드의 패션디자인은 시즌별 컬렉션이 끝나자마자 컬렉션의 런웨이(runway)에서 선보인 디자인이 패스트패션(fast fashion) 브랜드들을 통하여 패션의류의 소재가 변경되고 오리지널 디자인에서 일부분이 수정·증감되어 바로 시장에 유통된다. 물론 그 반대로 럭셔리 브랜드가 스트리트 브랜드(street brand)의 유행하는 패션디자인을 거의 동일하게 모방하는 경우도 있다. 이와 같은 경우에는 선행자와 모방자의 패션의류의 상품형태가 일부분만 수정되거나 변형되었기 때문에 수요자나 거래자는 양 디자인을 전체적으로 보았을 때 실질적으로 동일하다고 느

133) 박성호, "부정경쟁방지 및 영업비밀보호에 관한 법률 제2조 제1호 (자)목에서 규정하는 '상품형태 모방행위'의 규제", 한양법학 제31권 제1집, 한양법학회 (2020), 231면 참조; 최정열·이규호, 부정경쟁방지법(제3판), 진원사 (2019), 197면.

134) 竹内 康真·溝田 宗司, "ファッションロー実質的同一性の判断基準 − 裁判例の動向を踏まえて −", 特許ニュース, No. 15153, 2020.4.16. 7頁.

낄 수 있다. 그러나 상품을 구입하는 수요자의 입장에서는 상품의 가격과 구입처를 고려하여 양자가 동일한 상품이 아니라고 판단하게 된다. 따라서 양자의 상품형태의 실질적 동일성이 수요자의 입장에서 인정되지 않더라도 선행자의 시장선행의 이익을 보장해야 하기 때문에 당업자 관점에서의 실질적 동일성의 판단도 병행되어야 한다.

결국 패션디자인 모방의 실질적 동일성의 판단기준을 수요자나 거래자의 관점으로 할지 당업자의 기준으로 할지 아니면 양자의 기준으로 할지에 대하여는 좀 더 많은 패션디자인 판례를 축적하여 명확한 기준을 만들어야 할 것이다.

7) 패션디자인 모방의 실질적 동일성 판단 방법

상품형태 모방에 해당하기 위한 객관적 요건으로는 실질적 동일성이 인정되어야 하며 주관적 요건으로는 모방행위자가 모방의 의사를 가지고 있어야 한다. 실제 사안에서는 모방의 객관적 요건인 실질적 동일성이 인정되지 않으면 주관적 요건인 모방의도에 대한 판단 없이 청구가 기각되는 경향이 있다.[135]

실질적 동일성을 판단함에 있어서는 디자인의 동일・유사여부 판단과 비슷한 방법으로 전체 관찰방식을 기본으로 하면서도 일대일 비교를 하는 부분관찰방식을 병행하여 전체적으로 모방여부를 판단해야 할 것이다.

패션상품형태의 모방은 사안마다 다르기 때문에 실질적 동일성 판단의 순서를 정확하게 정하는 것은 쉬운 일이 아니다. 그런데 실질적 동일성의 판단순서를 일본 재판례의 판시부분을 정리하여 대략 다음과 같이 제시하는 견해가 있다. 즉, ⓐ 원고상품과 피고상품 각각의 형태를 특정하고, ⓑ 특정된 형태의 구성에 따라 원고상품과 피고상품 각

135) 정태호・윤여강, "상품형태모방행위에 관한 특별사법경찰의 운영방안 고찰", 정보법학, Vol. 23, No. 3, 한국정보법학회 (2019), 101면 참조.

각의 형태에 있어서 공통점 및 서로 다른 점을 인정한다. 그 다음 ⓒ 당해 공통점 내지 서로 다른 점이 '형태상의 특징'에 해당하는지, 그렇지 않으면 사소한 부분에 해당하는지를 판단한다. 그리고 ⓓ 공통점의 대부분에 형태상의 특징이 포함되어 있다면 실질적 동일성을 쉽게 인정할 수 있다고 한다.[136)]

한편 원고와 피고 상품의 공통점과 차이점이 수요자에게 주는 인상의 정도에 대하여 측정하는 것이 필요하다.[137)][138)] 만약 패션상품을 구입하는 수요자가 원고 상품과 피고상품의 형태의 차이점이 미세하여 그 인상이 동일하다고 느끼는 경우에는 실질적 동일성이 긍정될 수 있을 것이다. 그런데 피고가 원고의 패션상품의 형태를 부분적으로 수정하거나 변경하여 수요자가 두 상품이 주는 인상이 다르다고 느끼는 경우가 있을 수 있다. 그런 경우에는 수요자에게 주는 인상에 변경이 생겼다고 바로 실질적 동일성이 부정된다고 판단할 것이 아니라 피고 상품형태의 개변이 용이한 것인지, 착상의 난이도, 수정의 내용・정도, 변경에 의한 형태적 효과 등을 종합적으로 판단하여야 한다.[139)]

또한 피고가 개변을 위하여 들인 시간과 비용에 대한 판단도 함께 이루어져야 할 것이다.[140)] 반면 피고의 상품형태상의 개변이 수요자에 주는 인상이 낮은 경우라고 하더라도 개변의 착상이 용이한 것이 아니라면 피고의 착상도 보호받아야 함으로 실질적 동일성이 부정될 수도 있다.[141)] 한편 원고상품과 피고상품의 유일한 차이점이 원고가 패션의

136) 정상조 편집대표, 앞의 책, 183-184면 (박성호 집필부분) 참조.

137) 竹内 康真・溝田 宗司, "ファッションロー実質的同一性の判断基準 － 裁判例の動向を踏まえて －", 特許ニュース, No.15153, 2020.4.16. 2頁.

138) 東京地裁 平成17年 4月27日 判決 平成16年(ワ)第12723号, "아메리칸 슬리브"사건 (실질적 동일성 부정).

139) 東京高判 平成10年 2月26日 判決 平成8年(ネ)第6162号, "드래곤 키홀더"사건 항소심.

140) 東京地裁 平成27年 7月16日 判決 平成25年(ワ)第28365号, "셔츠칼라"사건(실질적 동일성 긍정).

141) 竹内 康真・溝田 宗司, "ファッションロー実質的同一性の判断基準 － 裁判例の

류를 개발하는데 있어서 자금과 노력을 투하한 주된 대상에 해당하지 않아 실질적 동일성 판단에 영향을 미치지 않는다고 판시한 경우도 있다.142)

따라서 모방의 자유와 모방의 금지간의 균형을 중요한 목표로 하는 부정경쟁방지법 하에서 패션상품의 형태모방을 주장하는 입장에서는 패션상품의 특징점이 수요자에게 주는 인상뿐만 아니라 개변이 있는 경우에 착상의 용이성에도 유의하여 주장하고 입증해야 할 필요가 있다. 또한 법원에서는 패션상품의 카테고리가 패션의류인 경우에 옷의 종류와 스타일에 따라 흔한 형태 또는 개변의 용이에 해당하는 부분이 달라짐으로 각 패션상품마다 전술한 판단기준을 참고하여 차별적인 판단을 해야 할 것이다. 그 경우 패션디자인 실무 전문가의 의견을 반영하는 것도 한층 더 세밀한 판단기준을 세우는데 도움이 될 것이다. 무엇보다도 더 많은 판례 축적에 의하여 상품형태모방에 대한 실질적 동일성 판단기준이 명확화 되어야 한다.

Ⅲ. 부정경쟁방지법 보충적 일반조항

1. (카)목을 통한 패션디자인 보호

부정경쟁방지법 제2조 제1호 (카)목에서는 "그 밖에 타인의 상당한 투자나 노력으로 만들어진 성과 등을 공정한 상거래 관행이나 경쟁질서에 반하는 방법으로 자신의 영업을 위하여 무단으로 사용함으로써

動向を踏まえて −", 特許ニュース, No.15153, 2020.4.16. 8頁.

142) 知財高裁 平成31年 2月14日 判決 平成3 0 年(ネ)第10058号, 東京地裁 平成30年 4月26日 判決 平成27年(ワ)第36405号: 부인복형태모방 사건 항소심에서 법원은 부인복 형태의 개발에 자금·노력을 투하하는 주요 대상은 색채 이외의 점이며 부인복의 색채 차이가 현저한 다른 인상을 주는 경우를 제외하고는 원칙적으로 형태의 실질적 동일성의 판단에 강한 영향을 미치지 않는다고 판시하였다.

타인의 경제적 이익을 침해하는 행위"를 부정경쟁행위의 유형으로 규정하고 있다. (카)목은 구 부정경쟁방지법(2013. 7. 30. 법률 제11963호로 개정되기 전의 것)의 적용 범위에 포함되지 않았던 새로운 유형의 부정경쟁행위에 관한 규정을 신설함으로써, 새로이 등장하는 경제적 가치를 지닌 무형의 성과를 보호하고, 입법자가 부정경쟁행위의 모든 행위를 규정하지 못한 점을 보완하여 법원이 새로운 유형의 부정경쟁행위를 좀 더 명확하게 판단할 수 있도록 함으로써, 변화하는 거래관념을 적시에 반영하여 부정경쟁행위를 규율하기 위한 보충적 일반조항이다.[143)]

최근 대법원은 (카)목과 관련한 일련의 판결[144)]과 결정[145)]을 내렸다. 그 중에서 (카)목을 통하여 패션디자인을 보호할 수 있다는 시사점을 제공한 '에르메스 눈알가방' 사건 판결을 살펴보고자 한다.

2. (카)목 관련 '에르메스 눈알가방' 사건 대법원 판결

이 사건은 국내에 널리 인식된 원고들의 유명 상품(핸드백)의 표지인 켈리백 및 버킨백의 각 형태와 동일·유사한 형태의 피고들 제품을 생산·판매한 행위가 원고들 제품과 혼동하게 하는 행위로서 부정경쟁방지법 제2조 제1호 (가)목이 정한 부정경쟁행위에 해당하거나, 원고들 제품의 식별력이나 명성을 손상하는 행위로서 부정경쟁방지법 제2조 제1호 (다)목이 정한 부정경쟁행위에 해당하며 또한, 피고들의 위와 같은 행위는 원고들의 상당한 투자나 노력으로 만들어진 성과인 켈리백과 버킨백의 형태를 공정한 상거래 관행이나 경쟁질서에 반하는 방법으로 자신의 영업을 위하여 무단으로 사용함으로써 원고들의 경제

143) 서울고등법원 2019. 9. 18. 자 2019라20535 결정; 대법원 2020. 3. 26. 자 2019마6525 결정.

144) 대법원 2020. 3. 26. 선고 2016다276467 판결; 대법원 2020. 6. 25. 선고 2019다282449 판결; 대법원 2020. 7. 9. 선고 2017다217847 판결; 대법원 2020. 7. 23. 선고 2020다220607 판결.

145) 대법원 2020. 3. 26. 자 2019마6525 결정.

적 이익을 침해하는 행위로서 부정경쟁방지법 제2조 제1호 (차)목이 정한 부정경쟁행위 또는 민법상 불법행위에 해당한다고 주장하며 부정경쟁행위금지 등 청구의 소를 원고가 제기한 사건이다.[146)]

이 사건의 원심은 원고들 제품의 형태가 '원고들의 상당한 투자나 노력으로 만들어진 성과'에 해당한다고 보았으며 피고들 제품은 그 형태에 있어서 원고들 제품과 일부 유사성이 있음은 부인하기 어렵다고 보았다. 그러나 원고들 제품과 피고들 제품사이에 형태의 유사성이 인정된다는 사실만으로는 피고들의 피고들 제품 제작·판매행위가 공정한 거래질서 및 자유로운 경쟁질서에 비추어 정당화 될 수 없는 '특별한 사정'이 있는 경우로서 원고들 제품 형태 이용행위를 보호하지 아니하면 원고들 제품형태를 창출한 원고들에 대한 인센티브가 부족하게 될 것이 명백한 경우에 해당한다고 단정하기에 부족하고, 달리 이를 인정할 증거가 없다고 판단하였다. 그러면서 피고들의 제품을 제작·판매하는 등의 행위가 부정경쟁방지법 제2조 제1호 (차)목 또는 민법상 불법행위에 해당하지 않는다고 판단하면서 원고들의 피고들에 대한 청구를 모두 기각하였다.[147)]

대법원은 '에르메스 눈알가방' 사건 판결에서 에르메스 핸드백의 형태 즉, 상품표지가 국내에서 계속적·독점적·배타적으로 사용되어 옴으로써 차별적인 특징으로 일반 수요자들 사이에서 특정의 상품 출처로서 식별이 되어 공공영역에 속하는 것으로 보기 어렵고 법률상 보호할 가치가 있는 이익에 해당한다고 판단하였다. 그러면서 에르메스사의 동의 없이 수요자들에게 널리 알려진 에르메스의 상품표지에 플레

146) 사건의 원심 판결에 대한 평석으로는 박준우, "주지상표의 광고기능과 부정경쟁방지법 일반조항 – 대법원 2017다217847 판결('에르메스 눈알가방 사건')의 검토 –", 법과기업연구 제11권 제1호, 서강대학교 법학연구소 (2021), 36-64면 참조; 박형옥, "패션디자인 모방과 부정경쟁행위 판단기준 및 판단방법의 검토", 지적재산 & 정보법연구, Vol. 9, No. 2, 한양대학교 지적재산 & 정보법센터 (2017.9), 35-91면 참조.

147) 서울고등법원 2017. 2. 16. 선고 2016나2035091 판결.

이 노모어 회사 스스로 창작한 눈알모양의 도안을 부착하여 상업적으로 판매하는 행위는 공정한 경쟁질서에 부합하는 행위라고 보기 어렵다고 판단하였다. 따라서 피고들이 이 사건 상품표지를 무단으로 사용하는 행위는 원고들이 상당한 투자나 노력으로 만든 성과 등을 공정한 상거래 관행이나 경쟁질서에 반하는 방법으로 자신의 영업을 위하여 무단으로 사용함으로써 타인의 경제적 이익을 침해하는 행위라고 할 수 있다고 판결하였다.[148]

이러한 대법원 판결에 대한 여러 견해가 있다. 우선 대법원 판결을 비판하는 견해로서 "'에르메스 눈알가방' 사안은 고가품과 저가품으로 시장이 달라 경쟁관계에 있지 않아서 시장에서 대체될 수 없을 뿐만 아니라 상표적 사용이 아닌 디자인적 사용이어서 혼동가능성도 인정되기 어렵다는 점에서 (카)목의 적용요건 중 위법성 판단과 관련된 '공정한 상거래 관행이나 경쟁질서에 반하는 방법으로 자신의 영업을 위하여 무단으로 사용'의 요건을 갖추었다고 보기 어려운 사건이며, 성과 등에 관한 경제적 이익이 공공영역에 속하는 경우에는 성과 도용 부정경쟁행위에 해당하지 않는다는 취지로 판시하면서도, 대법원은 공공영역이 무엇인지에 관하여 아무런 정의도 하지 않았다."는 것이다. 즉, "저작권이나 특허권 같은 지적재산권은 권리보호요건, 보호기간의 한정 등과 같은 내재적 한계가 설정되어 있으며 공공영역에는 보호기간의 만료로 인한 공공영역 외에 표현이 아닌 아이디어 이거나 표현이라도 창작성이 인정되지 않아 보호되지 않는 공공영역도 포함된다. 따라서 공공영역에 해당하는 유형이 이와 같이 여러 가지라는 점을 고려하여 추후에는 개별 사안에서 성과 등에 관한 경제적 이익이 공공영역에 해당하는지 여부에 관한 구체적 설시가 필요하다"[149]라는 견해이다.

---

148) 대법원 2020. 7. 9. 선고 2017다217847 판결.

149) 박성호, "2020년 지적재산법 중요판례평석", 인권과 정의 Vol. 497. (2021년 5월), 202-207면 참조.

그 다음 비판의 견해는 “혼동의 법리와 부정취득의 법리가 근본적인 차이가 있으며 눈알가방 사건에서 수요자의 혼동이 문제시 되지 않는 데도 불구하고 (카)목을 식별력의 관점에서 접근한 것은 잘못”이라는 것이다. 즉 “(가)목 내지 (다)목의 보호요건을 충족하지 못한 이상 (가)목 내지 (다)목의 법률상 보호할 가치가 있는 이익이 존재하지 않아 원고의 디자인이 공공영역에 존재하게 되는데도 불구하고 대법원은 특정상품의 식별력이 발생함으로써 법률상 보호할 가치가 있는 이익이 존재한다고 판시한 것에는 논리적 자기모순”이 있다는 것이다. 또한 “피고의 가방 디자인은 상품의 식별표지가 아닌 ‘상품의 디자인’으로 사용한 것이어 (자)목이 쟁점이며, (자)목의 상품형태의 모방은 예속적 모방이 아닌 노예적 모방(slavish imitation)을 의미하는 것으로서 상품이 실질적으로 동일할 것을 요구할 뿐만 아니라 상품의 형태가 갖추어진 날로부터 3년이 지난 경우에는 (자)목이 적용될 수 없고 공공영역에 속하게 되어 (카)목의 적용여지도 없다.”는 견해이다.[150)]

한편 대법원 판결이 타당하다는 견해가 있다. 즉, “눈알가방 사건에서 (가)목 성립이 부정된 것은 상품 출처에 관한 혼동을 초래하거나 초래할 우려가 없다고 본 원심의 결론을 수긍한 것이고, (가), (다)목의 보호범위와 상품표지의 (카)목의 법률상 보호할 가치 있는 이익은 구분되어야 한다는 점에서 (카)목이 (가), (다)목을 대체하는 특별조항이 된다고 볼 수는 없다.”는 것이다. 또한 “(카)목 요건의 ‘성과 등’에 해당하더라도 피고가 성과 등을 자신의 영업을 위하여 무단으로 사용해야 한다고 하였다.” 그러면서 “피고가 원고의 성과 등을 일부 변형하거나 피고의 성과 등을 추가·대체하거나 다른 구성요소를 추가하여 사용하는 경우가 문제인데 눈알가방 사건에서 원고들의 상품표지에

150) 나종갑, “부정경쟁방지법 제2조 제1호 카목은 사냥허가(hunting license)인가? - 소위 ‘눈알가방’사건과 관련하여”, 지식재산연구 제15권 제4호, 한국지식재산연구원 (2020.12), 164-168면 참조.

피고들이 창안한 눈알모양의 도안을 부가하였지만, 대법원은 '원고들 제품 중 일부 모델은 피고들 제품의 무늬와 비슷하여 전체적·이격적으로 관찰하면 유사해 보이고, 피고들 제품을 이 사건 도안이 부착되지 않은 후면과 측면에서 관찰하면 원고들 제품과 구별이 쉽지 않다.'고 판단하였다."고 하였다.[151] 또한 (카)목 요건의 '공정한 상거래 관행이나 경쟁질서에 반하는 방법일 것'에 대하여 "대법원은 (카)목 성립에 '특별한 사정'을 요구하지 않고, 권리자와 침해자가 경쟁관계에 있거나 가까운 장래에 경쟁관계에 놓일 가능성이 있는지, 권리자가 주장하는 성과 등이 포함된 산업분야의 상거래 관행이나 경쟁질서의 내용과 그 내용이 공정한지, 위와 같은 성과 등이 침해자의 상품이나 서비스에 의해 시장에서 대체될 수 있는지, 수요자나 거래자들에게 성과 등이 어느 정도 알려졌는지, 수요자나 거래자들의 혼동가능성이 있는지 등을 종합적으로 고려해야 한다."는 기준을 제시하였는데 그러한 판례의 태도는 타당하다는 견해이다.[152]

다음의 견해는 대법원 판결이 일부는 타당한 판결이지만 일부는 우려되는 점도 있다는 견해이다. 즉, "대법원 판결은 출처에 대한 혼동이 없는 경우에 적용되는 새로운 유형의 부정경쟁행위를 인정한 점에서 의미가 있는 판결"이라는 것이다. 그러나 "피고의 행위에 출처에 대한 '협의의 혼동(주체의 혼동)'은 인정할 수 없지만, '원고와 피고가 협업한 결과 피고제품을 생산'하였다는 '광의의 혼동(관계의 혼동)'은 인정할 수 있다고 보며 이는 부정경쟁방지법 제2조 제1호 가목의 상품출처혼동행위에 해당함에도 일반조항을 적용하는 '일반조항으로의 도피'를 우려하게 한다."[153]는 견해이다.

---

151) 손천우, "부정경쟁방지법 제2조 제1호 (카)목이 규정하는 성과물 이용 부정경쟁행위에 관한 연구", 사법 제55호, 사법발전재단 (2021), 1037-1038면 참조.

152) 손천우, 위의 논문, 1040면 참조.

153) 박준우, "주지상표의 광고기능과 부정경쟁방지법 일반조항 – 대법원 2017다217847 판결('에르메스 눈알가방 사건')의 검토 –", 법과기업연구 제11권 제1호,

정리하면 이 사건에 대한 대법원의 판결은 대법원이 원고 핸드백의 상품형태를 상당한 투자나 노력으로 만들어진 성과에 해당한다고 보아 법률상 보호할 가치가 있는 이익으로 인정한 것에 의의가 있는 판결이라 할 것이다. 따라서 (카)목을 통한 패션디자인의 보호도 가능할 것으로 본다.

Ⅳ. 부정경쟁방지법에 의한 보호의 한계

패션디자인은 저작권법과 디자인보호법을 통하여 보호받을 수 있지만 저작권법에서는 응용미술저작물의 분리가능성 요건을 만족해야 하는 어려움이 있고, 디자인보호법에서는 디자인권으로 등록하는데 소요되는 시간과 비용에 대한 부담이 크고 등록이 된 이후에도 신규성 상실이나 창작비용이성이 부정되어 등록무효가 될 수 있다. 따라서 이와 같은 저작권법이나 디자인보호법의 보호의 한계로 인하여 패션디자인에 대한 부정경쟁방지법상의 보호의 필요성이 대두되었다.

미등록의 패션디자인은 부정경쟁방지법 (자)목의 상품형태모방금지조항을 통하여 상품의 시제품 제작 등 상품의 형태가 갖추어진 날부터 3년간 상품형태를 보호받는다. 또한 (카)목을 통하여 부정한 경쟁행위로부터 자사의 상당한 투자나 노력으로 이룬 성과 등 경제적 이익을 지킬 수 있다. 따라서 주지성을 갖추지 못한 신진 디자이너나 영세한 패션하우스의 패션디자인은 (자)목을 통하여 상품형태모방으로부터 보호를 받을 수 있어 큰 의의가 있다. 그러나 상품의 형태가 갖추어진 날의 시점과 공개 장소가 특정되지 않아 보호기간을 산정하는데 있어서 불명확한 문제점이 있다. 예컨대 패션디자인의 경우 상품형태가 갖추어진 시점을 패션디자인을 위한 2차원의 스케치디자인이 완성된 때

서강대학교 법학연구소 (2021), 52-60면 참조.

로 볼 것인지 아니면 3차원의 패션의류가 완성된 시점으로 볼 것인지 아니면 완성된 패션의류가 온라인이나 오프라인 채널을 통하여 시중에 유통되는 시점으로 볼 것인지 불명확하다. 이와 같이 패션디자인의 상품형태에 대한 보호기간의 기산점이 모호하다면 패션디자인의 침해 소송에서 피고의 입장에서 유리하게 피고가 상품형태의 보호기간의 기산점을 앞당겨 원고의 패션디자인의 상품형태가 보호받지 못하게 되는 문제점이 발생한다. 따라서 상품형태의 보호기간의 기산점을 명확히 할 필요가 있다.

한편 패션상품은 반복성의 특성이 있어서 특정 시기에 유행한 패션디자인이 다른 시기에 새롭게 재해석 되어 재등장하기도 한다. 따라서 이때 법원은 패션디자인의 이러한 특성을 고려하여 패션디자인의 형태가 패션제품의 아이디어나 추상적인 특징에 불과한 것인지 통상의 형태 여부를 모방 대상이 된 패션제품마다 개별적인 판단을 해야 할 것이다. 그리고 패션업계에서는 후행 패션업체가 선행 패션업체의 디자인을 최소한의 변경도 없이 완전하게 모방하는 경우는 극히 드물다. 따라서 (자)목에서의 모방행위의 요건은 완전모방이 기본 원칙이지만, 모방자의 패션상품형태의 개변이 수요자에게 선행자의 패션상품형태와 동일한 인상을 주는 정도의 실질적인 동일한 모방에 해당된다면 완전모방이 아니더라도 그 경우까지도 (자)목의 모방 범위에 포함하여야 한다. 또한 상품형태모방에 대한 (자)목의 입법취지가 상품개발자의 선행자로서의 시장선행 이익을 법적으로 보호하는 것이라는 점을 고려한다면 실질적 동일성의 판단 주체는 수요자와 거래자뿐만 아니라 상품의 개발자 혹은 당업자의 관점에서도 판단이 이루어져야 할 것이다. 그리고 실질적 동일성을 판단함에 있어서는 디자인의 동일·유사여부 판단과 비슷한 방법으로 전체 관찰방식을 기본으로 하면서도 대비 관찰을 하는 요부관찰방식을 병행하여 전체적으로 모방여부를 판단해야 할 것이다. 한편 최근 대법원이 '에르메스 눈알가방' 사건 판결에서 핸드백의 상품형태를 상당한 투자나 노력으로 만들어진 성과에 해당한다고 보아 법률상 보호할 가치가 있는 이익으로 인정한 것은 향후 패션디자인에 사건에도 적용이 가능할 것이다.

제5장

결 론

Fashion Law

제5장

결　론

이 책 제3장에서는 유럽연합과 주요 패션선진국인 영국, 프랑스, 독일, 미국, 일본의 패션디자인 보호법제의 구체적 내용과 각국 법원이 구체적 사건에서 어떻게 판결하였는지 패션디자인의 보호법리 내용을 중심으로 비교법적 고찰을 하였다. 이어서 제4장에서는 우리나라 저작권법과 디자인보호법 그리고 부정경쟁방지법상 패션디자인의 보호와 그 한계에 대하여 관련 판례와 함께 살펴보았다. 따라서 제5장 결론에서는 제3장과 제4장에서 살펴본 내용을 바탕으로 각국의 패션디자인의 법적 보호와 관련 보호쟁점을 정리하고, 현행 저작권법과 디자인보호법 그리고 부정경쟁방지법에 의한 패션디자인 보호의 한계를 극복할 수 있는 구체적인 해석론과 입법론을 제시하고자 한다.

제1절 패션디자인의 법적 보호와 관련 보호쟁점의 정리

패션디자인의 보호에 있어서 프랑스는 1711년 리옹시 견직물 장인들의 디자인에 대한 무단 도용을 막기 위한 디자인 보호제도를 도입하였고 영국은 1787년 리넨법을 통하여 리넨제품의 패턴디자인의 도용으로부터 직물업자들을 보호하였다. 그리고 유럽연합은 1998년 유럽연합 각국의 디자인 보호제도의 통일화와 조화를 목적으로 하는 "디자인

보호지침(Directive 98/71/EC)"을 채택하였으며 유럽연합 회원국들은 지침의 내용을 반영하여 국내법을 개정하였다. 또한 2001년 유럽 전역에 동일한 효력을 가지는 유럽연합의 공동체디자인보호제도 창설을 목적으로 하는 "공동체디자인규정(Community Design Regulation)"이 제정되어 2002년 3월 6일부터 시행되었다. 미국은 1932년 패션 창작자들의 카르텔인 길드를 설립하여 디자이너들의 스케치를 등록해주고 복제업자들로부터 디자이너들의 패션디자인을 보호하려는 활동을 하였다. 또한 1914년 미국 의회가 패션디자인의 법적 보호를 촉진하는 법안을 검토하여온 이래 저작권법의 보호 범위를 패션디자인에까지 확대하려는 "디자인불법복제금지법안"이 의회에 제출되었지만 모두 입법화 되지 못하고 폐기되었다. 이와 같이 패션디자인을 보호하기 위한 각국의 노력이 오래전부터 진행되어 왔다. 그러나 패션디자인이 순수미술이 아니고 응용미술의 영역이기 때문에 각국에서 패션디자인은 여러 법제에 의하여 보호요건과 보호여부 등이 다르게 적용되었다. 또한 응용미술인 패션디자인의 저작권법과 디자인법을 통한 중첩적 보호에 대하여 각국에서 논쟁이 있었다.

프랑스는 뿌이에가 주장한 "미의 일체성 이론"을 통하여 응용미술과 순수미술을 구분하지 않고 미술작품의 저작권 보호의 유일한 요건은 인간정신의 노력이 작가의 개성을 반영하는 창작으로 나타나는 것이라고 하였다. 따라서 응용미술에 대한 저작권법과 디자인법의 중첩적 보호를 인정하고 1909년 디자인법에 '미의 일체성 이론'을 성문화시켰다. 이후 프랑스는 다른 어느 국가보다도 적극적으로 패션디자인을 보호하고 있다. 즉, 지적재산법 제112-2조 제14호에서 '의류 및 패션제품의 계절적 산업의 창작물'을 보호받는 저작물로 예시하고 있다. 오늘날에도 많은 국가들이 프랑스의 '미의 일체성 이론'과 입장을 같이 하며 패션디자인의 저작권법과 디자인법의 중첩적 보호를 인정하고 있다. 2019년 유럽사법재판소는 3차원의 패션의류디자인의 저작물성이 쟁점이 된 'Cofemel' 사건에서 의류디자인의 유일한 저작권 보호 요건은 독창성이며 디자인의 심미적인 시각적 효과의 생성이 아니라고 판단하였다. 즉, 의류디자인이 저작권 보호를 받기 위해서는 독창성을 가져야 하고 그러한 독창성은 의류디자인이 저작자 자신의 지적인 창작이어야 하고 저작자의 자유롭고 창조적인 선택의 표현을 통하여 저작자의 개성을 반영해야 한다는 의미이다. 이와 같은 유럽사법재판소의 판결은 프랑스의 '미의 일체성 이론'과 같은 선상의 판결이라 할 수 있다.

한편 종래 독일은 판례상 응용미술 보호에 관하여 정립된 '단계이론'을 통하여 패션디자인의 저작물성 판단기준으로 고도의 창작성을 요구하였다. 따라서 응용미술인 패션디자인의 저작권 보호에 오랫동안 제한이 있었다. 그러던 중 2013년 독일연방대법원이 '생일열차' 사건에서 종래의 단계이론을 포기하고 응용미술의 창작성 기준을 완화하며 통상의 저작물에 적용하는 최소한의 창작성 기준을 응용미술에도 적용해야 한다고 판시하였다.

일본에서 패션디자인은 순수미술과 동일시할 수 있는 미적 감상의 대상이 되는 경우에 한하여 저작권 보호가 이루어진다. 2017년 오사카 지방법원은, 2015년 지적재산고등법원이 'TRIPP TRAPP' 사건에서 응용미술에 특별한 요건을 가중하지 않고 창작성만 만족하면 저작물성을 인정하는 비구별설을 택하여 의자디자인의 저작물성을 인정한 판결과 달리, 여성용 블라우스의 디자인이 실용적 기능과의 분리가능성과 미적감상의 대상이 될 수 있는 미적특성 내지 미적창작성이 인정되지 않는다며 블라우스 디자인의 저작물성을 부정하였다. 따라서 'TRIPP TRAPP' 판결 이후 일본 법원이 응용미술의 저작물성 판단에 비구별설을 채택한 것이라고 단정지어 말하기는 어렵다.

미국의 경우 실용품의 디자인에 대한 저작물성 판단에 있어서 하급심의 통일되지 못한 분리가능성 테스트로 인하여 패션디자인의 저작권 보호여부는 사안마다 다르게 내려졌다. 그러나 2017년 미국연방대법원이 치어리더 유니폼 사건인 'Star Athletica' 판결에서 유니폼 표면의 장식적 그래픽 요소의 저작물성을 인정하는 판결을 하면서 실용품 디자인의 저작물성 판단에 관념적 분리가능성의 통일적 기준이 제시되었다. 이후 하급심에서는 패션디자인의 저작물성 판단에 치어리더 유니폼 사건에서 연방대법원이 제시한 관념적 분리가능성 테스트를 인용하여 저작물성을 인정하는 판결을 하고 있다. 따라서 미국에서 패션디자인을 저작권법에서 보호하려는 입법적 시도는 실패하였지만 판례 축적을 통하여 패션디자인의 저작권법상 보호가 확장되는 듯하다.

유럽연합에서 탈퇴한 영국은 19세기 윌리엄 모리스를 중심으로 하는 미술공예운동의 사상적 영향으로 수공예품인 미술공예에 한하여 저작물성을 인정해왔다. 따라서 패션디자인이 저작권 보호를 받기 위해서는 미술저작물인 회화저작물이나 미술공예저작물에 해당이 되어야 한다. 한편 미술공예저작물의 정의에 대해서는 영국 저작권법에 명시되어 있지 않고 판례를 통하여 해석이 이루어졌다. 2020년 영국 하급심은 'Response Clothing' 사건 판결에서 여성용 의류 제작을 위한 자카드 문양의 직물디자인을 미술공예저작물로 인정하였다. 또한 미술공예저작물의 정의에 대한 가이드라인도 제시하였다. 따라서 이번 판결로 영국에서 패션디자인의 법적보호 가능성은 높아진 듯하다. 그러나 향후 영국 법원의 판례 동향을 더 지켜볼 필요가 있다.

우리나라의 경우 패션디자인이 분리가능성과 독자성 그리고 대량생산성을 갖춘 미술저작물에 해당되면 현행 저작권법상 응용미술저작물로 보호를 받을 수 있다. 한편 응용미술저작물 규정이 도입되기 이전의 직물디자인 사건인 '대한방직' 사건에서는 "독립적인 예술적 특징과 가치"라는 판단기준이 제시되어 직물디자인의 저작물성이 부정되었으며 학계의 많은 비판이 있었다. 그러나 우리 대법원이 판시한 "독립적인 예술적 특징과 가치"의 표현은 학계의 견해처럼 법외의 요건을 추가하거나 독일의 단계이론이나 일본의 저작권 판례의 영향을 받아 고도한 미적 내지 예술적 수준의 정도를 요구한 것이라기보다는 독자적인 미적감상의 대상으로 삼을 수 있는 특징과 가치를 가진다는 의미로서 사용한 것으로 본다. 또한 응용미술품에 대한 저작권법과 디자인보호법의 중첩적 보호에 대한 산업계의 상황과 각 법이 가지는 입법취지를 고려한 판단이었을 것으로 본다. 한편 2차원의 직물디자인에 대하여 현행 저작권법은 응용미술저작물의 보호요건인 분리가능성과 독자성을 적용하여 저작권 보호여부를 판단한다. 그러나 3차원의 패션의류에 포함된 직물디자인도 아닌 2차원의 직물디자인에 굳이 응용미술저작물의 분리가능성과 독자성 기준을 적용해야 하는지는 의문이다. 따라서 2차원의 직물디자인이 최소한의 창작성을 가진다면 분리가능성테스트를 적용하지 않고 제3장에서 살펴본 미국의 직물디자인 판례의 법리를 원용하여 저작물성을 인정하여도 문제는 없을 것이다.

한편 패션디자인은 각국 디자인법의 고유한 법제에 따른 보호요건을 만족하면 저작권법의 보호를 받더라도 중첩적으로 디자인법을 통한 보호가 가능하다. 패션디자인의 디자인법을 통한 보호는 등록제도를 통한 보호와 미등록제도를 통한 보호방식이 병행되어 운영되며 각국마다 차이가 있다. 우리나라의 경우 패션디자인은 디자인의 대상이 되는 물품이 로카르노 협정에 따른 물품류 중 제2류의 의류와 제5류 직물지에 해당되어 디자인일부심사등록제도를 통하여 일부 형식요건만 심사받아 조기에 디자인권의 획득이 가능하다. 그러나 현행 디자인일부심사등록제도는 일부 문제점이 있어 개선이 필요하다. 관련 개선방안은 제2절에서 제안하기로 한다.

영국의 경우 패션디자인의 디자인법상 보호는 다른 국가와 다르게 다양한 선택권이 제공된다. 영국은 브렉시트 이전에는 영국의 독자적인 디자인 보호시스템과 유럽공동체디자인제도를 함께 운영하였다. 그러나 브렉시트 이후 영국은 더 이상 유럽공동체디자인제도를 이용할 수 없게 되어 영국의 독자적인 보호시스템 안에서만 디자인을 등록디자인과 미등록디자인으로 구분하여 보호하고 있다. 그러나 기존의 미등록공동체디자인의 보호요건과 보호기간이 동일하지만 영국 내에서만 디자인권의 효력을 가지는 '추가 미등록디자인권'이 신설되었다.

프랑스와 독일은 영국과 같이 유럽연합의 디자인지침을 국내법에 반영하여 디자인법을 개정하였다. 따라서 등록디자인의 보호대상과 보호요건 그리고 보호기간은 공동체디자인규정의 등록공동체디자인 규정과 동일하다. 한편 미등록디자인을 위한 보호법제는 프랑스와 독일 디자인법에 별도 마련되어 있지 않고, 공동체디자인규정의 미등록공동체디자인권을 통하여 보호하고 있다. 공동체디자인규정의 등록공동체디자인과 미등록공동체디자인권은 디자인 보호요건으로 신규성과 독특성을 요하고 있으며 독특성 판단에는 디자이너의 자유도를 고려해야 한다고 규정하고 있다.

미국은 다른 국가와 달리 패션디자인을 특허법 안에서 디자인특허로 보호할 수 있다. 디자인특허의 보호요건으로는 물품성, 신규성, 독창성 혹은 비자명성, 장식성, 물품과의 불가분성이 요구된다.

일본에서 패션디자인은 우리나라의 디자인보호법에 해당하는 의장법을 통하여 디자인에 해당하는 의장이 공업상이용가능성, 신규성, 창작비용이성을 만족하면 의장법의 보호를 받는다. 그러나 우리나라의 디자인일부심사등록제도와 같은 제도는 없다. 일본은 2020년 의장법 개정을 통하여 의장권의 존속기간을 출원일로부터 25년으로 연장하였다.

우리나라에서 주지성을 갖추지 못한 미등록의 패션디자인은 부정경쟁방지법 (자)목의 상품형태모방금지 조항으로 보호받을 수 있다. (자)목 규정은 일본 부정경쟁방지법 제2조 제1항 제3호의 상품형태모방금지 조항과 유사하다. 다만 우리나라가 (자)목의 상품형태보호기간의 기산점을 상품형태가 갖추어진 날로 3년간으로 규정한 것과 달리 일본 부정경쟁방지법에서는 상품형태의 보호기간의 기산점을 일본 국내에서 최초로 판매된 날로부터 3년간으로 특정하고 있다. 또한 모방의 의미에 대하여도 "타인의 상품의 형태에 의거하여 이와 실질적으로 동일한 형태의 상품을 만들어 내는 것"으로 일본 부정경쟁방지법 제2조 제5항에서 규정하고 있는 차이점이 있다. 특히 모방의 실질적동일성 판단에 대해서는 일본의 관련 판례가 많이 축적되어 있어 우리 부정경쟁방지법 (자)목의 모방의 실질적 동일성 판단방법에 도움이 될 수 있다.

우리나라 대법원은 패션의류의 사례는 아니지만 최근 '에르메스 눈알가방' 사건에서 에르메스 핸드백의 형태인 상품표지가 차별적인 특징으로 일반 수요자들에게 특정상품의 출처로 식별이 되어 공공영역에 속하는 것으로 보기 어렵고 법률상 보호할 가치가 있는 이익에 해당한다고 인정하며 원고의 에르메스 핸드백의 상품표지를 무단으로 사용한 피고의 행위가 부정경쟁방지법 (카)목 성과모용금지조항의 부정경쟁행위라고 판결하였다. 이러한 대법원의 판결에 대해서는 여러 비판의 견해가 있다. 그러나 (카)목에 의해서도 패션디자인의 보호가 가능하다는 시사점을 준 판결로 의의가 있다 할 것이다.

이상으로 패션디자인에 법적 보호에 대한 각국의 보호이슈와 쟁점에 대하여 중요한 이론과 판례를 예를 들어 설명하면서 정리하였다. 패션디자인을 보호하는 법제와 보호방식 그리고 보호요건은 각국마다 차이가 있다. 그러나 패션디자인을 재산적 가치가 있는 지적재산으로 보호하려는 각국의 노력은 공통적이다. 우리나라의 경우 다음 제2절에서 제안한 패션디자인의 법적 보호의 개선방안이 반영되어 패션창작자들의 디자인을 법적으로 보호하는 환경이 더욱 강화된다면 패션창작자들의 창작의욕이 고취되어 활발한 패션창작환경이 조성되고 패션산업 전체에도 선순환의 긍정적인 결과가 나타날 것이다.

제2절 패션디자인의 법적 보호 개선방안

1. 저작권법의 패션디자인 보호

우리 저작권법에 응용미술저작물 규정이 도입되기 이전과 이후에 직물디자인과 의류디자인을 포함하는 패션디자인의 저작물성이 문제된 사건은 '한복문양' 사건, '대한방직' 사건, '히딩크 넥타이' 도안 사건, '레이스 디자인' 문양 사건 등으로 대부분 직물에 인쇄된 문양 혹은 패턴과 관련이 있다. 그리고 2차원의 직물지 자체에 포함된 디자인과 3차원의 의류에 포함된 직물디자인으로 구분할 수 있다.

한편 현행 저작권법상 2차원과 3차원의 직물 내지 의류디자인은 응용미술저작물의 분리가능성과 독자성 그리고 대량생산성을 만족하면 저작권의 보호대상이 된다. 또한 응용미술저작물이 되기 위한 창작성의 정도는 독일 종래의 단계이론에서 요구해오던 고도의 창작성이나 일본 저작권법에서 요구하는 미적감상의 대상이 될 수 있는 미적특성이나 미적창작성의 수준은 아니다. 제3장에서 살펴본 바와 같이 독일은 2013년 '생일열차' 사건 판결에서 독일연방대법원이 종래의 고도한 조형성 내지 형태형성의 고도성을 요구하는 단계이론을 포기하고 응용미술에 대하여 순수미술과 마찬가지로 최소한의 저작물성 내지 창작성을 판단하였다. 일본은 2015년 지적재산고등법원이 'TRIPP TRAPP' 사건에서 미술작품의 목적이나 용도 그리고 예술적 가치의 어떠한 특별한 요건도 부과하지 않고, 응용미술에 높은 창작성의 여부 판단기준을 설정하는 것보다 개별적이고 구체적으로 작가의 개성이 발휘되고 있는지 여부를 검토해야 한다고 판시하면서 의자의 저작물성을 인정하였다. 또한 유럽사법재판소는 2019년 'Cofemel' 사건에서 청바지의 3차원 입체디자인의 저작물성을 판단하면서 패션의류디자인의 저작물성 판단기준은 디자인의 독창성이며 그러한 독창성은 EU 저작권 지침 제2조(a)상의 저작물 개념에 해당하는 것이라고 판결하였다. 즉 디자인은 작가 자신의 지적인 창작으로서 작가의 자유로운 창조적인 선택의 표현으로 작가의 개성을 반영하는 것이라고 하였다. 정리하면 주요 선진국과 EU의 저작물성 판단기준은 프랑스의 '미의 일체성 이론'과 같이 응용미술과 순수미술을 구분하지 않고 최소한의 창작성 기준만 적용하며, 응용미술이 저작권법과 디자인법으로 중첩적 보호를 받는 것을 배제하지 않는 방향으로 일치되어 가는 듯하다. 물론 유럽사법재판소가 판례법으로 확립해가는 독창성의 요건이 미의 일체성 이론보다는 구체적이면서도 그 적용 범위는 더 광범위한 부분은 있다.

한편 미국은 제3장의 'Peter Pan Fabrics' 사건을 포함한 여러 직물디자인 사건에서 살펴본 바와 같이 직물디자인이 작가의 독자창작인 경우에는 현저하게 독특하거나 새로울 필요는 없고 최소한의 창작성만 갖출 것을 요구하고 있다. 또한 'Malibu Textiles' 레이스 디자인 사건에서는 직물디자인을 구성하는 개별 요소들 자체가 저작물성이 없더라도 그러한 요소들을 독창적으로 선택하고 조화롭게 배열할 경우 편집저작물 법리를 적용하여 저작물성을 인정할 수 있다고 판단하고 있다. 따라서 이와 같은 주요 선진국과 EU의 판례동향을 참고한다면, 2차원의 직물디자인 자체의 저작물성 판단에는 최소한의 창작성 기준만 적용하고, 3차원의 패션 의류 완성품에 포함된 직물디자인의 저작물성을 판단할 때에는 현행 저작권법상 응용미술저작물의 성립요건이면서 보호요건인 분리가능성과 독자성 기준을 적용하는 것이 필요하다.

2. 디자인보호법의 패션디자인 보호

패션디자인은 제품의 수명주기가 짧고 유행에 민감한 속성을 가지고 있어 모방과 침해가 용이하다. 또한 패션을 통하여 유행에 동조하려는 개인의 심리적 욕구로 인하여 패션의 모방은 쉽게 서로 다른 집단으로 전파된다. 따라서 패션창작자는 패션디자인을 기획하고 창작하고 실제 판매 유통하는 전 프로세스에 있어서 각 단계별로 지적재산권을 보호하고 강화하는 매뉴얼을 작성하여 관리할 필요가 있다.

한편 현행 디자인보호법상 유행성이 강한 직물지와 의류를 물품대상으로 하는 패션디자인은 디자인등록출원에 필요한 방식을 갖추고 있는지와 디자인의 성립요건, 공업상 이용가능성 및 부등록사유 등 디자인등록요건의 일부사항만을 심사하여 행하는 디자인일부심사등록제도를 통하여 디자인의 출원등록이 가능하다. 그러나 디자인출원등록에 소요되는 시간이나 비용이 디자인등록심사를 통하여 등록하는 제도와 비교하여 차별성이 적고 디자인등록 후 신규성과 창작성 위반으로 디자인등록취소결정이나 디자인권이 무효될 수도 있는 이유로 실무에서는 디자인일부심사등록제도의 실효성에 의문을 가지며 적극적으로 디자인등록을 하고 있지 않다. 또한 패션디자인의 속성과 패션회사의 경영전략에 따라 20년이라는 장기간의 보호기간이 필요하지 않고 5년 정도 단기간의 보호를 필요로 하는 패션디자이너나 패션회사도 있다. 따라서 현행 디자인일부심사등록제도를 영국이나 프랑스, 독일과 같이 무심사등록제도로 변경하고 등록 후 무효소송이 제기되었을 때 신규성과 창작비용이성을 사후 판단하는 것이 필요하다. 또한 디자인일부심사등록제도를 통하여 출원등록하는 디자인의 보호기간이 단기간으로 조정된다면 그에 따라 출원등록에 소요되는 비용도 할인하여 적용해야 한다. 이와 같은 개선안이 반영된다면 패션디자이너들의 자유창작이 활발해지고 패션디자이너들은 조기에 자신의 패션디자인에 대한 디자인권을 획득하여 이익창출을 할 수 있을 것이며 나아가 패션산업 전체와 국가경쟁력 강화에 긍정적인 효과를 줄 것이다.

3. 부정경쟁방지법의 패션디자인 보호

저작권법과 디자인보호법으로 보호받지 못한 미등록 패션디자인의 경우 패션디자인의 상품형태는 현행 부정경쟁방지법 제2조 제1호 (자)목의 상품형태모방금지 규정으로 상품형태가 갖추어진 날로부터 3년간 보호가 가능하다. 다만 현행 (자)목 규정은 상품형태의 종류가 2차원인지, 혹은 3차원인지 명시되어있지 않고 상품형태가 갖추어진 날의 시점이나 공개장소도 불명확하다. 패션디자인의 상품형태에 대한 보호기간의 기산점이 모호하다면 패션디자인의 침해 소송에서 피고가 상품형태의 보호기간의 기산점을 본인에게 유리하게 앞당겨 주장함으로써 원고의 패션디자인의 상품형태가 보호받지 못하게 되는 문제점이 발생한다. 따라서 상품형태의 보호기간의 기산점을 명확히 할 필요가 있다. 예컨대 패션디자인의 특성을 고려하여 일본 부정경쟁방지법의 상품형태모방금지 규정인 제2조 제1항 제3호에서와 같이 상품형태의 보호기간 기산점을 '최초 판매된 날로부터 기산하여 3년'으로 명확하게 규정하거나, 유럽공동체디자인규정의 신규성 판단시점인 공중에 처음으로 이용가능하게 된 때로 정하여 보호기간의 기산점을 명확화 하여야 한다. 또한 제3장 독일 'Mantelmodell' 판례에서 독일연방대법원이 코트제작을 위한 드로잉 스케치 디자인의 저작물성을 인정한 것처럼, 패션디자인은 해당 디자인을 스케치한 상태에서 이미 패션디자인의 상품형태가 완성된 것으로 볼 수 있다. 따라서 이와 같은 패션디자인의 특성을 고려하여 (자)목의 보호받는 상품형태에 2, 3차원의 전체, 부분디자인의 형태를 포함하는 것이 필요하다.

참고자료

국내 문헌

[단행본]

김혜경 · 전향란 · 서상우 · 홍경옥, 현대패션의 이해(개정판), 교학연구사 (2016).

나종갑, 미국상표법연구, 도서출판 글누리 (2006).

노태정, 디자인보호법 개설(제3판), 세창출판사 (2017).

박성호, 저작권법(제2판), 박영사 (2017).

_____, 문화산업법, 한양대학교출판부 (2012).

권영준, 저작권침해판단론, 박영사 (2007).

송영식 외 6인, 지적소유권법(상), 육법사 (2013).

엄소희 · 장윤이, 패션상품 디자인기획, 교문사 (2016).

윤선희, 지적재산권법(제18정판), 세창출판사 (2020).

_____, 특허의 이해(제4판), 법문사 (2019).

_____, 디자인보호법의 이해, 박영사 (2018).

윤선희 · 김지영 공저, 부정경쟁방지법, 법문사 (2012).

윤태식, 디자인보호법 – 디자인 소송 실무와 이론 –, 진원사 (2016).

이상정, 산업디자인과 지적소유권법, 세창출판사 (1995).

임 호, 디자인특허론, 문우사 (2019).

정경원, 디자인경영, 안그라픽스 (2006).

정상조 편집대표, 부정경쟁방지법 주해, 박영사 (2020).

Gaynor Lea-Greenwood (성희원 외 공동번역), fashion marketing communications, 시그마프레스 (2015).

Gini Stephens Frings 지음. 조길수 외 3인 번역, 패션, 개념에서 소비자까지, 시그마프레스 (2005).

차세대 콘텐츠 재산학회 한국디자인법연구회, 디자인과 법, 도서출판 채움북스 (2017).

최경수, 국제지적재산권법(개정판), 한울 (2017).

최정열 · 이규호, 부정경쟁방지법(제3판), 진원사 (2019).

후카이 아키코(Fukai Akiko) 지음, 송수진 번역, 오트쿠튀르를 입은 미술사, 한겨레출판 (2013).

[공공기관 간행물 및 보고서]

박성호 · 차상육, "디자인보호를 위한 저작권 정책 방안 연구", 문화체육관광부 (2011).

박형옥, "기술적 기능에 의해서만 형상이 결정되는 제품디자인, 저작권의 보호대상이 될까?", 저작권문화, 2020.9 Vol. 313, 한국저작권위원회 (2020)

______, "EU 회원국이 디자인의 저작권 보호 요건으로 독창성 이상의 것을 요구하는 것은 EU 저작권 지침 위반에 해당한다고 판결", 저작권동향 2019 한국저작권위원회 (2019).

______, "미국 법원, 바나나 코스튬 디자인의 분리가능성과 저작물성 인정", 저작권동향 2019, 한국저작권위원회 (2019).

배상철 · 이상정, "한국디자인보호법제의 발전방향연구", 한국지식재산연구원 (2004).

서재권, "디자인의 보호범위 확대와 그 한계에 관한 연구", 저작권연구, 한국저작권위원회 (2012).

윤선희, "한-미-EU-중-일 등 주요국 디자인침해판단기준 비교-분석", 특허청 보고서 (2013.12).

특허청 디자인심사기준 (2021.10.21.).

한국디자인진흥원, 2020년 디자인산업통계조사 총괄보고서.

한국섬유산업연합회 트랜드리서치, "Korea Fashion Market Trend 2021 상반기 보고서(e-book)", 산업통상자원부, (2021).

한국지식재산보호협회, "해외지식재산권 보호가이드북 [프랑스편]", 특허청 (2013).

[국내 논문]

계승균, “상품형태모방금지위반행위의 형사처벌 가능성에 관한 소고”, 산업재산권 제50호, 한국지식재산학회 (2016).

______, “우리나라에서 트레이드 드레스의 법적 보호에 관한 연구”, 산업재산권 제42호, 한국산업재산권법학회 (2013).

김병일, “패션디자인의 모방과 보호 – 디자인보호법과 부정경쟁방지법을 중심으로”, 경북대학교 IT와 법연구소 · (사)한국지식재산학회 · 한남대학교 과학기술법연구원 공동학술대회 (2015).

김원오, “패션디자인의 저작권 보호를 위한 미국의 분리가능성 요건 – 미연방대법원의 Star Athletica v. Varsity Brands 사건 판결 평석을 중심으로 –”, 산업재산권 제55호, 한국지식재산학회 (2018).

______, “디자인 보호법제간 경합 현황과 경합의 처리를 둘러싼 제 문제”, 산업재산권 제47호, 한국지식재산학회 (2015).

나종갑, “부정경쟁방지법 제2조 제1호 카목은 사냥허가(hunting license)인가? – 소위 ‘눈알가방’사건과 관련하여”, 지식재산연구 제15권 제4호, 한국지식재산연구원 (2020).

______, “부정경쟁방지법의 본질론과 무임승차 행위의 한계: 한 우산속 바람꽃, 너도바람꽃, 나도바람꽃”, 산업재산권 제53호, 한국지식재산학회 (2017).

도두형, “응용미술작품과 저작권법”, 판례월보 제308호, 판례월보사 (1996).

박성호, “2020년 지적재산법 중요판례평석”, 인권과 정의 Vol. 497. (2021).

______, “부정경쟁방지 및 영업비밀보호에 관한 법률 제2조 제1호 (자)목에서 규정하는 ‘상품형태 모방행위’의 규제”, 한양법학 제31권 제1집, 한양법학회 (2020).

박준우, “주지상표의 광고기능과 부정경쟁방지법 일반조항 – 대법원 2017다217847 판결(‘에르메스눈알가방 사건’)의 검토 –”, 법과기업연구 제11권 제1호, 서강대학교 법학연구소 (2021).

박형옥, “직물디자인의 미국 저작권법상 보호에 관한 판례 검토”, 산업재산권 제60호, 한국지식재산학회 (2019).

______, “의류 디자인의 미국 저작권법상 보호에 관한 연구 – Silvertop Associates, Inc. v. Kangaroo Manufacturing, Inc. 미국 바나나 코스튬 사건을 중심으로 –”, 정보법학 제22권 제3호, 한국정보법학회 (2018).

______, “패션디자인 모방과 부정경쟁행위 판단기준 및 판단방법의 검토”, 지적재산 & 정보법연구, Vol. 9, No. 2, 한양대학교 지적재산 & 정보법센터 (2017).

서재권, “디자인 保護體系에서의 物品 關聯性 要件 硏究: 物品과 可分的인 디자인의 效率的 保護方法論을 中心으로”, 인하대학교 박사학위논문 (2016).

손천우, “부정경쟁방지법 제2조 제1호 (카)목이 규정하는 성과물 이용 부정경쟁행위에 관한 연구”, 사법 제55호, 사법발전재단 (2021).

심재필, “응용미술작품의 지적재산권적 보호”, 대전지방변호사회지 창간호, (2000).

안원모, “상품형태의 보호: 부정경쟁방지법 제2조 제1호 자목을 중심으로”, 산업재산권 제19호, 한국산업재산권법학회 (2006).

유정주, “프랑스 산업디자인법에서 예술의 단일성이론에 관한 연구 – 구 법을 중심으로 –”, 산업재산권 제17호, 한국산업재산권법학회 (2005).

윤여강, “패션디자인의 저작권법에 의한 보호 방안에 대한 연구”, 홍익법학 제20권 제1호, 홍익대학교 법학연구소 (2019).

이규홍, “부정경쟁방지법 제2조 제1호 차목(변경 후 카목)에 대한 연구”, 정보법학 Vol. 22 No. 2, 한국정보법학회 (2018).

이기수 · 안효질, “응용미술작품의 보호”, 창작과 권리 제7호 (1997).

이상정, “이른바 ‘히딩크 넥타이’의 도안의 저작물성 – 대법원 2004. 7. 22. 선고 2003도7572 판결 –”, 창작과 권리 제42호 (2006).

______, “트레이드 드레스 보호에 관한 미국연방대법원의 월마트 판결과 트라픽스 판결에 관한 소고”, 창작과 권리 제27호, 세창출판사 (2002).

이재경 · 추호정 · 김하연, “스마트 의류의 제품 사례 연구 – 스마트 의류 특허출원 기술을 중심으로 –, 한국의류학회지, Vol. 45, No. 1, 한국의류학회 (2021).

이호흥, “저작권법과 디자인법의 교차영역에 관한 연구”, 한국저작권위원회 (2007).

정태호 · 윤여강, “상품형태모방행위에 관한 특별사법경찰의 운영방안 고찰”, 정보법학 Vol. 23 No. 3, 한국정보법학회 (2019).

차상육, “미국과 한국의 패션디자인 보호의 비교법적 검토”, 법학논고 제72집, 경북대학교 법학연구원 (2021).

______, “독일판례상 응용미술의 보호 – 저작권법을 중심으로 –”, 계간저작권 통권 제133호, 한국저작권위원회 (2021).

______, “글자체 디자인(서체도안)의 저작권법상 보호”, 계간저작권 통권 제127호, 한국저작권위원회 (2019).

______, “응용미술의 저작권법상 보호에 관한 연구”, 한양대학교 박사학위논문 (2010).

______, “패션디자인 보호를 둘러싼 분쟁양상과 법적 쟁점”, 산업재산권 제32호, 한국지식재산학회 (2010).

최진영 · 조규화, “크리스찬 디오르 컬렉션에 나타난 마들렌 비오네 디자인 이미지”, 패션비즈니스 제14권 제2호, 한국패션비즈니스학회 (2010).

홍병숙 · 석효정 · 이은진, “패션산업의 디자인모방에 관한 연구”, 한국의류산업학회지 제13권 제4호, 한국의류산업학회 (2011).

홍이경, “미술공예운동(Arts and Crafts Movements)의 실내디자인 특성에 관한 연구: 붉은집(Red House)의 실내디자인 요소분석을 중심으로”, 고황논집 제20집, 경희대학교 대학원 (1997).

[관보 · 신문기사 · 보도자료 등]

김의향, “히피의 아들, 전 세계 패션계 발칵 뒤집다... 구찌의 알렉산드로 미켈레”, 조선비즈 (2017.4.7.).

조익래, “제4차 산업혁명에 따른 패션산업 대응방안 연구 보고서”, 한국패션협회 (2017.10).

Weekly KDB report, “국내외 스마트 의류 개발 및 상용화 동향”, KDB미래전략연구소, (2019.11.25.).

통계청 보도자료, “2021년 7월 온라인쇼핑 동향”, (2021.09.03.).

[디지털 자료]

https://www.copyright.gov.

https://dejure.org/gesetze/GeschmMG.

https://dictionary.cambridge.org.

https://www.domstol.dk.

https://elaws.e-gov.go.jp.

https://euipo.europa.eu/ohimportal/en/the-office.

http://www.fashionbiz.co.kr.

http://www.findcopyright.or.kr.

https://www.ftc.gov/tips-advice/competition-guidance/guide-antitrust-laws.

https://www.gov.uk/guidance/changes-to-unregistered-designs.

http://www.intercolor.nu.

http://intro.counterfeitchic.com.

https://www.jpo.go.jp.

https://www.kantar.com/campaigns/brandz/global.

http://www.kipo.go.kr.

http://www.kipris.or.kr.

https://www.legifrance.gouv.fr.

http://www.legislation.gov.uk.

https://ssrn.com/abstract=2715146.

https://www.stewartslaw.com.

http://super.textopia.or.kr.

http://www.wdo.org.

http://www.wgsn.com.

해외 문헌

[영미 자료]

[단행본]

Georg Simmel (Levine, Donald(ed.), Georg Simmel on Individuality and Social Forms (Heritage of Sociology Series)(1st ed), Chicago Univ. Press (1971).

Gordian N. Hasselblatt, Community Design Regulation, C.H.BECK · Hart · Nomos (2015).

Kur, Annette, Protection for fashion: The European experience, Rochelle Cooper Dreyfuss, Jane C. Ginsburg (eds.), Intellectual Property at the Edge: The Contested Contours of IP (Cambridge Intellectual Property and Information Law, 22), Cambridge University Press (2014).

Melville B. Nimmer, David Nimmer, Nimmer On Copyright, Vol. 1, Matthew Bender (2004).

Paul H. Nystrom, Economics of Fashion, New York: Ronald Press (1928).

Rochelle Cooper Dreyfuss, Intellectual Property at the Edge, Cambridge University Press (2015).

Susy Frankel, Daniel J. Gervais, Advanced Introduction to International Intellectual Property (Elgar Advanced Introductions series), Edward Elgar Pub (2016).

Thomas Seifried · Markus Borbach, Schutzrechte und Rechtsschutz in der Mode- und Textilindustrie, dfv Mediengruppe (2014).

[논문]

Eveline Van Keymeulen, "Copyrighting couture or counterfeit chic? Fashion design; a comparative EU-US perspective." Intellectual Property Law & practise, Vol. 7, Issue. 10 (2012).

Florian Traub, Gill Dennis, Response Clothing: IPEC avoids drawing together the threads of copyright protection for designs in the UK and EU, Journal of Intellectual Property Law & Practice, Vol. 15, No. 11 (2020).

Hemphill, C. Scott and Gersen, Jeannie Suk, The Law, Culture, and Economics of Fashion (2009). Stanford Law Review, Vol. 61 (March 2009).

_____, Columbia Law and Economics Working Paper No. 344, Harvard Law and Economics Discussion Paper No. 627.

_____, Harvard Public Law Working Paper No. 09-63.

J. H. Reichman, "Design Protection in Domestic and Foreign Copyright Law: From the Berne Revision of 1948 to the Copyright Act of 1976", Duke L.J. (1983).

Kal Raustiala and Christopher Sprigman, "The Piracy Paradox: Innovation and Intellectual Property in Fashion Design", Virginia Law Review Vol. 92 (2006).

Marianne Dahlén, "Copy or copyright fashion? Swedish design protection law in historicaland comparative perspective", Business History Vol. 54, No. 1 (2012).

Michael Rushton, "An Economic Approach to Copyright in Works of Artistic Craftsmanship", Intellectual Property Quarterly, Issue 3 (2001).

Patrick Masiyakurima, "Copyright in Works of Artistic Craftsmanship: An Analysis", Oxford Journal of Legal Studies, Vol. 36, Issue 3, Autumn (2016).

Pranjal Shirwaikar, "Fashion Copying and Design of the Law", 14 Journal of Intellectual Property Rights (2009).

Simon Stokes, "Art and copyright: some current issues", Intellectual Property Law & Practice, Vol. 1, Issue 4, March (2006).

Susanna Monseau, "The Challenge of Protecting Industrial Design in a

Global Economy", Texas Intellectual Property Law Journal 20(3), (2012).

Uma Suthersanen, "Legal Review of Design in the European Union", Applied Arts Under Ip Law, Quaderni di ALAI Italia/2, Aracne (July 2018).

Van Caenegem, W., & Tréguier, L. "Copyright, Art and Originality: Comparative and Policy Issues", Global Journal of Comparative Law, 8(2), (2019).

Violet Atkinson, Viviane Azard, Julien Canlorbe, William van Caenegem, "A comparative study of fashion and IP: trade marks in Europe and Australia", Intellectual Property Law & Practice, Vol. 13, Issue 3, March (2018).

Wulf, Alexander, "A Comparative Approach to the Protection of Fashion Innovations", Berkeley Center for Law and Technology, University of California, Berkeley (2007).

[보고서, 신문기사]

Ben Winograd and Cheryl Lu-Lien Tan, "Can fashion be copyrighted?", Wall Street Journal B1 (2006.9.11).

David Walter, "2021 Most valuable global brands", (2021).

[독일 자료]

[단행본]

Gerhard Schricker, Urheberrecht, Vol. 1, C.H. Beck'sche, (1987).

[일본 자료]

[단행본]

経済産業省知的財産政策室編, 逐條解説・不正競爭防止法(第2版), 商事法務 (2019).

高部眞規子, 著作權・商標・不競法關係訴訟の實務(第2版), 商事法務 (2018).

角田政芳・關眞也, ファッションロー, 勁草書房 (2017).
齊藤博, 著作權法(第3版), 有斐閣 (2007).
加戶守行, 著作權法逐條講義(五訂新版), 社團法人著作權情報センタ (2006).
半田正夫, 著作權法概說, 法學書院 (2005).
文化法硏究曾, 舞豪囊術と法律ハンドブック一公演質務 Q&A, 芸団協出版部 (2002).

[논문]

中川隆太郞, "ファッションデザインの著作物性", 著作權硏究 第45号, 著作權法學會 (2018).
竹內康眞・溝田宗司, "ファッションロー實質的同一性の判斷基準 – 裁判例の動向を踏まえて –", 特許ニュース, No. 15153 (2020).
小谷武, 鳥羽みさを, "服飾デザイン 'ダーツ'事件", パテント, Vol. 60, 發明協會 (2007).
木村 剛大, "幼兒用椅子 TRIPP TRAPPは果たして著作物なのか – 美術の範囲の解釋の深化を目指して –", パテント, Vol. 69, No. 7 (2016).

[기관자료]

文部省, 著作權制度審議會答申說明書, 1966年7月15日.

찾아보기

ㅂ

ㅅ

ㅇ

ㅈ

ㅊ

ㅋ

ㅌ

ㅍ

ㅎ

저자약력

■ **박형옥**

한양대학교 법학전문대학원 법학전문박사(J.S.D.)
이화여자대학교 디자인대학원 디자인경영 석사
영국런던 Kingston University London, Digital Media Course Certificate

현) 디자인지식재산컨설팅 대표
현) 한국지식재산학회 상임이사
현) 저작권판례연구회 총무이사
현) 한국여성지식재산인회 이사
현) 한국저작권위원회 저작권교육 전문가, 산업현장서비스 지원단
현) 홍익대학교 창의인재 저작권 전문 강좌 저작권교육 강사
전) 한국저작권보호원 전문위원
전) 한양대학교, 동국대학교 강의외래교수

패션디자인법 – 지적재산권의 이론과 실무 –

2022년 1월 5일 초판 인쇄
2022년 1월 10일 초판 1쇄 발행

저 자 박 형 옥
발행인 배 효 선
발행처 도서출판 法 文 社

주 소 10881 경기도 파주시 회동길 37-29
등 록 1957년 12월 12일 / 제2-76호(윤)
전 화 (031)955-6500~6 FAX (031)955-6525
E-mail (영업) bms@bobmunsa.co.kr
(편집) edit66@bobmunsa.co.kr
홈페이지 http://www.bobmunsa.co.kr
조 판 법 문 사 전 산 실

정가 28,000원 ISBN 978-89-18-91267-7